四库存目

校正全本增删卜易

纳甲汇刊 [一]

[清]野鹤老人 ◎ 撰
郑同 ◎ 校

华龄出版社

责任编辑：薛　治
责任印制：李未圻

图书在版编目（CIP）数据

四库存目纳甲汇刊. 1 /（清）野鹤老人撰. —北京：华龄出版社，2016.6
ISBN 978-7-5169-0725-2

Ⅰ. ①四… Ⅱ. ①野… Ⅲ. ①《四库全书》—图书目录 Ⅳ. ①Z833

中国版本图书馆 CIP 数据核字（2016）第 124120 号

声明：依据《中华人民共和国著作权法》及《中华人民共和国著作权法实施条例》，本书整理者依法享有本书的著作权。未经许可，不得以任何方式翻印本书。

书　　名：	四库存目纳甲汇刊（一）：校正全本增删卜易
作　　者：	（清）野鹤老人撰　郑同校

出版发行：	华龄出版社		
地　　址：	北京市东城区安定门外大街甲57号	邮　编：	100011
电　　话：	(010) 58122246	传　真：	(010) 84049572
网　　址：	http://www.hualingpress.com		

印　　刷：	三河市九洲财鑫印刷有限公司		
版　　次：	2016年6月第1版　2024年4月第5次印刷		
开　　本：	710×1020　1/16	印　张：	23.25
字　　数：	328千字	印　数：	8001～11000
定　　价：	68.00元		

版权所有　　翻印必究

本书如有破损、缺页、装订错误，请与本社联系调换

校正全本增删卜易序

卜筮之学，由来久矣。其中最古者，惟太乙奇门六壬三种，为最著灵奇。然其理极深而难学，非专门研习不可。文王课以钱代蓍，方法简易，学之颇易，如法演布，判断人事，往往奇验，此真吾人之稽疑之妙术也。野鹤老人教人多占之法，尤发前人所未发，而正宗辟之，殊有未当。盖为正当之事占，其心必诚，诚意占之，虽多占数次，亦无妨也。且所占之事，亟切而疑虑难明者，占之必有应验，否则非礼非义，或心口不符，虽占亦无验矣。譬如求财，应分正财横财两种，求谋机遇，资本营业，均属正财，占之十常八九以验。若贪图非分及投机赌博之占，存心侥幸者多，实于课理背道而驰，故特表而出之，以干世之欲决疑于占卜者。

乙丑年秋七月编者识

序

　　《易》书以揲蓍求卦之法，示人趋吉避凶之机。诸先贤在说阐明，各精其义，莫不谓详且尽矣。野鹤老人学道数十年，博览群书，依书以断事；广集占验，存验以考书。书之屡验者存之，不验者删之。如单用世爻，使人有一定之见。删去卦身世身、星煞本命，使人无歧路之疑。其谈旬空月破、刑冲进神，别有奥理；墓绝生旺、动散反伏，剖析真伪；财官父子，法用分占。尽辟诸书之讹，独出一心之悟；发先贤未发之理，启后人易晓之门。惜未成帙问世。觉子得之，不忍秘为枕中藏。加以增删，编辑成书，亟命剞劂，求序于余。余曰："野鹤有觉子而野鹤传，觉子有野鹤而觉子亦传矣。"是为序。

　　　　　时　康熙庚午秋七月宁阳维则张文撰

辛未仲秋，改换首卷。

　　此书首卷，自前十三篇起，至二十四篇止，另有一段秘法。单教世之全不知五行生克之士，亦不必念卦书，只要学会点卦，就知决断吉凶。知功名之成败，知财物之得失，知疾病之死生，知祸福之趋避。此四宗大事，竟不必念卦书，则知决断。乃野鹤老人苦心于世之秘法，万两黄金无处求。

自 序

易之理微乎？曰：微。庖羲氏以一画开天，始作八卦，通神明之德，类万物之情。文王周孔系《彖》、系《爻》、系《象》，阐明先天至理，精义入神，惟圣人而后知圣人也。微乎易乎！迨鬼谷之后，诸名贤继起，别为五行生克、世应向背之理。父子、兄弟爻，妻财、官鬼爻，各以其事为类，以前民用，而阐圣教。善卜者卜之，不善卜者亦卜之。较先圣人揲蓍求卦之法，更简而便；其为趋吉避凶，更明而显也。

往余幼年，随先大人宦游粤西，遇参两徐先生。卜余兄云："将来继起者此子，立功封爵，惜乎不克其终。"卜余身命，谓"三十以前，虚誉亦隆；三十以后，垂帘都市"，功名不复问矣。

彼时先大人处极盛之势，愚兄弟在荫庇之下，不足其言，诞而置之矣。嗣后，兵燹蜂起，家破从戎。先兄立功封爵，实比萤光，果死非命。迨顺治庚寅，予投诚定南藩下，时年三旬有一。壮游都门，满拟复职，乃竟归乌有。旅邸萧索，回思参两之言，信不诬矣。

因遍觅卜筮诸书，静观两月，即代人以卜吉凶。有明显而易见者，有隐微而莫测者，每占一卦，默存其稿，至期探之验与不验，悉以笔记。其不验者，无处考证。偶于江宁遇同乡李我平，问予生平所看何书。即以《大全》、《全书》、《海底眼》、《黄金策》、《补遗》、《易冒》诸书以告之。公曰："诸书悉有悖谬。向有野鹤老人，亦存四十余年之占验，考证诸书，删辟其谬。先叔莅任云南，得此抄本，生平识趋避之途，皆此书之力。久欲刊传，因未成帙，尚未举行，送尔抄阅，自知其妙。"予拜受领归，静中参悟，豁然有会于心，始知从前之验与不验，皆书之得失也。

闭户三载，遂将野鹤及予之占验，质证古今卜筮诸书。验者存之，不验者删之。内有不合于理者辟之，另得其巧验者增之。分门别类，辑理成部。内有烦门细事及诸占验暨六壬占验，未及编次，以俟再续。

是书讲解甚明，初学者不用投师，即知占卜。知《易》者愈得其精，精《易》者愈得其奥。不须半载工夫，得野鹤老人四十余年之积学，从此宁有不验之卦耶？有心觉世者，自不以余言为狂瞽。是为序。

康熙二十九年庚午孟夏朔日湖南李文辉叙

增删卜易序①

野鹤曰：卜易之道，乃伏羲、文王、周公、孔子四大圣人之心法也。得其精者，可以参天两地；粗知其理，亦可趋吉避凶。凡学卜者，可以深求，亦可浅学。浅学者，只要先学装卦，知道动变及卦之六冲；卦变六冲，看熟《用神章》中，占何人占何事，以何爻为用神；再看何为旬空、月破，及春夏秋冬四时衰旺、生克冲刑，即知决断祸福。

假令占功名者得旺官持世，或动爻作官星生合世爻，求名如拾芥耳。倘遇子孙持世，或子孙动于卦中，不拘占入场、占升迁，悉如水中捞月。占求财若得财星持世，或日月动爻作子孙生合世爻，或官鬼持世财动生之，或父母持世财动克世，皆许求财之易，为长者以折枝耳。若遇兄弟持世及兄弟爻动于卦中，或世临旬空月破，何须缘木求鱼。

如占一年月令，现任官者宜官星持世，财动生之，皆许吉庆。若遇官鬼相克，日月动爻作子孙冲克世爻，或作官鬼冲克世爻，或世空世破、官破官空，或世动化回头克，及子孙持世，皆为凶兆。

士民而占流年者，最喜财爻及子孙爻持世，管许一岁亨通。若遇官鬼持世，得日月动爻作财星生合世爻者，必见灾非。倘世破世空及鬼动克世，多见凶灾。兄动克世，口舌破财。

以上官府士民占流年者，合世之月则吉，冲世之月则凶，皆不宜世爻变鬼及化回头之克，定见凶危。又不宜财动化父，父化财爻，鬼化父母，必有长上之灾。弟兄变鬼，鬼变弟兄，防手足之厄。财化鬼，鬼化财，财化兄，兄化财，主伤克妻妾婢仆。子化鬼，鬼化子，父化子，子化父，小口有伤。青龙天喜持世生世而有喜，虎鬼发动主孝服，螣蛇朱雀临兄、鬼动而克世者，须防口舌。元武临兄，鬼动而克世者，防贼盗及阴人。

如占避讼防非、仇人为害及行江漂海，深入险地，旅店孤眠，穷乡僻壤，投寺宿庙，或营中贸易，错买盗物，或见邻家火起，或闻瘟疫流行，

---

① 此序为上海同文书局版所收，故宫藏本无。

防虎狼，防盗寇，或夜行早起，或蹈险偷关，或已入是非之场，心忧祸患；或欲管闲事，恐惹灾非；或入病家，以防沾染；或误服毒物，恐致伤生；或已定重罪而盼赦，或已得险病而防危；或问此物此药可以服否，或问歹人烈马伤害我否。凡遇一切防危虑患者，但得子孙持世及子孙动于卦中，或世动变出子孙，或世动化回头相生，或官鬼动以相生，即使身坐虎口，管许安如泰山。唯忌官鬼持世，忧疑不解。鬼克世，灾祸必侵。世动化鬼及化回头克者，祸已及身，避之不及。唯世爻空者无忧，世爻破者不利。

　　占病者如自占病，若得世爻旺相，或日月动爻生合世爻，或子孙持世，或子孙动于卦中，不拘久病近病，或求神，或服药，立保安康。近病者，世值旬空，或世动化空，或卦逢六冲，及卦变六冲，不须服药，即许安痊。久病者，官鬼持世遇休囚，或遇日月动爻克世，或值旬空月破，世动化空化破；或卦逢六冲，卦变六冲，或世动化鬼，及化回头克者，速宜救治，迟者扁鹊难医。

　　占父母病，以父母爻为用神。若得父爻旺相，或日月动爻生父母，或父动化旺，不拘久病近病，求神服药，立见安宁。近病者，父爻值旬空，父动化空，或卦逢六冲，不药而痊。久病者，父爻值旬空月破，父动化空、化破，父动化财，财化父母，卦逢六冲，卦变六冲，或父爻休囚又出被日月动爻冲克，为子者须宜急急求医，亲尝汤药，勿远离也。

　　占兄弟病者，若得兄爻旺相，或临日月动爻相生，或动化旺化生，不拘病之远近，立许全安。近病者，兄爻值旬空，及动而化空，卦逢六冲，服药即愈。久病者，兄爻值旬空月破，及动而化空化破，卦逢六冲，卦变六冲，兄动化鬼，鬼动化兄，或兄爻休囚被日月动爻冲克，急急服药求神，迟则难调理。

　　占子孙病者，子孙爻旺相，或临日月，或日月动爻生合，或子孙爻化回头生化旺，不拘病之新久，服药求神即愈。近病者，子孙爻值旬空及动而化空，卦逢六冲，卦变六冲，不药而愈。出痘者，不宜六冲。久病者，子孙逢旬空月破，及动而化空化破，卦逢六冲，卦变六冲，子孙动而化鬼，鬼化子孙，父化子，子化父及日月动爻冲克者，速宜服药，久则难于治矣。

占妻妾病者，以财爻为用神。财爻旺相，或临日月，或日月动爻相生，或财爻化子孙，及化帝旺者，不拘久病近病，治之即愈。近病者，妻财逢旬空，及动而化空，或爻逢六冲，卦变六冲，何须服药，即许灾除。久病者，财爻逢旬空月破，及动而化空化破，卦逢六冲，卦变六冲，或财动化鬼，鬼化财爻，兄动化财，财化兄弟，名医亦难取效。

凡占三党六亲，及官长、师生、婢仆诸人之病，皆于《用神章》内以取用神。

占朋友、外人，以应爻为用神，理之常也。往往多有不验者，何也？疑因不甚关切，不诚之故耳。

野鹤曰：客有问于予曰："据尔之言，占卜极易事也。即如占功名，得旺官持世以成名，子孙持世而失望。占疾病，近病逢冲逢空，不药而愈；外病逢冲逢空，灵丹莫救。如若得此显然者，自是不难知矣。倘占疾病不逢六冲，用神不遇旬空，旺不旺而衰不衰，凶不凶而吉不吉；又如占功名，官与子孙皆不持世，六爻乱动，财父同兴，何以决之？"

予曰："尔若垂帘卖卜，每日数卜之占，未必尽得显而易见之卦，凶中藏吉、吉处藏凶者有之；必须奥理深求，细心参悟。尔欲自知趋避者，必然卦不乱占，心无杂念，每遇一事，即刻卜之，神不欺人。如若间有卦之恍惚，次早洁诚再卜；再遇恍惚，还可再卜，自然响应。只不可心怀两事而占，一念至诚则应，若占两三事者，则不灵也。又如占疾病，更容易耳。一人有病，一家俱可代占。但有一卦爻逢六冲，或卦变六冲，或用神值旬空，或用神动而化空者，即愈。久病逢此者，难治。又如防灾虑患，但得子孙持世，便与霹雳同居，管许安然无恙，有何难耶？"

客曰："占有渎之不敢再三，① 何敢连占几日？"

予曰："因此一语，误尽卜卦之人。岂不闻'三人占，听二人之言'？一事既可三处而占，何妨再占？然亦有不可再渎者，以此一事一刻而再占也，须于次日再卜可也。又有连日亦不可再渎者。如占功名，已得子孙持世，我心不悦，必欲求其官鬼持世而后已，此则谓之"再三渎"也。然予

---

① 编者注：《易经·蒙卦》卦辞："蒙，亨。匪我求童蒙，童蒙求我。初筮告，再三渎，渎则不告，利贞。"

亦有见其再三渎者，未见神之不应也。予因少年辨复功名，占过七次，竟有六次而得子孙持世，此乃神不厌我多问而屡报也。又有厌予多问者。如我问求财，卦已明现，有财我心知矣。我再问之，神不告矣，而又以我未占之事告我也。如一日占求财，旺财持世，是我明知辰日得财，次日再占一卦，果于辰日得财否？卦得申金兄动而不得，是何说耶？及到辰日得财，至申日因他事而破财。而悟辰日之得财，次日而再问之，神不告矣，报我申日而破财也。故知"再三渎"者，神亦不见责，而又报我未问之事也。此事极多。予著此书，传后贤之秘法者，无他法也。浅学者，凡遇卦之恍惚，心若未明，多占无碍。倘卦中已明现，不可再渎。至于占病者，一人有病，一家俱可代占，自有显然之卦。再者遇事即占，乘此心而未乱，不可多积事情于心；事多心乱，即非一念之诚也。教其深学卜者，后有分占之法，及予所辟诸书之谬，宜细味之。此皆予四十余年须臾不离以得之也，实先贤之所未传。须宜通前彻尾，细心详悟，自然巧夺天工，参天地之化育，测鬼神之隐微而不难矣！"

觉字曰：倘遇急事，卦之恍惚者，一刻亦可连占三五卦。

目 录

校正全本增删卜易卷一 ·· 1

 八卦章第一 ·· 1
 卦象图第二 ·· 1
 八宫图第三 ·· 5
 八卦各宫全图 ··· 6
 浑天甲子章第四 ··· 23
 六亲歌第五 ·· 24
 世应章第六 ·· 25
 动变章第七 ·· 25
 用神章第八 ·· 26
 用神元神忌神仇神章第九 ·· 27
 元神忌神衰旺章第十 ··· 28
 五行相生章第十一 ·· 31
 五行相克章第十二 ·· 32
 克处逢生章第十三 ·· 33
 动静生克章第十四 ·· 34
 动变生克冲合章第十五 ·· 35
 四时旺相章第又十五 ··· 36
 月将章第十六 ··· 37
 日辰章第十七 ··· 42

校正全本增删卜易卷二 ······ 45

  六神章第十八 ······ 45

  六合章第十九 ······ 47

  六冲章第二十 ······ 54

  三刑章第二十一 ······ 58

  暗动章第二十二 ······ 59

  动散章第二十三 ······ 59

  卦变生克墓绝章第二十四 ······ 60

  反伏章第二十五 ······ 64

  旬空章第二十六 ······ 68

  生旺墓绝章第又二十六 ······ 72

  各门类题头总注章第又二十六 ······ 73

  各门类应期总注章第又二十六 ······ 74

  归魂游魂章第又二十六 ······ 76

校正全本增删卜易卷三 ······ 77

  月破章第二十七 ······ 77

  飞伏神章第二十八 ······ 80

  进神退神章第二十九 ······ 87

  随鬼入墓章第三十 ······ 96

  独发章第三十一 ······ 100

  两现章第三十二 ······ 103

  星煞章第三十三 ······ 105

校正全本增删卜易卷四 ······ 107

  增删《黄金策千金赋》第三十四 ······ 107

校正全本增删卜易卷五 ······ 147

  天时章第三十五 ······ 147

校正全本增删卜易卷六 ... 171
- 身命章第三十六 ... 171
- 终身财福章第三十七 ... 171
- 终身功名有无章第三十八 ... 183
- 寿元章第三十九 ... 188
- 趋避章第四十 ... 193
- 父母寿元章第四十一 ... 200
- 兄弟章第四十二 ... 203
- 夫妇章第四十三 ... 205
- 子嗣章第四十四 ... 207

校正全本增删卜易卷七 ... 213
- 学业章第四十五 ... 213
- 治经章第四十六 ... 213
- 延师章第四十七 ... 215
- 求名章第四十八 ... 216
- 童试章第四十九 ... 216
- 岁科考章第五十 ... 218
- 增廪章第五十一 ... 219
- 考遗才章第五十二 ... 220
- 发案挂榜章第五十三 ... 220
- 廷试章第五十四 ... 220
- 乡试会试章第五十五 ... 221
- 升选候补章第又五十五 ... 226
- 升选何方章第五十六 ... 229
- 在任吉凶章第五十七 ... 231
- 援例章第五十八 ... 234
- 武试章第五十九 ... 235
- 投麾效用入武从军章第六十 ... 235

署印谋差章第六十一 236

校正全本增删卜易卷八 237
　　占面圣上书叩阍献策条陈劾奏章第六十二 237
　　养亲告病辞官章第六十三 242
　　修陵修河一切营造公务防患章第六十四 243
　　僧官道纪医官杂职阴阳寺官章第六十五 243
　　功名到何品级章第六十六 244
　　子占父功名章第六十七 245

校正全本增删卜易卷九 247
　　求财章第六十八 247
　　谒贵求财章第六十九 252
　　为贵人奔走效力财章第七十 254
　　开行开店及各色铺面章第七十一 254
　　投行损益章第七十二 255
　　囤货卖货章第七十三 256
　　卖货宜守宜动章第七十四 259
　　往何方买卖章第七十五 260
　　买何货为吉章第七十六 260
　　借贷章第七十七 261
　　放债索债章第七十八 262
　　买卖六畜章第七十九 262
　　博戏章第八十 263
　　请会摇会章第八十一 263
　　行险求财章第八十二 264

校正全本增删卜易卷十 265
　　婚姻章第又八十二 265

此婚子嗣有无章第八十三	271
此婚有宜于父母否章第八十四	271
纳宠章第八十五	271
取离妇跳娼妇章第八十六	272
胎孕章第八十七	273
问产妇安否章第八十八	275
产期章第八十九	275
婴童否泰章第九十	276
出行章第九十一	276
舟行章第九十二	277
同舟共行章第九十三	278
行人章第九十四	278

校正全本增删卜易卷十一 …… 287

防非避讼章第九十五	287
斗殴争竞章第九十六	287
兴词举讼章第九十七	288
已定重罪章第九十八	288
疾病章第九十九	288
痘疹章第一百	299
病源章第一百零一	300
鬼神章一百零二	300
延医章第一百零三	301
医卜往治章第一百零四	303

校正全本增删卜易卷十二 …… 311

家宅章第一百零五	311
盖造买宅赁宅第一百零六	312
创造宫室章第一百零七	313

修方动土章第一百零八 ……………………………………………… 313

迁居过火章第一百零九 ……………………………………………… 313

归宅入火章第一百一十 ……………………………………………… 314

入宅六亲吉凶章第一百一十一 ……………………………………… 314

马房猪圈章一百一十二 ……………………………………………… 316

旧宅章第一百一十三 ………………………………………………… 316

同居章第一百一十四 ………………………………………………… 320

盖造官衙章第一百一十五 …………………………………………… 321

占衙宇章第一百一十六 ……………………………………………… 321

盖造寺院章第一百一十七 …………………………………………… 322

茔葬章第一百一十八 ………………………………………………… 322

寻地章第一百一十九 ………………………………………………… 323

占地形势章第一百二十 ……………………………………………… 326

卜得地于何时章第一百二十一 ……………………………………… 328

得地于何方章第一百二十二 ………………………………………… 329

占地师章第一百二十三 ……………………………………………… 329

点穴章第一百二十四 ………………………………………………… 330

谋地偷葬章第一百二十五 …………………………………………… 330

祖茔旧冢章第一百二十六 …………………………………………… 331

因何事所伤章第一百二十七 ………………………………………… 332

修补秘法章第一百二十八 …………………………………………… 334

再占修补吉凶章第一百二十九 ……………………………………… 334

新亡附葬祖茔章第一百三十 ………………………………………… 334

校正全本增删卜易卷一

八卦章第一

乾为父、震为长男、坎为中男、艮为少男。
坤为母、巽为长女、离为中女、兑为少女。

卦象图章第二

乾三连 ☰ "☰"连得三爻俱是单，为乾卦。（一点为单）

坤六断 ☷ "☷"连得三爻俱是拆，为坤卦。（两点为拆）

震仰盂 ☳ "☳"初爻单，二爻、三爻俱是拆，为震卦。

艮覆碗 ☶ "☶"初爻、二爻俱是拆，三爻单，为艮卦。

离中虚 ☲ "☲"初爻单、二爻拆、三爻又单，为离卦。

坎中满 ☵ "☵"初爻拆、二爻单、三爻又拆，为坎卦。

兑上缺 ☱ "☱"初爻、二爻俱是单、三爻拆，为兑卦。

巽下断 ☴ "☴"初爻拆，二爻、三爻俱是单，为巽卦。

占卦法

用钱三文，薰于炉上，致敬而祝。词曰："天何言哉，扣之即应，神之灵矣，感而遂通。今有某人某事，罔知休咎，罔释厥疑，惟神惟灵，望垂昭报，若可若否，尚明告之。"祝毕掷钱。

一背为单，点一点"、"。两背为拆，点两点"、"。三背为重，画一圈

"○"。三字为交，打一个叉"×"。○圈儿仍算一点，×儿仍算两点。

"、"，此系单爻，为阳。今得○圈儿谓之阳动，仍作一点看。

"、、"此系拆爻，为阴。今得×儿谓之阴动，仍作两点看。

大凡卦中，但有○圈儿、×儿，谓之动。

凡问事者通诚籍贯、姓名、所占某事，执钱三文，掷于盘内，看系几个字，几个背，见一背者，点一点；两背者，平点两点；三背者，画一圈；三字者，打上一×。

今点一卦为式：

第六次若又得两背又点两点、、　六爻

第五次又得三背者亦画一圈○　五爻

第四次若得三字者打上一叉×　四爻

第三次若得三背者圈上一圈○　三爻

第二次若得两背者平点两点、、　二爻

假若初一次得一背者点一点、　初爻

上三爻为外卦，下三爻为内卦。

初学点卦者，但见一点两点，容易治之；凡见○儿、×儿，不甚明白，需要细心慢想。假如占得此卦，另用纸一张，点出此卦，将○儿改作一点，×儿改作两点，便知某卦。今将前卦，改此一卦为式：

　　　　　　六爻　　、、
　　　　　　五爻　　、
　　　　　　四爻　　、、
　　　　　　三爻　　、
　　　　　　二爻　　、、
　　　　　　初爻　　、

前卦第三爻○儿，改作一点，仍是离中虚卦，谓之内卦得离卦，离为火；第四爻×儿，改作两点；第五爻○儿，又改作一点，仍是坎中满，谓之外卦得坎卦，坎为水；水在上火在下，名为水火既济卦。

点卦虽则由下点至上，今排卦名，又要由上而往下。此卦水上火下，所以即是水火既济。

再排一卦为式：

第六次若又得一背又点一点、　六爻
第五次若得三字者打上一叉×　五爻
第四次若得一点者点上一点、　四爻
第三次若得两背者平点两点、、　三爻
第二次若得三背者圈上一圈〇　二爻
第一次假若得两背者点两点、、　初爻

上三爻外卦×儿仍算两点，即是离中虚，离为火；下三爻内卦〇儿，仍算一点，即是坎中满，坎为水；火在上水在下，卦名为火水未济。

编者注：以上为全书起例，为古代卜筮之人用毛笔书写卦名的便捷之法。为了便于读者理解，本书排列卦符时，以标准卦符排入，不再使用一点和两点来区别阴爻和阳爻。〇和×排列在变爻的旁边，作为标记。现将上段文字用白话讲解如下，一并将本书排法说明。

占卦选用的工具为三个铜钱，一般选用"乾隆通宝"。以有"乾隆通宝"四字的面为阴面，称为"字"；另一面为阳面，称为"背"。当然，你也可以选用任意古代铜钱，甚至是现在的硬币，以有字的一面为"字"，另一面为"背"，亦可进行占卦。

占卦时，首先将三个铜钱平入于手心，两手合扣，问事之人要集中意念，脑中专想所要预测之事，反复摇动手中铜钱，然后将铜钱掷于盘中，看铜钱的背和字的情况。

一个背，两个字，称作"单"，画作"、"，为少阳。（阳卦阴多）

两个背，一个字，称作"拆"，画作"、、"，为少阴。（阴卦阳多）

三个背，没有字，称作"重"，画作"〇"，为老阳，是变爻。

三个字，没有背，称作"交"，画作"×"，为老阴，是变爻。

共摇六次，第一次为初爻，画在卦的最下面，依次上升，第六次为第六爻，画在卦的最上边。如遇有×、〇，再画出变卦来。

现摇一卦为例：第一次摇得一背，画作"、"；二次得两背，画作"、、"；三次得三背，画作"〇"；四次得三字，画作"×"；五次得三背，画作"〇"；六次得两背，画作"、、"；画法如下。

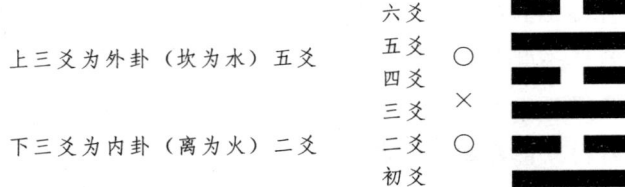

即得水火既济卦。

初学点卦时，见到一点，二点容易理解，见到○、×时，可能一时不明白符号的意义，须要细心慢想。现以上卦为例，把前卦第三爻"○"改为"、"，成为离中虚卦，为内卦。把第四爻"×"改作"、"，第五爻'○'又改作"、"，成为坎中满卦，为外卦。因为离卦为火，坎卦为水，所以此卦成为水火既济。因为点卦时，由下至上，排卦名时，是由上往下排，此卦上卦为坎为水，下卦为离为火，所以此卦卦名为水火既济。

再排一卦；

第一次得两背为"拆"，画作"、、"，二次得三背为"重"，画作"○"，三次得两背为"拆"，画作"、、"，四次得一背为"单"，画作"、"，五次得三了为"交"，画作"×"，六次得一背为"单"，画作"、"。

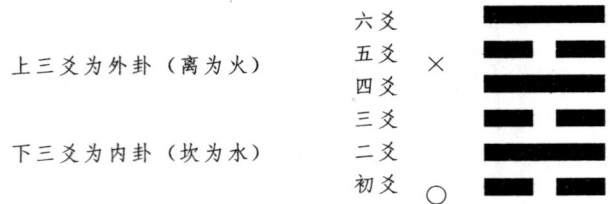

上三爻外卦"爻"仍算两点，即是离中虚，离为火，下三爻内卦"○"仍第一点，既是坎中满。坎为水，火在上，水在下，卦名为火水未济。

八宫图第三

八宫六十四卦卦名

乾宫八卦俱属金

乾为天、天风姤、天山遁、天地否、风地观、山地剥、火地晋、火天大有。

坎宫八卦俱属水

坎为水、水泽节、水雷屯、水火既济、泽火革、雷火丰、地火明夷、地水师。

艮宫八卦属土

艮为山、山火贲、山天大畜、山泽损、火泽睽、天泽履、风泽中孚、风山渐。

震宫八卦属木

震为雷、雷地豫、雷水解、雷风恒、地风升、水风井、泽风大过、泽雷随。

巽宫八卦属木

巽为风、风天小畜、风火家人、风雷益、天雷无妄、火雷噬嗑、山雷颐、山风蛊。

离宫八卦属火

离为火、火山旅、火风鼎、火水未济、山水蒙、风水涣、天水讼、天火同人。

坤宫八卦属土

坤为地、地雷复、地泽临、地天泰、雷天大壮、泽天夬、水天需、水地比。

兑宫八卦属金

兑为泽、泽水困、泽地萃、泽地咸、水山蹇、地山谦、雷山小过、雷泽归妹。

八卦各宫全图

初学点卦，不会装卦者，须将占得之卦，照此全图，装排世应五行。

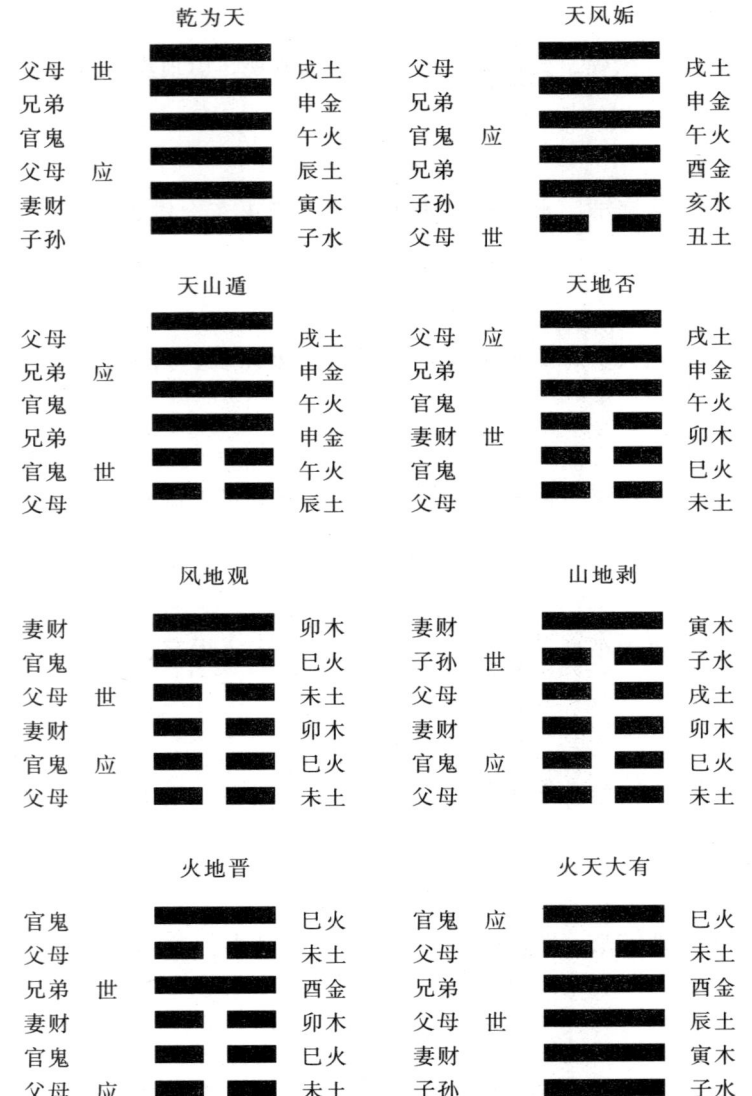

坎宫八卦全图

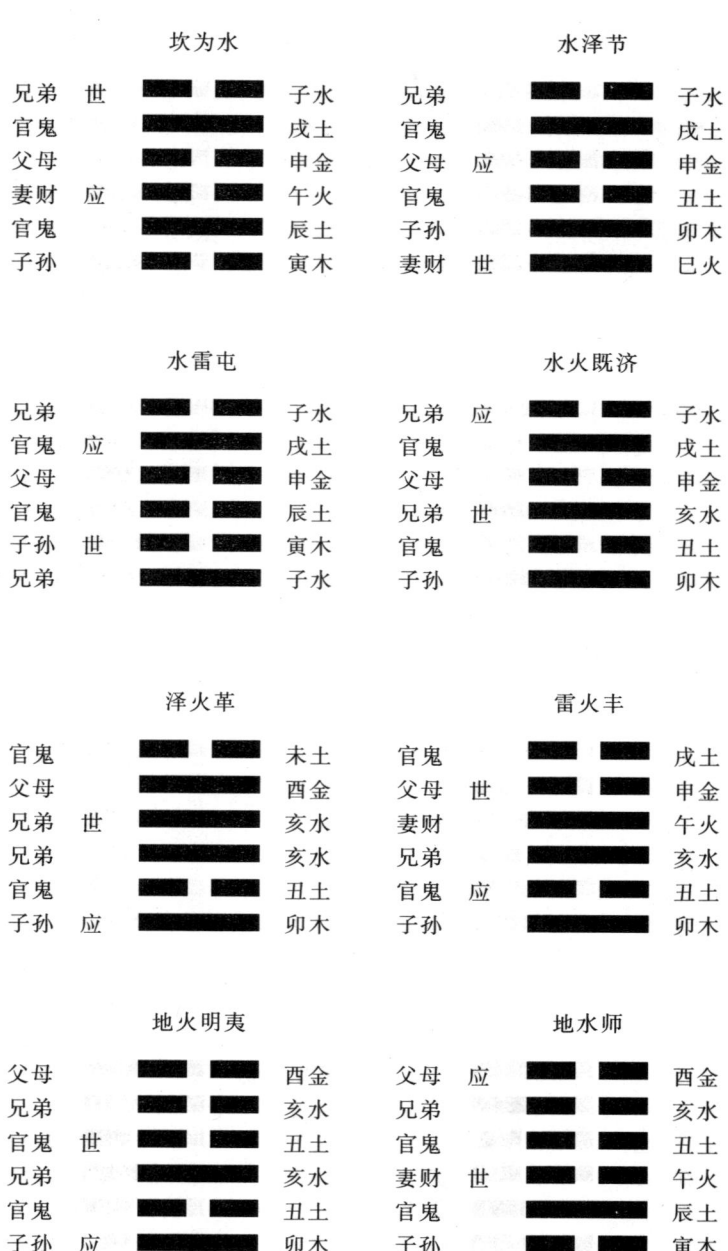

坎为水
兄弟　世　　子水
官鬼　　　　戌土
父母　　　　申金
妻财　应　　午火
官鬼　　　　辰土
子孙　　　　寅木

水泽节
兄弟　　　　子水
官鬼　　　　戌土
父母　应　　申金
官鬼　　　　丑土
子孙　　　　卯木
妻财　世　　巳火

水雷屯
兄弟　　　　子水
官鬼　应　　戌土
父母　　　　申金
官鬼　　　　辰土
子孙　世　　寅木
兄弟　　　　子水

水火既济
兄弟　应　　子水
官鬼　　　　戌土
父母　　　　申金
兄弟　世　　亥水
官鬼　　　　丑土
子孙　　　　卯木

泽火革
官鬼　　　　未土
父母　　　　酉金
兄弟　世　　亥水
兄弟　　　　亥水
官鬼　　　　丑土
子孙　应　　卯木

雷火丰
官鬼　　　　戌土
父母　世　　申金
妻财　　　　午火
兄弟　　　　亥水
官鬼　应　　丑土
子孙　　　　卯木

地火明夷
父母　　　　酉金
兄弟　　　　亥水
官鬼　世　　丑土
兄弟　　　　亥水
官鬼　　　　丑土
子孙　应　　卯木

地水师
父母　应　　酉金
兄弟　　　　亥水
官鬼　　　　丑土
妻财　世　　午火
官鬼　　　　辰土
子孙　　　　寅木

艮宫八卦全图

艮为山

官鬼	世	▬▬▬▬▬	寅木
妻财		▬▬ ▬▬	子水
兄弟		▬▬ ▬▬	戌土
子孙	应	▬▬▬▬▬	申金
父母		▬▬ ▬▬	午火
兄弟		▬▬ ▬▬	辰土

山火贲

官鬼		▬▬▬▬▬	寅木
妻财		▬▬ ▬▬	子水
兄弟	应	▬▬ ▬▬	戌土
妻财		▬▬▬▬▬	亥水
兄弟		▬▬ ▬▬	丑土
官鬼	世	▬▬▬▬▬	卯木

山天大畜

官鬼		▬▬▬▬▬	寅木
妻财	应	▬▬ ▬▬	子水
兄弟		▬▬ ▬▬	戌土
兄弟		▬▬▬▬▬	辰土
官鬼	世	▬▬▬▬▬	寅木
妻财		▬▬▬▬▬	子水

山泽损

官鬼	应	▬▬▬▬▬	寅木
妻财		▬▬ ▬▬	子水
兄弟		▬▬ ▬▬	戌土
兄弟	世	▬▬ ▬▬	丑土
官鬼		▬▬▬▬▬	卯木
父母		▬▬▬▬▬	巳火

火泽睽

父母		▬▬▬▬▬	巳火
兄弟		▬▬ ▬▬	未土
子孙	世	▬▬▬▬▬	酉金
兄弟		▬▬ ▬▬	丑土
官鬼		▬▬▬▬▬	卯木
父母	应	▬▬▬▬▬	巳火

天泽履

兄弟		▬▬▬▬▬	戌土
子孙	世	▬▬▬▬▬	申金
父母		▬▬▬▬▬	午火
兄弟		▬▬ ▬▬	丑土
官鬼	应	▬▬▬▬▬	卯木
父母		▬▬▬▬▬	巳火

风泽中孚

官鬼		▬▬▬▬▬	卯木
父母		▬▬▬▬▬	巳火
兄弟	世	▬▬ ▬▬	未土
兄弟		▬▬ ▬▬	丑土
官鬼		▬▬▬▬▬	卯木
父母	应	▬▬▬▬▬	巳火

风山渐

官鬼	应	▬▬▬▬▬	卯木
父母		▬▬▬▬▬	巳火
兄弟		▬▬ ▬▬	未土
子孙		▬▬▬▬▬	申金
父母	世	▬▬ ▬▬	午火
兄弟		▬▬ ▬▬	辰土

震宫八卦全图

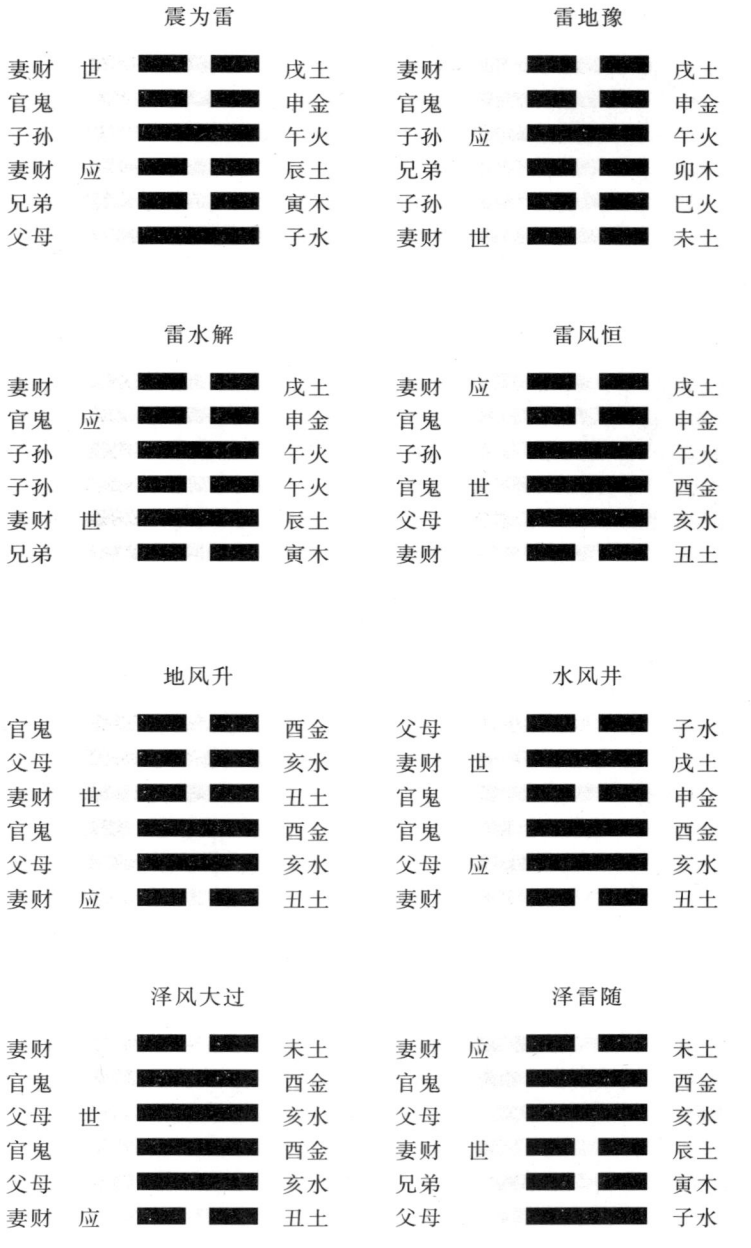

巽宫八卦全图

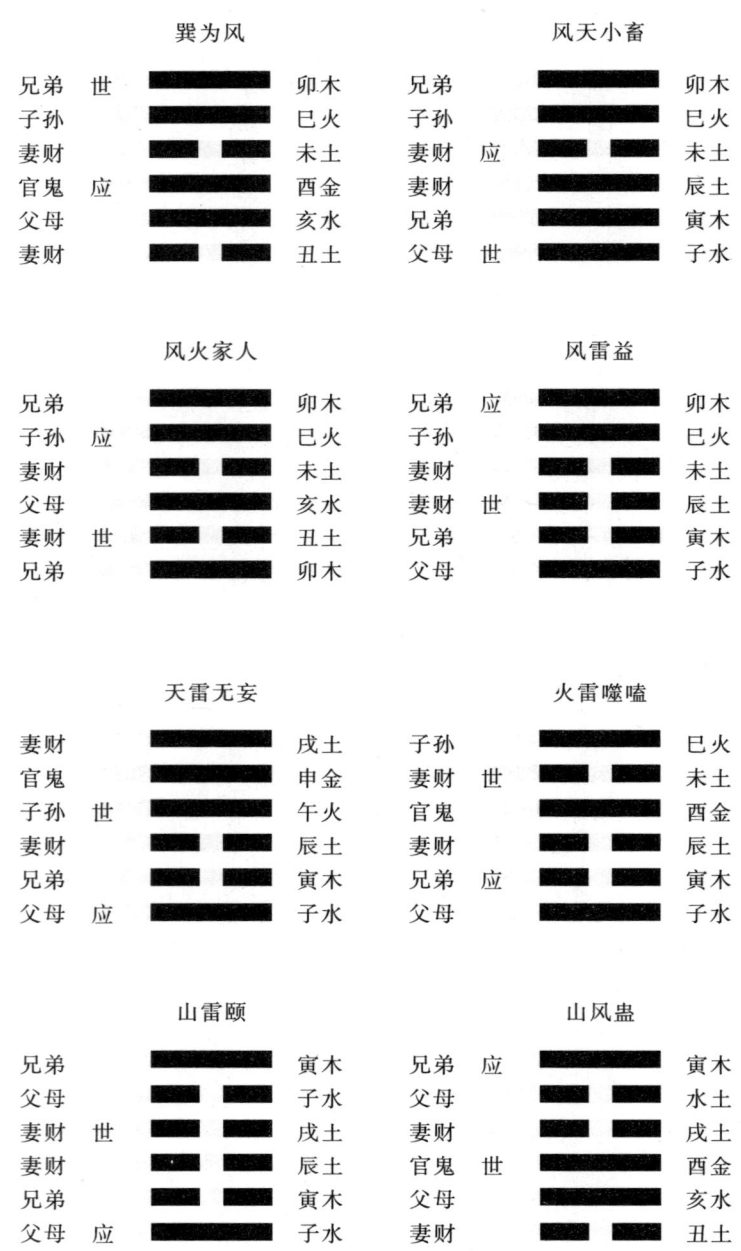

离宫八卦全图

离为火

兄弟	世	▬▬▬	巳火
子孙		▬▬▬	未土
妻财		▬▬▬	酉金
官鬼	应	▬▬▬	亥水
子孙		▬▬▬	丑土
父母		▬▬▬	卯木

火山旅

兄弟		▬▬▬	巳火
子孙		▬▬▬	未土
妻财	应	▬▬▬	酉金
妻财		▬▬▬	申金
兄弟		▬▬▬	午火
子孙	世	▬▬▬	辰土

火风鼎

兄弟		▬▬▬	巳火
子孙	应	▬▬▬	未土
妻财		▬▬▬	酉金
妻财		▬▬▬	酉金
官鬼	世	▬▬▬	亥水
子孙		▬▬▬	丑土

火水未济

兄弟	应	▬▬▬	巳火
子孙		▬▬▬	未土
妻财		▬▬▬	酉金
兄弟	世	▬▬▬	午火
子孙		▬▬▬	辰土
父母		▬▬▬	寅木

山水蒙

父母		▬▬▬	寅木
官鬼		▬▬▬	子水
子孙	世	▬▬▬	戌土
兄弟		▬▬▬	午火
子孙		▬▬▬	辰土
父母	应	▬▬▬	寅木

风水涣

父母		▬▬▬	卯木
兄弟	世	▬▬▬	巳火
子孙		▬▬▬	未土
兄弟		▬▬▬	午火
子孙	应	▬▬▬	辰土
父母		▬▬▬	寅木

天水讼

子孙		▬▬▬	戌土
妻财		▬▬▬	申金
兄弟	世	▬▬▬	午火
兄弟		▬▬▬	午火
子孙		▬▬▬	辰土
父母	应	▬▬▬	寅木

天火同人

子孙	应	▬▬▬	戌土
妻财		▬▬▬	申金
兄弟		▬▬▬	午火
官鬼	世	▬▬▬	亥水
子孙		▬▬▬	辰土
父母		▬▬▬	卯木

坤宫八卦全图

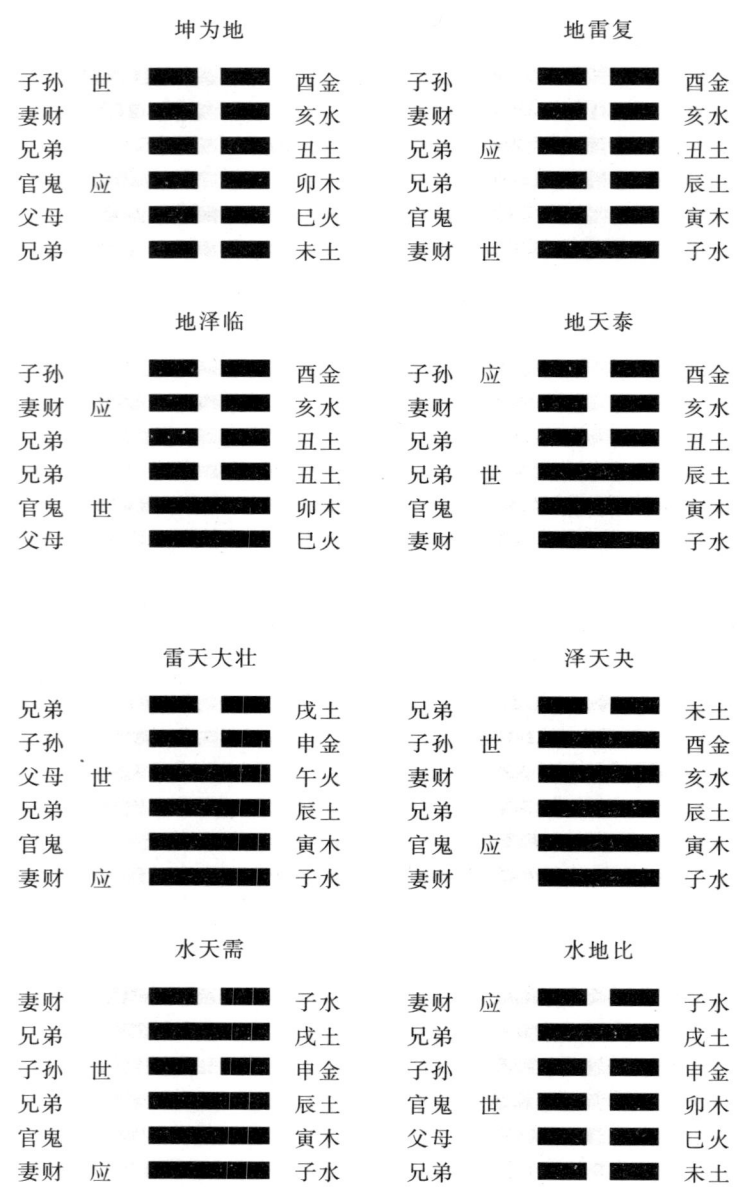

兑宫八卦全图

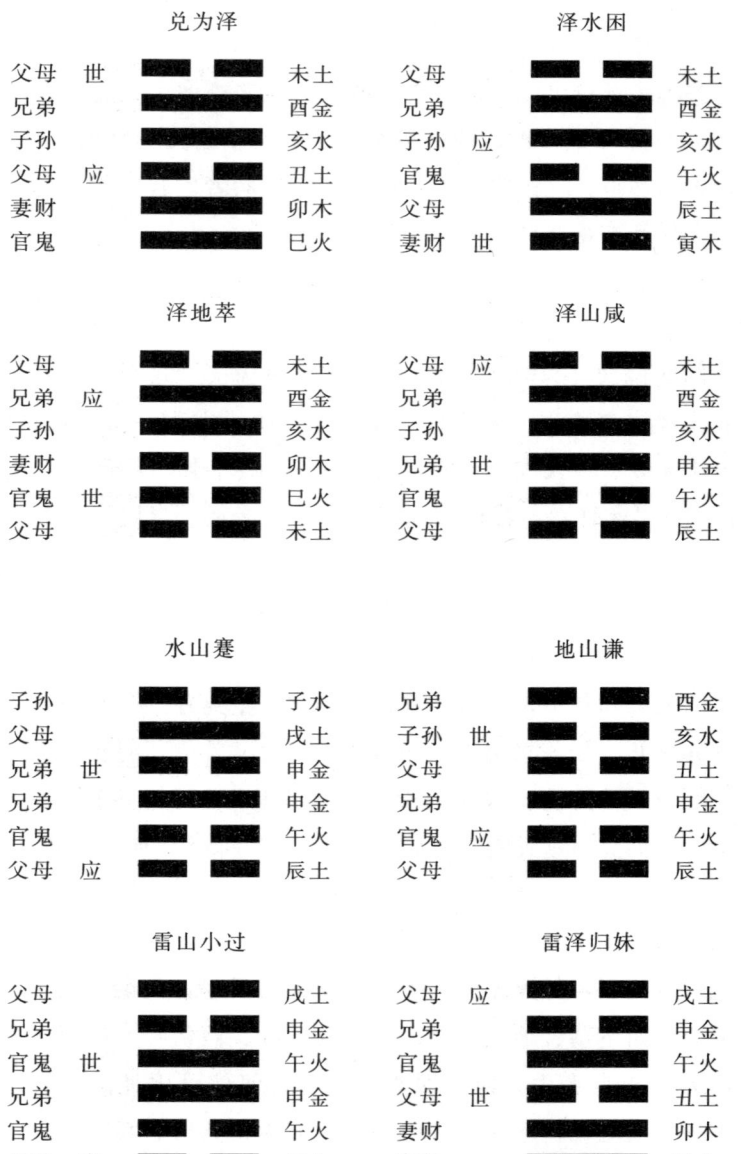

	兑为泽			泽水困	
父母 世		未土	父母		未土
兄弟		酉金	兄弟		酉金
子孙		亥水	子孙 应		亥水
父母 应		丑土	官鬼		午火
妻财		卯木	父母		辰土
官鬼		巳火	妻财 世		寅木

	泽地萃			泽山咸	
父母		未土	父母 应		未土
兄弟 应		酉金	兄弟		酉金
子孙		亥水	子孙		亥水
妻财		卯木	兄弟 世		申金
官鬼 世		巳火	官鬼		午火
父母		未土	父母		辰土

	水山蹇			地山谦	
子孙		子水	兄弟		酉金
父母		戌土	子孙 世		亥水
兄弟 世		申金	父母		丑土
兄弟		申金	兄弟		申金
官鬼		午火	官鬼 应		午火
父母 应		辰土	父母		辰土

	雷山小过			雷泽归妹	
父母		戌土	父母 应		戌土
兄弟		申金	兄弟		申金
官鬼 世		午火	官鬼		午火
兄弟		申金	父母 世		丑土
官鬼		午火	妻财		卯木
父母 应		辰土	官鬼		巳火

野鹤曰：昔者吾友宦游时，以此全图相送，友曰："余不知五行，焉知断卦？"予曰："先学点卦，点出卦象，看是何卦，即在全图内，寻出此卦，照样装排世应、五行、六亲，不用念卦书。即不知五行生克之理，亦能决断四宗大事。不管卦中动与不动，即照全图内，单看世爻。○占防忧虑患者，若得子孙持世，无忧；官鬼持世，忧疑难解，须宜加意防之。○占功名者，若得官鬼持世，即许成名；子孙持世，且宜待时。○占求财，妻财持世者，必得；兄弟持世者，难求。○占病者，若得六冲卦，近病不药而愈，久病妙药难调。"

友曰："何以谓之子孙持世？"予曰："子孙与世字同在一爻者，即为子孙持世。倘得官鬼与世字同在一爻者，即是官鬼持世。其余兄弟、妻财持世，皆同此说。"○要知何为六冲卦者，乾为天、坎为水、艮为山、震为雷、巽为风、离为火、坤为地、兑为泽，此八宫头一卦，皆是六冲卦。再者，天雷无妄、雷天大壮，亦是六冲卦。一共十卦，其余不是。

或问曰："求官者，若得官鬼持世，求名必成；求财者，若得妻财持世，求财必得。倘若官鬼爻与妻财爻，或值旬空月破，或被卦中子孙发动以伤官，兄弟发动以伤财，虽遇官鬼持世、妻财持世，有何益也？"予曰："尔知五行之理，神早知之，所得之卦，若非凶中藏吉，定是吉里藏凶。此乃神圣引人以知其奥，自然要看旬空月破，生克冲刑。今吾友不知五行之理，神亦早知。如若求名，祷于神曰：'功名若成，赐我官鬼持世；倘若无望，赐我子孙持世。'如占防忧患，祷于神曰：'目下若有祸者，卦得官鬼持世；若能免祸逃灾者，赐我子孙持世。'所得之卦，自然显而易见。若有隐微者，即是神亦欺人，何以为神？况予作此一段简易之法，单欲教其全不知五行之士学会占卦，即照全图装排，就知决断四宗大事。倘若稍知五行之理者，不可以此为法，务必细看此书后卷，何谓空而不空、破而不破；何为墓而不墓、绝而不绝；何为真反吟、假伏吟；何谓进不进、退不退；何为回头克者生，何为回头克者死；何处可用神煞，何处不看用神；何为占此而应彼，何为占远而应近；何为得其法者百占百灵，何为不得其法者百占不验；何为元神有力不生用神，何为忌神无力能害用神；何处辟诸书者之谬，何处增巧验之奇。细观种种秘法，方能决事如神。"

或又问曰："假令占防灾虑患，若得子孙持世，自是无忧。若得官鬼持世，惊恐必见。倘卦中并不现者，何以决之？"予曰："一卦不见，再占一卦；再占不见，明日又占。昔人泥其不敢再渎，所以无法。予见《易经》有云：'三人占，听二人之言。'古人一事既可决于三处，今人何妨再渎？予生平以来，稍得其奥者，全赖多占之力也。事之缓者，迟日再占。事之急者，歇歇又占。不拘早晚，不必焚香。深更半夜，亦可占之。只要单为此事而占，不可又占他事。但有心怀两三事而占卦者，非一念之诚，决无灵验。假令占功名，或是官鬼持世，或是子孙持世，得其一者，得失已知，不必占矣。不可厌其子孙持世，务求其官鬼持世而后已。此非理也。如占求财，或是妻财持世，或是兄弟持世，得其一者则止，不必再占。倘一事而与众人同其祸福者，各占一卦，决之更易。即如行舟遇暴风，家中防火烛，人人俱可占之。但有一卦，若得子孙持世，皆同无患。又如占疾病，病人自占，若不得六冲卦者，一家俱可代占。但有一人得六冲之卦，或系近病，或系久病，吉凶自了然矣。"

予又告吾友曰："此法甚善，名为'赛锦囊'。予幼时，止会点卦，不知装卦，照此全图，装排决断。少经离乱，风波颠险，危处叨安，赖此之力。但予还有秘法，一并教尔。凡系自身之祸福者，只宜暗中卜之，照此决断，不可令人在旁。占过之时，吉凶自知，切不可又将此卦而问识者。尔若安心问人，神亦早知，所得之卦，定有深奥。宁可存此卦帖，待事过之后，然后问人。"

前说防灾忧患，及占功名，占求财，乃系题头。尔今初学占卦，恐尔不知何事当占，今予细写始末，使尔凡遇后事，照此卜之。

占防忧虑患者。

或为国计民生，陈言献策。或为条陈将相，谏诤君非，恐其事之不行，祸先及己。或为行江漂海，前途虑贼盗风波。或见远方火起，恐灾殃延及其家。或闻瘟疫流行，能为我害。或见飞蝗遍野，能害我苗。或孤行无伴，或庙宿旅眠。家防火烛，宅见妖邪。或随营贸易，或蹈险越关。或已入是非之场，心忧祸患。或欲管闲事，恐惹灾非。或入病家，以防沾染。或误服毒物，恐致伤生。或服人参药饵，益于我否。或驭野兽烈马，恐致惊伤。或已定重罪而盼赦，或已得重病以防危。或见远处有可疑之舟，或见外来有可疑之人。或买官房公地，有后患否。或买山场茔地，有是非否。或错买盗物，或立险处。或见邻家有兽头照壁，冲射我宅，能为害否。或见邻山新葬，及开窑盖庙，犯先茔否。

以上皆系防灾虑患，但得**子孙持世者，安如泰山，当行即行，有吉无凶。若得官鬼持世，忧疑不解，加意防之。即使当行，亦勿行也。**

惟陈言谏诤者，又非此论。若果真正为国计民生，损躯为国，即使官鬼持世，亦宜行之。

前说诸事，以子孙持世而为吉，官鬼持世以为忧。此二者卦若不现，尽可再占，但有一现者，不必占矣。然又有事之缓急不同，假令江海开舟，倘得官鬼持世，岂有永不开行之理？岂不闻"早开一日以逢凶，迟去半时而免祸"？倘若今日占得官鬼持世，且莫开舟。明日再占，后日又占，但遇子孙持世，即便开行。事之有相似者，悉照此可也。

占功名。

不拘文武，或已仕未仕，但得官鬼持世，盼升即升，候选既选，入场必中，童试必取。罣误者，官职忧存；黜名者，前程可获。林下久居，定蒙起用；考职考艺，必取其名。纳粟者名等仕籍，开垦者加等即升，问缺者此缺必得，建功者必建奇功。但不宜**子孙持世，一切功名，尽乃目前失望。**待有机会，下次再占。

余又以占卜秘法，告于友曰："防灾虑患及占功名，只可自己决疑，不可代人占卜。自占防患者，独萌一点防患之心；占功名者，独有一点功名之念，自有灵验。恐其他人不知子孙与官鬼之理，既有虑祸之心，又有求名之念，便难决断。譬如上书谏言，此人若无官者，未必不欲借此以求名，而防祸之心亦所不免；有官爵者，既防功名之有失，又虑言出而祸随；又如身有前程者，或已仕，或未仕，目今罣误，事尚未结，既虑失官，又防有罪，此三等之人，皆谓之'心怀二念'。卦中倘得子孙持世，而欲许其无事，又恐神报失名；尔若许之，碍于功名，又恐神报无忧。所以教尔自占必验，代占不灵，非卦不灵，他心不专于一也。"

又如在任，占地方之惊变，及旱涝灾荒，此即谓之"防灾虑患"。若子孙持世，盗息民安；若得**官鬼持世，诸灾必见。**但不可占远年，只可占本岁。虽占本岁，亦不可将此数事一卦而占，须宜每事另占一卦可已。

又如已见惊变，惟恐罣误，此即谓之"虑功名之有失"。最喜官鬼持世，不宜子孙而持世也。

又如在任，无事之时，祷于神曰："我莅此任，将来能于升否？"若得官鬼持世，一定高迁；子孙持世，必有罣误。

又如未达之士，或才品优长，或武艺过人，占我终能成名否？官鬼持世，食禄有期；子孙持世，终无可望。

又如有祖荫，或已援例，或已立功，凡系已有部札批文委牌等事，问我将来终能出仕否？官鬼持世，一定飞腾；子孙持世，安心株守。

又如士子，先占一卦，今科中否？若得官鬼持世，金榜标名；子孙持世，即知今科而失望也。改日再占，下科中否？倘又得子孙持世，又知下科不能。另择一日，再占终身，可能中否？若得官鬼持世，终能奋发；倘得子孙持世，改业他图，可免儒巾之累。

孝廉占会试，童生占入学，皆同此法。

以上此法，皆秘法也。须要节节问去，卦无不灵。倘若未问目下，先问终身久远之事，殊不知神报近事者多，世人不识此理，胸中多少未决之事，先问终身，神且报尔胸中之疑，而断卦之人，亦不知此神意，竟以终身决之，岂非天壤之隔，全无影响？

占财。

问钱粮，可能征收足否？领钱粮，可能全领否？妻财持世丰足，兄弟持世赃赔。

问买卖经营，开张店面，及远处求财，或见贵求财，倘得妻财持世，速且行之；兄弟持世，须宜止之。

占经商贸易，开张店面，若已行久矣，问将来兴废何如？妻财持世，愈久愈丰；倘得兄弟持世，从今衰矣。

占囤货者，妻财持世，此货可买，兄弟持世，切不可买。

占放债者，兄弟持世，有借无还，妻财持世，始终两好。

占取债者，妻财持世，即使目下不得，终须有还；兄弟持世，改日再占。倘若屡占而得兄弟持世者，如水中以捞月也。若屡占而得官鬼持世者，必要经官。

占开金银铜铁铅矿及开煤窑、矾山，及买山、伐木、园林、盐池、鱼沼，凡系山岗、江海以取利者，若得妻财持世，物阜财丰；兄弟持世，破财折本。

占烧丹炼汞，世无此理，卦不必占，念亦莫起。即使卦得妻财持世，乃应别处之财。曾有人占烧丹，卦得戌土财爻持世，午火子孙发动相生，只谓戌月一定成丹。谁知九月妻妾子女由数千里而来，异乡团聚。戌土妻财者，而应妻妾；午火子孙动者，而应子女。此乃占此应彼，可见"《易》为君子谋"。非理之求，神不报此而应彼也。

占地下忽见光彩异物，或见黄白奇形，疑其有财者，若得妻财持世，必有金银；兄弟持世，不独无财，反有破财之事；倘得官鬼持世者，必是妖邪。

告吾友曰："世人凡有疑难，开口则曰求神问卜。可见欲知未来之吉凶，除卜之外，无他矣。予习《周易》有年，所卜之事，感应之理，就如神圣开口说话，真令人毛骨悚然。因尔不知《周易》之妙，不念卦书，不得不送此秘诀，试去行之。尔见其灵，从此自肯念书学卜。此法甚善，尔亦可以传人。缙绅士民、行商坐贾，无人不可不用。须要全不知五行生克之人，方用此法；倘若稍知五行者，神必现隐微之卦，须要看用神生克制化，月破旬空，并看后卷《求名》、《求财》及《疾病章》断法，不可以此为法。"吾友拜领而去。一别二十余年，异日相会予曰："蒙赐全图，真如锦囊。数十年来，避凶趋吉，全得此力。许多细事，难以枚举，略以几宗而告之。忽有一日，有收放钱粮之差，应当委我，闻他人以财干办。予占一卦，兄弟持世，知有赔累，听伊干之，后果贩赔不已。又因地现银矿，众约予开，予占数卦，不见兄弟妻财持世，难以决断。屡占见其兄弟持世，知其无益，决意不行。他人开过年余，费过数千余两，后竟掘出泉流。予得免此浪费。又一日，舟泊南昌，忽见西北云汇，疑有风暴，同舟之人，俱已占过，不见官鬼子孙持世，亦难决断。末后梢子占得官鬼持世，予即速命开船，湾于避风之处。少刻狂风大作，江上坏船二十余只，独予得免。又因贱荆偶得疯疾，危在旦夕，身原虚弱，医命人参救之。又一医曰：'服人参即死。'予占得震为雷变雷泽归妹，乃是六冲卦，参药俱不用服，知其近病逢冲即愈，果于申日退灾。还有两宗大事，身家性命所关，皆得保全。一日解饷十万，行至花山，午月甲子日，占得艮为山，官鬼持世，知其有盗，吩咐梢子传知同行之舟，且莫开行；他船不听，俱已开去。及至巳时，塘兵报曰：'前船被盗。'后赶上见之，哭声两岸。又于巳月壬申日，与众乡人避乱于山。众曰'此地不稳'，移往灵鸡洞避之。予占一卦，问'此地稳否'。占得天雷无妄，午火子孙持世，约众勿迁。有不信者，竟自迁去，后被贼人放火薰洞，洞内之人俱遭烟死，独予合室保全。此数事，非身家性命之所关也？余今愿领其教，欲识五行生克之理，可得闻欤？"予曰："《周易》之道，知天时之旱涝，识地利之丰歉，知时运之兴衰，知疾病之生死，知功名之成败，知财帛之聚散，知祸福之趋避，为人不可不学《易》也。孔子曰：'假我数年，五十以学《易》，可以无大过矣。'尔今先念《浑天甲子》、《六亲歌》，占出卦来，会装五行六亲，再学变动，卦中必有动爻，动则必变。既知动变，然后再看用神、元神、忌神，知此者即如入《周易》之门也。再看《四时旺相章》、《五行相生相克章》、《五行相冲相合章》、《旬空月破生旺墓绝章》，又如升《周易》之堂矣。再看后卷各门各类，占何事以何法断之，渐渐由浅入深，以得其奥。不须半载工夫，得余数十年之积学也。今予先点一卦，教尔学看用神及五行生克旺衰之理。"

凡问事，先写年月日辰，再照《六神章》中写出六神，然后占卦。

即如占得乾为天卦。

乾为天

父母　世　———　戌土
兄弟　　　———　申金
官鬼　　　———　午火
父母　应　———　辰土
妻财　　　———　寅木
子孙　　　———　子水

自占吉凶者，以世爻为用神。此卦世临戌土，即以此戌土为自己之身。宜于旺相，最怕休囚。宜逢巳午之火相生，最忌寅卯之木而相克，又不宜世爻落空，更不宜世临月破。

此世爻戌土，有四处生克冲合。

月建能生克冲合，一也。

此卦世爻戌土，若在寅卯月占卦，被寅卯之木伤克，即为"世爻受伤"。自占吉凶者，谓之休囚，不利。若在辰月占卦，辰冲戌土，戌为月破，此谓之"世爻逢月破"，即如自己身子如破物也，百无所用。

若在巳午月占卦，巳午之火乃是官星，能生戌土，谓之"火旺土相"。世爻逢旺相，诸事可为。

若在未丑月占卦，此两月土旺之时，亦能帮扶戌土。此世爻戌土，亦谓之"旺相"，亦以为吉。

若在戌月占卦，世爻戌土而为月建，此方旺相，以当时也。自占吉凶，诸事亨通。

若在申酉亥子月占卦，此戌土皆为泄气之时，谓之"世爻休囚"，无力。

此谓之月建能生克冲合世爻戌土之用神也。

要知何以谓之用神者，自占吉凶，用此世爻为主，不曰世爻，而曰用神。占父母，以父母爻为用神。

日辰能生克冲合，二也。

此卦世爻戌土，若在寅卯日占卦，寅卯之木，能克戌土，此世爻受日辰伤克，不利之象。

若在辰日占卦，辰冲戌土，谓之"世爻暗动"。

若在巳午日占卦，巳午之火，即是官鬼，能生戌土，此谓之"世爻逢官鬼而生旺"，诸事皆吉。

若在未丑二日占卦，土遇土而帮扶，此戌土亦为得助。

若在戌日占卦，谓之"世爻临日建"，当令得权。

若在申酉亥子日占卦，此戌土无克无生。

此谓之日建能生克冲合用神也。

卦中之动爻能生克冲合，三也。

此卦世爻戌土，倘卦中第二爻寅木发动，能克戌土；第四爻午火官鬼发动，能生戌土；第三爻辰土发动，能冲戌土，此谓之卦中之动爻能生克冲合用神。

世爻自动变出之爻能回头生克，四也。

世爻发动，动而必变，变出巳午之火，谓之"回头生世"；变出寅卯之木，谓之"回头克世"；变出辰土，谓之"回头冲世"；变出卯木，谓之

"合世"。

此谓之用神自动变出之爻，能生克冲合用神也。

以上四处，若得全来生合用神者，诸占全吉。倘有三处相生，一处相克，亦以吉断。若有两处克、两处生者，须看旺衰。生用神之神旺相者，则以吉断；克用神之神旺相者，可作凶推。倘遇三处相克，一处相生，若得相生之爻旺相者，亦可谓之克处逢生，凶中得解。若值休囚者，有生之名，无生之实，与四处俱来克者同断，诸占大凶。

或问曰："此卦世爻戌土，并无变出寅卯巳午之理。"予曰："他爻多有变出回头生克，借此以为法也。"

又问曰："卯木能克戌土，又与戌合，还以之为克，还是以之为合？"予曰："《五行相合章》注解极明。"

又问曰："此卦乾为天，卦中午火作官星是也。如何午月午日占卦，亦以此午火作官星，何也？"予曰："不拘占得何卦，卦内若以巳午火作官星者，如遇巳午月日占卦，此巳午月日亦作官星；卦中若以巳午之火作财星者，而日月巳午也作财星。余仿此。"

旺相休囚者，《四时旺相章》查之。

空破者，《旬空月破章》查之。

冲合者，《五行相冲五行相合章》查之。

生克者，《五行相生五行相克章》查之。

元神者，《元神章》查之。

用神官星者，在《用神章》查之。

暗动者，在《暗动章》查之。

回头生回头克者，在《动变生克章》查之。

日辰月建者，在《日辰月将章》查之。

占父母者，以卦中父母爻为用神。此卦辰戌两爻，俱是父母。若两爻俱动，或不动，择其旺者而为用神。如一爻动者，择其动者为用神。父母即临辰戌二土，即以土为父母，宜火相生，怕木相克，忌临月破、旬空，亦有四处生克冲合。但宜生多克少为吉，与前世爻相参看。

占宅舍舟车、文书章奏，皆以父母爻为用神，须在《用神章》细看。

占他人者，以应爻为用神。此卦应临辰土，欲其吉者，宜四处相生；

欲其衰者，宜四处以冲克。

占兄弟者，以兄弟爻为用神。此卦申金兄弟，即为用此爻。宜土相生，怕火相克，忌临月破、旬空，亦有四处生克，俱是多生少克为吉，克多生少为凶。

又云：兄弟爻乃劫财之神。如占弟兄姐妹之否泰者，宜其生旺，不宜临月破旬空。如占妻妾婢仆及财物者，最宜多克生少，更喜逢空逢破，使其不能劫我之财，克我之妻妾婢仆。

占妻妾婢仆及占财物者，以妻财爻为用神。此卦寅木妻财，即是用神。忌临旬空月破，宜水相生，怕金相克。亦有四处生克。多生少克为吉，与前同看。

凡占金银、买卖，皆以妻财为用神，须在《用神章》中细看。

占子孙者，以子孙为用神。此卦爻子水即是用神，忌临月破、旬空，喜金相生，怕土相克。亦有四处生克冲合。宜其少克生多，照前同看。

占他事者，以子孙爻为用神者，亦多《用神章》查之。

占功名者，以官鬼爻为用神。此卦午火官星，即用此爻。最忌逢空逢破，怕水相克，宜木相生。亦有四处生克，与前同看。

占鬼祟、妖孽、乱臣、贼盗，皆以官鬼爻为用神，须在《用神章》细看。

从前至此，所论诸事，后卷俱有细法。恐尔初学，不得其门而入，写此以为纲领，引尔入门也。知此纲领，再细详后卷各章，由浅入深，自入佳境。

前八宫全图，皆是静爻。然卦必有动，动则必变，后篇虽有动变章，恐尔不明，再排一变卦为式，当尔细详。卦有"○"儿变出，"○"儿为重，重为阳，阳动变阴。卦有"×"变出，"×"儿为交，交为阴，阴动变阳。

即如占得"泽天夬"变出"天风姤"卦。

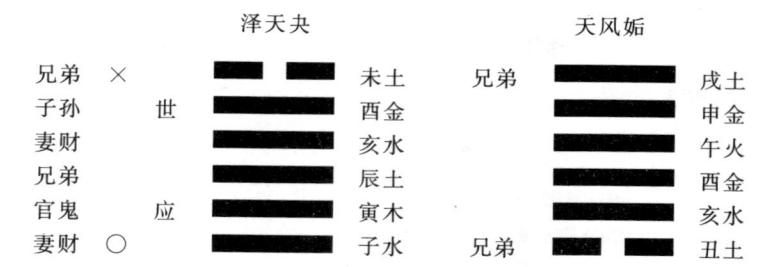

```
              泽天夬                  天风姤
兄弟  ×  ▬▬ ▬▬  未土    兄弟  ▬▬▬▬▬  戌土
子孙  世  ▬▬▬▬▬  酉金    　    ▬▬▬▬▬  申金
妻财     ▬▬▬▬▬  亥水    　    ▬▬▬▬▬  午火
兄弟     ▬▬▬▬▬  辰土    　    ▬▬▬▬▬  酉金
官鬼  应  ▬▬▬▬▬  寅木    　    ▬▬▬▬▬  亥水
妻财  ○  ▬▬▬▬▬  子水    兄弟  ▬▬ ▬▬  丑土
```

上三爻外卦乃是兑卦，兑为泽。

下三爻内卦乃是乾卦，乾为天。

泽在上，天在下，即是泽天夬卦。于全图内，寻出泽天夬卦，照样装出世应、五行、六亲，然后再看动爻。

上三爻兑卦，第六爻"交"动，变出"▬▬▬▬▬"爻，即是兑卦变乾卦，为乾为天。

下三爻乾卦，初爻"重"动，"○"变为"▬▬ ▬▬"爻，即是乾卦变巽卦，巽为风。天在上，风在下，即是变出天风姤卦。再往全图内，寻出天风姤卦，以姤卦初爻之丑土，写在前卦初爻发动子水之旁，谓之子水变出丑土。以姤卦第六爻之戌土，写在前卦六爻发动之旁，即是未土变出戌土。余爻不动，不变，不必写出。

安六亲者，姤卦之丑土、戌土，原是父母，今俱写兄弟，何也？六亲须照前卦而安也。前卦泽天夬，土为兄弟，所以变卦之丑、戌二土，亦写兄弟。余卦仿此。

浑天甲子章第四

乾在内卦：子水、寅木、辰土。乾在外卦：午火、申金、戌土。

坎在内卦：寅木、辰土、午火。坎在外卦：申金、戌土、子水。

艮在内卦：辰土、午火、申金。艮在外卦：戌土、子水、寅木。

震在内卦：子水、寅木、辰土。震在外卦：午火、申金、戌土。

巽在内卦：丑土、亥水、酉金。巽在外卦：未土、巳火、卯木。

离在内卦：卯木、丑土、亥水。离在外卦：酉金、未土、巳火。

坤在内卦：未土、巳火、卯木。坤在外卦：丑土、亥水、酉金。
兑在内卦：巳火、卯木、丑土。兑在外卦：亥水、酉金、未土。
假令占得天风姤卦，

```
          天风姤
父母    ▅▅▅▅▅    戌土
兄弟    ▅▅▅▅▅    申金
官鬼 应 ▅▅▅▅▅    午火
兄弟    ▅▅▅▅▅    酉金
子孙    ▅▅▅▅▅    亥水
父母 世 ▅▅ ▅▅    丑土
```

上三爻是乾卦，即是乾在外卦，午火、申金、戌土。
下三爻是巽卦，即是巽在内卦，丑土、亥水、酉金。
点卦由下点至上，故装五行亦由下而往上。余仿此。

六亲歌第五

乾兑金兄土父传，木财火鬼水子然。① 坎宫水兄火为财，土鬼金父木子来。
坤艮土兄火为父，木鬼水财金子路。② 离宫火兄水为鬼，土子木父金财助。
震巽木兄水父母，金鬼火子财是土。③
假令占得乾为天。

```
          乾为天
父母 世 ▅▅▅▅▅    戌土
兄弟    ▅▅▅▅▅    申金
官鬼    ▅▅▅▅▅    午火
父母 应 ▅▅▅▅▅    辰土
妻财    ▅▅▅▅▅    寅木
子孙    ▅▅▅▅▅    子水
```

此系乾宫卦，即照乾兑金兄、土父、木财、火鬼装之，所以辰、戌二土为父母，申金为兄弟，火为官鬼，木是妻财，水是子孙。余卦仿此。

---

① 乾宫八卦俱属金。
② 坤宫八卦、艮宫八卦俱属土。
③ 震巽宫八卦俱属木。

世应章第六

乾为天"世"在六，天风姤"世"在初，天山遁"世"在二，天地否"世"在三，风地观"世"在四，山地剥"世"在五，火地晋"世"退在四，火天大有"世"退在三爻。

隔世爻两位即是应爻。余卦仿此。

动变章第七

六爻不动则不变，动则必变，"○"为阳，动则变"、"；"×"为阴，动则变"、"。假令

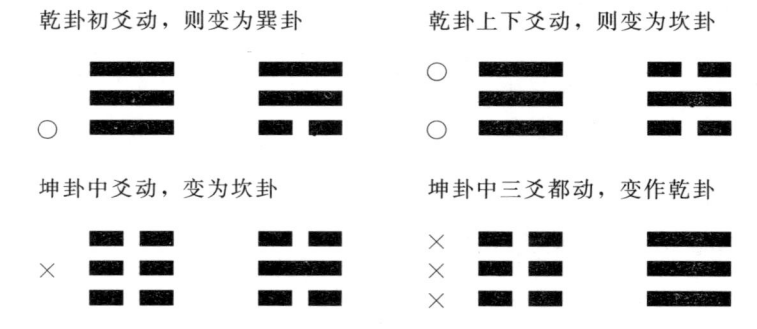

乾卦初爻动，则变为巽卦　　乾卦上下爻动，则变为坎卦

坤卦中爻动，变为坎卦　　坤卦中三爻都动，变作乾卦

占得水天需为正卦，变出天水讼为支卦。

水天需　　　　　　天水讼

妻财	×		子水	兄弟		戌土
兄弟			戌土			申金
子孙	×	世	申金	父母		午火
兄弟	○		辰土	父母		午火
官鬼			寅木			辰土
妻财	○	应		子水	官鬼	寅木

上三爻坎卦，即是坎在外卦，申金、戌土、子水，所以四爻申金、五爻戌土、上爻子水。变出乾卦，即是乾在外卦，午火、申金、戌土，所以申金变出午火，子水变出戌土，申爻不动则不变。变出之爻安六亲者，仍照正卦而安。余卦仿此。

用神章第八

父母爻

占父母，即以卦中之父母爻为用神。

祖父母、伯叔姑姨、父母，凡在我父母之上，或与我父母同辈之亲，及师长，妻父母、乳母、拜认之父母，三父八母，或仆占主人，皆以父母爻为用神。

占天地、占城池、墙垣、宅舍、屋宇，舟车、衣服、雨具、绸缎，布匹、毡货及章奏、文书、文章、书馆、文契，亦以父母为用神，物类亦多，在人通变，一切庇护我身者是也。

官鬼爻

占功名、占官府、雷霆、鬼神，妻占夫，皆以官鬼爻为用神。占乱臣、贼盗、邪祟，亦以官鬼爻为用神。

物类亦多，一切拘束我身者是也。

兄弟爻

占兄弟、姐妹、族中弟兄、姑姨、姐妹、姐丈、妹夫及结拜弟兄，皆以兄弟爻为用神。

兄弟乃同类之人，彼得志则欺凌，见财则夺，所以占财物以之为劫财之神，占谋事以之为阻隔之神，占妻妾、婢仆以之为刑伤克害之神。

占姐丈妹夫，以兄爻为用神，予屡得验。

占表兄弟，以兄弟爻为用神而不验，还以应为用神。

妻财爻

占妻妾婢仆役，凡我驱使之人，皆以财爻为用神。占货财、珠宝、金银、仓库、钱粮，一切使用之财物、什物、器皿，亦以财爻为用神。

子孙爻

占子孙，占女、女婿、侄、甥、门徒，凡在我子孙辈中，皆以子孙为用神。

占忠臣、良将、医人、医药、僧道、兵卒，皆以子孙为用神。占六畜、禽鸟，亦以子孙为用神。

子孙为福德之神，为制鬼之神，又为解忧之神，为剥官之神，故谓之子孙及是福神，诸事见之为喜，独占功名者忌之。

用神元神忌神仇神章第九

用神，即前各类之用神也。

元神者，生用神之爻即为元神。

忌神者，克用神之爻也。

仇神者，克制元神，不能生用，反生忌神，而克害用神。

假令金为用神，生金者土也，土为元神。克金者火也，火为忌神。克土生火者木也，木为仇神。

不拘占何事，先看何爻为用神。既得用神，须看旺相否，有元神动而生扶否，有忌神动而克害否。

即于辰月戊申日，占父近病，得乾为天，变风天小畜。

		乾为天			风天小畜	
父母	世	▬▬▬	戌土		▬▬▬	卯木
兄弟		▬▬▬	申金		▬▬▬	巳火
官鬼	○	▬▬▬	午火	父母	▬ ▬	未土
父母	应	▬▬▬	辰土		▬▬▬	辰土
妻财		▬▬▬	寅木		▬▬▬	寅木
子孙		▬▬▬	子水		▬▬▬	子水

一人执此卦而问予曰："近病逢冲即愈。此卦乃系六冲，但予父病之甚重，尔看愈于何日？"予曰："此卦辰土、未土、戌土，三重父母爻，当择其旺者而用之。今辰土父母临月建，即用辰土为用神。目下病重者，乃

因申日冲寅木而暗动，木动以克辰土。"彼问曰："卦中午火发动，寅木虽则暗动，反生午火而生土。《卜书》云：忌神与元神同动，得两生也。今止曰寅木克辰土，不曰午火生辰土，何也？"予曰："午火虽动化出未土，午与未合，午火贪合，不生辰土，所以此辰土单受寅木之克，不得午火之生，故此病体沉重。须待丑日冲去未土，而午火无合，可贪午火生土，其灾退矣。"果于丑日起床。

元神忌神衰旺章第十

元神虽生用神，须要旺相，方可生得用神。

元神能生用神者有五：

元神旺相，或临日月，或得日月动爻生扶者，一也。

元神动化回头生及化进神者，二也。

元神长生帝旺于日辰，三也。

元神与忌神同动，四也。

元神旺动临空化空，五也。

古以临空化空为无用，非也。殊不知动不为空，皆应冲空实空之日而有用也。故以为吉，能生用神。此五者，乃有力之元神也，诸占皆吉。

即如酉月辛亥日，占谒贵求财，得兑为泽，变雷水解卦。

```
            兑为泽              雷水解
父母    世  ▬▬ ▬▬  未土            ▬▬ ▬▬  戌土
兄弟  ○     ▬▬▬▬▬  酉金   兄弟    ▬▬▬▬▬  申金
子孙        ▬▬▬▬▬  亥水            ▬▬ ▬▬  午火
父母    应  ▬▬ ▬▬  丑土            ▬▬ ▬▬  午火
妻财        ▬▬▬▬▬  卯木            ▬▬▬▬▬  辰土
官鬼  ○     ▬▬▬▬▬  巳火   妻财    ▬▬ ▬▬  寅木
```

断曰："甲寅日得见财，亦如心。"彼曰："卯木财爻空而且破，又被金克，初爻巳火，官虽生世，亥日冲散，又化旬空，何以为吉？"予曰："神兆机于动，予从来不言散。正因巳火化空，所以目下不见。待甲寅日出空，而相见矣。"寅木之财以生官，官来生世。果于寅日早，见本日得财。

元神虽现又有不能生用神者有六：

元神休囚，不动或动，而休囚又被伤克者，一也。

元神休囚又逢旬空、月破，二也。

元神休囚动化退神，三也。

元神衰而又绝，四也。

元神入三墓，五也。

元神休囚动而化绝、化克、化破、化散，六也。

以上见生不生，乃无用之元神也，虽有如无。

忌神动而克害用神者有五：

忌神旺相，或遇日月动爻生扶，或临日月者，一也。

忌神动化回头生化进神者，二也。

忌神旺动临空化空，三也。

忌神长生帝旺于日辰，四也。

忌神与仇神同动，五也。

以上之忌神者，如斧戟之忌神也，诸占大凶。

忌神虽动又有不能克用神者有七：

忌神休囚不动，动而休囚被日月动爻克者，一也。

忌神静临空破，二也。

忌神入三墓，三也。

忌神衰动化退神，四也。

忌神衰而又绝，五也。

忌神动化绝化克、化破、化散，六也。

忌神与元神同动，七也。

此忌神者，乃无力之忌神也，诸占化凶为吉。

以上论元神忌神之有力无力者，亦要用神有气。倘若用神无根，谓之"元神有力亦难生，忌神无力何足喜"。

如巳月乙未日，自占病，得泽风大过，变火风鼎。

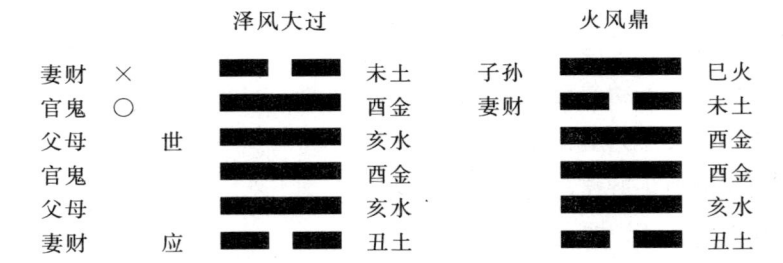

	泽风大过			火风鼎
妻财 ×	▬▬ ▬▬	未土	子孙	▬▬▬▬▬ 巳火
官鬼 ○	▬▬▬▬▬	酉金	妻财	▬▬ ▬▬ 未土
父母 世	▬▬▬▬▬	亥水		▬▬▬▬▬ 酉金
官鬼	▬▬▬▬▬	酉金		▬▬▬▬▬ 酉金
父母	▬▬▬▬▬	亥水		▬▬▬▬▬ 亥水
妻财 应	▬▬ ▬▬	丑土		▬▬ ▬▬ 丑土

　　自占病，世爻亥水为用神，被未土忌神动而克水，幸得酉金元神亦动，忌神未土反生元神之酉金，金生亥水，接续相生，化凶而为吉矣。岂知亥水月冲日克，值月破而被克，虽有生扶，生之不起，如树无根，寒谷不回春也。果卒于癸卯日。应卯日者，冲去元神之日也。此谓之"用神无根，元神有力亦难生"。

　　又如丑月戊子日，自占病，得天火同人，变旅卦。

	天火同人			火山旅
子孙 应	▬▬▬▬▬	戌土		▬▬▬▬▬ 巳火
妻财 ○	▬▬▬▬▬	申金	子孙	▬▬ ▬▬ 未土
兄弟	▬▬▬▬▬	午火		▬▬▬▬▬ 酉金
官鬼 世	▬▬▬▬▬	亥水		▬▬▬▬▬ 申金
子孙	▬▬ ▬▬	辰土		▬▬ ▬▬ 午火
父母 ○	▬▬▬▬▬	卯木	子孙	▬▬ ▬▬ 辰土

　　自占病，世为用神。世爻亥水，子日拱之，又得申金元神，动而相生，乃不死之症。疑其申金墓于丑月，恐不能生，请伊母再占一卦。

　　得离卦，变火天大有。

	离为火			火天大有
兄弟 世	▬▬▬▬▬	巳火		▬▬▬▬▬ 巳火
子孙	▬▬ ▬▬	未土		▬▬ ▬▬ 未土
妻财	▬▬▬▬▬	酉金		▬▬▬▬▬ 酉金
官鬼 应	▬▬▬▬▬	亥水		▬▬▬▬▬ 辰土
子孙 ×	▬▬ ▬▬	丑土	妻财	▬▬▬▬▬ 寅木
父母	▬▬▬▬▬	卯木		▬▬▬▬▬ 子水

　　母占子，子孙为用神。丑土子孙，虽逢月建，不宜动化寅木；回头之克，目下虽则无妨，交春木旺土衰，必死。又合前卦，亥水世爻，得申金

元神以相生，寅月冲去申金则危矣。果卒于交春之日。大凡占病，一家俱可代占。合而决之，死之日月可知矣。

卦宜多占，决祸福而更稳。

前卦申金元神，动而生世，当许申日退灾。因见后卦，丑土子孙，变寅木之克，寅月必危。始悟出寅月，冲去申金则危矣。

五行相生章第十一

金生水，水生木，木生火，火生土，土生金。

凡用神、元神，宜于逢生。月建生，日建生，动爻生，动化回头生。

即如卯月己卯日，弟占，兄已得重罪，母叩问能救否，得复之震。

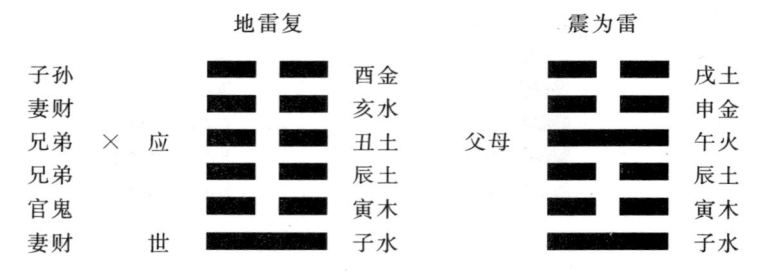

```
         地雷复              震为雷
子孙   ▬▬ ▬▬   酉金        ▬▬ ▬▬   戌土
妻财   ▬▬ ▬▬   亥水        ▬▬▬▬▬   申金
兄弟 × 应 ▬▬ ▬▬   丑土   父母 ▬▬ ▬▬   午火
兄弟   ▬▬ ▬▬   辰土        ▬▬ ▬▬   辰土
官鬼   ▬▬ ▬▬   寅木        ▬▬ ▬▬   寅木
妻财 世 ▬▬▬▬▬   子水        ▬▬▬▬▬   子水
```

兄弟爻为用神，丑土兄动，日月克之，明现大罪难脱。幸得兄爻丑土化午火，父母回头相生。断曰："速速行之。父母生，神告显然。"后果蒙免死。

又如巳月丙申日，占病，得姤卦。

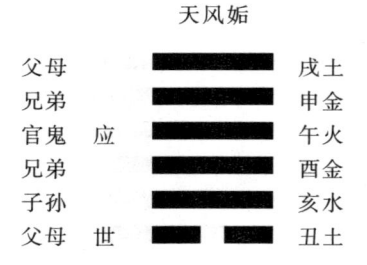

```
         天风姤
父母   ▬▬▬▬▬   戌土
兄弟   ▬▬▬▬▬   申金
官鬼 应 ▬▬▬▬▬   午火
兄弟   ▬▬▬▬▬   酉金
子孙   ▬▬▬▬▬   亥水
父母 世 ▬▬ ▬▬   丑土
```

医家执此卦而问余曰："某人得病，虽是危灾，予命病人占药可能救否？此卦月建巳火，应爻午火生世，病必可救。如何服药无灵？"余曰："卦之显然，乃尔错看。占药以子孙为用神，父母为忌神。此卦亥水子孙，月破无根，申日生之而不起。世爻父母，以克子孙，此之谓父母持世，妙药难调，服药如何有效？非惟卦不准，乃尔断不灵。"

五行相克章第十二

金克木，木克土，土克水，水克火，火克金。

凡忌神、仇神，宜于逢克。月克，日克，动爻克用神，动化回头克。此四者，用神、元神但逢一克，他处不见生扶者，即为凶兆。占吉事，乐极生悲；占凶事，须宜急急回避。

如卯月戊辰日，占父官事，已拟重罪，得泽地萃卦，变天火同人。

	泽地萃			天火同人	
父母	×	未土	父母		戌土
兄弟	应	酉金			申金
子孙		亥水			午火
妻财	×	卯木	子孙		亥水
官鬼	世	巳火			丑土
父母	×	未土	妻财		卯木

外卦未土父母，卯月克之；内卦亥卯未合成木局，又相克制。月克日刑，全无救助，果至重刑。

同日，妹占兄官事，同此一案，亦拟重罪。

得天地否，变天水讼。

	天地否			天水讼	
父母	应	戌土			戌土
兄弟		申金			申金
官鬼		午火			午火
妻财	世	卯木			午火
官鬼	×	巳火	父母		辰土
父母		未土			寅木

申金兄爻为用神，巳火鬼动，刑克申金，重罪定矣。幸喜辰日冲动戌土，父母暗动生申，克处逢生，若有父母可以救之。后因父年八旬，援例告留，免死。

又如卯月癸亥日，新迁住宅，人口不安。占得水天需，变乾卦。

	水天需			乾为天	
妻财	×		子水	兄弟	戌土
兄弟			戌土		申金
子孙	× 世		申金	父母	午火
兄弟			辰土		辰土
官鬼			寅木		寅木
妻财	应		子水		子水

申金子孙持世，化午火回头之克，乃自身与子孙同受克。上爻子水财动，又化土克，财为妻妾婢仆，乃一家受害之象，速宜迁之。伊曰："另改门户，能免灾耶？"予曰："不能。忌回头之克我，夏天火旺之时，必有凶厄。"岂知宅近黄河，逐日欲迁而未迁，午月河决，一家九口，随波逐浪。应午月者，午火当权，克世克子，又冲子水妻财，所以一家被害。

圣人作《易》，令人趋吉避凶。未卜而不知者，是大数也。卜之而神不告，亦大数也。既已卜之，神已告之，明知而故犯者，亦不可尽委之于数也。命也。

克处逢生章第十三

受此处之克，得彼处之生，即为克处逢生。大凡用神、元神，克少生多为吉。

忌神者，以克少生多为凶，所以忌神宜克不宜生也。

如辰月丙申日，占弟痘症，业已临危，得既济变革卦。

	水火既济			泽火革	
兄弟	应		子水		未土
官鬼			戌土		酉金
父母	× 世		申金	兄弟	亥水
兄弟	世		亥水		亥水
官鬼			丑土		丑土
子孙			卯木		卯木

断曰："月建辰土，虽克亥水，兄弟赖申日以生之。又得动爻相生，临危有救。"果于本日酉时，得明医而救活。至己亥日，已全生。

动静生克章第十四

六爻安静旺相之爻，可以生得休囚之爻，亦可以克得休囚之爻。盖旺相者，如有力之人也。

假令春天寅卯月占，得坤卦。

坤为地

子孙	世	▬▬ ▬▬	酉金
妻财		▬▬ ▬▬	亥水
兄弟		▬▬ ▬▬	丑土
官鬼	应	▬▬ ▬▬	卯木
父母		▬▬ ▬▬	巳火
兄弟		▬▬ ▬▬	未土

如占父母，巳火为父母。三爻之卯木，当春旺相，能生巳火，即为父母旺相。巳火父母，既逢春木相生，父旺能克子孙。如占子孙，子孙衰矣。

春木当令，能克丑未二土。土临兄弟，如占兄弟，谓之休囚无气。余仿此。

卦有动爻，能克静爻。即使静爻旺相，亦不能克动爻。

假令寅月，占得兑卦，变归妹。

兑为泽　　　　　　　雷泽归妹

父母	世	▬▬▬▬▬	未土		▬▬ ▬▬	戌土
兄弟	○	▬▬▬▬▬	酉金	兄弟	▬▬ ▬▬	申金
子孙		▬▬▬▬▬	亥水		▬▬▬▬▬	午火
父母	应	▬▬ ▬▬	丑土		▬▬ ▬▬	丑土
妻财		▬▬▬▬▬	卯木		▬▬▬▬▬	卯木
官鬼		▬▬▬▬▬	巳火		▬▬▬▬▬	巳火

酉金发动，虽则休囚，动而能克旺相之卯木。

卯木当令，能克丑未二土。今既木被金伤，亦难克土。余仿此。

静者如坐如卧，动者如行走之人也。

动变生克冲合章第十五

卦有动爻，动而必变。夫变出之爻，能生克冲合本位之动爻，不能生克他爻；而他爻与本位之动爻，亦不能生克变爻。

假令子月卯日，占得坤卦，变火地晋。

	坤为地			火地晋	
子孙 ╳ 世	▬▬ ▬▬	酉金	父母	▬▬ ▬▬	巳火
妻财	▬▬ ▬▬	亥水		▬▬ ▬▬	未土
兄弟 ╳	▬▬ ▬▬	丑土	子孙	▬▬ ▬▬	酉金
官鬼 应	▬▬ ▬▬	卯木		▬▬ ▬▬	卯木
父母	▬▬ ▬▬	巳火		▬▬ ▬▬	巳火
兄弟	▬▬ ▬▬	未土		▬▬ ▬▬	未土

酉金发动，酉为动爻，变出巳火，巳为变爻；变爻之巳火，能回头克本位之酉金，并不能生克他爻。

四爻之丑土，动而能生世爻之酉金，不能生变出之酉金；而变出之酉金，亦不能生克他爻。

然则变爻谁能制之？惟日月能生之、克之、冲之、合之。何也？日月如天，能生克动爻、静爻、飞爻、伏爻、变爻，而诸爻皆不能伤日月。《黄金策》曰："爻伤日，徒受其名。"即如此卦，子水月建，能克世爻，变出之巳火；卯为日建，能冲变出之酉金，是也。余仿此。

四时旺相章第又十五

正月寅为月建，寅木旺，卯木次之。

二月卯为月建，卯木旺，寅木次之。

正二月木为旺，火为相，其余金火土俱作休囚。

三月辰为月建，辰土旺，丑未之土次之。金赖土生，金为相。木虽不旺，还有余气。其余俱作休囚。

四月巳为月令，巳火旺，午火次之。

五月午为月建，午火旺，巳火次之，

四五月火旺，土相，其余俱作休囚。

六月未为月建，未土旺，辰戌次之。土生金，金为相。火虽衰矣，亦有余气存焉。其余俱作休囚。

七月申为月建，申金旺，酉金次之。

八月酉为月建，酉金旺，申金次之。

七八月金旺，金生水，水为相，其余俱作休囚。

九月戌为月令，戌土旺，丑未之土次之。土生金，金为相，其余俱作休囚。

十月亥为月建，亥水旺，子水次之。

十一月子为月建，子水旺，亥水次之。

十月、十一月水生木，木为相，其余俱以衰论。

十二月丑为月建，丑土旺，辰戌之土次之。土生金，金为相。水虽衰矣，还有余气。其余俱作休囚。

月将章第十六

月将即是月建，又为月令。

掌一月之权，司三旬之令。

一月三十日内，当权得令。

操持万卜之提纲，巡察六爻之善恶。

能助卦爻之衰弱，能挫爻象之旺强。

制服动变之爻，扶起飞伏之用。

月将乃当权之主帅，万卜以之为纲领。

爻之衰弱者，能生之、合之、比之、拱之、扶之，衰而亦旺。

爻之强旺者，能冲之、克之、刑之、破之，旺而亦衰。

卦有变爻克制动爻者，月建能制服变爻。

卦有动爻克制静爻者，亦能制服动爻。

用神伏藏，被飞神压住者，月建能冲克飞神，生助伏神而为用也。

爻逢月合而有用，爻逢月破而无功。

月建合爻则为月合，乃有用之爻也。月冲之爻即为月破，无用之爻也。

月建不入爻，亦为有用。月建一入卦，愈见刚强。

卦无用神，即以月建为用神，不必寻伏神也。月建入卦，动而作元神者，为福更大；动而作忌神者，为祸更深。不入卦者，缓之。

爻值月建旺相，当权逢空不空，逢伤无害。

古有此说，余试不然。在旬内者，毕竟为空。

如寅月庚戌日，占求财，得火天大有。

火天大有

官鬼	应	▬▬▬▬▬	巳火
父母		▬▬ ▬▬	未土
兄弟		▬▬▬▬▬	酉金
父母	世	▬▬▬▬▬	辰土
妻财		▬▬▬▬▬	寅木
子孙		▬▬▬▬▬	子水

断曰："寅木财爻为用神，财爻克世，此财必得。但目下尚空，要到甲寅日出空可得。"果于甲寅得之。古以逢空不空，非也。若在旬内，还作空亡，必待出旬，不为空也。

逢空亦空，终非落底之空；逢伤亦伤，却有待时之用。

所以用神逢空，勿即指为不空，毕竟为空。但此空者，乃目下旬内之空也。待至出空之日，则不空矣。作忌神者，出而为祸；作元神者，出而为福。非比休囚之真空，到底而为空也。

爻值月建，乃为旺矣。或被他爻所克，即谓之逢伤。占病者目下不愈，占事者目下不成。待至冲去伤爻之日，则不受其伤矣。病者必愈，图事必成。故曰："逢伤亦伤，却有待时之用。"

如酉月丙寅日，占谒贵，得山风蛊，变山水蒙。

山风蛊　　　　　　　　　　山水蒙

兄弟	应	▬▬▬▬▬	寅木		▬▬▬▬▬	寅木
父母		▬▬ ▬▬	子水		▬▬ ▬▬	子水
妻财		▬▬ ▬▬	戌土		▬▬ ▬▬	戌土
官鬼	○世	▬▬▬▬▬	酉金	子孙	▬▬ ▬▬	午火
父母		▬▬▬▬▬	亥水		▬▬▬▬▬	辰土
妻财		▬▬ ▬▬	丑土		▬▬ ▬▬	寅木

世临月建之官，定得面见。但被午火回头之克，须待子日冲去午火，方得拜谒。果得见于丙子日。故曰："逢伤亦伤，却有待时之用。"

日绝日冲日克，需察别位有生扶。

化绝化墓化克，又怕他爻增制克。

爻值月建，或绝墓于日，及日建冲克者，可以敌之，无吉无凶之象。倘得他爻又动而生扶者，更为吉兆。只恐他爻又来克制用爻，虽临月建，亦难敌也。

如寅月丙申日，占官之升迁，得艮卦，变山雷颐。

```
        艮为山              山雷颐
官鬼  世 ▅▅▅ 寅木         ▅▅▅ 寅木
妻财    ▅ ▅ 子水         ▅ ▅ 子水
兄弟    ▅ ▅ 戌土         ▅ ▅ 戌土
子孙  应○▅▅▅ 申金    兄弟 ▅ ▅ 辰土
父母    ▅ ▅ 午火         ▅▅▅ 寅木
兄弟   ×▅ ▅ 辰土    妻财 ▅ ▅ 子水
```

寅木官星持世，临月建而旺相，虽被申日冲克，喜申子辰合成水局以生官，不独无害，定然三月高迁。果于三月，升任云南。夫应即升者，乃因又得水局以生扶。应三月者，辰土出空之月也。应云南者，世与官星皆在六爻之故耳。

又如午月丁未日，占弟被论，吉凶何如，得困卦，变雷风恒。

```
        泽水困              雷风恒
父母    ▅ ▅ 未土         ▅ ▅ 戌土
兄弟   ○▅▅▅ 酉金    兄弟 ▅▅▅ 申金
子孙  应 ▅▅▅ 亥水         ▅ ▅ 午火
官鬼   ×▅ ▅ 午火    兄弟 ▅▅▅ 酉金
父母    ▅▅▅ 辰土         ▅▅▅ 亥水
妻财  世 ▅ ▅ 寅木         ▅ ▅ 丑土
```

酉金兄爻为用神，午月克之，未日生之，可以相敌，但不宜又动出午火相克，正所谓"最怕他爻增克制"。彼问："有大害否？"余曰："午火为月建，动于卦中，谓之'入卦者更见刚强'，又谓之'月建作忌神，得祸不浅'。大凶之象。"又问："凶在何时？"余曰："酉金兄爻化退神，今岁辰年，太岁相合，自是无妨。恐退至申年而无路矣。"果于本年下狱，至申年而重刑。

大象吉者，从斯而泰。大象凶者，出月遭殃。

克少生多者，大象吉也。克多生少者，大象凶也。大象虽凶，在月内还许不碍，出此月而受其殃。

用神遇之，得福不轻。忌神逢之，得祸不浅。

此言用神临月建，并无他爻以伤克者。凡占皆吉，忌神临月建，而用神休囚无救者，诸占大凶。

生扶忌神，乃助恶而为虐。克制元神，乃邀路而截粮。

忌神克害用神，得月建克制忌神者，名为有救。若月建反生忌神者，助恶为虐也。

如用神得元神之生，月建又生元神，吉而又吉。倘月建克制元神者，如枭神以夺食也。

物穷则变，器满则倾。

用神衰者，遇时则发。即如用神临火，冬占不旺，将到春来则旺矣，谓之物穷则变。

又如正月占卦，用神临寅木月建，谓之太旺。若到秋来，遇金冲克，不无破败，故谓之器满则倾。

如寅月辛酉日，占开铺面，得艮卦，变明夷卦。

艮为山		地火明夷	
官鬼　　世	▬▬▬ 寅木		▬▬▬ 酉金
妻财　○	▬　▬ 子水	妻财	▬　▬ 亥水
兄弟	▬　▬ 戌土		▬　▬ 丑土
子孙　×　应	▬▬▬ 申金	妻财	▬　▬ 亥水
父母	▬　▬ 午火		▬　▬ 丑土
兄弟	▬　▬ 辰土		▬▬▬ 卯木

世临寅木得令，当时目下开张，可许热闹。独嫌日辰克世，世化回头之克，生少克多，又是六冲卦，六冲不久。彼曰："或是伙计不同心？或是别有他故？"余曰："鬼在身边，须防疾病。伙伴从此变心，必受其累。"果于六月痢疾，至八月未愈。伙计盗尽，鸣之于官，分文不复。此谓之当时旺相无伤，过时受害。

应六月者，木墓于未。伙计变心者，应爻申金，秋天当令，而冲克世。财被盗尽者，因子水财落空亡。

逢绝不绝，逢冲不散。日生月克，兼看生扶。日克月生，兼查冲克。

月将当权，其能衰绝？旺相如刚，其能冲散？月克日生，遇帮扶而愈旺。月生日克，逢他制而亦衰。

如午月戊辰日，占妹临产吉凶，得火地晋。

火地晋

官鬼	▬▬▬	巳火
父母	▬ ▬	未土
兄弟 世	▬▬▬	酉金
妻财	▬ ▬	卯木
官鬼	▬ ▬	巳火
父母 应	▬ ▬	未土

酉金兄爻为用神，月令克之，日建生之，许之无碍，明日卯时必生。果于次日卯时生，母子平安。应卯时者，酉金与辰日相合。《黄金策》曰："若逢合住，必待冲开。"此月克而日生，无增克制，帮扶也。

又如未月甲午日，占子痘，得天泽履，变风泽中孚。

天泽履　　　　　　风泽中孚

兄弟	▬▬▬	戌土		▬▬▬	卯木
子孙 世	▬▬▬	申金		▬▬▬	巳火
父母 ○	▬▬▬	午火	兄弟	▬ ▬	未土
兄弟	▬ ▬	丑土		▬ ▬	丑土
官鬼 应	▬▬▬	卯木		▬▬▬	卯木
父母	▬▬▬	巳火		▬▬▬	巳火

申金子孙为用神，月生日克，可以相敌。但不宜爻中动出午火，又来克之。幸得午与未合，目下不碍；防丑日冲去未土，火来伤金，则危矣。果卒于丑日。

李我平曰：诸书皆以月将当权，逢空不空，遇伤无害。此书以增克制，空亦为空，伤亦为伤，明彻之极，实可为法。《易冒》以"日克月生，得生之八；月克日生，得生之七。"七分八分，何以决疑？即如此章，所存占验，占产不增克制，危而即安；占痘叠见逢伤，命之不保。一死一生，七分耶？八分耶？

日辰章第十七

子水、丑土、寅木、卯木、辰土、巳火。

午火、未土，申金、酉金、戌土、亥水。

日辰即本日之日辰，又为日建。

日辰为六爻之主宰，司四时之旺相。

前章言："月令司三旬之令，令于春则生，令于秋则杀，春夏秋冬各令其时。"独日辰不然，四时俱旺，操生杀大权，与月建同功。

冲旺相之静爻，即为暗动。冲衰弱之静爻，则为日破。

爻之旺而静者，冲之则为暗动，愈得其力。爻之静而衰者，冲之则为日破，愈加无用。

冲空即起，冲合即开。

爻之衰弱，能生扶拱合，如时雨以滋苗。

爻之强旺，能克害刑冲，似秋霜之杀草。

爻遇旬空，日辰冲起而为用，谓之冲空则实。

爻逢合住，遇日建以冲开，谓之合处逢冲是也。

但凶神合处喜逢冲，吉神合住不宜冲也。

爻之衰弱，日辰能生之，合之，旺之，同类者比之，扶之。

爻之强旺者，能刑之，冲之，克之，绝之，墓之。

爻旺而动，冲之愈动；爻衰而动，冲之则散。

他书有云："爻逢月建，日冲而不散。"是明知当令，不畏日冲。及至讲论祸福，不拘旺相休囚，一概俱以散论，最重者散。独予屡试，偏不应乎散。"神兆机于动，动则必验"，并不见其散也。旺相者冲之愈强，休囚无气者，间乎有散，亦百中仅一二也。

逢月破而不破，遇冲克而无伤。

爻临日建，月冲不破，月克无伤。逢动爻之克，亦不为害。化回头之克，亦不为殃。似此之强，如山如岗；似与月建同权，中天日丽，旺相之极。

生多克少，锦上添花。生少克多，寡不敌众。

爻临日建，卦中又有动爻生扶者，如锦上添花。

爻临日建，而月建动爻同来克者，似寡不敌众。

即如酉月卯日占卦，爻临卯木，谓之逢破不破。假使爻中，有动出申酉之金，或卯爻动化申酉，此谓之寡不敌众。破亦为破，伤亦为伤。他仿此。

如申月戊午日，占病，得天山遁，变天风姤。

```
         天山遁              天风姤
父母    ▬▬▬▬▬     戌土           ▬▬▬▬▬     戌土
兄弟 应 ▬▬▬▬▬     申金           ▬▬▬▬▬     申金
官鬼    ▬▬▬▬▬     午火           ▬▬▬▬▬     午火
兄弟    ▬▬▬▬▬     申金           ▬▬▬▬▬     酉金
官鬼 ×世 ▬▬ ▬▬    午火    子孙   ▬▬ ▬▬    亥水
父母    ▬▬ ▬▬    辰土           ▬▬ ▬▬    丑土
```

世爻午火临日辰，本主旺相，不宜申金月建生亥水，回头克世，卒于亥月。

又如巳月丁亥日，占仆何日回，得夬卦，变履。

```
         泽天夬              天泽履
兄弟 ×   ▬▬ ▬▬    未土    兄弟   ▬▬▬▬▬     戌土
子孙  世 ▬▬▬▬▬     酉金           ▬▬▬▬▬     申金
妻财    ▬▬▬▬▬     亥水           ▬▬▬▬▬     午火
兄弟 ○  ▬▬▬▬▬     辰土    兄弟   ▬▬ ▬▬    丑土
官鬼  应 ▬▬▬▬▬     寅木           ▬▬▬▬▬     卯木
妻财    ▬▬▬▬▬     子水           ▬▬▬▬▬     巳火
```

亥水财爻为用神，亥为月破，虽值日建，破而不破，不宜四重土动以伤之。谚云"双拳不敌四手"，不独难望归期，犹防不测。果于午月卯日得信，中途已遭害矣。

此章当与《月建章》参看。

总注：

旺之者，爻之帝旺于日也；比之者，爻与日月同也。

扶之、拱之者，爻与日月同类也。

墓之、绝之者，爻墓绝于日也。

李我平曰：《易冒》以爻临日辰，莫能散之，莫能空之。谓逢散而不散，逢空而不空也。然动逢日冲谓之散，既作日辰，宁又有日辰来冲乎？旬空者，乃旬内之所无也。既是旬空，岂又有临日辰之事？故知诸书之不足据如此。

校正全本增删卜易卷二

六神章第十八

甲乙日	丙丁日	戊日	己日	庚辛日	壬癸日
元武	青龙	朱雀	勾陈	螣蛇	白虎
白虎	元武	青龙	朱雀	勾陈	螣蛇
螣蛇	白虎	元武	青龙	朱雀	勾陈
勾陈	螣蛇	白虎	元武	青龙	朱雀
朱雀	勾陈	螣蛇	白虎	元武	青龙
青龙	朱雀	勾陈	螣蛇	白虎	元武

诸书无不以青龙为吉，白虎为凶。

《天元赋》曰：身旺龙持多喜庆。

《碎金赋》曰：龙动家有喜，虎动家有丧。

《卜筮元龟》曰：螣蛇白虎忧尊长。

《卜筮大全》曰：畏御刀之白虎，喜赴水之青龙。

《阐奥章》占疾痛，螣蛇主死，白虎主丧。

此皆不以五行，竟以六神而断生死。

惟《千金赋》曰："虎兴而遇吉神，不害其吉。龙动而逢凶曜，难掩其凶。"此正理也。然则六神而不验耶？非。和乃附和之神也。卦之吉者，逢青龙而更吉。卦之凶者，逢虎蛇而更凶。且元武主盗贼，朱雀主是非，无不验也。至于家宅坟茔，不可少也。

戊子日占生产，得山地剥，变风地观卦。

			山地剥			风地观	
朱雀	妻财		▬▬▬▬	寅木		▬▬▬▬	卯木
青龙	子孙	× 世	▬▬ ▬▬	子水	官鬼	▬▬▬▬	巳火
元武	父母		▬▬ ▬▬	戌土		▬▬ ▬▬	未土
白虎	妻财		▬▬ ▬▬	卯木		▬▬ ▬▬	卯木
螣蛇	官鬼	应	▬▬ ▬▬	巳火		▬▬ ▬▬	巳火
勾陈	父母		▬▬ ▬▬	未土		▬▬ ▬▬	未土

子水子孙，化绝变鬼，本日落草而亡，却是青龙临子孙，亦可谓之喜耶？

又如申月甲辰日，占兄病，得屯之震。

			水雷屯			震为雷	
元武	兄弟		▬▬ ▬▬	子水		▬▬ ▬▬	戌土
白虎	官鬼	○ 应	▬▬▬▬	戌土	父母	▬▬ ▬▬	申金
螣蛇	父母	×	▬▬ ▬▬	申金	妻财	▬▬▬▬	午火
勾陈	官鬼		▬▬ ▬▬	辰土		▬▬ ▬▬	辰土
朱雀	子孙	世	▬▬ ▬▬	寅木		▬▬ ▬▬	寅木
青龙	兄弟		▬▬▬▬	子水		▬▬▬▬	子水

子水兄爻为用神，卦中忌神元神同动，土动生申，申金动而生子水，月建又生子水，至戊申日，沉疴复起，岂可谓之蛇动主死，虎动主丧耶？

又如辰月己巳日，占会试，得观之否。

			风地观			天地否	
勾陈	妻财		▬▬▬▬	卯木		▬▬▬▬	戌土
朱雀	官鬼		▬▬▬▬	巳火		▬▬▬▬	申金
青龙	父母	× 世	▬▬ ▬▬	未土	官鬼	▬▬▬▬	午火
元武	妻财		▬▬ ▬▬	卯木		▬▬ ▬▬	卯木
白虎	官鬼	应	▬▬ ▬▬	巳火		▬▬ ▬▬	巳火
螣蛇	父母		▬▬ ▬▬	未土		▬▬ ▬▬	未土

青龙加未土，文章持世。动化回头之生，日建五又作官星，共来生世，必然问甲传胪。果中鼎甲。

又如未月戊辰日。

巽为风

朱雀	兄弟	世	▬▬ ▬▬	卯木
青龙	子孙		▬▬ ▬▬	巳火
元武	妻财		▬▬ ▬▬	未土
白虎	官鬼	应	▬▬ ▬▬	酉金
螣蛇	父母		▬▬ ▬▬	亥水
勾陈	妻财		▬▬ ▬▬	丑土

世伤卯木，既墓于未月，又遇酉金鬼动，冲克世爻，加临白虎，谓之白虎衔刀。予曰："罪之凶极。"彼问："凶在何时？"予曰："酉金化午火，目下无碍，秋后防之。"果至重刑。

以上二卦，逢龙更吉，逢虎更凶。

六合章第十九

子与丑合，寅与亥合，卯与戌合，辰与酉合，巳与申合，午与未合。

相合法有六：日月合爻者一也。爻与爻合二也。爻动化合者三也。卦逢六合四也。六冲卦变六合五也。六合卦变六合六也。

日月合爻者，假令丑月占得坎卦，世爻子水与月建作合，是也。

爻与爻合者，假令占得天地否卦，世应二爻俱动，卯与戌合，是也。但有一爻不动，亦不为合。

爻动化合者，假令占得天风姤卦，世爻丑动，化出子水作合，是也。

卦逢六合者，即如天地否卦，内外六爻，自相和合，是也。不动亦是。

六冲卦变六合者，假令占得乾为天，乃是八纯六冲卦。若外卦三爻俱动，乃是乾之泰卦，谓之六冲而变六合，是也。

六合卦变六合者，即如占得旅卦，变贲卦是也。

爻之合者，静而逢合，谓之合起。动而逢合，谓之合绊。

爻与爻合，谓之合好。爻动化合，谓之化扶。

爻静，或与日月动爻合者，得合而起。即使爻值休囚，亦有旺相之意。

爻动或与日月动爻合者，谓之动逢合而绊住，反不能动之意。

爻动与动爻相合，乃得他来合我，与我和好，相助之意。

爻动，化出之爻，回头相合者，谓之化扶，得他扶助之意。

凡得诸合，诸占皆以为吉，占名名成，占利利就，占婚必成，占身发积，占宅兴旺，占风水聚气藏风，占求谋遂心合意。然必用神有气相宜，用若失陷无益。

《卜书》曰："万事欣喜三六合，诸事必得久远，有始有终。"

但宜吉事逢之，事之必就；不宜凶事逢之，事之难结。

如丑月戊申日，占岁考，得坎之困卦。

```
              坎为水              泽水困
兄弟   世  ▬▬▬▬▬   子水            未土
官鬼      ▬▬ ▬▬   戌土            酉金
父母   ×  ▬▬ ▬▬   申金   兄弟     亥水
妻财   应 ▬▬▬▬▬   午火            午火
官鬼      ▬▬ ▬▬   辰土            辰土
子孙      ▬▬ ▬▬   寅木            寅木
```

断曰："世爻子水，丑月合之。申日作父母而生世，卦中申金又动，又是六冲变六合，卦之全美，上卷无疑。"果考一等，即于子科高发。后探之，前试考过四等，所以卦得六冲变合，先否后泰之象。

又如戌月丁卯日，占讼事，得泰卦。

```
           地天泰
子孙   应  ▬▬ ▬▬   酉金
妻财      ▬▬ ▬▬   亥水
兄弟      ▬▬ ▬▬   丑土
兄弟   世  ▬▬▬▬▬   辰土
官鬼      ▬▬▬▬▬   寅木
妻财      ▬▬▬▬▬   子水
```

予曰：虽系爻逢六合，不宜戌月冲世，卯日克世，而应爻暗动，月建生之，彼之得志，官事必输。果被杖责，卯木克世之故耳。用神受克，六合亦无益矣。所以凡得诸合，若世爻失陷，难以吉断。

又如申月丙子日，占出行，得明夷之小过。

	地火明夷			雷山小过	
父母		酉金			戌土
兄弟		亥水			申金
官鬼 × 世		丑土	妻财		午火
兄弟		亥水			申金
官鬼		丑土			午火
子孙 ○ 应		卯木	官鬼		辰土

世动被子日合住，余曰："合住必有事绊，不能动身。"伊曰："因何而阻？"余曰："卦中子动变鬼，防儿女少安。"彼曰："正因小女多病，男家催促成婚，今欲往外求取，以备妆品。"余曰："所得何病？"彼曰："血枯成痨。"余曰："卯木子孙，申月绝之，子日刑之，且又动而变鬼，恐嫁之不及矣。"后因病沉，此人未去，女死辰日。夫应不去者，世动而逢合也。女死辰日者，卯木子孙，变辰土鬼之故耳。

以上乃爻之遇合、卦逢六合之验也。余又验其六冲卦变六合者。

如未月丁巳日，占已悔婚，还可成否，得离卦，变火山旅。

	离为火			火山旅	
兄弟	世	巳火			巳火
子孙		未土			未土
妻财		酉金			酉金
官鬼	应	亥水			申金
子孙		丑土			午火
父母 ○		卯木	子孙		辰土

断曰："此卦从来难以吉断。因得屡验，六冲变合，散而复聚，离而必合，此婚一定还成。"果于次年三月仍成婚。

诸合皆以用神旺者为吉，独此六冲卦变六合者，不看用神，竟以吉断。

占婚姻，先吴越而后朱陈。占夫妻，先参商后必合好。占功名，始则艰难，终须荣显。占求谋，先难后易。占身命，先困后享。占风水，巧处奇逢。占家宅，先殒后盛。曾因妻陷贼营，终须会合；田园卖出，仍旧归来。

六合卦变六合。

爻逢六合，已为吉兆，动而又变六合，谓始终而作合也。

占风水，百代显荣。占宅舍，千秋基业。占婚姻，白头相守。占伙计，管鲍雷陈。占功名，仕路亨通。占财帛，聚积如山。占兄弟，累世同居。占学艺，始终成就。占修炼，指日丹成。

诸占用神旺临日月者，吉之而又吉也。

惟占讼狱不利，冤仇难解；及占忧疑怪事，终不开心。占孕胎安，占产难生。再若用神受克，更为凶兆。

如卯月甲寅日，占风水，得困之节。

```
            泽水困              水泽节
元武  父母  ▬▬ ▬▬  未土           ▬▬ ▬▬  子水
白虎  兄弟  ▬▬▬▬▬  酉金           ▬▬▬▬▬  戌土
螣蛇  子孙 ○应 ▬▬▬▬▬  亥水  兄弟  ▬▬▬▬▬  申金
勾陈  官鬼  ▬▬ ▬▬  午火           ▬▬ ▬▬  丑土
朱雀  父母  ▬▬▬▬▬  辰土           ▬▬ ▬▬  卯木
青龙  妻财 ×世 ▬▬ ▬▬  寅木  官鬼  ▬▬▬▬▬  巳火
```

余曰："占祖茔，必有其故。自葬后，何事不亨？今日之念，因何而起？明以告我，方敢决断。"彼曰："自葬之后，功名因被论而归。年近五旬，尚无子息，是以问之，因此茔之碍否？"余曰："龙自右脉来，水亦从左而还源，流水不归漕之故耳。"彼曰："何以知之？"曰："亥水子孙，化申金，生之。申为源流，寅日冲散。若能使水归漕，不至傍流者，明年起用，再拜丹墀，申年定生麟种。"彼问："长远否？"余曰："六合化六合，万载安然。"

古法：子与丑合，丑中有土，土克子水，谓之"合中带克，克三合七"；巳与申合，巳火克申金，谓之"克七合三"，皆非通论。余得验者，子丑作合，若于辰戌丑未月日占之，而子木并无他处生扶者，言克不言合也。若有生扶，仍作合看。

所以子水逢丑月，戌土遇卯月，申金逢巳月，再遇日建动爻克者，克之而爻又克也。岂言合耶？

克七合三，克三合七，来人问其凶吉，若以三七而答之，何以决人之疑？

如丑月庚辰日，占子病，得剥卦。

```
            山地剥
    妻财  ▬▬ ▬▬      寅木
    子孙 世 ▬▬ ▬▬     子水
    父母  ▬▬ ▬▬      戌土
    妻财  ▬▬ ▬▬      卯木
    官鬼 应 ▬▬ ▬▬     巳火
    父母  ▬▬ ▬▬      未土
```

子水子孙，与月建作合，卦无生扶，言克不言合也。又加日辰克制，辰日又冲动戌土，以克子水，只恐难过辰时。彼因生过九子，俱系促死，心疼之甚，即将此子，令乳母抱卧于大厅之上，请诸亲显爵者，而围绕之。围至辰时，而乳母哭矣。

此乃合中遇克，病之不救，岂可谓之克三合七耶？

又有三合者，申子辰合成水局，巳酉丑合成金局，寅午戌合成火局，亥卯未合成木局。

此三合者有四：

一卦之内有三爻动而合局者，一也。

若两爻动一爻不动亦成合局，二也。

有内卦初爻、三爻动动，而变出之爻成三合者，三也。

又有外卦四爻、六爻动，动而变出之爻，成三合者，四也。

然此三合局者，有凶有吉。

如占功名，合成官局，谓之官旺；合成财局，财旺生官。倘若合成子孙局者，乃伤官之神也。

如占求财，合成财局者，谓之财库；合成子孙局者，谓之子局生财；倘若合成兄弟局者，乃破财耗财，阻隔之神也。

如占祖茔、家宅，宜父母爻而合局。

如占婚姻、夫妇，宜财官旺而合局。

凡占久远喜庆之事，宜于成局，永远坚牢。

若占官讼忧疑而合局者，终身团结，其心难于消释。

但三合其局者，必要世爻在局者为美。若不在于局内，须要局生世爻为吉，局克世者为凶。

日建月建，但有而在局中，谓之局旺，更吉。

三爻若有两爻动，不成其局，须待后之日月，补凑合成其局，谓之虚一待用。

一爻明动，一爻暗动，亦作两爻动。

三合局中，若有一空破者，待填实之日月成之。

有一爻入墓者，待冲开之日成之。

凡得三合，名利、婚姻、家宅、风水，用神旺者，无不为吉，必要世爻在局为美。若不在于局内，须要局生世爻为吉，局克世者为凶。

如占功名，三合官局而生世者，利于我；如生应爻，利于他。

又如占财，财局生世，利于我；财局生应，利于他。

占出行，用神在三合之内，被合而留。

占行人，用神在三合之内，被合不回。

又有内卦外卦，而成三合者，须分内外。

如占家宅，若居外宅，不宜外卦克内；若居内宅，须宜内卦生外。

如占彼此之形者，内卦为我，外卦为他。外卦合局，而生内卦者为吉，克内卦者为凶。

如卯月丁巳日，上下两村，因争田水厮打，得离之坤。

	离为火		坤为地
兄弟 ○ 世	巳火	妻财	酉金
子孙	未土		亥水
妻财 ○	酉金	子孙	丑土
官鬼 ○ 应	亥水	父母	卯木
子孙	丑土		巳火
父母 ○	卯木	子孙	未土

断曰："内卦为我村，亥卯未合成木局；外卦为外村，巳酉丑合成金局来克木。幸衰金不克旺木，不足畏也。况系六冲，卦变六冲，有人解散，必不成非。"后果劝散。

或问："彼此之势，必以世应为主，如何不言世应？"余曰："若无内外合局者，须看世应。今彼此两村，即内外两卦，人众同心，彼此合局，神之妙用，灵验显然，故弃世应而不用也。若非卦化六冲，未有不成非也。"

又如巳月丁酉日，占功名，得乾卦，变水天需。

乾为天　　　　　　水天需

```
父母  ○ 世  ▬▬▬  戌土        子孙  ▬ ▬  子水
兄弟      ▬▬▬  申金        ▬▬▬  戌土
官鬼  ○    ▬▬▬  午火    兄弟  ▬▬▬  申金
父母    应  ▬▬▬  辰土        ▬▬▬  辰土
妻财      ▬▬▬  寅木        ▬▬▬  寅木
子孙      ▬▬▬  子水        ▬▬▬  子水
```

此公向蒙大部考过，才能第一。后因他故，而未得用。今有选才能之缺，意欲递呈，又因督剿之官，亦讨才能，随营补用，故不敢递。予曰："尔已祷告，指此缺而问神，神许之而必得。旺官生世，再无他去之理。只因寅午戌三合官局，内少寅字，须待寅日具呈，管许必得此缺。"果于寅日递呈，特简题用。此应"虚一以待用"也。

又如寅月丙辰日，占选期，得乾之小畜。

乾为天　　　　　　风天小畜

```
父母    世  ▬▬▬  戌土        ▬▬▬  卯木
兄弟      ▬▬▬  申金        ▬▬▬  巳火
官鬼  ○    ▬▬▬  午火    父母  ▬ ▬  未土
父母    应  ▬▬▬  辰土        ▬▬▬  辰土
妻财      ▬▬▬  寅木        ▬▬▬  寅木
子孙      ▬▬▬  子水        ▬▬▬  子水
```

予曰：此卦以古法断之，午火官星，一爻独发，当许午月。若以动而逢合，必待冲开，许子丑之月。今予不以此断，午火明动，戌爻暗动，三合而少寅字，借月建以成三合，本月必选。果于本月，选于闽中。夫应选于闽中者，世动于六爻，又是官临午火之故耳。此乃明动暗动，合成局也。

又如辰月丁亥日，占辨复，得萃之革。

泽地萃　　　　　　泽火革

```
父母  ○    ▬ ▬  未土    父母  ▬ ▬  未土
兄弟    应  ▬▬▬  酉金        ▬▬▬  酉金
子孙      ▬▬▬  亥水        ▬▬▬  亥水
妻财  ×    ▬ ▬  卯木    子孙  ▬▬▬  亥水
官鬼    世  ▬ ▬  巳土        ▬ ▬  丑土
父母  ×    ▬ ▬  未火    妻财  ▬▬▬  卯木
```

内卦亥卯未，合成财局，生世爻巳火之官。世爻巳火，驿马加临，亥日冲之而暗动，莫惜所费，未月定蒙题允，即得美缺。后至未月，果遂题复，得补楚中。应未月者，乃实空之月也。

六冲章第二十

子午相冲，丑未相冲，寅申相冲，卯酉相冲，辰戌相冲，巳亥相冲。

相冲之法有六。

日月冲爻者，一也。卦逢六冲，二也。六合卦变六冲，三也。六冲变六冲，四也。动爻变冲，五也。爻与爻冲，六也。

冲者，散也。凡占凶事，宜于冲散。占吉事，则不宜。亦必兼用神而言：用神旺，虽冲不碍；用神失陷，凶而又凶。至于六合卦变六冲者，用神若旺，始吉终凶，图事难成，有始而无终也。

爻冲有五。

爻遇月冲为月破。爻遇日冲为暗动。休囚而遇日冲谓之日破。

动爻化回头冲，如逢仇敌。爻与爻冲，谓之相击。

如亥月壬子日，占子遇害否，得雷天大壮，变地天泰。

```
          雷天大壮              地天泰
兄弟      ▬▬ ▬▬    戌土                 酉金
子孙      ▬▬ ▬▬    申金                 亥水
父母      ▬▬▬▬▬ ○世  午火      兄弟      丑土
兄弟      ▬▬▬▬▬    辰土                 辰土
官鬼      ▬▬▬▬▬    寅木                 寅木
妻财      ▬▬▬▬▬ 应  子水                 子水
```

此人之子，闻传言，被人辱骂，赶去厮打，其父卜之。余曰：六冲变六合，必有劝解。父爻持世而克子，乃尔之责子也，不受他人之害。少刻，果有人请去论理。其子理亏，父执棍而击之，亦被劝住。其父与子向众赔礼而回。然厮打不成者，乃六冲之变令也。父击子而被劝者，乃因日辰子水，冲克世爻，不能以击子也。

他书最重者，动而逢冲曰散。散犹空也，如全无之象，纵有生扶，不可救也。

野鹤曰：此卦午火世动，冬令休囚之极，动遇子日冲之，何尝见散？何尝全无？世爻发动，身已动矣；父动克子，已击子矣。予常论之，神兆机于动，动则必验，只看旺衰以言重轻，不可以散而如无也。

巳月戊戌日，占财，得风雷益。

风雷益

兄弟	应	▬▬ ▬▬	卯木
子孙		▬▬▬▬▬	巳火
妻财		▬▬▬▬▬	未土
妻财	世	▬▬ ▬▬	辰土
兄弟		▬▬ ▬▬	寅木
父母		▬▬▬▬▬	子水

辰土财爻持世，因值旬空，戌日冲空则实，本日即得。

又如午月丙辰日，占出外贸易，财喜何如，得恒之豫。

雷风恒　　　　　　雷地豫

妻财	应	▬▬▬▬▬	戌土			▬▬ ▬▬	戌土
官鬼		▬▬ ▬▬	申金			▬▬ ▬▬	申金
子孙		▬▬▬▬▬	午火			▬▬▬▬▬	午火
官鬼 ○	世	▬▬▬▬▬	酉金	兄弟		▬▬ ▬▬	卯木
父母 ○		▬▬▬▬▬	亥水	子孙		▬▬ ▬▬	巳火
妻财		▬▬ ▬▬	丑土			▬▬ ▬▬	未土

世爻酉金，化卯相冲，乃反吟之卦。幸辰日合之，冲中逢合，又得戌土为财，暗动生世，虽则反复不常，却有财利。果此人去而复反者三次，尽在中途发货。前曰"爻动化冲，如逢仇敌"，乃是化回头之克也。此卦世爻酉金，化卯冲世，而不克世，又得辰日冲动，戌财生世，所以为吉。

又如酉月庚子日，占文书，得讼之睽。

天水讼　　　　　　火泽睽

子孙		▬▬▬▬▬	戌土			▬▬▬▬▬	巳火
妻财 ○		▬▬▬▬▬	申金	子孙		▬▬ ▬▬	未土
兄弟	世	▬▬▬▬▬	午火			▬▬▬▬▬	酉金
兄弟		▬▬ ▬▬	午火			▬▬ ▬▬	丑土
子孙		▬▬▬▬▬	辰土			▬▬▬▬▬	卯木
父母 ×	应	▬▬ ▬▬	寅木	兄弟		▬▬▬▬▬	巳火

寅木父爻，为文书，动而生世，文书必妥。但嫌申金财动，冲克文书，须待寅日，反冲去申金，文书必发。果于寅日领。

古以爻冲爻，亦谓之散。旺相之爻，能冲散衰弱之爻。此卦申值秋天，不为不旺，旺金冲寅，而寅木不见散也。

又如子月己巳日，占以财博艺，得坤卦。

坤为地

子孙　世　▬▬　▬▬　酉金
妻财　　　▬▬　▬▬　亥水
兄弟　　　▬▬　▬▬　丑土
官鬼　应　▬▬　▬▬　卯木
父母　　　▬▬　▬▬　巳火
兄弟　　　▬▬　▬▬　未土

断曰："世克应爻，乃为我胜。但因巳日，冲动亥水之财，反生应爻，艺虽精不能取胜。幸得卦逢六冲，必不终局。"果输不多，因他事而冲散矣。

古以六冲卦，诸占不吉。予屡试之，用神失陷，实不为吉。用若得地，须以用神断之。惟占病有远近之分，不用用神。近病逢冲即愈，久病逢冲则死。及占风水，六冲飞砂走石，亦非久远之象。其余必兼用神而言。

又如酉月乙未日，占子，久出不归，生死何如。

坤为地

子孙　世　▬▬　▬▬　酉金
妻财　　　▬▬　▬▬　亥水
兄弟　　　▬▬　▬▬　丑土
官鬼　应　▬▬　▬▬　卯木
父母　　　▬▬　▬▬　巳火
兄弟　　　▬▬　▬▬　未土

世临子孙以临月建，未日生之，虽是六冲卦，此子必归。果于子年占功卯年得意而回，此应静而逢冲之年也。

又有巳月甲寅日，占延师训子，得天地否，变乾卦。

		天地否				乾为天	
父母	应	▬▬▬	戌土			▬▬▬	戌土
兄弟		▬▬▬	申金			▬▬▬	申金
官鬼		▬▬▬	午火			▬▬▬	午火
妻财	×世	▬ ▬	卯木	父母		▬▬▬	辰土
官鬼	×	▬ ▬	巳火	妻财		▬▬▬	寅木
父母	×	▬ ▬	未土	子孙		▬▬▬	子水

以应为用神，世应相合，应临戌父，巳月生之，可称饱学。独嫌卦变六冲，合而变冲，不久之兆。彼问曰："因何事而不久?"余曰："子水子孙值旬空，卦中未土父动，防子孙灾变。"后果两月，其子得病，辞师未久而子死矣。

凡得六合变六冲者，诸占先合后离，先亲后疏，先浓后淡，始荣终悴，初好后违，先亨后否，得而复失，成而后败，事就而又变也。惟占官非、盗贼、结绝事者宜也。

又如午月丙子日，占开典铺，得大壮变巽。

		雷天大壮				巽为风	
兄弟	×	▬ ▬	戌土	官鬼		▬▬▬	卯木
子孙	×	▬ ▬	申金	父母		▬▬▬	巳火
父母	○世	▬▬▬	午火	兄弟		▬ ▬	未土
兄弟		▬▬▬	辰土			▬▬▬	酉金
官鬼		▬▬▬	寅木			▬▬▬	亥水
妻财	应	▬▬▬	子水			▬ ▬	丑土

断曰："世临午火，月建当时，日冲不散，又化未土，乃为化合，得助得扶，堪称吉卦。不宜六冲，又变六冲；用神虽旺，必开不久。"果未经一载，因财东为事，抄没其家，而铺面收矣。

凡得六冲变冲，乃内外变动，交相冲击，必主上下不和，至亲反目，彼此怀奸，始终不就。若用神再受克者，大凶之兆。用神旺相者，亦不久长。

如申月乙卯日，父子七人俱蒙拿问，得巽卦，变坤卦。

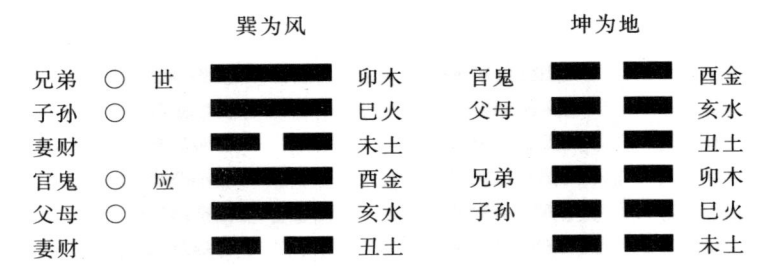

	巽为风			坤为地	
兄弟 ○ 世	▬▬▬	卯木	官鬼	▬ ▬	酉金
子孙 ○	▬▬▬	巳火	父母	▬ ▬	亥水
妻财	▬ ▬	未土	兄弟	▬ ▬	丑土
官鬼 ○ 应	▬▬▬	酉金	兄弟	▬ ▬	卯木
父母 ○	▬▬▬	亥水	子孙	▬ ▬	巳火
妻财	▬ ▬	丑土	妻财	▬ ▬	未土

此系卦变巽木化坤土，名为化。化去不克，当主无妨。只因世爻变鬼，卯木化酉金，木被金伤；巳火子孙，又化亥水，父子两爻，皆被其伤。六冲变冲，乱冲乱击，果俱受刑。

占法皆以六冲卦宜于官事，喜其冲散，然必看事之大小，又宜兼用神而言。此卦六冲变冲，亦可谓之"官事逢冲而散"耶？

三刑章第二十一

寅刑巳，巳刑申，子刑卯，卯刑子，丑戌相刑，未辰相刑。又云：辰午酉亥，谓之自刑。

夫三刑者，予屡试之，或因用神休囚，又兼他爻之克，内有兼犯三刑者，则见凶灾；而独犯三刑，得验者少。占过数十年来，止验一卦。

寅月庚申日，占子痘症，得风火家人，变离卦。

	风火家人			离为火	
兄弟	▬▬▬	卯木	兄弟	▬▬▬	巳火
子孙 ○ 应	▬▬▬	巳火	妻财	▬ ▬	未土
妻财 ×	▬ ▬	未土	官鬼	▬▬▬	酉金
父母	▬▬▬	亥水	父母	▬▬▬	亥水
妻财 世	▬▬▬	丑土	妻财	▬ ▬	丑土
兄弟	▬▬▬	卯木	兄弟	▬▬▬	卯木

断曰："巳火子孙，既当春令，子孙旺相，许之可治。"后死于寅日寅时。始悟月建在寅，日建在申，与巳爻子孙，共作三刑。独此一卦，无他爻之伤也。至于子卯辰戌丑未亦有验者，皆附和而为凶也。

《六害章》全无应验，删之不录。

暗动章第二十二

静爻旺相,日辰冲之,为暗动。静爻休囚,日辰冲之,为日破。

暗动者,有喜有忌。

用神休囚,得元神暗动以相生;忌神明动于卦中,得元神暗动而生用,此皆谓之喜也。

用神休囚无助,若遇忌神暗动,克害用神者,此则谓之忌也。

古以暗动"福来而不知,祸来而不觉",又曰"吉凶之力则半,迟速之应则缓",非此论也。何当不知不觉,报应亦非缓也。

即如寅月乙未日,占女痘,得坤之师卦。

		坤为地		地水师
子孙	世	▬▬ ▬▬ 酉金		▬▬ ▬▬ 酉金
妻财		▬▬ ▬▬ 亥水		▬▬ ▬▬ 亥水
兄弟		▬▬ ▬▬ 丑土		▬▬ ▬▬ 丑土
官鬼	应	▬▬ ▬▬ 卯木		▬▬▬▬▬ 午火
父母	×	▬▬ ▬▬ 巳火	兄弟	▬▬ ▬▬ 辰土
兄弟		▬▬ ▬▬ 未土		▬▬▬▬▬ 寅木

酉金子孙,虽则春令休囚,得日辰生之,二爻巳火,动而克金,得未日冲动丑土,火动生土,土动生金,花虽密以全生。彼曰:"目下甚危。"余曰:"不妨。今日未申时有救。"果于申时,遇明医救治,何当缓也?

动散章第二十三

古以日辰而冲动爻,谓之冲散;又以爻动冲爻,亦能冲散。予屡试之,旺相者冲之不散,有气者冲之不散,休囚者间有冲散,亦千百中之一二也。其故何也?神兆机于动,动必有因。虽则今日受制,后逢值日而不散矣。

如丑月丁酉日,占父出外一载无音,得风水涣,变坎卦。

		风水涣				坎为水	
父母	○	▬▬▬	卯木	官鬼	▬ ▬	子水
兄弟	世	▬▬▬	巳火		▬▬▬	戌土
子孙		▬ ▬	未土		▬ ▬	申金
兄弟		▬ ▬	午火		▬ ▬	午火
子孙	应	▬▬▬	辰土		▬▬▬	辰土
父母		▬ ▬	寅木		▬ ▬	寅木

卯木父爻，动而生世，又化子水回头生，许之在外平安。世空者速至，交春即归。果于二月，得意而回。此非卯动酉日冲之，何当散耶？

李我平曰：《黄金策》以空亡为重，冲散为轻。《易冒》最重冲散。细阅占验，多因错误。《疾病章》中，有卯月丙寅日占子病，得渐之观。占病遇子孙而变鬼，百无一生。明系申金子孙变鬼，误作寅日冲散。又如《进退章》中，申月占卦，酉爻发动，遇卯日冲之，亦谓之散。往往错误如此。

卦变生克墓绝章第二十四

卦之变者：有变生、变克、变墓、变绝、比和。予得验者，凡遇卦化克者，不论用神之衰旺皆以凶推。

此乃巽卦变坎卦。

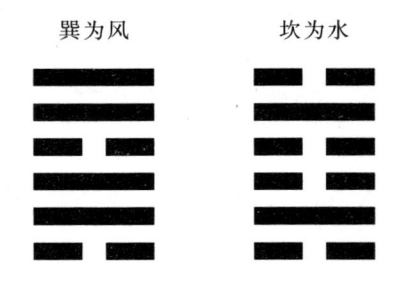

巽木变坎水谓之化生，水回头以生木也，即以吉断。

此乃震木化乾金。

震为雷　　　　乾为天

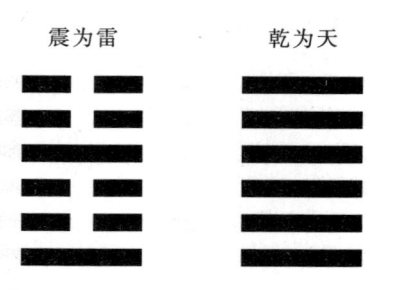

震木变乾金，谓之化克，金回头以克木也，即以凶推。
又有化克而不克者，不可不知。
此乃兑金变震木。

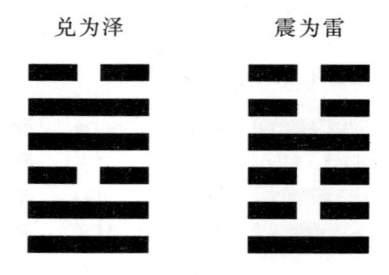

兑为泽　　　　震为雷

此乃震木变兑金。

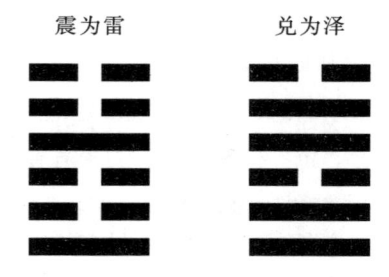

震为雷　　　　兑为泽

兑金变震木，谓之化去，正卦为我，我去克他，不为凶也。此则谓之化克而不克也。
震木变兑金，谓之化来，他来克我，回头之克，即为凶兆，诸占大凶。
卯月辛巳日，来人不言所事，占得巽变乾。

```
              巽为风                    乾为天
兄弟    世  ▬▬  ▬▬    卯木           ▬▬▬▬▬    戌土
子孙        ▬▬▬▬▬    巳火           ▬▬▬▬▬    申金
妻财  ×     ▬▬▬▬▬    未土    子孙   ▬▬▬▬▬    午火
官鬼    应  ▬▬▬▬▬    酉金           ▬▬▬▬▬    辰土
父母        ▬▬▬▬▬    亥水           ▬▬▬▬▬    寅木
妻财  ×     ▬▬  ▬▬    丑土    父母   ▬▬▬▬▬    子水
```

问之所占何事？伊曰："代卜长辈功名。"予曰："功名须要亲占，代占难取用神，从不敢断，幸此卦显而易见，巽木化乾金，即为化回头来克，为绝卦也。不必问名，寿亦不久。"果于午月削职，七月而终。

又如午月丙寅日，占主病，得离变坎。

```
              离为火                    坎为水
兄弟  ○ 世   ▬▬▬▬▬    巳火    官鬼   ▬▬  ▬▬   子水
子孙  ×      ▬▬  ▬▬    未土    子孙   ▬▬▬▬▬    戌土
妻财  ○      ▬▬▬▬▬    酉金    妻财   ▬▬  ▬▬    申金
官鬼  ○ 应   ▬▬▬▬▬    亥水    兄弟   ▬▬  ▬▬    午火
子孙  ×      ▬▬  ▬▬    丑土    子孙   ▬▬▬▬▬    辰土
父母  ○      ▬▬▬▬▬    卯木    父母   ▬▬  ▬▬    寅木
```

离火变坎水，回头来克，但因午月火旺，许之冬令必危。果卒于九月丁亥日。此皆不看用神之衰旺也。

古以占家宅坟茔，大事者忌之，尽属揣摹之论，非留心于占验。予存四十年之占验，无一卦不关心也。但遇一人，占得有疑之卦，数年存意探之。

如卯月乙酉日，占索房价，得坎变坤。

```
              坎为水                    坤为地
兄弟    世   ▬▬  ▬▬    子水           ▬▬  ▬▬    酉金
官鬼  ○     ▬▬▬▬▬    戌土    兄弟   ▬▬  ▬▬    亥水
父母        ▬▬  ▬▬    申金           ▬▬  ▬▬    丑土
妻财    应  ▬▬  ▬▬    午火           ▬▬  ▬▬    卯木
官鬼  ○     ▬▬▬▬▬    辰土    妻财   ▬▬  ▬▬    巳火
子孙        ▬▬  ▬▬    寅木           ▬▬  ▬▬    未土
```

予疑此卦，坎水变坤土，回头之克，对伊而曰："房价事小，此卦甚凶。今年诸事，须宜谨慎。"后于巳月，覆舟而死。占此应彼，神预告其凶，令人早知趋避也。

古以占大事忌之，此卦岂非占小事而应大凶耶？

李我平曰：《易冒·墓绝章》云"日月当令非真"，却不知凶事将来，神机早兆。日月当时虽旺，过时则有消。即如此篇，占主病午月得离变坎，目今夏火虽旺，冬来火衰命绝耶？

《易冒·反伏章》云："日月从往，则非空破，从往则重。"又曰："半从往从，未来凶吉。"种种议论，皆非经验。卦体如人之根本，卦变刑克绝，如树连根出土，目前枝叶虽青，能保长不朽乎？当时虽旺，过时而衰，空破虽虚，填实则应，且半凶半吉之论，难作后人之法。

此书止以回头克者为凶，余见《易冒·反伏章》中之占验，明是回头之克，误作反吟休囚。

有寅月甲子日，占母病，得坤变巽卦。

坤为地		巽为风	
子孙 × 世	酉金	官鬼	卯木
妻财 ×	亥水	父母	巳火
兄弟	丑土		未土
官鬼 × 应	卯木	子孙	酉金
父母 ×	巳火	妻财	亥水
兄弟	未土		丑土

坤土化巽木，此非回头之克耶？伊书则曰："虽化旬空，休囚之反吟亦凶。"既曰空破则重，不曰亦凶。且又牵扯亥水冲破巳火，所以凶也。既得卦变，止观卦象，不看用神，既使爻吉，泉竭流枯，亦能久耶？

又有寅建癸酉日，占长子病，得震之兑。

震为雷		兑为泽	
妻财 世	戌土		未土
官鬼 ×	申金	官鬼	酉金
子孙	午火		亥水
妻财 应	辰土		丑土
兄弟 ×	寅木	兄弟	卯木
父母	子水		巳火

此非震木化兑金回头之克耶？此二卦竟未看出，土遭木克，木被金伤，以震为长男，占长子所以不吉。殊不知卦变回头之克，少女亦难保

也，今以彼之占验而证彼之错误，无他说也。

反伏章第二十五

卦有卦变，爻有爻变。

卦变者，内外动而反吟同一卦也。如乾变坤是也。

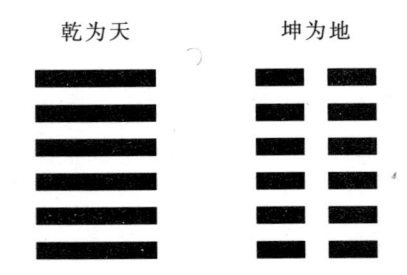

乾为天　　坤为地

爻变者，内外动而反吟者非同一卦也。

如升之观是也。

地风升　　　　　　风地观

官鬼　×　　　　酉金　　　　　卯木
父母　×　　　　亥水　　　　　巳火
妻财　　世　　　丑土　　　　　未土
官鬼　○　　　　酉金　　　　　卯木
父母　○　　　　亥水　　　　　巳火
妻财　　应　　　丑土　　　　　未土

又有外卦反吟而内卦不动者。

如观之坤是也。

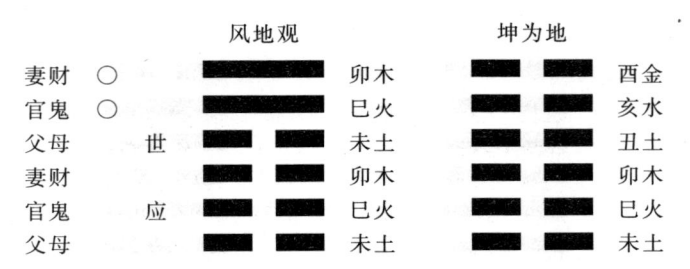

风地观　　　　　　坤为地

妻财　○　　　　卯木　　　　　酉金
官鬼　○　　　　巳火　　　　　亥水
父母　　世　　　未土　　　　　丑土
妻财　　　　　　卯木　　　　　卯木
官鬼　　应　　　巳火　　　　　巳火
父母　　　　　　未土　　　　　未土

又有内卦反吟外卦不动者。

如巽之观是也。

		巽为风		风地观	
兄弟	世	▬▬▬	卯木	▬▬▬	卯木
子孙		▬▬▬	巳火	▬▬▬	巳火
妻财		▬ ▬	未土	▬ ▬	未土
官鬼	○应	▬▬▬	酉金	▬ ▬	卯木
父母	○	▬▬▬	亥水	▬▬▬	巳火
妻财		▬ ▬	丑土	▬ ▬	未土

内卦反吟，内则不安。外卦反吟，外则不宁。内外反吟者，内外不安之象也。皆主成而败，败而成，有而即无，无而即有，得而失，失而得，来而去，去而来，散而聚，聚而散，动而思静，静而思动。

占功名者，用爻旺相，迁而又迁，升往他处，仍复升来。用神失陷者，或降或升，或得或失。

占财物，聚散不常；买卖经营兴废，往来不定。

占坟茔宅舍，欲迁不迁，或迁之而再迁，或目下就有迁移之事。

占已经久远之事者，目前即有变动。

占天时晴而即雨，雨而又晴。

占婚姻，反复难成。占疾病，愈而又病。

占盗贼官非，见而又见。

占出行，行至中途亦反，即使到彼，一事无成。

占行人，外卦反吟者，用神旺相必归，不然亦移他处。在外之人而占家宅者，内卦反吟，家庭人口不安。占彼此之形势者，内卦反吟，我乱他定；外卦反吟，他乱我安。

以上用神旺相，不变冲克者，虽则反伏，事之必成。第恐用神而化回头之冲克者，即如卦变大凶之象。

如卯月壬申日，占随官府上任，得比之井。

		水地比		水风井	
妻财	应	▬ ▬	子水	▬ ▬	子水
兄弟		▬▬▬	戌土	▬▬▬	戌土
子孙		▬ ▬	申金	▬ ▬	申金
官鬼	×世	▬ ▬	卯木	子孙 ▬▬▬	酉金
父母	×	▬ ▬	巳火	妻财 ▬▬▬	亥水
兄弟		▬ ▬	未土	▬ ▬	丑土

断曰:"世临官星,值月建而旺,随去必成。因系内反吟,必有反复。不宜世爻绝于申日,又化回头冲克,此行不吉,不去者为上。"后因官府掣签得缺,近于贼营,辞而不去。及至官府去后,忽又因他故而随去矣。至七月城破,与官府一同被害。与官府受害者,世爻与官鬼同受酉金之冲克也。不去而又去者,卦得反吟之故也。

又如卯月己亥日,占升迁,得临变中孚。

地泽临　　　　　　风泽中孚

子孙	×		酉金	官鬼		卯木
妻财	× 应		亥水	父母		巳火
兄弟			丑土			未土
兄弟			丑土			丑土
官鬼	世		卯木			卯木
父母			巳火			巳火

断曰:"世临卯木,月建之官,又长生于亥日;世与官星,同临旺地,许之即升。"果于本月闻报,由江右升任山东,未及一载复任江西。应本月升者,卯官而值月令。升山东者,官临卯木。复任江西者,外卦反吟,去之而复反也。

伏吟卦者,有内外而伏吟也。如无妄而变大壮者是也。

无妄之大壮。

天雷无妄　　　　　　雷天大壮

妻财	○		戌土	妻财		戌土
官鬼	○		申金	官鬼		申金
子孙	世		午火	子孙		午火
妻财	×		辰土	妻财		辰土
兄弟	×		寅木	兄弟		寅木
父母	应		子水	父母		子水

内外伏吟者,内外忧郁,呻吟之象。

亦有内卦,动变伏吟,内则呻吟,外卦伏吟,外则不宁。诸占皆不如意,动如不动,焦恼呻吟。

占名者,久困宦途,淹留仕路。

占利者,财源耗散,本利消乏。

占坟茔宅舍，欲迁而不能，守之而不利。

占婚姻，忧而不乐。占疾病，久病呻吟。

占口舌官非，事非难结。占出行，难于动移。

占行人，在外忧郁。

占彼此之形势者，内卦为我，外卦为他。内伏吟我心不遂，外伏吟他意不安。

然伏吟而较反吟者，反吟有冲有克，用神受克，得祸不轻。伏吟之卦，用神旺相，冲开之年月，其志则伸。用神休囚，冲开之年月，忧郁而已。

如申月癸巳日，占父外任平安，得姤之恒。

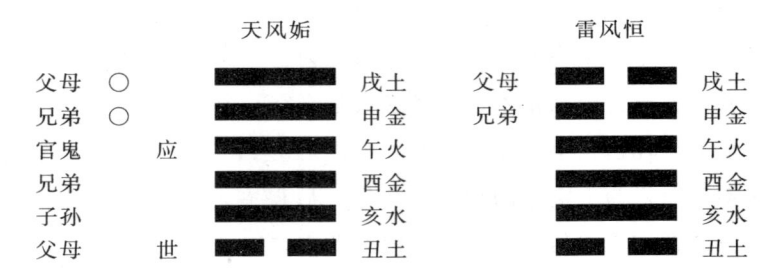

		天风姤			雷风恒	
父母	○	▬▬ ▬▬	戌土	父母	▬▬ ▬▬	戌土
兄弟	○	▬▬ ▬▬	申金	兄弟	▬▬ ▬▬	申金
官鬼	应	▬▬▬▬▬	午火	官鬼	▬▬▬▬▬	午火
兄弟		▬▬▬▬▬	酉金	兄弟	▬▬▬▬▬	酉金
子孙		▬▬▬▬▬	亥水	子孙	▬▬▬▬▬	亥水
父母	世	▬▬ ▬▬	丑土	父母	▬▬ ▬▬	丑土

断曰："巳火日辰生父母，当许在任平安。独嫌卦得伏吟，乃是不宁之象，任上必有事故，不得意以呻吟也。"彼曰："闻地方苗獞之变，可有碍否？"予曰："日建生父，他事无虞。"又问："何时归来？"曰："伏吟欲归而不能，辰年可盼。"后知苗猺作祟，地方不宁，惊险异常。寅年占卦，辰年裁缺而归，午年又补四川。应辰年者，戌父化戌父，冲开戌父之年也。应裁缺者，巳日冲起，亥水暗动，以克官也。应午年又补官者，占时遇巳日拱起午火之官，当日亥水克之而不尽，今午火官星值年，依然旺矣。

李我平曰：《易林补遗》有曰："爻有伏吟不吉，术者未闻；卦有反吟最凶，卜家谁觉？"不看用神之衰旺，竟以反伏为畏途。今野鹤此论，比之井卦，世逢冲克，事反伏，身受其殃；临之中孚，世官得地，虽反伏，官连迁转。教人之法，何等透彻！

旬空章第二十六

甲子旬中戌亥空，甲戌旬中申酉空，甲申旬中午未空。

甲午旬中辰巳空，甲辰旬中寅卯空，甲寅旬中子丑空。

何谓旬空？如甲子至癸酉日为一旬，此十日之内，并无戌亥，所以爻逢戌亥为空亡，又名旬空。余仿此。

旬空之法，诸书论太繁，有真空、假空、动空、冲空、填空、援空、无故自空、有故而空、墓空、绝空、害空、安空、破空。

野鹤曰：旺不为空，动不为空。有日建动爻生扶者，亦不为空。动而化空，伏而旺相，皆不为空。

月破为空，有气不动亦为空。伏而被克为空，真空为空。

真空者，春土夏金秋是木，三冬逢火是真空。

余初学卜，凡遇旬空，无法而断。欲以之为到底全空，却又应乎填实之日；而不空以之为不空，却有到底全空。后得多占之法，凡遇旬空，命之再占。卦吉者许之出旬而不空，卦得凶者许之空矣。

如辰月乙卯日，占求财，得家人之贲。

	风火家人			山火贲
兄弟		卯木		寅木
子孙 ○ 应		巳火	父母	子水
妻财		未土		戌土
父母		亥水		亥水
妻财 世		丑土		丑土
兄弟		卯木		卯木

丑财持世，遇旬空，虽有巳火之生，巳火又化回头之克，不能生丑土之财。此财既无生扶，当主难求。又因三月之丑土，财还有气。古法有气不为空，不敢竟断，命之再占。得暌之损。

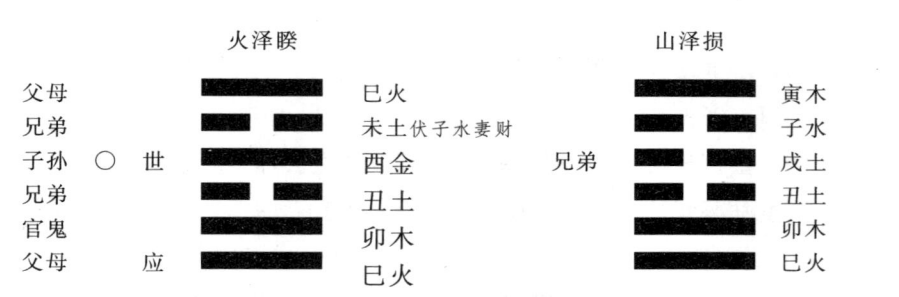

火泽睽	
父母	巳火
兄弟	未土伏子水妻财
子孙　○世	酉金
兄弟	丑土
官鬼	卯木
父母　应	巳火

山泽损	
	寅木
	子水
兄弟	戌土
	丑土
	卯木
	巳火

因得此卦，合前卦而决之，竟断曰："财无气矣，不必劳心。"彼问："何故？"予曰："前卦丑财，虽则空而有气；后卦子水财，空伏于五爻未土之下，伏而又空。空而被克，知其无财而无疑也。"后果全无。

又如子月辛亥日，占远行求财，得大畜。

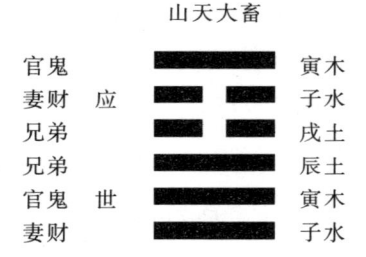

山天大畜	
官鬼	寅木
妻财　应	子水
兄弟	戌土
兄弟	辰土
官鬼　世	寅木
妻财	子水

世逢寅木，子月亥日，俱作财神而生世；又喜应爻为地头，世应相生，乃全美之卦。独因世值旬空，若执古法断者，无故自空，大凶之兆，敢许之而远去耶？命之再占。

又得明夷之丰。

地火明夷	
父母	酉金
兄弟	亥水
官鬼　×世	丑土
兄弟	亥水
官鬼	丑土
子孙　应	卯木

雷火丰	
	戌土
	申金
妻财	午火
	亥水
	丑土
	卯木

断曰："此卦与前卦相同，此行大有所得。世爻丑土，化午火回头相生；目下月破，尔到地头已出月矣。出月而不为破，开春寅卯月，以前卦决者，乃世爻出空之月也。逢子亥财生，美心如愿。"彼曰："去得成否？"

予曰："甲寅日世爻出空之日，准行无疑。"果于乙卯日起程，后到彼地，寅卯月间，诸事遂心，满载而归。

野鹤曰：多占之法，损许多疑惑。不然止以前卦决断者，无故自空，如入深渊大壑；旺财生世，腰缠万贯之征。许之去耶？阻之勿去耶？

又如寅月辛卯日，占父何日回，得观之否。

风地观　　　　　　　天地否

妻财	▬▬▬	卯木		戊土
官鬼	▬▬▬	巳火		申金
父母 ×世	▬ ▬	未土	官鬼	午火
妻财	▬▬▬	卯木		卯木
官鬼 应	▬▬▬	巳火		巳火
父母	▬ ▬	未土		未土

此卦父遇真空，日月伤克，虽则动不为空，疑其伤之太重，予不敢断。问之去了几时，彼曰："父开店于某处，离此三百多里，常去常来。昨有信回，这两日要到，不知起身否？"予命之再占。

得履变中孚。

天泽履　　　　　　　风泽中孚

兄弟	▬▬▬	戌土		卯木
子孙 世	▬▬▬	申金		巳火
父母 ○	▬▬▬	午火	兄弟	未土
兄弟	▬ ▬	丑土		丑土
官鬼 应	▬▬▬	卯木		卯木
父母	▬▬▬	巳火		巳火

此卦又是父动逢空，幸得日月生父，较前卦不同。又喜父动克世，克世者速至，许甲午乙未日必到。果于未日返舍。或曰："此卦日月生父，许之必来，是也。前卦真空，何以无凶？神无二理，此卦若是，前卦为非。"予曰："前卦何尝不是？未父持世，目下旬空，出空而见父也。"决课之人，要识来人之念。伊父远涉天涯，存亡未审，必存吉凶之念而问。若遇真空，必不归也。今乃往来熟道，所问者，何日而回。凑至未日必到，犹伊问曰："我父何日归家？"犹神告曰："尔父未日即至。"我初得见，我亦动疑，故命之再占。若再得凶卦，即以凶断也。既得吉卦，合而决之，参悟神之意矣。予曾于午月己丑日，占阴晴，得临之师卦。初爻巳

火父动，当应巳日必雨。及至癸巳日早，满天红日。值狄友在座，亦知易理，命之卜今日雨否。

午月癸巳日，得既济，变泽火革。

水火既济			泽火革	
兄弟 应 ▬▬ ▬▬	子水		▬▬ ▬▬	未土
官鬼 ▬▬▬▬▬	戌土		▬▬▬▬▬	酉金
父母 × ▬▬ ▬▬	申金	兄弟	▬▬▬▬▬	亥水
兄弟 世 ▬▬▬▬▬	亥水		▬▬▬▬▬	亥水
官鬼 ▬▬ ▬▬	丑土		▬▬ ▬▬	丑土
子孙 ▬▬▬▬▬	卯木		▬▬▬▬▬	卯木

余曰：今日申时有雨。狄曰："申父虽动，日月克之，况巳与申合，合住父爻不雨。雨从何来？"予曰："不然，定有大雨。"果于申酉时，雷雨交作。次日，狄曰："不以月伤日合，而断大雨，何其神乎？"予曰："非独昨日之卦也。丑日占过，原应巳日必雨。"犹我而问神曰："前卦应今日之雨，今果雨否？"犹神而曰："今日申时有雨。"不在乎克与合也。前卦而断行人，亦犹彼曰："我父何日而归？"亦犹神曰："未日必到。"不在乎空而真也。凡卜易卦，必与鬼神合其机，勿胶柱而鼓瑟。余得多占之法，虽不能合鬼神之机，能参悟鬼神之机也。

李我平曰：空亡之说，鬼神不测之妙，似有又无，似无又有。实有到底全空，亦有填实不空。此以多占两卦合而决之，实为泄尽鬼神之机也。天地之理，皆从空而生。谓之悬空以待，凡占遇空，不可即以为空，须视其所占之事，或近或远。如在旬内，则为空也。然亦有冲空之日，实空之时，事在一旬之外，许其出空之日而应之。若占远之大事，尚无定期。非出旬可以定者，大象不吉，乃可谓到底空也。大象若吉，太岁月建亦可填之。然又不如多占两卦，实为妙法。

生旺墓绝章第又二十六

长生、沐浴、冠带、临官、帝旺、衰、病、死、墓、绝、胎、养。余得验者，只验生旺墓绝，其余不验，不必用之。

	金	水土	木	火
生	巳	申	亥	寅
旺	酉	子	卯	午
墓	丑	辰	未	戌
绝	寅	巳	申	亥

且如主事爻属木，若在亥日占卦，即是主事爻长生于亥日。若在卯日占卦，木旺于卯。若在未日占卦，木墓于未。若在申日占卦，木绝于申。余仿此。又如主事爻属木，卦中动出亥爻者，亦谓之主事爻遇长生。动出未爻者，谓之主事爻。入动墓卦中，动出申金者，谓之主事爻逢绝。余仿此。

又如主事爻属木，动而变出亥水者，谓之化长生。动而变出卯木者，谓之化旺。动而变出未土者，谓之化墓。动而变出申金者，谓之化绝。余仿此。

觉子曰：金虽长生在巳，须宜金爻旺相，或日月动爻生扶，再遇巳日占卦，或是卦中动出巳爻，或是金爻动而化出巳火，皆谓之遇长生。倘若金爻休囚无气，再遇巳午火多者，烈火煎金，论克不论生也。金爻虽墓于丑，若得未土冲动，或卦中土多生金，论生不论墓也。

土爻虽绝于巳，必须休囚无气，又逢巳爻谓之绝也。若土爻旺相，或得日月动爻生扶，再遇巳爻，巳火反能生土，论生不论绝也。

巳爻虽长生于寅，倘日月、动爻及变出之爻又逢申字者，谓之三刑，论刑不论生也。

古以土爻长生在申，又曰土长生在寅，无处考证。余以天时考之，常见土临父母，有申日雨者，亦有子日雨者；又见土临子孙，有申日晴者，有子日晴者。故知土长生于申，旺于子，实知土寄生于申而无疑也。

曾于午月己卯日，占妻病，得震之丰。

震为雷			雷火丰	
妻财	世 ▬▬ ▬▬	戌土		戌土
官鬼	▬▬▬▬▬	申金		申金
子孙	▬▬▬▬▬	午火		午火
妻财	× 应 ▬▬ ▬▬	辰土	父母	亥水
兄弟	▬▬ ▬▬	寅木		丑土
父母	▬▬▬▬▬	子水		卯木

辰土财爻为用神，近病逢冲即愈，许之当愈于辰日，不然酉日必愈，后因连日昏沉，竟于子日起床。许辰日愈者，辰土逢值之日也。许酉日者，辰与酉合，动而逢合之日也。今愈子日辰，土财爻旺于子也。

李我平曰：生旺墓绝之论，金生在巳，木生在亥，水生在申，火生在寅，四大长生，理之正也。惟土寄生，未得实考。法云："火土长生寅上排，明知子上是胞胎。"此即土寄生于寅。今五行家，戊土生寅，己土生酉。《易冒》虽曰："唯土之长生不一，申中有坤，土生于申。若分阴阳，则戊土生寅，己土生酉。"亦未得其实据。此专以天时考证者，土寄生于申，万古而不易也。

各门类题头总注章第又二十六

后章分门各类，当用字眼，恐其烦絮，不便全写，止用题头。即如后有用神宜旺，不可指定旺于四时，但得用临日月，或遇日月动爻变爻生扶，或用爻遇长生逢帝旺，皆谓之旺。

用神化吉：凡用神元神，动化回头生、化长生、化帝旺、化比助、化日月，皆为化吉。

用神化凶：凡用神原元神，动化回头克、化绝、化墓、化空、化破、化鬼、化退神，皆为化凶。

岁君：即当年太岁。岁五，岁者太岁，五者卦之五位，每卦之第五爻为君位。《易》曰"九五之尊"者是也。

身即世爻。古用卦身、世身，余试不验而不用。凡后遇身字者，即是世爻，非卦身、世身也。

三墓者，用爻入日墓、入动墓、动而化墓，此三墓也。非古法之世墓、身墓、命墓。

主象：主事爻。自占卦，世为主象，又名主事爻。占父母兄弟，即父母兄弟为主事爻。余仿此。

老阴之为少阳曰变，老阳之为少阴曰化。

古言变者，如物消而长，退而进也。化者犹物成而败，进而退也。予试不验。化进神、化生旺者，虽化亦吉。变鬼、变回头克者，虽变亦凶。后各章凡言变者，即是化爻，化即是变。

各门类应期总注章第又二十六

静而逢值逢冲。

且如主事爻，临子水不动，后逢子日午日应之。余仿此。

动而逢合逢值。

且如主事爻，临子发动，后遇丑日子日应之。余仿此。

太旺者，逢墓逢冲。

且如主事爻，临午火，又遇巳火，午月日占卦，或卦中巳午爻太多，后逢亥子日应之，又有戌日应之，乃火入墓也。余仿此。

衰绝者，遇生遇旺。

且如主事爻属金，占卦于巳午月日，即是休囚无气，后逢土月日，或至秋令当时，则旺矣。余仿此。

入三墓，俱喜冲开。

且如象临午火，火墓于戌，后逢辰日则应之。余仿此。

遇六合，亦宜相击。

且如主事爻，与月作合，或动与爻合，或动而化合，或凶或吉，必待冲开之日月应之。且如主象临子，与丑作合，后逢午未日应之。余仿此。

月破喜逢填合。

且如子月占卦，主事爻临午火，乃为月破。后逢未日应之，谓之破而逢合。又有逢午日应之，填实之日，则不破矣。

旬空最爱填冲。

《旬空章》注解极明。

大象吉而受克，须待克神受克。

假令用神临辰土，得日月生扶，乃为大象吉也。倘被寅卯克害，后逢申酉日，冲克克神则吉。余仿此。

大象凶而受克，须防克者逢生。

即如前说，用神临辰土，既无日月动爻之生，乃为大象凶也。再逢寅卯克制者，后逢寅卯亥日则凶。

元神来助来扶，须看用神衰旺。

忌神来克来冲，观乎元气兴衰。

《元神忌神》章，注解极明。

化进神，逢值逢合。

且如申动化酉，乃为进神，为祸为福，有应申月日，有应巳月日。

化退神，忌值忌冲。

即如酉动化申，有应申月日，有应寅月日。

间有应于独发独静。

《独发章》内详之。

间有应于变爻动爻。

且如爻临戌土，变出酉金，有应酉日者。

勿谓爻之不验，远近当分。

远事定之以年月，近事应之于时日。

间有占远应近，占近应远，占月应年，占日应时，不可不知。

倘遇卦之不明，再占是法。

卦之恍惚者，再占一卦，不可妄断。

世空元动，须待元神逢值。

如甲辰旬，占求财，得困之坎。亥日得财。余仿此。

世衰元静，必然是元气逢冲。

如秋占图谋，得困卦后逢巳日成事。余仿此。

归魂游魂章第又二十六

游魂卦者，乃各宫第七卦，如乾宫之火地晋，坤宫之水天需是也。余仿此。归魂卦者，乃各宫第八卦，如乾宫之火天大有，坤宫水地比是也。余仿此。古以游魂行千里，我行此事而欲久者，游魂而不能久，心无定向，迁改不常。归魂不出疆，诸事拘泥不行，与游魂卦相反而断之可也。

凡得游魂卦。

占身命，生平无安家乐业之处。占行人，游遍他乡。占出行，行止不定。占家宅，迁变不常。占坟茔，亡灵不安。

野鹤曰：须以用神为主，然后以此参之。若舍用神，执此而断者，谬也。

校正全本增删卜易卷三

月破章第二十七

正申、二酉、三戌，

四亥、五子、六丑，

七寅、八卯、九辰，

十巳、十一午、十二未。

月建冲之为月破，逐月之破日是也。

诸书皆以用神临月破如悖时也，即是枯根朽木。逢生生之不起，逢伤更伤者重。虽现于卦，有亦如无；伏于卦中，终难透露。虽有日辰之生，亦不能生。动而作忌神者不能为害，作变爻者不能伤克动爻。

野鹤曰：余得其验，动则能于伤爻，变则能于伤动。何也？神兆机于动，事之无吉无凶则不动矣。既动，则有祸福之基。目下虽破，出月则不破；今日虽破，实破之日则不破，逢合之日则不破。近应日时，远应年月。惟静而不动，又无日辰动爻生助，实则到底而破矣。

如亥月己丑日，占将来有官否，得兑化讼卦。

兑为泽		天水讼	
父母 ╳ 世	未土	父母	戌土
兄弟	酉金		申金
子孙	亥水		午火
父母 应	丑土		午火
妻财	卯木		辰土
官鬼 ○	巳火	妻财	寅木

此卦官动而生世，世动化进神，虽然有官之象，但官逢月破，世遇旬空。然空者，犹有日辰相冲，冲空则实不为空矣；而破者，又无日辰动爻之生。古以日建亦生不起，况无动爻日建以生乎？予疑之既无所用，何故动而生世？命之再占，又得水地比。

水地比

妻财　应 ▬▬　▬▬　子水
兄弟　　 ▬▬　▬▬　戌土
子孙　　 ▬▬　▬▬　申金
官鬼　世 ▬▬　▬▬　卯木
父母　　 ▬▬　▬▬　巳火
兄弟　　 ▬▬　▬▬　未土

断曰："命若无官，难得官来生世。及官星以持世。今即前卦动官相生，后得官临世位，食禄王家，终须有日。"彼问："应在何年？"予曰："前卦官临月破，定于实破之年。"果于巳年，承袭长房世职。若以月破，百无所用，霄壤之隔也。

又如辰月戊子日，占父何日归，得乾之夬。

　　　　乾为天　　　　　　泽天夬

父母　世 ○ ▬▬▬▬▬　戌土　　父母　▬▬　▬▬　未土
兄弟　　　 ▬▬▬▬▬　申金　　兄弟　▬▬▬▬▬　酉金
官鬼　　　 ▬▬▬▬▬　午火　　官鬼　▬▬▬▬▬　亥水
父母　应　 ▬▬▬▬▬　辰土　　父母　▬▬▬▬▬　辰土
妻财　　　 ▬▬▬▬▬　寅木　　妻财　▬▬▬▬▬　寅木
子孙　　　 ▬▬▬▬▬　子水　　子孙　▬▬▬▬▬　子水

父母持世，破而化空，既无日生，又无动助，以古法断者，作用神而无气，其父不能归也。余不以此论之，竟断"朱雀临父，动而持世，卯日有信，午未日必归"。果于卯日得信，乙未日到家。应卯日得信者，破而逢合之日也。应未日归者，父化未土，旬空出空之日而到也。

古法进神之论，谓之动逢月破，我位既失；化月建，亦为退之不及。此卦父爻破而动而化空，竟退以归家也。

又如午月癸卯日，占后运功名，得艮之观。

```
         艮为山                      风地观
官鬼   世 ▬▬ ▬▬  寅木          ▬▬▬▬▬  卯木
妻财 × ▬▬▬▬▬  子水    父母  ▬▬▬▬▬  巳火
兄弟   ▬▬▬▬▬  戌土          ▬▬ ▬▬  未土
子孙 ○ 应 ▬▬ ▬▬  申金    官鬼  ▬▬ ▬▬  卯木
父母   ▬▬ ▬▬  午火          ▬▬▬▬▬  巳火
兄弟   ▬▬ ▬▬  辰土          ▬▬ ▬▬  未土
```

断曰："寅木官星持世，被申金动而克之，今年七月必有凶。"彼曰："看因何事。"予曰："应动克世，必是仇家。"又问："碍于功名否。"予曰："若非子水动摇，去位必矣。幸有子水，接续相生，降级离任，而不免耳。"次日，呼予入署。有幕客知易理而问曰："既知子水，接续相生，《卜书》有云：'忌神与元神同动，官与世爻得两生也。'今冬高升之兆，如何反曰离任？"予曰："子水破而化空，《卜书》有曰：'虽有如无，作元神而无用。'予因不依古法，而断神兆机于动，动必有因，所以断之降级而已。命下之日，若在冬至月者，始有此验；倘在他月，子水而未实破，还不可知。"果于七月，揭参结成大非，冬至月事结，降级调用。余彼时，已往他省，复来呼唤，至彼而又卜之。

寅月丙辰日，占得地泽临。

```
          地泽临
子孙    ▬▬ ▬▬  酉金
妻财 应 ▬▬ ▬▬  亥水
兄弟    ▬▬ ▬▬  丑土
兄弟    ▬▬ ▬▬  丑土
官鬼 世 ▬▬▬▬▬  卯木
父母    ▬▬▬▬▬  巳火
```

余曰：闻得士民保留，恐蒙不允。必待子年，仍以原品起用。向日知易理幕客，在座而问曰："九五亥水生官，如何不允？"予曰："九五来生，今被日克，将来子年，亥水旺于子也。又合前卦，五爻之子水，值太岁而不破，起用无疑。"果于甲子年巳月，仍以原品起用，连补两任，卯年而开督府。余劝辞荣，公曰："何也？"予曰："仍以前卦决之。向因申金克世，子水虽动，临破化空，不能生世生官，所以成非构怨。及至子月，虽则实破，其力尚轻，虽不至于削职，犹有降级之事。后值子年，乃实破之年也。值太岁当权，是以起用。明年辰岁，又是子水入墓之年，太岁克去子水，申金仍复克世，有克无生，较昔年之祸更重。"不听，果于辰年三月条陈，万世芳名，而得罪解任矣。

　　以上之辨月破者，乃因破而动也。不动勿以此断。

　　李我平曰：《易冒》之论月破："动作忌神而无害，动作元神而无赖，日辰生之而不起，百无所用之物也。"《易林补遗》亦曰："如临月破之爻，不拘衰旺，更作凶推。逢生不受，遇克能招。"亦谓虽有而如无也。观此艮之观卦，占时而值月破，不能接续相生，构讼王庭；值月建以填实，其方尚轻，犹有降罚之事；值太岁而当权，仍以原品而起用；至辰年而入墓，得祸匪轻。半生凶吉，关乎一爻月破，岂可谓之"有亦如无，毫无所用"耶？

飞伏神章第二十八

　　凡用神不现，即以日月为用神，倘日月非用神者，须于本宫首卦寻之。因本宫首卦，父子财官六亲俱备之故耳。假令占得天风姤卦。

```
          天风姤
父母            　戌土
兄弟            　申金
官鬼    应      　午火
兄弟            　酉金
子孙            　亥水伏寅木妻财
父母    世      　丑土
```

　　若占妻财，取财爻为神。此姤卦系乾宫之卦，以寅卯木爻为妻财。今六爻并无寅卯，即是用神不上卦。如在寅卯月日占者，则以日月为用神。倘非寅卯月，须在宫首卦乾为天卦内寻之。乾宫首卦乾为天。

乾为天

父母	世	▬▬▬	戌土
兄弟		▬▬▬	申金
官鬼		▬▬▬	午火
父母	应	▬▬▬	辰土
妻财		▬▬▬	寅木
子孙		▬▬▬	子水

此卦寅木妻财在二爻，即以此寅木伏于姤卦亥水之下，姤卦二爻之亥水即为飞神，寅木妻财即为伏神。亥水而生寅木，谓之飞来生伏得长生。此乃用神不现，寻得伏神，而遇生扶无用，亦为有用，便作吉断。余仿此。

又如占得天山遁。

天山遁

父母		▬▬▬	戌土
兄弟	应	▬▬▬	申金
官鬼		▬▬▬	午火
兄弟		▬▬▬	申金
官鬼	世	▬ ▬	午火
父母		▬ ▬	辰土伏子水子孙

如占子孙，取子孙为用神，此系乾宫卦，水为子孙，今六爻并无亥子，亦是子孙不现。倘在亥子月日占者，即以日月为用神。若非亥子月日，亦在乾为天卦寻之。乾为天初爻之子水子孙，以之伏于遁卦初爻辰土之下，辰土即是飞神，子水便是伏神。此乃飞来克伏，谓之飞克。伏神遭克害，名为伏神受制，有用亦无用矣，即作凶推。余仿此。

伏神有用者有六：

伏神得日月生者，一也。

伏神旺相者，二也。

伏神得飞神生者，三也。

伏神得动爻生者，四也。

伏神得遇日月动爻冲克飞神者，五也。

伏神得遇飞神空破休囚墓绝者，六也。

《黄金策》曰："空下伏神，易于引拔。"此论近理，但又不独飞神空亡而伏神得出，但得飞神临破临绝休囚入墓而伏神皆易出也。何也？伏神在下，飞神在上。飞神逢破墓衰空，虽有如无，所以伏神易于出现。

此六者，皆有用之伏神也。虽曰不现，亦如现矣。

又伏神终不得出者有五：

伏神休囚无气者，一也。

伏神被日月冲克者，二也。

伏神被旺相之飞神克害者，三也。

伏神墓绝于日月飞爻者，四也。

伏神休囚值旬空月破者，五也。

此五者，乃无用之伏神也，虽有如无，终不能出。

《黄金策》曰："伏居空地，事与心达。"予得验者，非此论也。凡用神旺相而遇旬空，出空之日则出矣。

如卯月壬辰日，占候文书何日得领，得山火贲卦。

山火贲

官鬼	▬▬▬	寅木
妻财	▬ ▬	子水
兄弟 应	▬ ▬	戌土
妻财	▬▬▬	亥水
兄弟	▬ ▬	丑土伏午火父母
官鬼 世	▬▬▬	卯木

午火父母为用神，空而伏于二爻丑土之下，压之难出，许甲午日出空必得，果得于甲午日。

又如辰月丁巳日，占逃仆，得水山蹇。

水山蹇

子孙	▬ ▬	子水
父母	▬▬▬	戌土
兄弟 世	▬ ▬	申金
兄弟	▬▬▬	申金
官鬼	▬ ▬	午火伏卯木妻财
父母 应	▬ ▬	辰土

占仆以财爻为用神，此系兑宫卦，卯木为财，今六爻并无卯木，须在

兑宫首卦寻之。

兑宫首卦兑为泽。

兑为泽

父母	世	▬▬▬	未土
兄弟		▬▬▬	酉金
子孙		▬▬▬	亥水
父母	应	▬ ▬	丑土
妻财		▬▬▬	卯木
官鬼		▬▬▬	巳火

以二爻卯木，伏于前蹇卦二爻午火之下，午火为飞神，卯木为伏神。断曰："蹇卦申金持世，克制卯木，终不能逃。但因伏在午火之下，伏去生飞，名泄气。盗去财物，尽废于炉火之家。许甲子日拿获。"果于子日得信，窝赃于铁匠之家，申时拿获，连铁匠送官。夫应子日者，子水冲克午火之飞神，生起卯木之伏神故也。

《黄金策》曰："伏无提挈终徒尔，飞不摧开亦枉然。"此之谓也。

予疑飞神午火即如铁匠，伏神卯木即是逃仆，至子日冲午而刑卯，所以二人皆被杖责。

又如酉月丙辰日，占子病，得地风升。

地风升

官鬼		▬ ▬	酉金
父母		▬ ▬	亥水
妻财	世	▬ ▬	丑土（伏午火子孙）
官鬼		▬▬▬	酉金
父母		▬▬▬	亥水
妻财	应	▬ ▬	丑土

《黄金策》曰："空下伏神，易于引拔。"此卦午火子孙，伏于丑土之下，丑土旬空，伏神易出，许午日子孙出现必愈。果于午日起床。

以上用神不现，皆在本宫首卦寻之。古法又有凡得八纯首卦，用神若值空破，又在他宫寻之。比如占得乾为天，内有用神空破衰绝者，往坤宫寻之，谓之乾坤来往互换。《易林补遗》又以归魂卦，取亲宫第四卦也。

野鹤曰：何必如是？用神空破衰绝，则祸福已知八九。何不再占一卦，合而决之。自有用神，予尝不待用神衰绝。但逢不现，虽有伏神，亦不用之。再占两卦，用神必现。一日到一宅上，见医者满座。

卯月丙辰日，占父病，得地雷复卦。

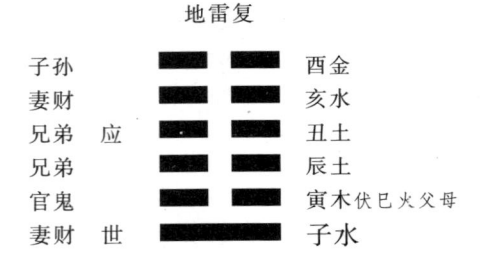

地雷复

子孙　　▅▅　▅▅　　酉金
妻财　　▅▅　▅▅　　亥水
兄弟　应　▅▅　▅▅　　丑土
兄弟　　▅▅▅▅▅▅　　辰土
官鬼　　▅▅▅▅▅▅　　寅木伏巳火父母
妻财　世　▅▅▅▅▅▅　　子水

父母用神不现，明知巳火父母，伏于二爻寅木之下，旺木以生巳火，飞来生伏，必愈之症，不以此断。令再卜之，占得山泽损卦。

山泽损

官鬼　应　▅▅▅▅▅▅　　寅木
妻财　　▅▅　▅▅　　子水
兄弟　　▅▅　▅▅　　戌土
兄弟　世　▅▅▅▅▅▅　　丑土
官鬼　　▅▅▅▅▅▅　　卯木
父母　　▅▅▅▅▅▅　　巳火

巳火父母，明现于初爻，春占木旺火相，断之即愈。彼因病势甚危，伊犹未决，次子又占，得渐之巽。

风山渐　　　　　　　巽为风

官鬼　应　▅▅▅▅▅▅　卯木　　　　▅▅▅▅▅▅　卯木
父母　　▅▅▅▅▅▅　巳火　　　　▅▅▅▅▅▅　巳火
兄弟　　▅▅　▅▅　未土　　　　▅▅　▅▅　未土
子孙　世　▅▅▅▅▅▅　申金　　　　▅▅▅▅▅▅　酉金
父母　×　▅▅　▅▅　午火　　妻财　▅▅▅▅▅▅　亥水
兄弟　　▅▅　▅▅　辰土　　　　▅▅　▅▅　丑土

予疑曰："前两卦，俱当即愈，如何此卦，亥水回头克父母？"忽而悟曰："是也。前两卦，巳火父旺，不受伤克，乃应目前之愈。此卦亥水克父，冬令难延。"即到床前，令病人自占。

```
        天山遁                    天风姤
父母        ▬▬▬  戌土           ▬▬▬  戌土
兄弟   应   ▬▬▬  申金           ▬▬▬  申金
官鬼        ▬▬▬  午火           ▬▬▬  午火
兄弟        ▬ ▬  申金           ▬▬▬  酉金
官鬼   ×世  ▬ ▬  午火    子孙   ▬ ▬  亥水
父母        ▬ ▬  辰土           ▬ ▬  丑土
```

此卦竟与前卦相同，再请夫人卜之，又得此卦。

予连见此三卦，毛骨悚然，有神乎？无神乎？子占父，亥水回头克父；自占病，亥水克世；妻占夫，亥水克夫。三卦雷同，同如一手排出，冬令之危，扁鹊亦难为矣。予且不言，止以前卦，断目前之愈。问诸医曰："卦中不碍，列位高见何如？"曰："病势甚险。"遂问公议一方，对症便好，不然只看阴功德行耳。内有一位，冷笑不言，予请问姓。答曰："姓寿。"因私问曰："此公之恙，何如？"彼曰："我可治之，不服我药，奈何。"予暗嘱其子曰："太翁之病，须用姓寿者治之。"次早，寿姓来谢。余问："将来何如？"寿曰："目下不妨，今冬难保。"余曰："公言与数相合，真神医也。"果绝于亥月。余之不取伏神，多占几卦以决祸福而更稳。即知目前之生，又知将来之死，非多占之力耶？

李我平曰：古法用伏神虽则有验，然伏神之衰旺休囚、刑冲克害、月破旬空，亦有难于把握者。此谓多占两卦自有用神，真秘法也。以此之秘，急欲传世，真婆心也。或曰："多占两卦，虽有渎之，不敢再三。然亦有再占者，何为秘诀？"余曰："既知再占，何故用神不现而寻伏神，伏神无用又寻互卦，互之不得又寻于化？况《易冒·变互章》中所存占验，不惟牵强，且尽属错误。"

有戊申日，占子病，得晋之剥。

```
        火地晋              山地剥
官鬼  ▬▬▬  巳火       ▬▬ ▬▬  寅木
父母  ▬▬ ▬▬ 未土      ▬▬ ▬▬  子水
兄弟  ▬▬▬ ○ 世 酉金  父母 ▬▬▬   戌土
妻财  ▬▬ ▬▬ 卯木      ▬▬ ▬▬  卯木
官鬼  ▬▬ ▬▬ 巳火       ▬▬ ▬▬  巳火
父母  ▬▬ ▬▬ 应 未土    ▬▬ ▬▬  未土
```

彼断曰："飞伏变象，皆无用神，互出水地比卦，外见坎水，即为子孙，酉金动爻生之，后亥日而痊。"以余断之，《海底眼》云："用神伏，元神摇，占病不死。"此卦不独用神摇于四位，而又有日建之生，《大全书》曰："用神伏，日月生之即出。"此卦子水子孙，伏于初爻，虽有飞神压住，却得日辰生扶，至十月亥水当令，子孙出而逢生，明白极矣。何用互卦？

又有子建戌寅日，占官，得困之兑。

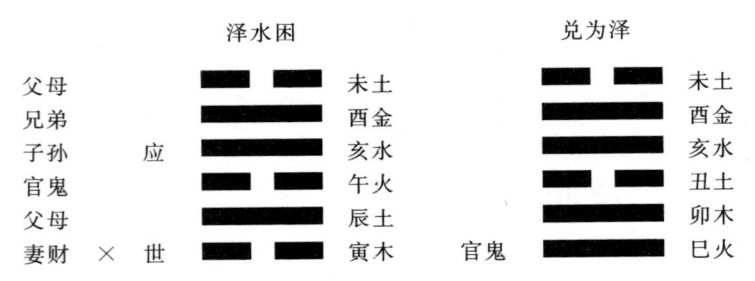

```
        泽水困              兑为泽
父母  ▬▬ ▬▬ 未土       ▬▬ ▬▬  未土
兄弟  ▬▬▬   酉金       ▬▬▬    酉金
子孙  ▬▬▬ 应 亥水      ▬▬▬    亥水
官鬼  ▬▬ ▬▬ 午火       ▬▬▬    丑土
父母  ▬▬▬   辰土       ▬▬▬    卯木
妻财  ▬▬ ▬▬ × 世 寅木 官鬼 ▬▬▬  巳火
```

彼断曰："飞爻午火之官，巳临破矣。巳官伏神，长生于寅，至孟春反得升迁。"以余断之，《黄金策》曰："飞爻变爻俱无用神者，始寻伏神。"此卦初爻寅木，变出巳火官星，孟春官遇长生，财爻独发生官，何故不言变出之官，而言伏神？幸此卦伏神变爻皆巳火也。倘后人遇他卦象，执此为法，用变爻乎？用伏神乎？非传世教人之法而不取也。又见《平化章》中之占验，更为可笑。

有辛卯年丙申月丙子日，占子存亡，得卦观之萃。

```
          风地观                        泽地萃
妻财  ○   ▬▬  ▬▬   卯木      父母   ▬▬  ▬▬   未土
官鬼      ▬▬▬▬▬   巳火      官鬼   ▬▬▬▬▬   酉金
父母  ×世  ▬▬  ▬▬   未土      子孙   ▬▬▬▬▬   亥水
妻财      ▬▬  ▬▬   卯木      妻财   ▬▬  ▬▬   卯木
官鬼      ▬▬  ▬▬   巳火      官鬼   ▬▬  ▬▬   巳火
父母   应  ▬▬  ▬▬   未土      父母   ▬▬  ▬▬   未土
```

彼断曰："水为子孙不现，却得丙月辛年，丙辛化水，后至亥月甲辰日，申子辰合成水局，亥月而归。"余断曰："世爻未土发动，化出亥水子孙，是亥月即见子也。"世与子孙，亥卯未三合成局，明明父子相逢，何故而取于化？即使卦中亥水不现，子水月建亦作用神。叠叠用神而不取，左支右吾，以取于化，是误后人，非教后人也。

进神退神章第二十九

进退神者，爻之动而化也。化进化退，吉凶祸福，有喜忌之分。所喜者宜于化进，所忌者宜化退神。

进神						
亥化子	寅化卯	巳化午	申化酉	丑化辰	辰化未	未化戌
退神						
子化亥	卯化寅	午化巳	酉化申	辰化丑	未化辰	戌化未

进神者，由此而进也。如春木之荣，有源之水，久远长进之象。
退神者，由此而渐退也。如秋天花木，渐渐凋零。
如申月癸卯日，占乡试，得恒变大过。

雷风恒　　　　　　泽风大过

妻财	应	▬▬　▬▬	戌土	▬▬　▬▬ 未土
官鬼	×	▬▬▬▬▬	申金	官鬼　▬▬▬▬▬ 酉金
子孙		▬▬▬▬▬	午火	▬▬　▬▬ 亥水
官鬼	世	▬▬▬▬▬	酉金	▬▬▬▬▬ 酉金
父母		▬▬▬▬▬	亥水	▬▬▬▬▬ 亥水
妻财		▬▬　▬▬	丑土	▬▬　▬▬ 丑土

断曰："酉金官星，持世旺相，当时卯日，冲之而暗动，又得九五爻上，官化进神，财帮助拱扶，不独今秋折桂，来春定占鳌头。"果得联捷。

又如酉月庚戌日，占何年生子，得屯变节。

水雷屯　　　　　　水泽节

兄弟		▬▬　▬▬	子水	▬▬　▬▬ 子水
官鬼	应	▬▬▬▬▬	戌土	▬▬▬▬▬ 戌土
父母		▬▬　▬▬	申金	▬▬　▬▬ 申金
官鬼		▬▬　▬▬	辰土	▬▬▬▬▬ 丑土
子孙	× 世	▬▬　▬▬	寅木	子孙　▬▬▬▬▬ 卯木
兄弟		▬▬▬▬▬	子水	▬▬▬▬▬ 巳火

寅木子孙持世，而化进神，寅木旬空，卯木空而且破，许之寅卯年，实空实破，一定连生。

此人年未三旬，妻无所出，婢女极多，子年占卦，及至寅卯年，妻婢同生，自三十一，以至四十五岁，连存九子。

古以动日月而化空破，且许不进，此卦旬空化空破，亦能进也。

又如卯月乙丑日，占求婚成否？得噬嗑变比。

火雷噬嗑　　　　　水地比

子孙	○	▬▬▬▬▬	巳火	父母　▬▬　▬▬ 子水
妻财	× 世	▬▬　▬▬	未土	妻财　▬▬▬▬▬ 戌土
官鬼	○	▬▬▬▬▬	酉金	官鬼　▬▬　▬▬ 申金
妻财		▬▬　▬▬	辰土	▬▬　▬▬ 卯木
兄弟	应	▬▬　▬▬	寅木	▬▬　▬▬ 巳火
父母	○	▬▬▬▬▬	子水	妻财　▬▬　▬▬ 未土

财爻持世化进神，巳火子动而生世，但因巳火化子水回头之克，必待

午日冲去子水，午火又合世爻，其婚必成，果于午日允婚。或曰："问父酉金鬼动，岂无阻耶？"予曰："鬼化退神，虽有破阻而无力也。"

此卦世爻未土，财化旬空。古以财化旬空，谓之动日月而空，且不能进。此处未土无力，动散而化空，亦能进矣。

又如酉月甲辰日，因被论，占自陈何如？得师之明夷卦，

	地水师			地火明夷	
父母	应 ▬▬ ▬▬	酉金		▬▬ ▬▬	酉金
兄弟	▬▬ ▬▬	亥水		▬▬ ▬▬	亥水
官鬼	▬▬ ▬▬	丑土		▬▬ ▬▬	丑土
妻财	× 世 ▬▬ ▬▬	午火	兄弟	▬▬ ▬▬	亥水
官鬼	○ ▬▬▬▬▬	辰土	官鬼	▬▬ ▬▬	丑土
父母	× ▬▬ ▬▬	寅木	子孙	▬▬▬▬▬	卯木

断曰："世化回头之克，官化退神，子孙化进神，三爻皆非吉象，大凶之兆。"果于次年二月，革职拿问。

古以动日月化空破谓之不退，此卦官动临日辰。

此卦子孙动休囚而化空破，进者进而退者竟退。

又如丑月丙戌日，占父有信至，已在任起程，我去迎之，可能遇否？得蹇之旅卦。

	水山蹇			火山旅	
子孙	× ▬▬ ▬▬	子水	官鬼	▬▬▬▬▬	巳火
父母	○ ▬▬▬▬▬	戌土	父母	▬▬ ▬▬	未土
兄弟	× 世 ▬▬ ▬▬	申金	兄弟	▬▬▬▬▬	酉金
兄弟	▬▬▬▬▬	申金	兄弟	▬▬▬▬▬	申金
官鬼	▬▬ ▬▬	午火	官鬼	▬▬ ▬▬	午火
父母	应 ▬▬ ▬▬	辰土	父母	▬▬ ▬▬	辰土

父化退神，父已归矣。世化进神，尔之欲去。父爻生世，一定相逢。必相会于未日。果得遇未日。应未日者，戌父化未，又破又空；至未日，乃实空实破之日也。若执古法，"动日月而化空破，谓之不退"，其父岂有归来之日也？

如戌月癸巳日，占本年冬令得关差否？水泽节变需卦。

```
                水泽节                    水天需
兄弟          ▬▬ ▬▬    子水          ▬▬ ▬▬    子水
官鬼          ▬▬▬▬▬    戌土          ▬▬▬▬▬    戌土
父母    应    ▬▬ ▬▬    申金          ▬▬ ▬▬    申金
官鬼  ×       ▬▬ ▬▬    丑土    官鬼  ▬▬▬▬▬    辰土
子孙          ▬▬▬▬▬    卯木          ▬▬▬▬▬    寅木
妻财    世    ▬▬▬▬▬    巳火          ▬▬ ▬▬    子水
```

　　丑土官动化进神许丑月必得，果得于丑月。古以动日月化空破，谓之不进，此卦动非日月而化破，亦能进也。

　　又如未月丁卯日，占功名，终得出仕否？天火同人变革卦。

```
                天火同人                  泽火革
子孙  ○  应   ▬▬▬▬▬    戌土    子孙  ▬▬ ▬▬    未土
妻财          ▬▬▬▬▬    申金          ▬▬▬▬▬    酉金
兄弟          ▬▬▬▬▬    午火          ▬▬ ▬▬    亥水
官鬼    世    ▬▬▬▬▬    亥水          ▬▬▬▬▬    亥水
子孙          ▬▬ ▬▬    丑土          ▬▬ ▬▬    丑土
父母          ▬▬▬▬▬    卯木          ▬▬▬▬▬    卯木
```

　　予曰："若以古法断者，子孙动而克官，终身而无官也。予许辰年出仕，何也？戌土子孙难动，幸化退神，不克官也。辰年冲去戌土，是以许之。"果于辰年得选。岂可谓之"动空化日月而不退"也。

　　又如申月辛卯日，占病，得泽天夬卦，变大壮。

```
                泽天夬                    雷天大壮
兄弟          ▬▬ ▬▬    未土          ▬▬ ▬▬    戌土
子孙  ○  世   ▬▬▬▬▬    酉金    子孙  ▬▬ ▬▬    申金
妻财          ▬▬▬▬▬    亥水          ▬▬▬▬▬    午火
兄弟          ▬▬▬▬▬    辰土          ▬▬▬▬▬    辰土
官鬼    应    ▬▬▬▬▬    寅木          ▬▬▬▬▬    寅木
妻财          ▬▬▬▬▬    子水          ▬▬▬▬▬    子水
```

　　此公因抱危症。予曰："子孙持世，明日辰日，必遇良医。"果于次日，用针而愈。或曰："子孙化退神，何其用药亦效？"予曰："动变皆属秋金，当权得令。"占近事，岂可曰退？若占久远之事，待休囚之时而退者是也。

古以动破散而化日月无阶无路，谬也。

又如丑月癸卯日，占妻病，服此药愈否？得临之泰。

	地泽临			地天泰	
子孙		酉金			酉金
妻财 应		亥水			亥水
兄弟		丑土			丑土
兄弟 ×		丑土	兄弟		辰土
官鬼 世		卯木			寅木
父母		巳火			子水

断曰："兄动化进神，灵丹莫救。"其妻死于甲辰日。此乃兄动临月建而化旬空，亦可谓之不进耶？

又如戌月癸未日，占病，得乾之夬。

	乾为天			泽天夬	
父母 ○ 世		戌土	父母		未土
兄弟		申金			酉金
官鬼		午火			亥水
父母 应		辰土			辰土
妻财		寅木			寅木
子孙		子水			子水

断曰："久病逢冲莫怡，又是父爻持世，妙药难医，虽化退神，非病退也，乃精神命脉渐渐消枯之象也。防丑月冲破未土，而无路矣。"果卒于丑月。

又如戌月己卯日，占母血崩，一年有余，得同人，变解。

	天火同人			雷水解	
子孙 ○ 应		戌土	子孙		戌土
妻财 ○		申金	妻财		申金
兄弟		午火			午火
官鬼 ○ 世		亥水	兄弟		午火
子孙 ×		丑土	子孙		辰土
父母 ○		卯木	父母		寅木

断曰："卯木父母，值临日建，上爻戌土，以生申金，金生亥水，若

非丑土化进神以塞其水，此父母爻得旺相水生，精血太旺。至丑月土旺，今父母水爻，既无水养，且化退神，精血大败。捱至丑月，旺土以绝其源，需防危险。"果卒于丑月。此乃父临日建不化空破，亦能退也。

又如卯月癸酉日，占父远病，得萃之否。

泽地萃　　　　　　天地否

父母　× ▅▅　▅▅　未土　　父母　▅▅▅▅▅　戌土
兄弟　应 ▅▅▅▅▅　酉金　　　　　▅▅▅▅▅　申金
子孙　　 ▅▅▅▅▅　亥水　　　　　▅▅▅▅▅　午火
妻财　　 ▅▅　▅▅　卯木　　　　　▅▅　▅▅　卯木
官鬼　世 ▅▅　▅▅　巳火　　　　　▅▅　▅▅　巳火
父母　　 ▅▅　▅▅　未土　　　　　▅▅　▅▅　未土

断曰："未土父母，动化进神，戌值旬空，近病逢空即愈，许次日退灾。"果于甲戌出空即愈。此乃父爻休囚而化空也。若以古法，动日月化空破，尚且不进；今休囚而化空，可得愈耶？

又如辰月癸丑日，占流年，得困，变解卦。

泽水困　　　　　　雷水解

父母　　 ▅▅　▅▅　未土　　　　　▅▅▅▅▅　戌土
兄弟　○ ▅▅▅▅▅　酉金　　兄弟　▅▅　▅▅　申金
子孙　应 ▅▅　▅▅　亥水　　　　　▅▅▅▅▅　午火
官鬼　　 ▅▅　▅▅　午火　　　　　▅▅　▅▅　午火
父母　　 ▅▅▅▅▅　辰土　　　　　▅▅▅▅▅　辰土
妻财　世 ▅▅　▅▅　寅木　　　　　▅▅　▅▅　寅木

断曰："世爻寅木而值旬空，酉金忌神。摇于五位，古法谓之避空，予非此断，出空一定遭伤，后卒于六月。应未月者，上爻未土乃世爻之墓，巳破丑日冲开，谓之开墓，以待被克而入墓，宁不死乎？"或问："酉金化退神，如何克木？"予曰："三土生酉金，旺而不退。"

又如辰月乙丑日，占妻母病，得随之否。

泽雷随　　　　　　　天地否

妻财	×应	▬▬ ▬▬	未土	妻财	▬▬▬▬▬	戌土
官鬼		▬▬ ▬▬	酉金		▬▬▬▬▬	申金
父母		▬▬ ▬▬	亥水		▬▬▬▬▬	午火
妻财	世	▬▬ ▬▬	辰土		▬▬ ▬▬	卯木
兄弟		▬▬▬▬▬	寅木		▬▬ ▬▬	巳火
父母	○	▬▬▬▬▬	子水	妻财	▬▬ ▬▬	未土

断曰："子水父爻化未土，回头克父；而上爻未土，又化进神以克父，须防戌日。"果卒于甲戌日，乃戌土出空之日也。古法散如无也，此卦未土被丑日冲之，又化旬空月破，竟不见其散也。

又如申月乙卯日，占出行，得屯之节。

水雷屯　　　　　　　水泽节

兄弟		▬▬ ▬▬	子水		▬▬ ▬▬	子水
官鬼	应	▬▬▬▬▬	戌土		▬▬▬▬▬	戌土
父母		▬▬ ▬▬	申金		▬▬ ▬▬	申金
官鬼		▬▬ ▬▬	辰土		▬▬▬▬▬	丑土
子孙	×世	▬▬ ▬▬	寅木	子孙	▬▬▬▬▬	卯木
兄弟		▬▬▬▬▬	子水		▬▬▬▬▬	巳火

断曰："世临寅木，而化进神，合当就行。因系月破，目下未必能动，出月方可。"后至亥月方行，由燕至粤，次年八月归来。予曰："途中安否？"彼曰："往来托庇均安。"予以子孙化进神，知其平安，故问之耳。夫应亥月行者，破而逢合之月也。此乃动破化日辰，岂可谓之不能进耶？

又如辰月巳未日，占兄何日归来，得履之兑。

天泽履　　　　　　　兑为泽

兄弟	○	▬▬▬▬▬	戌土	兄弟	▬▬ ▬▬	未土
子孙	世	▬▬▬▬▬	申金		▬▬▬▬▬	酉金
父母		▬▬▬▬▬	午火		▬▬▬▬▬	亥水
兄弟		▬▬ ▬▬	丑土		▬▬ ▬▬	丑土
官鬼	应	▬▬▬▬▬	卯木		▬▬▬▬▬	卯木
父母		▬▬▬▬▬	巳火		▬▬▬▬▬	巳火

断曰："兄动化退，已有归志。但因戌逢月破，在外诸凡未遂。六月可望。"后至戌月方回，乃应实破之月也。此乃动破而变日月，岂可谓之退不及也？

又如辰月乙未日，占子病，得大有变睽。同时，祖又占孙，亦得此卦。

```
            火天大有              火泽睽
官鬼    应  ▬▬▬▬▬  巳火          ▬▬▬▬▬  巳火
父母        ▬▬ ▬▬  未土          ▬▬ ▬▬  未土
兄弟        ▬▬▬▬▬  酉金          ▬▬▬▬▬  酉金
父母    ○世 ▬▬▬▬▬  辰土   父母   ▬▬ ▬▬  丑土
妻财        ▬▬▬▬▬  寅木          ▬▬▬▬▬  卯木
子孙        ▬▬▬▬▬  子水          ▬▬▬▬▬  巳火
```

断曰："如一手排出。父临月建化退神，此子死于次日。"

又卯月丙申日，衙役占官府升否，得解之困。

```
            雷水解                泽水困
妻财        ▬▬ ▬▬  戌土          ▬▬ ▬▬  未土
官鬼    ×应 ▬▬ ▬▬  申金   官鬼   ▬▬▬▬▬  酉金
子孙        ▬▬▬▬▬  午火          ▬▬ ▬▬  亥水
子孙        ▬▬ ▬▬  午火          ▬▬ ▬▬  午火
妻财    世  ▬▬▬▬▬  辰土          ▬▬▬▬▬  辰土
兄弟        ▬▬ ▬▬  寅木          ▬▬ ▬▬  寅木
```

断曰："官动化进神，秋来得令必迁。"后报升于巳月。应巳月者，动而逢合之月，申金又长生于巳。此乃动日月而化空破，岂可谓之不进耶？

又如酉月乙丑日，占试中否，得兑之讼。

```
            兑为泽                天水讼
父母    ×世 ▬▬ ▬▬  未土   父母   ▬▬▬▬▬  戌土
兄弟        ▬▬▬▬▬  酉金          ▬▬▬▬▬  申金
子孙        ▬▬▬▬▬  亥水          ▬▬▬▬▬  午火
父母    应  ▬▬ ▬▬  丑土          ▬▬ ▬▬  午火
妻财        ▬▬▬▬▬  卯木          ▬▬▬▬▬  辰土
官鬼    ○  ▬▬▬▬▬  巳火   妻财   ▬▬▬▬▬  寅木
```

断曰："未父化进神，巳火官动而生世，吉兆显然，坐以待报。"果于寅日揭榜，中第八名。古法动破散化，日月尚不能进。此卦动散化，空亦能中也。

又如未月丁丑日，占母路隔千里何时来，得火天大有，变井卦。

火天大有			水风井		
官鬼 ○ 应	▬▬▬	巳火	子孙	▬ ▬	子水
父母 ×	▬ ▬	未土	父母	▬▬▬	戌土
兄弟 ○	▬▬▬	酉金	兄弟	▬ ▬	申金
父母 世	▬▬▬	辰土		▬▬▬	酉金
妻财	▬▬▬	寅木		▬ ▬	亥水
子孙 ○	▬▬▬	子水	父母	▬ ▬	丑土

初爻子水，化出丑父，子与丑合，被合不来。未父化进神，亦应不来。幸得未土生起酉金兄爻，兄化退神而合世，母必不来，兄弟必来。彼曰："有妹无弟。"果于次年三月妹至。此乃兄弟爻空，化空亦能退也。

又如未月辛未日，占开金银器皿铺，得噬嗑，变屯卦。

火雷噬嗑			水雷屯		
子孙 ○	▬▬▬	巳火	父母	▬ ▬	子水
妻财 × 世	▬ ▬	未土	妻财	▬▬▬	戌土
官鬼 ○	▬▬▬	酉金	官鬼	▬ ▬	申金
妻财	▬ ▬	辰土	妻财	▬ ▬	辰土
兄弟 应	▬ ▬	寅木	兄弟	▬ ▬	寅木
父母	▬▬▬	子水	父母	▬▬▬	子水

财爻持世化进神，乃久远丰隆之象。予曰："代尔择甲戌日开张，管许大发。"果开市于戌日，至今此店尚开，累年丰盛。此乃动日月而空，岂可谓之不进也？

野鹤曰：夫进神之法有四：动旺相而化旺相，乘势而进，一也；动休囚而化休囚，待时而进，二也；动爻变爻有一而值休囚，亦待旺相之日而进者，三也；动爻变爻有一而空破，待填实之日而进者，四也。退神之法有四：动旺相而化旺相，或有日月动爻生扶，占近事得时而不退者，一也；动休囚而化休囚，及时而退者，二也；动爻变爻，有一而旺相，待休囚之时而退者，三也；有一而逢空破，待填实之日而退者，四也。

李我平曰：初阅《易冒》，有大进、不进、不能进，只谓近理。后见动日月而化空破，无阶无路，谓之不进，故知谬也。动爻既临日月，逢空不空，逢破不破，况化空破？即日月如天，虽化破空，如浮云之掩日，实空实破之期，即是云开雾散，司令当权，何以谓之不进？又曰：动值破散，而变日月，谓我位既失，何以得前？殊不知既动而破，自有实破之期；既动而散，自有填实之日。况化日月，名为化旺，后日填实，愈旺愈强，何以谓之不前？伊存格式：申月卯日，占兄弟，得兑之丰。

	兑为泽			雷火丰	
父母 × 世	▬▬ ▬▬	未土	父母	▬▬ ▬▬	戌土
兄弟 ○	▬▬▬▬▬	酉金	兄弟	▬▬ ▬▬	申金
子孙	▬▬▬▬▬	亥水		▬▬▬▬▬	午火
父母 × 应	▬▬ ▬▬	丑土	子孙	▬▬▬▬▬	亥水
妻财 ○	▬▬▬▬▬	卯木	父母	▬▬ ▬▬	丑土
官鬼	▬▬▬▬▬	巳火		▬▬ ▬▬	卯木

酉爻兄弟，被卯日冲散，虽化申为月建，亦不及退。不退者是也，不及退者谬也。彼之《月将章》云："爻临月将，逢散不散。"七月之酉金，虽非月将，难曰不旺；况化月建，动变尽属坚金，帮助拱扶，如山如冈。卯日焉能冲散？他章俱存占验，独此章只存数式，予故知其乃揣摩之说，非经验而得也。

随鬼入墓章第三十

古有日墓、动墓、化墓之三墓。世爻随鬼入墓、本命随鬼入墓、卦身随鬼入墓、世身随鬼入墓。

觉子曰：执此数论，若逢辰戌丑未之日，竟不敢占卦，非世临鬼，即卦身临鬼；非世身临鬼，即本命临鬼。然又不独辰戌丑未日，而他日亦不敢占，何也？卜卦之中，不免有二三墓爻发动，非世命而入，即二身而入，及动而化墓，非世爻动化，即二身动化。再不然，难保其本命不化墓也。一卦之中，不必看刑冲克害、破散绝空，凡占疾病凶危之事，只以随鬼入墓。即知凶吉也。余屡于疾病之占，卦卦留神。见世爻旺者，二身随鬼入墓而不死也。本命随鬼入墓，亦不死也。存而留验，不验又试。试之不验，而再试之。一而十，十而百，全不验者，始尽弃之。便是世爻用爻随鬼而入日墓、入动墓，或动而化墓，亦是休囚无气，始见凶危；若旺而有扶，亦有救解。

如申月戊辰日，占夫病，癸亥命，得同人之离。

	天火同人			离为火	
子孙	应	▬▬▬ 戌土	子孙	▬ ▬	巳火
妻财	○	▬▬▬ 申金		▬ ▬	未土
兄弟		▬▬▬ 午火		▬▬▬	酉金
官鬼	世	▬▬▬ 亥水		▬▬▬	亥水
子孙		▬ ▬ 丑土		▬ ▬	丑土
父母		▬▬▬ 卯木		▬▬▬	卯木

断曰："妻占夫，亥水官鬼为用神，墓于辰日，乃夫星夫命皆入墓也。古法断之必死。予曰：不独不死，明日即愈。何也？辰日冲动戌土，以生申金，因世爻亥水空亡，不受其生，明日己巳，冲起亥水，得遇金生，其病如失。"果于次日大愈。

又如戌月甲寅日，占会试能联捷否？

	雷山小过			艮为山	
父母	×	▬ ▬ 戌土	妻财	▬▬▬	寅木
兄弟		▬ ▬ 申金		▬ ▬	子水
官鬼	○ 世	▬▬▬ 午火	父母	▬ ▬	戌土
兄弟		▬▬▬ 申金		▬▬▬	申金
官鬼		▬ ▬ 午火		▬ ▬	午火
父母	应	▬ ▬ 辰土		▬ ▬	辰土

断曰："世爻随官入三墓，动墓，化墓，又入月建之墓。明岁辰年，冲开墓库，发榜之期，又遇辰月冲开三墓，不独连登，定中状元。日月合成官局，旺相当时，卦之全美，如玉无瑕。"果然传胪三唱。

又如申月己丑日，占病，得雷风恒，壬申命。

雷风恒

```
妻财  应  ▬▬ ▬▬   戌土
官鬼      ▬▬ ▬▬   申金
子孙      ▬▬▬▬▬   午火
官鬼  世  ▬▬▬▬▬   酉金
父母      ▬▬▬▬▬   亥水
妻财      ▬▬ ▬▬   丑土
```

此卦申命随鬼入墓，世爻随鬼入墓，世身又落旬空，卦身又临月破，若执古法断者，百无一生。予因世爻旺相，许未日必愈。果起床于未日。应未日者，冲开丑墓之日而出也。古法以墓为沉滞昏迷之象，此说是理。此人病中，不思汤药，昏昏沉沉，至未日则忽然更醒，不药而痊。岂可一概谓之随鬼而入墓也？

又如未月戊辰日，占已定重罪，可蒙赦免否？得蛊之损。

山风蛊　　　　　　山泽损

```
兄弟  应  ▬▬▬▬▬   寅木              寅木
父母      ▬▬ ▬▬   子水              子水
妻财      ▬▬ ▬▬   戌土              戌土
官鬼 ○世  ▬▬▬▬▬   酉金    妻财      丑土
父母      ▬▬▬▬▬   亥水              卯木
妻财 ×    ▬▬ ▬▬   丑土    子孙      巳火
```

世爻随鬼入动墓，又动而化墓，古以为凶，予以吉。断日月生世，丑墓月破，破罗破网，容易而出。明岁酉年，定蒙赦免。果于次年辰月，援赦而出。

余因屡试而得验者，只验世爻入墓有三：世爻随鬼入日墓，入动墓，动而化墓。

此三墓者，自占看世爻，旺相者非真；代占看用神，用神旺相者非真。惟世爻用爻，休囚被克，而又入墓者，是也。墓神被日月动爻冲破，亦非真也。墓破即如破网，容易而出矣。

占功名，世旺得地，冲开墓库之年月成名。世若空破休囚，始终难成之象。

占身命，世旺得地，冲开之年月发迹。世爻空破休囚，终身寂寞，如日月以无光也。

占出仕出行，世旺得地，冲墓之月日遂心。世若空破休囚，多见去而不返。

占求财图事，世旺者，冲墓之月日而成。空破休囚，终无成日。

占婚姻，世旺得地，及财爻有气而生世者，冲墓之月日而成。空破休囚，难许成就。

占疾病者，世旺得地，冲开之月日而愈。休囚空破，冲开之月日而危。近病者，空则不妨，出空即愈。

占狱讼者，世旺得出；休囚空破者，不免于凶。

占行人，用神化墓，或入动墓者，用旺必归。用神空破休囚，非病于他乡，即流落也。

占胎产，财爻子孙入动墓化墓者，旺则冲墓之日月即生。财爻空破休囚，妻遭产厄，子孙空破休囚，子必危亡。

占入公门，世旺得地，冲墓之年月如心。空破休囚，常遭枷锁刑狱。

占家宅，世旺者，或得财爻生世，冲开之年月兴家。空破休囚。身衰家破。

占祖茔者，与家宅同推。占新茔未葬者，旺相休囚，皆不宜也。

占偷关逾险，世爻旺相，又得生扶，虽则无危，忧心难释，鬼在身边故耳。

占讼事，世旺者得理，空破休囚被克者，必遭刑狱。

诸占世爻若旺，墓爻而值空破者，待墓爻填实之月日而吉；世爻空破休囚者，又在世爻填实之月日而凶。

古以世临破鬼，如占防患，祸患潜消。

予以为非，月破既为大白虎鬼，目下虽则无妨，实破之年月非吉。

如申月己未日，占贼来否？得大畜，变泰卦。

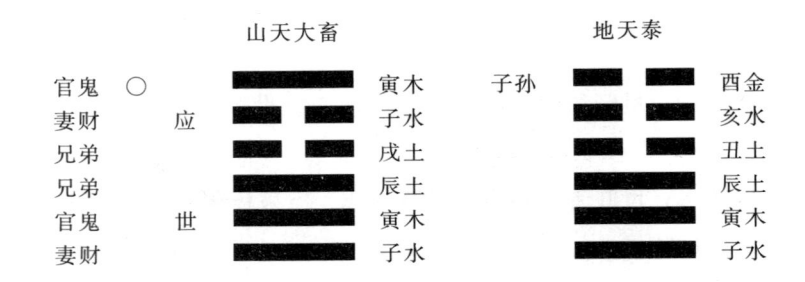

```
          山天大畜              地天泰
官鬼  ○  ▬▬ ▬▬  寅木     子孙 ▬▬ ▬▬  酉金
妻财  应  ▬▬ ▬▬  子水          ▬▬ ▬▬  亥水
兄弟     ▬▬ ▬▬  戌土          ▬▬ ▬▬  丑土
兄弟     ▬▬▬▬▬ 辰土          ▬▬▬▬▬ 辰土
官鬼  世  ▬▬▬▬▬ 寅木          ▬▬▬▬▬ 寅木
妻财     ▬▬▬▬▬ 子水          ▬▬▬▬▬ 子水
```

彼时土贼兴发，常去常来，乡人了无宁日。一日忽报贼至，此人携妻而避，因小女未来，复去抱女，同遭贼害。夫应自身之死者，世临破鬼而入日墓；女之死者，上爻鬼变子孙之故耳。岂可谓之世临破鬼，祸患消也？鬼临月破，不动者不验。

李我平曰：此论随墓，令人刮目。每卦之动墓、化墓，多有见之，倘再遇辰戌丑未之日，叠叠墓爻，若兼世命二身，非此即彼，以入墓也，真无暇他论。况诸书竟不言及旺衰，概以随墓不吉。如占功名，旺官临身，岂可曰履仕途而不反？占防患，世临月破，又随鬼入墓，岂可竟曰无忧？颠倒凶吉，不得不为正之。

独发章第三十一

五爻俱动，一爻不动，谓之独静；五爻不动，一爻独动，谓之独发。

事之成败，由乎用神；迟速应期，亦由乎用。独发独静，古有验之，予试亦有验也。皆在验事应之后，始会神机，非初敢执之，而断祸福与应期也。况卦得独静虽少，而独发者多。如舍其用神，执之而决事者，谬也，过也。

曾于辰月甲午日，占请迎父王灵柩，允否？

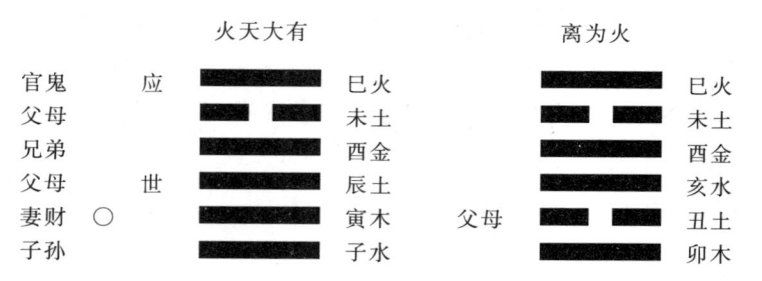

```
                火天大有                    离为火
  官鬼    应  ▬▬▬▬▬   巳火           ▬▬▬▬▬   巳火
  父母       ▬▬▬▬▬   未土           ▬▬▬▬▬   未土
  兄弟       ▬▬▬▬▬   酉金           ▬▬▬▬▬   酉金
  父母    世  ▬▬▬▬▬   辰土           ▬▬ ▬▬   亥水
  妻财  ○    ▬▬ ▬▬   寅木    父母   ▬▬ ▬▬   丑土
  子孙       ▬▬▬▬▬   子水           ▬▬▬▬▬   卯木
```

彼有门客知《易》，谓寅木一爻独发，化出丑父，乃应正月得见父灵。予曰："此隔靴而搔痒也。卦中父爻持世，俱被寅木克制，乃身不能动，灵亦不动也。欲身动而见父灵，必待冲开寅木之年月也。再请一卦，合而决之。"

又得泽火革，变既济。

```
                 泽火革                   水火既济
  青龙  官鬼      ▬▬ ▬▬   未土          ▬▬ ▬▬   子水
  元武  父母      ▬▬▬▬▬   酉金          ▬▬▬▬▬   戌土
  白虎  兄弟  ○ 世 ▬▬▬▬▬   亥水   父母  ▬▬ ▬▬   申金
  腾蛇  兄弟      ▬▬▬▬▬   亥水          ▬▬▬▬▬   亥水
  勾陈  官鬼      ▬▬ ▬▬   丑土          ▬▬ ▬▬   丑土
  朱雀  子孙    应 ▬▬▬▬▬   卯木          ▬▬▬▬▬   卯木
```

予曰："此卦正与前卦相合。前卦应冲开寅木者，申也。此卦世化申金回头生，亦应申月。世临虎动，因丧事而行。卯日冲动九五，又来生世，今年申酉月必蒙恩允。目下月破，万万不能。"后应申年请准，酉岁迎灵而归。两卦皆是独发，可执之耶？

又如午月甲申日，防涨水冲去麦子。

```
                 天火同人                  泽火革
  子孙  ○   应  ▬▬▬▬▬   戌土   子孙    ▬▬ ▬▬   未土
  妻财         ▬▬▬▬▬   申金          ▬▬▬▬▬   酉金
  兄弟         ▬▬▬▬▬   午火          ▬▬▬▬▬   亥水
  官鬼      世  ▬▬▬▬▬   亥水          ▬▬▬▬▬   亥水
  子孙         ▬▬ ▬▬   丑土          ▬▬ ▬▬   丑土
  父母         ▬▬▬▬▬   卯木          ▬▬▬▬▬   卯木
```

友人执此而问余曰："戌土子孙，一爻独发，昨日丙戌，定皆大晴，如何还雨？"予曰："尔忧麦被水冲，神以子孙发动，克去身边之鬼，叫尔勿忧，非应晴也。虽则目下未晴，决不涨水。即以此卦，而决阴晴，卯日必大晴也。"彼曰："何也？"予曰："动而逢合之日，晴则尔无忧矣。"果于卯日大晴。

又如辰月甲午日，占开煤窑，得家人变益。

```
        风火家人              风雷益
兄弟    ▬▬▬▬▬   卯木           ▬▬▬▬▬   卯木
子孙  应 ▬▬▬▬▬   巳火           ▬▬▬▬▬   巳火
妻财    ▬▬ ▬▬    未土           ▬▬ ▬▬    未土
父母 ○  ▬▬▬▬▬   亥水    妻财   ▬▬ ▬▬    辰土
妻财  世 ▬▬▬▬▬   丑土           ▬▬▬▬▬   寅木
兄弟    ▬▬▬▬▬   卯木           ▬▬▬▬▬   子水
```

丑土财爻持世，午日生之，许其可开。问："应何时见煤？"予曰："丑土财静，未月冲开，应在六月。"及至六月，竟不见煤，歇而开，开而歇，未年占卦，至亥年辰月，始得见煤。此乃应于独发，亥水化辰土。年月俱应，断卦之时，谁敢竟以亥年辰月而断也？

又如寅月庚戌日，占女病，得火水未济，变水山蹇。

```
        火水未济              水山蹇
兄弟 ○ 应 ▬▬▬▬▬   巳火    官鬼   ▬▬ ▬▬    子水
子孙 ×    ▬▬ ▬▬    未土    子孙   ▬▬▬▬▬   戌土
妻财 ○    ▬▬▬▬▬   酉金    妻财   ▬▬ ▬▬    申金
兄弟 × 世 ▬▬ ▬▬    午火    妻财   ▬▬ ▬▬    申金
子孙 ○    ▬▬▬▬▬   辰土    兄弟   ▬▬ ▬▬    午火
父母      ▬▬ ▬▬    寅木    父母   ▬▬ ▬▬    辰土
```

古有以独静之爻而断应期，譬如此卦，寅木独静，若不看用神，断寅日生也？断寅日死也？

余以此卦，土为子孙，虽则休囚，得巳午火动而生之，未土子孙化进神，辰土子孙化回头生，许之寅日当愈。然亦不敢竟断，命伊母再占一卦。

母占女，得姤，变无妄。

	天风姤		天雷无妄	
父母	▬▬▬	戌土	▬▬▬	戌土
兄弟	▬▬▬	申金	▬▬▬	申金
官鬼 应 ▬▬▬	午火	▬▬▬	午火
兄弟 ○ ▬▬▬	酉金	父母 ▬ ▬	辰土
子孙 ○ ▬▬▬	亥水	妻财 ▬ ▬	寅木
父母 × 世 ▬ ▬	丑土	子孙 ▬▬▬	子水

亥水子孙，化寅木空亡，近病逢空即愈，出空之日也。与前卦相合。予曰："寅日大愈。目下病体虽重，管许无虞。"果于寅日，沉疴复醒。此虽应前卦一爻独静，必因用神之旺也。又得后卦显然，方敢以寅日决之。

李我平曰：《易冒》以吉凶之生由于动，所以重于动，而轻于用。事应之来，不验于用神，而验于卦象。

此教人重于独发独静，不用用神者，明矣。

又云：虽不离用，而亦不执用爻也。

此又教人用用神。不用用神也。

又曰：独发独静，可定时日，吉凶须审用爻。

此教人重于用爻也。

留书传世，须一字开后人之茅塞，一言破千古之疑患。即曰用用神，又曰不用用神，注既无定，何以为法？得此可以醒世。

两现章第三十二

用神两现，如占父母，卦中两爻父母者是也。

舍其休囚而用旺相，舍其静爻而用动爻，舍其月破而用不破，舍其旬空而用不空，舍其被伤而用不伤，此古法也。余得验者，多有应乎旬空月破，舍其不空而用旬空，舍其不破而用月破。

如未月庚子日，占求财，得风天小畜。

风天小畜

兄弟		▬▬▬▬	卯木
子孙		▬▬▬▬	巳火
妻财	应	▬▬ ▬▬	未土
妻财		▬▬▬▬	辰土
兄弟		▬▬▬▬	寅木
父母	世	▬▬▬▬	子水

应临月建之财以克世，许之必得。彼问何时到手，余以次日辛丑，冲动未土，财必得，却得于辰土出空之日。此乃舍其不空而用旬空。

未月甲午日，占升迁，得师之涣卦。

地水师　　　　　　　　风水涣

父母	× 应	▬▬ ▬▬	酉金	子孙	▬▬▬▬	卯木
兄弟	×	▬▬ ▬▬	亥水	妻财	▬▬▬▬	巳火
官鬼		▬▬ ▬▬	丑土		▬▬ ▬▬	未土
妻财	世	▬▬ ▬▬	午火		▬▬ ▬▬	午火
官鬼		▬▬▬▬	辰土		▬▬▬▬	辰土
父母		▬▬ ▬▬	寅木		▬▬ ▬▬	寅木

断曰："世爻极旺，既临日建，又得月令作官星而合世。但卦中两现官星，一空一破，至辰年，辰土之官而出空，一定高升。然反吟于外卦，当得验者，去而复来。"寅年占，果于辰年调烦，于河南五月，因他故又调回楚，十月而开督府。一年两调一升，皆应实空之年也。

又如亥月丙午日，母占子何时脱厄，得豫之归妹。

雷地豫　　　　　　　　雷泽归妹

妻财		▬▬ ▬▬	戌土		▬▬ ▬▬	戌土
官鬼		▬▬ ▬▬	申金		▬▬ ▬▬	申金
子孙	应	▬▬▬▬	午火		▬▬▬▬	午火
兄弟		▬▬ ▬▬	卯木		▬▬ ▬▬	丑土
子孙	×	▬▬ ▬▬	巳火	兄弟	▬▬▬▬	卯木
妻财	× 世	▬▬ ▬▬	未土	子孙	▬▬▬▬	巳火

予见卦中子孙三现，俱生世爻，逢日建而静，两爻巳火逢月破，许巳年脱厄。乃实破之年也，果脱厄于巳年。此乃卦中用神三现，而用月破

之也。

野鹤曰：余竟以月破而断年者，非关此一卦也。因此位老夫人之长公，携印弃封疆而归。本人自身占过，申金子孙发动，动而逢合，乃应巳年；弟又占兄，申金兄动，亦应巳年。此卦巳火子孙回头生世，虽逢月破，合前二卦，故敢竟许以巳年。所以卜易者，一则全在灵机达变，二则卦要留神记之。若不留心记得前卦，此卦午火日建生世，何不许其午年？况午岁又是合世之年。何敢许其巳年？许巳年者，因合前卦而断也。

星煞章第三十三

天乙贵人

甲戊庚牛羊，乙巳鼠猴乡。丙丁猪鸡位，壬癸兔蛇藏。六辛逢马虎，此是贵人方。

假令甲戊庚日占，卦爻中见丑未者，即是贵人。余仿此。

禄神

甲禄到寅，乙禄到卯。丙戊禄在巳，丁己禄居午。庚禄居申，辛禄在酉。

假令甲日占，卦爻中见寅为禄；乙日占，卦爻中见卯为禄。余仿此。

驿马

申子辰马到寅，巳酉丑马在亥。寅午戌马居申，亥卯未马在巳。

假令子日申日辰日占，卦爻中见寅，即为驿马。余仿此。

天喜

春戌，夏丑，秋辰，冬未。

假令春天正二月占，卦爻中见戌，即为天喜。三月虽以戌为天喜，又为月破，若发动于卦中，扶助旺相之用神者，以之为喜，不以为破。余仿此。

诸书星煞最多，余留心四十余载，独验贵人禄马天喜，然亦不能独操祸福之权。用神旺者，见之愈吉；用神失陷，虽有如无。

　　李我平曰：伏羲观奇偶以判阴阳，文王以爻辞而断凶吉。周公之后，决祸福于五行，易道穷矣。今兼吉凶星煞，不知起自何人。丧门丘墓，大杀飞廉，加此险语惊人，往往全无应验。《易冒·疾病章》云："卜卦不死，星煞不死。用神生者即生，用神死者必死。"予以为之得理。及至《星煞章》中，反增许多神煞，出尔反尔，后学何从？即如此书，得验贵人禄马，亦必附和用神之旺相。既不能独操祸福之权，予亦以为不用亦可。诚意先生《千金赋》曰："吉凶神煞之多端，何如生克制化之理。"一言以蔽之矣。

校正全本增删卜易卷四

增删《黄金策千金赋》第三十四

动静阴阳，反复迁变。

前卷《动变章》注解明白。

太过者，损之斯成。

旧注：主事爻重复太多，事不专一，故宜损之。且如土为主事爻，爻中多逢丑戌辰未，谓之太过，须待寅卯月日克制土爻，然后成事，或占时得遇寅卯月日者亦好。

野鹤曰：不独后逢寅卯月日，得逢辰月辰日者，或许成事，何也？辰乃土之墓库，谓之用爻重叠，须墓库以收藏是也。余仿此。

不及者，益之则利。

何为不及？若主事爻只有一位，又不旺相，谓之不及，其事难成。

且如金为主事爻，若在夏天，占得休囚死煞，若得日辰动爻生之，或得后来逢生助之月日，皆有利益，其事亦成。

余以此论是理，但要主事爻原有根蒂。衰而逢生者，如旱苗得雨也，勃然而兴，故谓之有助有扶，衰弱休囚亦吉。只恐衰弱无助，休囚失陷，虽逢生合，亦难生矣。岂不闻"制中弱主，难以维持"。

生扶拱合，时雨滋苗。克害刑冲，秋霜杀草。

前《五行生克章》、《三合六合章》、《月将日辰章》，《三刑六害章》，注解极明。

长生帝旺，争如金谷之园。

死墓绝空，乃是泥犁之地。

前《生旺墓绝章》、《空亡章》详之。

日辰为六爻之主宰，月将是万卜之提纲。

前《日辰月将章》详之。

最恶者岁君，宜静不宜动。

岁君，乃当年之太岁是也。或明动暗动，冲克世爻，占年运者，一年挠括。占官争者，必于朝廷。

士子占试，仕宦占官，及面圣上书，叩阍谏诤，请封请荫等事，皆宜太岁生合世爻，动而生世更吉，最忌刑冲克世。除此数占之外，皆与他爻等也。何也？太岁虽司一年之令，尊而不亲，高而难仰，吉凶皆不及乎日月。古以太岁不理家庭细事，此理是也。所以太岁冲爻而为岁破，不以为凶；合爻为岁合，不以为吉。爻之衰者，太岁不能生之；爻之强旺者，太岁不能制之。遇月破者即破，逢旬空者即空，非此月建日建力也？

野鹤曰：作当年祸福，不以为重；作后时之吉凶，其实不轻。且如主事爻属木爻，爻中申酉金动，谓之木被金伤，纵使木旺金衰，目下可保无事，后遇申酉岁，难免其殃。

如巳月壬子日，占乡试，得水地比。

水地比

妻财	应	▬▬ ▬▬	子水
兄弟		▬▬▬▬▬	戌土
子孙		▬▬ ▬▬	申金
官鬼	世	▬▬ ▬▬	卯木
父母		▬▬ ▬▬	巳火
兄弟		▬▬ ▬▬	未土

巳火父爻当月建，文星旺矣。独嫌官星持世，卯木旬空，许之卯科方能得意。子年占，果于卯年登科。应卯年者，太岁填实而不空也。

不验者身位，宜删而不宜存。

旧系"最要者身位，喜扶而不喜伤"。原注有云：古用身世而不验，故用卦身。

野鹤曰：卦身亦不验，止用世爻。或曰：间有验者。余用世爻，百发无不百中也。间有之验，乃偶然凑合耳，何足为法。

世为己，应为人，大宜契合。

世为自己，应为他人。凡占彼此之事，兼而用之。欲他扶助我者，喜应爻生合世爻。我欲代他而谋事者，亦世爻而生应也。非占彼此而不用。

如卯月辛巳日，占自陈何如，得恒之升。

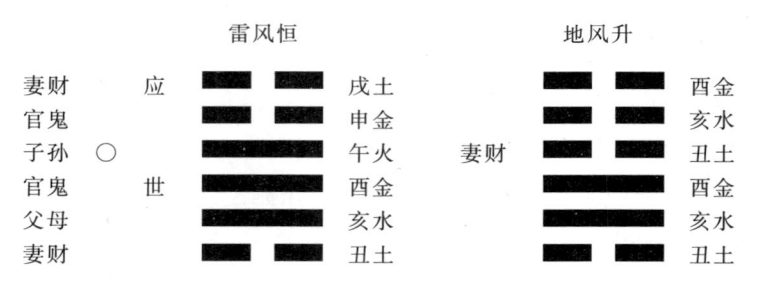

```
          雷风恒              地风升
妻财  应 ▬▬ ▬▬  戌土         ▬▬ ▬▬  酉金
官鬼    ▬▬▬▬▬  申金         ▬▬ ▬▬  亥水
子孙  ○ ▬▬▬▬▬  午火    妻财 ▬▬ ▬▬  丑土
官鬼  世 ▬▬▬▬▬  酉金         ▬▬▬▬▬  酉金
父母    ▬▬▬▬▬  亥水         ▬▬▬▬▬  亥水
妻财    ▬▬ ▬▬  丑土         ▬▬▬▬▬  丑土
```

余曰："酉官持世，破而且空，又动出午火相克，不独削职，须防五六月，还见凶灾。"或曰："幸得世应相生，又变升卦，必相救解。"余曰："自占自陈，与应何干？此迂腐之论也。"果于五月下狱。

动为始，变为终，最怕交争。

动爻为事之始，变爻为事之终，不宜冲克。

应位遭伤，不利他人之事。

世爻受制，岂宜自己之谋。

自占者，宜世爻旺相，或临日月，或日月动爻扶助，或动而化吉，诸占皆吉。

占他人，以应爻为用。喜他旺者，宜临旺相之地，又宜日月动爻以生扶；喜他衰者，宜临墓绝空破之乡，及日月动爻冲克。

世应俱空，人无准实。

世空自己不真，应空他人不实。世应俱空，彼此皆无准实。谋事有阻，事属荒唐。

内外竞发，事必翻腾。

卦中动爻少者，吉凶自有条理，容易剖断。若内卦外卦，纷纷乱动，则吉凶不定。必人情不常，事体反复，全无定论之象。须再占一卦，合而决之。

世或交重，两目顾瞻于马首。

应如发动，一心似托于猿攀。

旧注：世应皆不宜动，动则反复不常，如马首而不定，似猿意以无宁。

野鹤曰：吾不敢以之为是，亦不敢以为非。此乃用神不旺，大象不成之说也。若用爻得地，大象当成，世动不受克制，应动三合世爻，图事成之更速。

用爻有气无他故，所作皆成。

主象徒存更被伤，凡谋不遂。

用爻及主象，即主事之爻也。或旺相，或有生扶，或有气，并无他爻克制，事之必成。倘衰弱无力，又逢克制，虽则出现，亦无用矣。

空逢冲而有用，

爻遇旬空，空逢冲而有用。旬空得遇日辰冲者，谓之冲空则实。不惟不空，反为有用。倘动而空者，日辰冲之更实。

合遭破以无功。

旧注：爻逢相合，如两人同心，事必克济。若日月动爻冲克者，又为合处逢冲。须防小人挑唆，合好之中，以生疑忌。如自为之事者，亦被旁人挑阻，我事难成。余得验者，凡三合六合，虽不宜目下日月动爻冲克，又宜后来之月冲开。正所谓"如逢合住，冲破成功"。且如爻中寅与亥合，若在申巳月日占者，申冲寅，巳冲亥，名为合处逢冲。若非申巳月日占者，必待后时逢申巳之月日，方成其事。余仿此。古之不动亦为之合，非也。两爻皆动，始为合也。

动空化空，皆成凶吉。

旧系"必成凶咎"。余得验者，动不为空，动而化空，亦不为空，吉凶皆应冲空实空之日，予故更之。

刑合克合，终见乖淫。

旧注：合者，和合也。见之为吉，殊不知合中有刑有克，毕竟不合。如用午字为财爻，未字为福神，因午字带自刑，名为刑合，不以为合，而为刑也。

野鹤曰：午既自刑，乃自有刑害之祸，得福神而作合，是救解其祸矣。反不为吉者，非也。

余尝得验，世爻午火，化未相合，已定重刑，后竟得蒙赦免。

动逢合而绊住。

旧注：忌神动逢日月相合，则不成凶。元神动逢日月合住，则不济事。

此亦有理，但余得验者，后逢冲开之月日，吉凶俱成。

如未月庚寅日，占官运，得革，变既济。

	泽火革			水火既济	
官鬼	▬▬ ▬▬	未土		▬▬ ▬▬	子水
父母	▬▬▬▬▬	酉金		▬▬▬▬▬	戌土
兄弟 ○ 世	▬▬▬▬▬	亥水	父母	▬▬ ▬▬	申金
兄弟	▬▬▬▬▬	亥水		▬▬▬▬▬	亥水
官鬼	▬▬ ▬▬	丑土		▬▬▬▬▬	丑土
子孙 应	▬▬▬▬▬	卯木		▬▬ ▬▬	卯木

断曰："世临亥水，今岁子年，太岁拱扶，九五酉金，虽不发动，亦含生世之意。世爻又化回头之生，又得日辰相合，上爻未土官星，当权得令，仕途平坦，如顺水以行舟也。惟疑权操两省，不为不当，如何兄爻持世，财伏被克，此美中不足也。"公问："后日何如。"予曰："防巳年太岁，冲害刑申，不无蹭蹬。荣归之日，只落得四海一空囊耳。"果于巳年被论，宦囊消索。此乃世逢合而绊住，逢冲之年月则开矣。

静逢冲而暗兴。

《暗动章》注解明白。

入墓难克。

旧注：墓者，滞也。忌神入墓，不克用神。

且如木为用神，金为忌神，若在丑日占者，金入墓矣，焉能克木？

卦中动出丑爻，亦向此推。

金爻动而化丑，亦是。余仿此。

野鹤曰：是则是也，屡见后逢冲开墓库日，依然木被金伤。

带旺非空。

旺者，乃旺相之爻，而遇旬空，不作空论。倘遇本日之日辰冲者，谓之"空逢冲而有用"。遇后日之日辰冲者，谓之"冲起"；过此一旬而出空者，谓之"填实"，但不为之空也。倘若发动，更不为空。

有助有扶，衰弱休囚亦吉。

此指主事爻而言，且如主事爻无气，本为不美，若得日辰与动爻生扶拱合，即为得助。与前"不及者，益之则利"相同。

贪生贪合，刑冲克害皆忘。

此亦指主象爻而言，且如主象临卯木，遇申爻动而克之，卦中若动出亥水，申金贪水之生，不来克木。又如主事爻临子水，遇卯木动而相刑，若得旁爻动出戌字，卯与戌合，不来刑子，此乃贪合忘刑。

又如用爻临巳字，卦中动出寅子水，冲克巳火，若得卯未同动，亥卯未合成木局，反来生火，亦谓之贪合忘克忘冲。余皆仿此，逐类推详。

别衰旺以明克合，辨动静以定刑冲。

衰旺克合，前《五行生克》及《四时旺相章》中已注明白。动静刑冲者，前《动变章》业已注明。

并不并，冲不冲，因多字眼。

刑非刑，合非合，为少支神。

旧注：卦爻既成，未免有刑冲并合，然多一字不成其名，少一字亦不成其刑冲并合之名也。

且如子日卜卦，卦中有一子字而谓之并，若有二字则分开而太过也。名虽为并，其实不能并之。二午则不冲，二丑则不合，二卯则不刑，二巳则不克。此多一字，不成刑冲克害之名也。

野鹤曰：若是爻中一子，不合二丑，名为妒合。不成合者，亦有理也。若以日辰不能并爻中之二子，不能冲爻中之二午者，非也。日月如天，无处不沾雨露，不然何以谓之"巡察六爻之善恶"？

即如丑月壬子日，占讼，得遁卦。

```
        天山遁
父母     ▬▬▬▬▬     戌土
兄弟  应 ▬▬▬▬▬     申金
官鬼     ▬▬▬▬▬     午火
兄弟     ▬▬▬▬▬     申金
官鬼  世 ▬▬ ▬▬     午火
父母     ▬▬ ▬▬     辰土
```

断曰："世临午火，子日冲之，休因为日破，不为暗动。今日若审，必有责罚。"果于本日见官责杖二十。此即卦见二午，岂可谓之"一子不冲二午"耶？

又曰：寅巳申为三刑，若有"寅巳"二字，而无"申"字；或有"寅申"两字，而无"巳"字，但少一字，不成三刑。

又曰：亥卯未为三合，卦有其二，内少一字者，不成三合。

野鹤曰：此二者皆非其说。殊不知虚一待用，待后时之月日，可以填之。

如巳月己未日，占久病，得困之兑卦。

```
           泽水困              兑为泽
父母    ▬▬ ▬▬  未土        ▬▬ ▬▬  未土
兄弟    ▬▬▬▬▬  酉金        ▬▬▬▬▬  酉金
子孙 应 ▬▬▬▬▬  亥水        ▬▬▬▬▬  亥水
官鬼    ▬▬ ▬▬  午火        ▬▬ ▬▬  丑土
父母    ▬▬▬▬▬  辰土        ▬▬▬▬▬  卯木
妻财 ×世 ▬▬▬▬▬ 寅木   官鬼 ▬▬▬▬▬  巳火
```

断曰："世爻寅木，化出巳爻，寅能刑巳，三刑少申字，防申日之危。"果卒于申日申时。此乃少一字，得后来申日补之，岂可谓"少一字不成三刑"耶？

又如酉月乙巳日，占升迁，得泽地萃，变天地否卦。

```
           泽地萃              天地否
父母 ×  ▬▬ ▬▬  未土   父母 ▬▬▬▬▬  戌土
兄弟 应 ▬▬▬▬▬  酉金        ▬▬▬▬▬  申金
子孙    ▬▬▬▬▬  亥水        ▬▬▬▬▬  午火
妻财    ▬▬ ▬▬  卯木        ▬▬ ▬▬  卯木
官鬼 世 ▬▬ ▬▬  巳火        ▬▬ ▬▬  巳火
父母    ▬▬ ▬▬  未土        ▬▬ ▬▬  未土
```

巳火官星持世，又临日建，《卜书》曰"官临日月即升"，且巳日冲动亥爻，与发动之未爻，欲成三合。因少卯字，明年卯月必升。此乃虚一待用，果升于卯月。岂可谓之"少一字不成合"也？

爻遇令星，物难我害。

《日辰月将章》注解极明。

伏居空地，事与心违。

伏，伏神也。伏也又空，诸事难成之象。

旧存占验：丙申日，占文书。

地天泰

子孙	应	▬▬ ▬▬	酉金
妻财		▬▬ ▬▬	亥水
兄弟		▬▬ ▬▬	丑土
兄弟	世	▬▬▬▬▬	辰土
官鬼		▬▬▬▬▬	寅木伏巳火父母
妻财		▬▬▬▬▬	子水

以父母爻为用神，此卦六爻无父母巳火，父母伏于二爻寅木之下，又遇旬空，所以文书不成也。

野鹤曰：伏而又空，事之不成者是也。但此卦文书之不成者，非因空也，乃因飞神在寅，伏神在巳，与申日作三刑之故耳。何也？申日冲动，寅木以生巳火，谓之"飞来生伏得长生"。伏神既得长生，则为有气不空，不然何以谓之"飞不冲开亦枉然"。余故曰：非因空也，三刑也。

伏无提携终徒耳，飞不摧开亦枉然。

凡用神不现，伏于卦中，须宜月建日辰，冲开飞神，生合扶起伏神，而伏神即为有用。

假如占文书，得贲卦。

山火贲

官鬼		▬▬▬▬▬	寅木
妻财		▬▬ ▬▬	子水
兄弟	应	▬▬ ▬▬	戌土
妻财		▬▬▬▬▬	亥水
兄弟		▬▬ ▬▬	丑土伏午火父母
官鬼	世	▬▬▬▬▬	卯木

以父母为用神，午火父母，伏于丑土兄弟爻下，可言有人把住文书。若在未月日占者，冲去丑土飞神，合起午火伏神，而为文书有用。若在寅卯月日占者，克去丑土，生起午火，亦作文书有用。余仿此。

空下伏神，易于引拔。

伏神不空而飞神空者，伏神易于出现。何也？飞神即空，乃上无压住之爻也。而伏神再得月建日辰生扶拱合，脱然出矣。

制中弱主，难以维持。

用爻休囚，又被月建日辰制服，纵遇生扶，亦不济事也。

如辰月丙辰日，占地下忽然起五色之光，疑有古窖。

火泽睽			山风蛊		
父母	▅▅▅▅▅	巳火		▅▅▅▅▅	寅木
兄弟	▅▅ ▅▅	未土		▅▅ ▅▅	子水
子孙 ○ 世	▅▅▅▅▅	酉金	兄弟	▅▅▅▅▅	戌土
兄弟 ×	▅▅ ▅▅	丑土	子孙	▅▅▅▅▅	酉金
官鬼	▅▅▅▅▅	卯木		▅▅▅▅▅	亥水
父母 ○ 应	▅▅▅▅▅	巳火	兄弟	▅▅ ▅▅	丑土

余曰："财伏而空，全无影响。"伊曰："既是无财，何故有五色之光？"余曰："乃妖气也。"彼时人人望财，议论纷纷。有曰："子动爻中，兄弟交重偏有望，此卦兄动生子，子动生财，又是内卦合成金局，金生水旺，何曰无财？"余曰："尔知其一，不知其二。子孙虽旺，难生无蒂之财。子水伏而又空，又被日月飞神克制，财从何来？"后竟掘之，挖得破缸一口，尽是瓦屑泥土。

日伤爻，真罹其祸。爻伤日，徒受其名。

日月如天如君，六爻如臣如万物。日辰能刑冲克害得卦爻，而卦爻不能刑冲克害乎日月。

墓中人，不冲不发。

旧注：大抵用爻入墓，则被阻滞，诸事费力难成，须得日辰动爻冲破，或克破其墓，方有力也。

如戊寅日，占财，得同人之乾卦。

天火同人			乾为天		
子孙 应	▅▅▅▅▅	戌土		▅▅▅▅▅	戌土
妻财	▅▅▅▅▅	申金		▅▅▅▅▅	申金
兄弟	▅▅▅▅▅	午火		▅▅▅▅▅	午火
官鬼 世	▅▅▅▅▅	亥水		▅▅▅▅▅	辰土
子孙 ×	▅▅ ▅▅	丑土	父母	▅▅▅▅▅	寅木
父母	▅▅▅▅▅	卯木		▅▅▅▅▅	子水

用爻入墓，喜得日辰克破，后果得财。若以用空入墓，许以无财者，非也。殊不知"虽空而遇冲，冲空则实；虽墓而克破，破墓则开"。

野鹤曰：此极有理，屡试屡验。但要用神有力，方可许之。倘若用神休囚无援，虽遇冲开之日，亦难发矣。

如未月戊辰日，占年运，得地雷复，变谦卦。

```
         地雷复              地山谦
子孙   ▬▬ ▬▬   酉金     ▬▬ ▬▬   酉金
妻财   ▬▬ ▬▬   亥水     ▬▬ ▬▬   亥水
兄弟 应 ▬▬ ▬▬   丑土     ▬▬ ▬▬   丑土
兄弟 × ▬▬ ▬▬   辰土  兄弟 ▬▬▬▬▬  申金
官鬼   ▬▬ ▬▬   寅木     ▬▬ ▬▬   午火
妻财 ○世 ▬▬▬▬▬ 子水  父母 ▬▬ ▬▬  辰土
```

断曰："世爻子水，虽是申子辰三合水局，不宜日月克世。世爻化墓，又化回头克，动爻辰土又克，此乃世爻休囚无气也。卯年占，卒于午年。"应午年者，世临岁破之年也。岂可谓之"墓中人不冲不发"耶？

身上鬼，不去不安。

诸占最怕克世，独官鬼持世者，若非职役之人，最宜日月动爻相冲克，反为吉矣。何也？非克世爻，乃克去身边之鬼。

如午月癸丑日，占妻病，得萃之比。

```
         泽地萃              水地比
父母   ▬▬ ▬▬   未土     ▬▬ ▬▬   子水
兄弟 应 ▬▬▬▬▬  酉金     ▬▬▬▬▬   戌土
子孙 ○ ▬▬▬▬▬  亥水  兄弟 ▬▬ ▬▬  申金
妻财   ▬▬ ▬▬   卯木     ▬▬ ▬▬   卯木
官鬼 世 ▬▬ ▬▬  巳火     ▬▬ ▬▬   巳火
父母   ▬▬ ▬▬   未土     ▬▬ ▬▬   未土
```

问来人："病得几时？"彼曰："三月病起。"余曰："卯木财空，明日出空，必然退灾。"彼曰："医家不下药矣。"余曰："不妨。此卦亥水子孙独发，克去世爻之鬼，应在明日寅日，寅与亥合，合起子孙之日，尔无忧也。"果于次日退灾，不药而愈。亦不独此，又因卯木财空，次日出空而退灾。

曾如辰月戊子日，占小舟过关，恐盘阻，得水地比，变泽山咸卦。

```
        水地比              泽山咸
妻财  应 ▬▬ ▬▬  子水         ▬▬ ▬▬  未土
兄弟    ▬▬▬▬▬  戌土         ▬▬▬▬▬  酉金
子孙  × ▬▬▬▬▬  申金    妻财 ▬▬▬▬▬  亥水
官鬼  × 世 ▬▬ ▬▬  卯木    子孙 ▬▬▬▬▬  申金
父母    ▬▬ ▬▬  巳火         ▬▬ ▬▬  午火
兄弟    ▬▬ ▬▬  未土         ▬▬ ▬▬  辰土
```

世下之鬼，乃满腹忧疑之象。叠叠申金，克去身边之鬼，则无忧也。果于卯日过关，并无阻滞。

德入卦，无谋不遂。

旧注：德者，德也，指与天地合其德。主事爻与世爻，天干地支上下相合是也。存有占验。

戌月己酉日，占文书，得小畜之蛊。

```
        风天小畜             山风蛊
兄弟    ▬▬▬▬▬  卯木         ▬▬ ▬▬  寅木
子孙  ○ ▬▬▬▬▬  巳火    父母 ▬▬ ▬▬  子水
妻财  应 ▬▬ ▬▬  未土         ▬▬ ▬▬  戌土
妻财    ▬▬▬▬▬  辰土         ▬▬▬▬▬  酉金
兄弟    ▬▬▬▬▬  寅木         ▬▬▬▬▬  亥水
父母  ○ 世 ▬▬▬▬▬  子水    妻财 ▬▬▬▬▬  丑土
```

谓五爻动出丙子，文书与世爻变出辛丑，干支相合，应戊子日成其文书。余以此论为多事之论也。

野鹤曰：《鬼谷三财论》舍爻辞，以五行而定祸福者，乃用地支。既用地支，不得不以天干为配，未闻以天干而定吉凶。以天干配地支者，欲全用周天甲子卦，又止于四十八爻，不得不分晰焉。所以乾之内卦用甲，坤之内卦用乙，乃十干之首。乾之外卦用壬，坤之外卦用癸，皆十干之尾。乾之内卦用子，与坤之外卦相合；坤之内卦用未，与乾之外卦相合。二老上下相媾，阴阳磨荡，中包六子。甲乙之次者丙丁，用之于少男少女，艮与兑也。戊己用之于中男中女，坎与离也。庚辛用之于长男长女，震与巽矣。以全上下干支。此乃配偶之法也，故谓之浑天甲子，而祸福吉凶，皆地支生克制化、克合刑冲以判之。今又以天干而判休囚者，每卦皆宜用也。何独于此？况小畜变蛊，五爻朱雀为文书；动临巳火，变出子水文书；而世爻临子水父母，又为文书，酉日生之，化丑合之。叠叠文书，旺动于卦中，便非干支相合，亦不能说无成。余故曰"多事之论"。

忌临身而多阻无成。

忌即忌神，诸占不宜持世。如占官，子孙为忌神，子孙持世，求名不成。占财，兄爻为忌神，兄爻持世，求财不获。

野鹤曰：此论极是。然予亦得有验者，兄爻持世，化出财爻而得财；世临财爻，化出父母而见父。

如巳月丙申日，占财，得未济，变鼎卦。

```
        火水未济                火风鼎
兄弟  应 ▬▬▬▬ 巳火        ▬▬▬▬ 巳火
子孙    ▬▬ ▬▬ 未土        ▬▬ ▬▬ 未土
妻财    ▬▬▬▬ 酉金        ▬▬▬▬ 酉金
兄弟 ×世 ▬▬▬▬ 午火  妻财  ▬▬▬▬ 酉金
子孙    ▬▬ ▬▬ 辰土        ▬▬▬▬ 亥水
父母    ▬▬▬▬ 寅木        ▬▬ ▬▬ 丑土
```

此乃忌临世位，化出酉财，即于酉日得财。

又如申月戊午日，占领文书，得风雷益卦，变风火家人。

```
        风雷益                 风火家人
兄弟  应 ▬▬▬▬ 卯木        ▬▬▬▬ 卯木
子孙    ▬▬▬▬ 巳火        ▬▬▬▬ 巳火
妻财    ▬▬ ▬▬ 未土        ▬▬ ▬▬ 未土
妻财 ×世 ▬▬ ▬▬ 辰土  父母  ▬▬▬▬ 亥水
兄弟    ▬▬ ▬▬ 寅木        ▬▬ ▬▬ 丑土
父母    ▬▬▬▬ 子水        ▬▬▬▬ 卯木
```

此亦忌临世位，即于酉日而得文书。同日子占父，亦得此卦，亥日见父。其故何也？疑是动爻不克变爻之故耳。然亦无多见者。余既得验，不得不以告之，非教后人之法也。诸占必以"忌神持世，多阻无成"者为是。

又如午月巳酉日，占求财，得未济之睽。

```
        火水未济                    火泽睽
兄弟  应  ▬▬ ▬▬  巳火           ▬▬▬▬▬  巳火
子孙      ▬▬▬▬▬  未土           ▬▬ ▬▬  未土
妻财      ▬▬▬▬▬  酉金           ▬▬▬▬▬  酉金
兄弟  世  ▬▬ ▬▬  午火           ▬▬▬▬▬  丑土
子孙      ▬▬▬▬▬  辰土           ▬▬▬▬▬  卯木
父母  ×   ▬▬ ▬▬  寅木    兄弟   ▬▬▬▬▬  巳火
```

凡占求财，最忌兄爻持世。此卦忌临世位，当主无财。幸寅木父母，动而生世。父母爻者，非金银也，乃货物也。求金银而不得，货物必得。果于寅日，得盃盘纱缎。应寅日者，父爻出空之日也。

卦遇凶星，避之则吉。

旧注：凡值用神空亡，遇日月动爻冲克者，谓之避空，反不遭其冲克之害。旧存有占验：六月壬申日，占子病，得姤之大过。

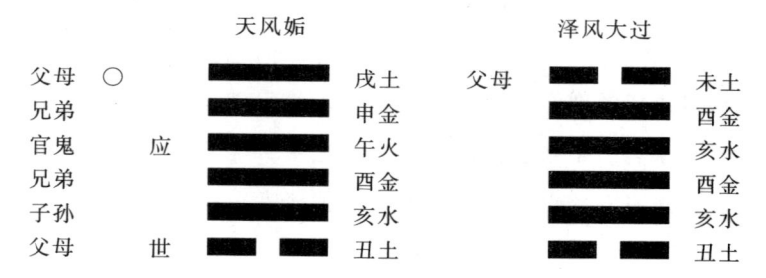

```
        天风姤                    泽风大过
父母  ○   ▬▬▬▬▬  戌土    父母   ▬▬ ▬▬  未土
兄弟      ▬▬▬▬▬  申金           ▬▬▬▬▬  酉金
官鬼  应  ▬▬▬▬▬  午火           ▬▬▬▬▬  亥水
兄弟      ▬▬▬▬▬  酉金           ▬▬▬▬▬  酉金
子孙      ▬▬▬▬▬  亥水           ▬▬▬▬▬  亥水
父母  世  ▬▬ ▬▬  丑土           ▬▬ ▬▬  丑土
```

谓父母旺动，用爻亥水子孙而无气，本为凶兆，喜得用爻值旬空而避之，至丙子日而愈。盖丙子者，则前面已过，又是亥水子孙值子日而临帝旺故耳。

野鹤曰：此论非理。诸占最恶者忌神，既动于卦中，祸已萌矣。用神静者，逢冲之日遭害；用神动者，逢合之日遭伤；用神破者，实破之日而遇；用神空者，出空之日相逢。是乃未曾出空，可以避之；出空，必遇其害。岂曰"出空则前面已过，反不受其祸"，悖也，谬也。余得其验者，元神动于卦中、用神空者，出空之日而得福；忌神动于卦中而用神空者，出空之日逢殃。屡占屡验，独近病逢空不论。凡占近病，用神得遇旬空者，不拘日月、动爻克害，用神出空之日即愈。独此一事，论空不论克也。他占皆忌。此姤之大过，定是占于近病，不悟"近病逢空即愈"，而曰"诸事皆可避之"，此误后人也。宜删之。

爻逢忌杀，敌之无伤。

旧注：忌爻发动，凡事不利，若得日月动爻帮助用爻，可以敌之，不弱于彼，事亦可成。余以此论是理，但伊所存之占验无理。

申月乙未日，占脱役，得损之节。

　　　　　　　　　　山泽损　　　　　　　水泽节

官鬼　○　应　▬▬　▬▬　寅木　　妻财　▬▬　▬▬　子水
妻财　×　　　▬▬　▬▬　子水　　兄弟　▬▬▬▬▬　戌土
兄弟　　　　　▬▬▬▬▬　戌土　　兄弟　▬▬▬▬▬　申金
兄弟　　　世　▬▬　▬▬　丑土　　兄弟　▬▬　▬▬　丑土
官鬼　　　　　▬▬▬▬▬　卯木　　官鬼　▬▬▬▬▬　卯木
父母　　　　　▬▬▬▬▬　巳火　　父母　▬▬▬▬▬　巳火

谓世临丑土，而子水财动，生助寅木之鬼，动而克世，喜得日辰未土，五爻上又变出戌土，扶助世爻，可以敌其寅木之鬼，不能伤身。

野鹤曰：以此作后人之法者，亦误人也。何也？一重未土扶世，岂可敌其寅鬼伤身之恶煞耶？殊不知寅木鬼动，月建破之，未日墓之，此寅木之鬼破而又入墓矣。子水虽生，不生无根之木。况子水又化回头之克，水木皆枯，后保无事者此也。误作戌未二土帮扶者，错也！况变爻戌土，从无帮助正卦之爻。余有一例，可以比之。

辰月乙未日，占月令，得泰之丰。

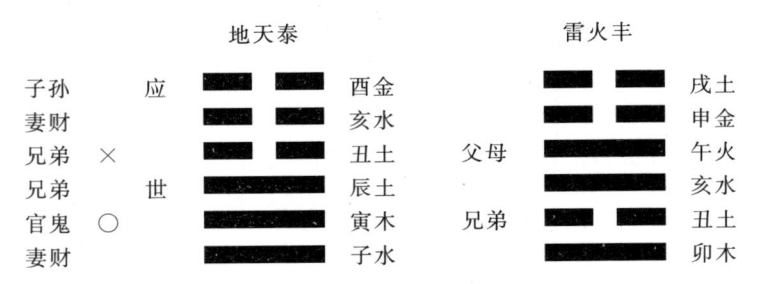

　　　　　　　　　　地天泰　　　　　　　雷火丰

子孙　　　应　▬▬　▬▬　酉金　　　　　▬▬　▬▬　戌土
妻财　　　　　▬▬　▬▬　亥水　　　　　▬▬　▬▬　申金
兄弟　×　　　▬▬　▬▬　丑土　　父母　▬▬▬▬▬　午火
兄弟　　　世　▬▬▬▬▬　辰土　　　　　▬▬　▬▬　亥水
官鬼　○　　　▬▬▬▬▬　寅木　　兄弟　▬▬　▬▬　丑土
妻财　　　　　▬▬▬▬▬　子水　　　　　▬▬▬▬▬　卯木

世爻辰土，月建助之，丑土动而化回头之生，又来扶助。虽则寅木鬼动，而世爻旺相有助有扶，可以相敌。然此后至辛丑日，尚亦见其凶非，因一言触怒上司，几乎危殆，幸得解救而息。夫应解救者，因得日月之土帮扶也。

主象休囚，怕见刑冲克害。

主象旺相，尚难敌乎刑冲克害之爻，况休囚耶？前篇有云"克害刑冲，秋霜杀草"，是也。

用爻变动，忌遭死墓绝空。

旧注：死墓绝空，乃陷阱之地。若用爻动而化墓化绝化死化空者，不问公私大小之事，皆主不成。占病逢之，必死无疑。

余得验者，化墓化绝，若动爻旺相，或临日月或明帮扶，亦无大害。化墓者，冲开之月日而成。化绝者，逢生旺之月日而就。至于化空之说，更得多验。占谋事，实空之日必成。占近病，出空之日即愈。

用化用，有用无用。

旧注：既有用爻，不可动而又化出来，谓之化去。或旁爻出，皆不济事。故虽有用，即如无用爻。一般占病尤忌。

野鹤曰：此论非理。用爻化出用爻，若化进神，诸占皆吉。即使他爻动出者，再得比助帮扶，何谓无用？岂不知"太过者损之斯成"？又曰"用爻重叠，得墓库以收藏"。如果用爻太多，待至伤损之日，墓库之日，成之更稳。反曰无用，非也。此亦当删。

空化空，虽空弗空。

余得验者，不独空化空则不为空，动即不为空矣。为祸为福，冲空实空之月日必应。

养主狐疑，墓多暗昧。

此亦长生、沐浴十二位之星是也。余用生旺墓绝，其余不验。今之化出者，亦验生旺墓绝。墓者，滞也。用神动而化墓者，近病久病遇之，主昏迷之象。用神旺者，冲开墓库之日则安。用神休囚，又被刑冲克害者难愈。逢空者，近病者愈，久病者凶。捕获遇之，深藏难保。身命遇之，愚蒙不振。失脱遇之，暗藏不见。婚姻遇之，皆暗昧不明之象。

如若动爻化墓，而墓神回头克动爻，勿以暗昧昏滞而论，乃凶兆也。忌回头克我者是也。如若墓神为鬼，回头克用，更凶。

化养化病化胎又化沐浴，俱不验者，删之。

化生旺兮，祸福有三。

生者，动爻化长生也。如亥水动化出申金，即化长生，又曰化回头之生。化酉金者，不曰化沐浴，而曰化回头之生。此二生者，动爻有气，化爻旺相，诸占皆吉。

旺者，长生之第五位者是也。金木水火而化旺，即是化进神。且如申金化酉金，亥水化子水，寅木化卯木，巳火化午火，诸占无不亨吉。惟土寄生于申，旺于子水为进神。辰戌未土动而化出子爻者，乃为化旺；丑土化出子爻者，即为化旺，又为化合，诸占皆吉。

化官鬼兮，吉凶有二。

动爻变出官鬼，吉凶有二。何也？占功名者，世爻旺相，或临日月，或日月生扶动而变出官星，又无破损，乃为得官之兆也。世若休囚，受克动而变出官星者，乃为变鬼，不惟难于王家食禄，须忧梦枕黄粱。

如戌月甲寅日，占候选，何时得缺，得益，变蹇卦。

	风雷益		水山蹇
兄弟 ○ 应	▆▆▆ 卯木	父母	▆ ▆ 子水
子孙	▆▆▆ 巳火		▆▆▆ 戌土
妻财	▆ ▆ 未土		▆ ▆ 申金
妻财 × 世	▆ ▆ 辰土	官鬼	▆▆▆ 申金
兄弟	▆ ▆ 寅木		▆ ▆ 午火
父母 ○	▆▆▆ 子水	妻财	▆ ▆ 辰土

世临月破，寅日伤克，又上爻动出卯木克之，有克无生。世爻变出官星，乃为变鬼。卒于次年寅月，竟未得缺而终。犹神告曰："命限当危，功名不必望矣"。

又如巳月壬申日，占开店贸易，得坤之剥卦。

	坤为地		山地剥
子孙 × 世	▆ ▆ 酉金	官鬼	▆▆▆ 寅木
妻财	▆ ▆ 亥水		▆ ▆ 子水
兄弟	▆ ▆ 丑土		▆ ▆ 戌土
官鬼 应	▆ ▆ 卯木		▆ ▆ 卯木
父母	▆ ▆ 巳火		▆ ▆ 巳火
兄弟	▆ ▆ 未土		▆ ▆ 未土

断曰："占生意看财爻。此卦财临月破，虽则子动生财，生之不起。

况世与子孙，一同变鬼，不独营运勿图，今秋必因子女，以致官非。"果于八月，因子赌博送官，子受杖刑而死。此应酉金子孙而变鬼。

忌回头之克我。

爻动化克者，如金爻动变火克金，木爻发动变出而金克木，谓之回头克也。余仿此。

觉子曰：余存占验，凡占回头之克，占病、占寿、占年运，得之十有九死。亦有占名利，或占家庭细务而得之者，亦见危亡。其故何也？其人大限至矣，自己无知，犹有名利之求，如神告曰："数之将尽，何用他求？"警戒勿贪，庶不蹈乎罗网。即使难以回避，亦可保其正寝。疑神之告，乃此意耳。

惟官鬼持世，化子孙回头之克，验之有四。

现任官员占得者，有应伤子，有应削职，有应夭寿。士庶得之者，有应自身损寿，有应伤子。

凡得此卦，必须命之再占，合而决之，方可一言而定。惟占防患者相宜，化出子孙，克去身边之鬼，而无忧也。

凡占六亲，最忌化回头之克。即如占父母，父临巳午火，若化亥子水，回头克父，乃父母不寿之兆。余仿此。

如酉月巳丑日，占师尊官事，得屯之震卦。

```
        水雷屯              震为雷
兄弟    ▬▬ ▬▬   子水    ▬▬ ▬▬   戌土
官鬼  ○ ▬▬ ▬▬ 应 戌土    ▬▬ ▬▬   申金
父母  × ▬▬▬▬▬   申金    妻财 ▬▬▬▬▬   午火
官鬼    ▬▬ ▬▬   辰土    ▬▬ ▬▬   辰土
子孙    ▬▬ ▬▬ 世 寅木    ▬▬ ▬▬   寅木
兄弟    ▬▬▬▬▬   子水    ▬▬▬▬▬   子水
```

断曰："申金父母为用神，已入墓矣。又化回头之克，目下已定重罪。"彼曰："可能减等？"予曰："不独减等，此公必不遭刑。今岁辰年，岁五相生而不克，况得父爻又遇青龙，决非刑宪。因午火旬空，防午年出空，必得善终。"又出命帖看之，壬辰、戊申、戊寅、甲寅。予曰："此乃食神制杀格，今年交丙运，乃枭神夺食之运。幸七月坚金，丙运焉能镕化？须防丙年丙月，烈火煎金，正合前卦午火实空之年也。"后闻已定大辟，蒙改缓决。至丙午年丙月丙日，得肺疾，痰厥而终。此乃代占六亲，忌回头之克，又是命卦合成一理。

勿反德以扶人。

古法：相生须宜他生我，相克还宜我克他。

如占彼此两家之事者，宜应爻生世。

如占财者，宜财生世；如占官者，宜官生世。如世去生助他爻，泄尽自己之气也。

恶曜孤寒，怕日辰之并起。

刑冲克害之爻，即为恶曜，非诸星之凶煞也。凡见此爻动而冲克用神，若此星孤立无助，或休囚无力，虽则伤害用神，而用神旺相，可以敌之，必然无碍，得祸亦轻。惟怕日辰动爻助他为虐，彼必狐假虎威，仗势作恶，得祸不浅也。

前《月将日辰章》内"最怕他爻增克制"，同此意耳。

用爻重叠，喜墓库以收藏。

旧注：用爻重叠，若无日辰动爻损之，必须得墓库收藏，然后可得。旧存占验。

丁丑日，占财，得益之萃。

```
        风雷益              泽地萃
兄弟 ○ 应 ▬▬▬▬  卯木   妻财 ▬▬ ▬▬  未土
子孙      ▬▬▬▬▬  巳火   子孙 ▬▬▬▬▬  酉金
妻财 ×    ▬▬ ▬▬  未土   父母 ▬▬ ▬▬  亥水
妻财    世 ▬▬▬▬▬  辰土   妻财 ▬▬ ▬▬  卯木
兄弟      ▬▬ ▬▬  寅木   兄弟 ▬▬ ▬▬  巳火
父母 ○    ▬▬▬▬▬  子水   妻财 ▬▬ ▬▬  未土
```

彼断曰："卦有两财，初爻上爻，又化出两财，日辰又是财，本为太过；喜得世爻上有辰字，乃为财库，谓之'财有库以收藏'，后主得财。"

余以此论，极其得理，屡试屡验。但不必卦中有库无库，常见后来逢库之日月，亦成其事。

如午月戊午日，占何日雨，得地风升，变恒卦。

	地风升				雷风恒	
官鬼	▬▬▬▬▬		酉金		▬▬ ▬▬	戌土
父母	▬▬ ▬▬		亥水		▬▬▬▬▬	申金
妻财	×	世	丑土	子孙	▬▬▬▬▬	午火
官鬼	▬▬▬▬▬		酉金		▬▬▬▬▬	酉金
父母	▬▬▬▬▬		亥水		▬▬▬▬▬	亥水
妻财	▬▬ ▬▬	应	丑土		▬▬ ▬▬	丑土

友人持此卦问予曰："今日占雨，父母不动；而丑土之财，又化出午火回头生，竟是大旱之年也。"余曰："壬戌日必雨。"友曰："父临月建，阴雨连旬。今子孙临月建，亦同此意。如何得雨？"予曰："午火子孙临日月，旺之极矣。乃为'用爻重叠，逢墓库以收藏'。故知戌必雨。"果于戌日申时雨。

如丑月丙申日，占终身功名，得水火既济，变泰卦。

	水火既济				地天泰	
兄弟	▬▬ ▬▬	应	子水		▬▬▬▬▬	酉金
官鬼	○		戌土	兄弟	▬▬ ▬▬	亥水
父母	▬▬▬▬▬		申金		▬▬ ▬▬	丑土
兄弟	▬▬ ▬▬	世	亥水		▬▬▬▬▬	辰土
官鬼	×		丑土	子孙	▬▬▬▬▬	寅木
子孙	▬▬▬▬▬		卯木		▬▬▬▬▬	子水

此乃富家之子，年仅十七，占终身功名。予得此卦，知其寿夭，又不便言，亦不以功名许之，只曰："功名尚早。重重鬼动克世，连年还有病灾。过二十岁，脱此鬼厄，再问功名。"少刻，此子业师而问曰："既问终身功名，何故多鬼克世？"予曰："神报寿夭，故不以功名而告也。"彼曰："防于何时？"予曰："今年太岁在丑，难过十九辰年。"彼曰："辰年冲去戌鬼，如何不利？"余曰："非此论也。辰乃土鬼之墓，鬼太旺，必须墓库收藏。"果死于辰年戊月。

事阻隔兮间发。

旧注：世应中间两爻，谓之间爻，动则事多阻隔。谓之两爻在世应之中，动阻两家之事，使彼此不能相通。

又曰：世应中间两间爻发动，所求多阻隔。

觉子曰：以此爻作为间爻，试之果验。但看所占何事，须是彼此两家之事，始可用之。

婚姻以之为媒妁，词讼以之为中证，买卖以之为牙行。借贷成交，以之为中保。舟车以之为附载，交游乐之为帮闲，胎产以之为收生保母。

世为己，应为人。彼此欲相亲者，若遇间爻发动，不可概以阻隔断之。若动而生合世应，反得此辈之力。近世爻者，帮我之人也。近应爻者，帮他之人也。生我者，我宜亲之。克我者，我宜远之。独忌克乎世应，事必难成。克世者，坏我之事，我被其愚。克应者，坏他之事，他被其愚。若持兄动，其害亦小，破阻其事，耗财而已。若持鬼动，必受其累。

如巳月庚辰日，占买宅，得临之大壮。

```
            地泽临              雷天大壮
子孙      ▬▬ ▬▬    酉金              ▬▬ ▬▬  戌土
妻财  应  ▬▬ ▬▬    亥水              ▬▬ ▬▬  申金
兄弟  ×   ▬▬ ▬▬    丑土   父母      ▬▬▬▬▬  午火
兄弟  ×   ▬▬ ▬▬    丑土   兄弟      ▬▬ ▬▬  辰土
官鬼  世  ▬▬ ▬▬    卯木              ▬▬▬▬▬  寅木
父母      ▬▬ ▬▬    巳火              ▬▬▬▬▬  子水
```

断曰："世爻卯木，应爻亥水，乃是世应相生，必成之象。但嫌亥临月破，不能生世，况间爻三重丑土发动，乃成群之小人从中破阻，事已坏矣，难许成交。"彼曰："样银业已付讫，因彼用人，与说合之人，多索偏费，未满其欲，故伊悔言不卖。"予曰："目下便多许之，亦无成也。应爻破而被克，难得二家成就。"后果不成，退回样银，此公大怒，烦当道亲友，往彼理曰："前日因何所见，引我瞧看内室；今又因何所见，退还样银？"诸亲往彼，尽叱其非，彼亦甘受。予详卦中之间爻，三重土动。近应爻者，即如卖主身边之人也。克应爻者，破阻卖宅不成，而无财也。近世爻之土，亦克应爻者，即是买主央去之亲友，众叱其非。凡遇间爻动者，得日月冲克可解。

心退悔兮世空。

旧注：自占世为主象，若无日月动爻伤克，而世爻无故自空者，必主心惰意懒，自不向前。

野鹤曰：此论为是。前曰"无故之空，如入深渊大壑，诸占大凶"

者，非也！

《易林补遗》有曰："世应皆空，两下目前退悔；主宾皆动，二边日后更张。"所以不独世空不宜，应爻亦不宜也。谓之世应皆空，事无准实。凡动而空者，不以此论。

卦爻发动，须看交重。

旧注：交动主未来之事，重动主过去之事。余亦多试，间有验者。

大凡爻象，有一定不可移者，可以为法；间有验者，乃偶然之凑合，不可执之。

动变比合，当明进退。

《进神章》已注明白。

杀生身，莫将吉断；用克世，勿作凶看。

盖生中有刑害之两妨，合处有克伤之一虑。

杀生世者，是日月动爻作忌神而生世也，非凶煞也。不以吉断者，何也？谓忌神既旺，用衰矣，世虽逢生何益？

如戌月丙子日，占父任云南，何时得信？得地泽临卦。

地泽临

青龙	子孙		酉金
元武	妻财	应	亥水
白虎	兄弟		丑土
螣蛇	兄弟		丑土
勾陈	官鬼	世	卯木
朱雀	父母		巳火

占信者，朱雀巳火父母为用神，日辰子水克巳火，即为忌神。戌月乃巳火之墓，亦为忌神。此巳火，月墓日克，音信茫然之兆也。而世爻卯木，虽遇日生月合，何益于事？杀生身，勿将吉断，此之谓也。后果无音，迟四年，知父而遇害矣。

用克世，勿作凶看者，乃用神来克世也。

旧注：主事爻动来克世，乃是事来赶我，事必易成，我虽见克，亦何伤哉！故云克世者不以为凶。

觉子曰：此论未必全是。予之得验，如占财，财为用神，财爻克世者必得。占行人，用神克世者即至。占医药，子孙为用神，子孙克世者即愈。外此数占，皆不宜用神而克世也。若占功名，官鬼克世，非灾即祸，岂可曰"勿作凶看"？

如占关差得否，丑月庚子日，得泰之明夷。

```
            地天泰                    地火明夷
子孙   应  ▬▬ ▬▬   酉金          ▬▬ ▬▬   酉金
妻财      ▬▬ ▬▬   亥水          ▬▬ ▬▬   亥水
兄弟      ▬▬ ▬▬   丑土          ▬▬ ▬▬   丑土
兄弟   世  ▬▬▬▬▬   辰土          ▬▬ ▬▬   亥水
官鬼  ○  ▬▬▬▬▬   寅木   兄弟   ▬▬ ▬▬   丑土
妻财      ▬▬▬▬▬   子水          ▬▬▬▬▬   卯木
```

占关差，以官鬼为用神。此卦辰土持世，寅木官鬼克世，因世爻空，即于壬寅日得差。次年三月，死于中途，岂可谓之"用克世勿作凶看"耶？

又如午月丙辰日，占迁居吉否，得谦之明夷。

```
            地山谦                    地火明夷
兄弟      ▬▬ ▬▬   酉金          ▬▬ ▬▬   戌土
子孙   世  ▬▬ ▬▬   亥水          ▬▬ ▬▬   亥水
父母      ▬▬ ▬▬   丑土          ▬▬ ▬▬   丑土
兄弟      ▬▬▬▬▬   申金          ▬▬ ▬▬   亥水
官鬼   应  ▬▬ ▬▬   午火          ▬▬ ▬▬   丑土
父母  ×  ▬▬ ▬▬   辰土   妻财   ▬▬▬▬▬   卯木
```

断曰："占宅舍，以父母爻为用神。此卦辰土父母，动而克世，不宜迁之。"彼曰："业已成矣。"予曰："目下不碍，秋来不利。"彼曰："何也？"予曰："辰土动化卯木，秋来木被金伤，辰土来克世矣。"果于七月地震，房屋倒塌，人眷被伤。此可谓之"用克世，不以为凶"耶？

刑害不宜临用，

主事爻与日月动爻作三刑者，占事不成，占物不好，占病必死，占人有患，占妇人不贞洁，占文书有破绽，占讼必有罪责。动化刑者，亦然。临死者，屡试不验，故不注之。

死绝岂可持世？

用爻世爻，绝于日辰，或化绝者，旧注"诸事不利"。余以休囚被克而又绝者是也，旺相不妨。

动逢冲而事散，

《二冲六冲》章注解极明。

绝逢生而事成。

大凡世与用神，或绝于日，或化绝，若得日月动爻生者，谓之绝处逢生。且如寅日占卦，酉为用神，酉绝于寅，若在辰戌丑月未月，或爻中动出辰戌丑未，以土生酉金，皆谓之绝处逢生。余仿此。

如逢合住，须冲破以成功。

若遇休囚，必旺相而成事。

《应期章》有注解极明。

速则动而克世爻，缓则静而生身。

此独占行人而用之，他占不用。

谓用神动而克世，行人回来之速也。用神静而生世，行人归来缓也。且如占父母何日归，父母动而克世者，许之即归。余仿此。

父亡而事无头绪，福隐而事不称情。

古法曰：卦无父母事无头，卦无子孙无喜悦。

余以此论为多事。凡占事者，用神元神，忌神仇神，克害刑冲，破墓空绝，日月飞伏，许多事故，尚无定论，还敢寻不当用之爻耶？予恐枝叶多生，反无头绪。

鬼虽祸灾，伏尤无气。

《天元赋》中无鬼论，虽则有理，实亦多事。余生平以来，占官占鬼，占疾病，当用者则用，不当用者则不用也。

子虽福德，多反无功。

觉子曰：以之为忌神者，实则不宜；以之为用神者，多则何害？岂不闻"损之斯成，逢墓库以收藏"也。

虎兴遇吉神，不害其为吉。

龙动而逢凶曜，难掩其为凶。

此谓得理，《六神章》内，已解明矣。

元武为盗贼之事，亦必官爻。

朱雀本口舌之神，必须兄弟。

此论欠理。元武朱雀，勾陈螣蛇，动而不克世者，无碍。动而克世者，皆以为凶，勿分兄弟官鬼。

吉凶神煞之多端，何如生克制化之一理。

此至言也，学者亦深味之。

除恶未尽，死灰须防复燃。

克害刑冲之神，若得日月动爻克制者，须尽其根。若除而未尽，将来遇生扶之年月，仍复为祸。

如卯月甲申日，占病，得地山谦，变水山蹇。

		地山谦			水山蹇
兄弟		▬▬ ▬▬	酉金		▬▬ ▬▬ 子水
子孙	×世	▬▬ ▬▬	亥水	父母	▬▬ ▬▬ 戌土
父母		▬▬ ▬▬	丑土		▬▬▬▬▬ 申金
兄弟		▬▬▬▬▬	申金		▬▬▬▬▬ 申金
官鬼	应	▬▬ ▬▬	午火		▬▬ ▬▬ 午火
父母		▬▬ ▬▬	辰土		▬▬ ▬▬ 辰土

断曰："亥水子孙，长生于申日，世遇日建逢生，虽化戌土之克，春令土衰，卯月克制，有救无妨。"果于丁亥日全愈。岂知卯木虽克戌土，还有相合之意；亥水虽长生，戌土亦得长生于申。后至巳月，亥逢月破，巳火生助戌土。谚云："斩草不除根，萌芽依旧发。"仍复番病而死。

害良不重，枯木犹有逢春。

世与用神有忝，若被日月动爻冲克者，目下难遇克伤，他日逢生再发。

如子月丁亥日，占自陈，雷泽归妹，变解。

		雷泽归妹			雷水解
父母	应	▬▬ ▬▬	戌土		▬▬ ▬▬ 戌土
兄弟		▬▬ ▬▬	申金		▬▬ ▬▬ 申金
官鬼		▬▬▬▬▬	午火		▬▬▬▬▬ 午火
父母	世	▬▬ ▬▬	丑土		▬▬▬▬▬ 午火
妻财		▬▬▬▬▬	卯木		▬▬▬▬▬ 辰土
官鬼	○	▬▬▬▬▬	巳火	妻财	▬▬ ▬▬ 寅木

断曰："巳火官星，冬令休囚之极。子月亥日，叠叠冲克，功名难

保。"彼曰："还是革职？或是降调？"予曰："若革职者，此巳火之官，而不动矣。既动而化生克之不尽，功名有根。况月建合世，官伤而身不动，降级留任者有之。"果于寅月，革职留任。此乃日月冲克官星，害之不重，所以谓之"逢春犹再发"也。卯年占，巳年仍复原职。

水木须宜寻根。

凡占身命、家宅、功名、坟墓、贸易等事，欲其久远者。用神虽则为重，而元神必须兼看。用神为事之体，元神为事之本。用神虽旺，元神若被伤克者，即如水无泉源，木无根蒂。金火土者，皆同此推。

如午月庚寅日，占掣签得何处，大畜变中孚。

```
        山天大畜              风泽中孚
官鬼    ▬▬ ▬▬      寅木              ▬▬▬▬▬    卯木
妻财 ×  应 ▬▬ ▬▬   子水    父母      ▬▬▬▬▬    巳火
兄弟    ▬▬▬▬▬      戌土              ▬▬ ▬▬    未土
兄弟 ○  ▬▬▬▬▬      辰土    兄弟      ▬▬ ▬▬    丑土
官鬼    世 ▬▬▬▬▬   寅木              ▬▬▬▬▬    卯木
妻财    ▬▬▬▬▬      子水              ▬▬▬▬▬    巳火
```

断曰："世临寅木官星，必得东缺，非广东即山东。独嫌子水月破，动而化绝，恐不能到任。"彼曰："何也？"予曰："财为养命之源，又为朝廷之禄，今财临绝地，是无财无禄；世爻寅木，无水滋生，乃为凶兆。"彼曰："改日洁诚再占一卦。"予曰："可也。"

甲午日，又得临之节。

```
        地泽临                水泽节
子孙    ▬▬ ▬▬      酉金              ▬▬ ▬▬    子水
妻财 ×  应 ▬▬ ▬▬   亥水    兄弟      ▬▬▬▬▬    戌土
兄弟    ▬▬ ▬▬      丑土              ▬▬▬▬▬    申金
兄弟    ▬▬ ▬▬      丑土              ▬▬ ▬▬    丑土
官鬼    世 ▬▬▬▬▬   卯木              ▬▬▬▬▬    卯木
父母    ▬▬▬▬▬      巳火              ▬▬▬▬▬    巳火
```

予曰："此与前卦，卦名虽殊，其理一也。又是亥水财爻，被回头之克，不独难以到任，还防秋令危灾。"

此公于隔岁续弦，由南娶至都中，腊月有故，而未成婚，改期四月。

不意父为条陈，得罪，不便成婚。午月己丑日，占应何月成婚，得火泽睽卦。予许不是姻缘，竟无成婚之日。后欲上言，代父之罪。予曰："公占功名，不能到任；又占婚姻，不能合卺。今欲行此，虽是孝念，秋里危灾，许多不便。"幸信余言而止。后果于七月，先得泻疾，服药稍愈。因多服补药，参附每服用至一两，想食冰水。医嘱家人，点水不与。渴极槌胸，竟至渴死。无水之验，以至如此！

动爻何妨空破。

如戌月己巳日，予占南行，得大有之大壮。

```
         火天大有              雷天大壮
官鬼  ○ 应  ▬▬▬   巳火   父母  ▬▬ ▬▬  戌土
父母      ▬▬ ▬▬   未土        ▬▬ ▬▬  申金
兄弟      ▬▬▬▬▬   酉金        ▬▬▬▬▬  午火
父母    世 ▬▬▬▬▬   辰土        ▬▬▬▬▬  辰土
妻财      ▬▬▬▬▬   寅木        ▬▬▬▬▬  寅木
子孙      ▬▬▬▬▬   子水        ▬▬▬▬▬  子水
```

予以应爻为官星，动而生世，官贵相生者，虽则可喜；但嫌巳火墓于戌月，而又化墓。生我之官爻，既入墓耶，焉能生我？兼且又是六冲，疑为不吉。

至亥月甲辰日，又占，又得火天大有，变大畜。

```
         火天大有              山天大畜
官鬼    应 ▬▬▬▬▬   巳火        ▬▬▬▬▬  寅木
父母      ▬▬ ▬▬   未土        ▬▬ ▬▬  子水
兄弟  ○   ▬▬▬▬▬   酉金   父母  ▬▬ ▬▬  戌土
父母    世 ▬▬▬▬▬   辰土        ▬▬▬▬▬  辰土
妻财      ▬▬▬▬▬   寅木        ▬▬▬▬▬  寅木
子孙      ▬▬▬▬▬   子水        ▬▬▬▬▬  子水
```

予疑又得此卦，巳火虽则生世又为月破，破而不能生我，去之何益。况间爻酉金兄动乃阻隔耗财之神，疑之不行。

及至甲寅日又占，又得大有之大壮。

```
              火天大有                    雷天大壮
    官鬼  ○ 应 ▬▬▬▬▬  巳火    父母  ▬▬ ▬▬  戌土
    父母      ▬▬ ▬▬  未土    ▬▬▬▬▬       申金
    兄弟      ▬▬▬▬▬  酉金    ▬▬▬▬▬       午火
    父母    世 ▬▬▬▬▬  辰土    父母  ▬▬ ▬▬  辰土
    妻财      ▬▬▬▬▬  寅木          ▬▬ ▬▬  寅木
    子孙      ▬▬▬▬▬  子水          ▬▬▬▬▬  子水
```

连得三次，予始悟曰："此行到明年三四月，必定如心。巳火之官，动而生世，目下虽破衰入墓，明年三月冲开戌墓，巳火而至巳月得令，当时不破不空，旺相而生世矣。"即于巳日起程，行至中途，遇旧日相识，母死又被回禄，意有同行之念，缺乏资斧。予始悟第二课，大有之大畜，间爻酉金兄动，乃附载同行之人也。数已早定，予许之同行。行不数日，又遇知己，道及某处，有《奇门》一部，乃系抄本，命予同去买之，绕道两日。予卜一卦，又得大有之大壮。余对友曰："此卦得之四次，非叫我买书，乃促我行也。"竟行，后至地头，已二月矣。一日于将军府中，将军问曰："江南某抚国，功名将来何如？"予曰："向于酉年，占得艮之观卦，即许酉年离任，又许今年三四月，仍以原品起用。"

随有一人，卯月戊戌日，占目下功名升否。

```
              离为火                    震为雷
    兄弟  ○ 世 ▬▬▬▬▬  巳火    子孙  ▬▬ ▬▬  戌土
    子孙      ▬▬ ▬▬  未土          ▬▬▬▬▬  申金
    妻财      ▬▬▬▬▬  酉金          ▬▬▬▬▬  午火
    官鬼  ○ 应 ▬▬▬▬▬  亥水    子孙  ▬▬ ▬▬  辰土
    子孙      ▬▬ ▬▬  丑土          ▬▬ ▬▬  寅木
    父母      ▬▬▬▬▬  卯木          ▬▬▬▬▬  子水
```

予曰："离变震卦，六冲而变六冲，世爻化墓入墓，亥水官星，被回头之克，大凶之兆，勿望升迁，且防刑狱。"将军曰："此吾侄也。昔在二十九岁，曾于都门，向尔占过，许之四十九岁有险。今年四十九岁矣，有何险处？"予曰："既是卦之前后照应，目下诸事，更宜慎之。"

一日于藩司署中，藩台向予而曰："此系余府尊，因得罪制台，已为辩复，尔看何如？"

卯月庚子日，占得渐卦。

风山渐

官鬼	应	▬▬　▬▬	卯木
父母		▬▬▬▬▬	巳火
兄弟		▬▬▬▬▬	未土
子孙	世	▬▬▬▬▬	申金
父母		▬▬　▬▬	午火
兄弟		▬▬　▬▬	辰土

断曰："子孙持世，官临应爻，禄位已属他人矣，万万难于复职。"藩台曰："令尔报喜，如何此说？"予曰："有喜则报，此卦无喜而报也。"府尊曰："今日不诚，明早请到敝处，诚意卜之。"

卯月辛丑日，又占得火地晋卦。

火地晋

官鬼		▬▬▬▬▬	巳火
父母		▬▬　▬▬	未土
兄弟	世	▬▬▬▬▬	酉金
妻财		▬▬　▬▬	卯木
官鬼		▬▬　▬▬	巳火
父母	应	▬▬　▬▬	未土

予曰："今日卦与昨日相同，世爻破而入墓，官星两现皆空破。"

彼之不服，予曰："再占一卦不妨。"又得恒之大过。

雷风恒　　　　　　泽风大过

妻财	应	▬▬　▬▬	戌土			▬▬　▬▬	未土
官鬼	×	▬▬　▬▬	申金	官鬼	▬▬▬▬▬	酉金
子孙		▬▬▬▬▬	午火		▬▬▬▬▬	亥水
官鬼	世	▬▬▬▬▬	酉金		▬▬▬▬▬	酉金
父母		▬▬▬▬▬	亥水		▬▬▬▬▬	亥水
妻财		▬▬　▬▬	丑土		▬▬　▬▬	丑土

予曰："恭喜，此地爵位，虽已失矣！速速援例，再任西方。"彼曰："何以见之？"余曰："持世官星，破而入墓，所以知其失之就矣！幸五爻官化进神，乃再任之官也。"

又于卯月甲辰日，道台在省，占母病，得夬之大壮。

```
        泽天夬                        雷天大壮
兄弟        ▬▬ ▬▬    未土              ▬▬ ▬▬    戌土
子孙    ○ 世 ▬▬▬▬▬   酉金      子孙    ▬▬▬▬▬   申金
妻财        ▬▬▬▬▬   亥水              ▬▬▬▬▬   午火
兄弟        ▬▬▬▬▬   辰土              ▬▬▬▬▬   辰土
官鬼      应 ▬▬▬▬▬   寅木伏巳火父母      ▬▬▬▬▬   寅木
妻财        ▬▬▬▬▬   子水              ▬▬▬▬▬   子水
```

断曰："巳火父母，伏于寅木之下，飞来生伏，月建又作父母之元神，太夫人管许即愈。已遇良医，今日酉时，必得喜信。"巳月全愈，果于酉时。家人报曰："昨系某官送来医者，老太服药对症，此人包管治之，许四月全愈。"应酉时得信者，酉金子孙持世，酉时闻信而喜矣。一日又于都司署中。

卯月丁未日，占官事，得既济之屯卦。

```
        水火既济                     水雷屯
兄弟      应 ▬▬ ▬▬    子水              ▬▬ ▬▬    子水
官鬼        ▬▬▬▬▬   戌土              ▬▬▬▬▬   戌土
父母        ▬▬ ▬▬    申金              ▬▬ ▬▬    申金
兄弟    ○ 世 ▬▬▬▬▬   亥水      官鬼    ▬▬ ▬▬    辰土
官鬼        ▬▬ ▬▬    丑土              ▬▬▬▬▬   寅木
子孙        ▬▬▬▬▬   卯木              ▬▬ ▬▬    子水
```

予曰："官事且缓，病灾甚危，三月须防不测。"彼曰："我占官事，并未占病，况我非病，因足疾难于行动，所以未起。尔疑我病耶？"予曰："公虽占官事，犹神而曰：'疾病之险，胜如官事。'神以重大者，而先告之。既得此卦，何论有病无病？世爻休囚之极，用神克之，动而变鬼，又为化墓，又化回头之克，即使无病，亦恐凶危。"

又于卯月庚戌日，占开铅矿有否。

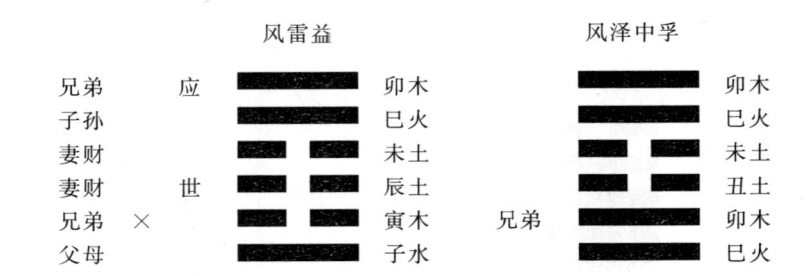

```
           风雷益              风泽中孚
兄弟   应 ▬▬ ▬▬ 卯木       ▬▬▬▬▬ 卯木
子孙      ▬▬▬▬▬ 巳火       ▬▬▬▬▬ 巳火
妻财      ▬▬▬▬▬ 未土       ▬▬ ▬▬ 未土
妻财   世 ▬▬ ▬▬ 辰土       ▬▬▬▬▬ 丑土
兄弟  ×  ▬▬ ▬▬ 寅木  兄弟 ▬▬ ▬▬ 卯木
父母      ▬▬▬▬▬ 子水       ▬▬▬▬▬ 巳火
```

予曰："破财之象。旺相之兄爻，动而克世劫才，若不大破其财而不止。"彼曰："已开两月余矣。五处开之，费过数百余金。若是无财，余即止之。"予曰："兄动化进神，正是破耗之时，如何得止？"彼曰："既是无铅，不止何为？"予曰："我今初到，公必不以为信。迟一月，知我数灵，自然止矣。"

余于彼地，二月占过数卦，尚无应验。及至二月，将军之侄，因昔年临阵不前，部中有人扳出，行文拿问。而都司王公，于三月初六，叫人针足，错针筋脉，疼至十八而死。及至四月，道台老夫人全愈。又见邸报，江南抚军，果以原品起用。又因本府尊命下，不准复职，后援例，果于巳年补陕西庆阳。商人开矿，见水泉涌出而止。

余于彼处，三四五月，了无宁日。悟前火天大有连得四次，以巳火之官而生世爻，应巳月官贵以相生。须知神报吉凶之月日，不可执样而画符，全在人之通变可也。

余之得详悟者，亦因多占之力。若非连得四次，予亦未必有此一行。予既验之，不吝谆谆以告。

大匠诲人，必以规矩。学者决断，全在灵机。

古圣先贤，教人占卜，先教人动静旺衰，生扶拱合，刑冲克害，破墓绝空。种种关节不可放过。书宜熟看，自能触类旁通，随机应变。爻象一成，即知祸福。用者重之，不用者去之，切不可谬柱而鼓瑟也。

筮必诚心，子日不忌。

天下无事不由心生，心动求神，必须至诚。故曰："诚则形，形则聚，聚则明。"心诚求之，卦必显而易见。古有子不问卜，《黄金策》曰："只在诚与不诚，不在子与不子。"

占勿二念，早晚何妨。

一念之诚，可格天地。一筮之用，可享鬼神。若怀两三事而占者，念既不专心，何能一念多心乱？即是不诚。故曰："遇事即占，不论早晚。慎勿两念，二念不灵。"曾有先求财，后占丈人之病。

辰月乙丑日，占求财，得随之否。

泽雷随　　　　　　　天地否

妻财 ╳ 应	▬▬　▬▬	未土	妻财	▬▬▬▬▬	戌土
官鬼	▬▬▬▬▬	酉金		▬▬▬▬▬	申金
父母	▬▬▬▬▬	亥水		▬▬▬▬▬	午火
妻财　世	▬▬　▬▬	辰土		▬▬▬▬▬	卯木
兄弟	▬▬　▬▬	寅木		▬▬　▬▬	巳火
父母 ○	▬▬▬▬▬	子水	妻财	▬▬　▬▬	未土

又占妻父病，得水山蹇。

水山蹇

子孙	▬▬　▬▬	子水
父母	▬▬▬▬▬	戌土
兄弟　世	▬▬　▬▬	申金
兄弟	▬▬▬▬▬	申金
官鬼	▬▬　▬▬	午火
父母　应	▬▬　▬▬	辰土

若依本人之祷告而断者，先占求财，满盘俱足财星，其财必得。后占丈人病者，父母临月日而不死。却不知二事皆从此人之念而出，神以前卦应丈人之病，财动克父，丈人死于辰日。应辰日者，财爻属土，有辰乃土之墓耳。

后卦反应求财，兄爻持世不得。若非留神，前后参悟，以前卦而断求财，以后卦断丈人之病者，令人喷饭。予故曰："一念只占一事，不仿早占晚占。心怀两三事者，半夜求神，亦有错矣。"

我事不可命人。

我有心事，不可叫他人代我去占。我之一念，他又一念，是二念也。曾有现任官府，命家人代占防害。

卯月戊戌日，占主人目下灾晦否？得比之咸。

水地比			泽山咸	
妻财	应 ▬▬ ▬ ▬	子水	▬▬ ▬ ▬	未土
兄弟	▬▬▬▬▬	戌土	▬▬▬▬▬	酉金
子孙 ×	▬▬▬▬▬	申金	妻财 ▬▬▬▬▬	亥水
官鬼 × 世	▬▬ ▬ ▬	卯木	子孙 ▬▬▬▬▬	申金
父母	▬▬ ▬ ▬	巳火	▬▬ ▬ ▬	午火
兄弟	▬▬ ▬ ▬	未土	▬▬ ▬ ▬	辰土

此卦若以本人之念，占防害者，最喜子孙克世，克去身边之鬼，而无忧也。告以家人：占主以父母为用神，又以官爻而兼用，巳火父爻旬空，而墓于戌日，卯官虽临月建，难挡叠叠之金，目下虽则无妨，秋来岂无险厄？岂知此卦，竟应官府自己之念，世爻为用，子孙克世，以解其忧。至申日闻信，有人往上司揭告，被人劝阻，讼之未成。若以家人占主而决者，如天远矣。然又不可执此说，以为其法。间又有不应主人之念，而应家人之念者。故曰："我事必要亲占。"命他人而代者，难取用神，必于不验。

他具诚心，持欲问神；让我先占，恐神不许。

我具诚问，早已举念；我让他占，神必应我。

曾于辰月癸未日，欲占功名，且让尊长，而占子病，得姤之涣卦。

	天风姤			风水涣	
父母		▬▬▬▬▬	戌土	▬▬▬▬▬	卯木
兄弟		▬▬▬▬▬	申金	▬▬ ▬ ▬	巳火
官鬼	○ 应	▬▬▬▬▬	午火	父母 ▬▬ ▬ ▬	未土
兄弟	○	▬▬▬▬▬	酉金	官鬼 ▬▬▬▬▬	午火
子孙		▬▬▬▬▬	亥水	▬▬▬▬▬	辰土
父母	世	▬▬ ▬ ▬	丑土	▬▬ ▬ ▬	寅木

本人占功名，得天泽履。

```
            天泽履
兄弟  ▬▬▬▬▬  戌土
子孙  世 ▬▬ ▬▬  申金
父母  ▬▬▬▬▬  午火
兄弟  ▬▬ ▬▬  丑土
官鬼  应 ▬▬▬▬▬  卯木
父母  ▬▬▬▬▬  巳火
```

若以前卦，断子病者，其子必死。何也？亥水子孙，日月伤克，世爻暗动，又伤子孙，元神酉金，又被午火克坏，谓之忌神旺而元神衰，势之必死。岂知本人举念在前，前卦而应功名，午火官动而生世，世动官兴，五月高迁。后卦竟应父占子病，申金子孙，日月生之，次日即愈。

又如巳月辛巳日，占父病，忽遇官长至，让之先占，得井之升。

```
         水风井              地风升
父母    ▬▬▬▬▬  子火           ▬▬ ▬▬  酉金
妻财 ○世 ▬▬▬▬▬  戌土   父母    ▬▬ ▬▬  亥水
官鬼    ▬▬ ▬▬  申金           ▬▬ ▬▬  丑土
官鬼    ▬▬▬▬▬  酉金           ▬▬▬▬▬  酉金
父母 应 ▬▬▬▬▬  亥水           ▬▬▬▬▬  亥水
妻财    ▬▬ ▬▬  丑土           ▬▬ ▬▬  丑土
```

此卦乃官长，占目下缺出，四人止有三缺，问之我可得否？断曰："申酉之官，俱逢空地，又被日月之克，空而被克，目下不能。幸得戌动生官，秋天必得。"岂知此卦，乃应前人占父病之卦也。戌土财动而克父，亥水父爻，日破月破，元神空而被克，死于戌日。及至官府去后，本人出而占之，得乾之家人。

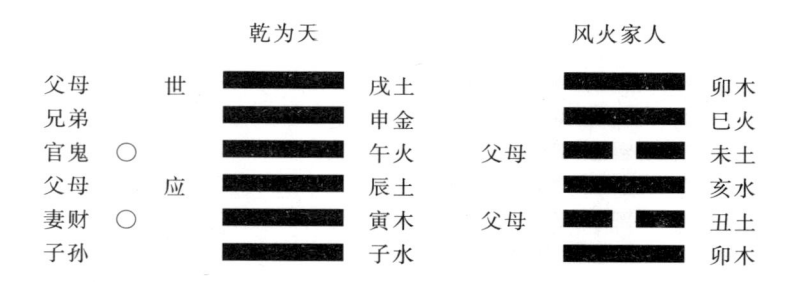

	乾为天		风火家人	
父母 世	▬▬▬▬▬	戌土	▬▬▬▬▬	卯木
兄弟	▬▬▬▬▬	申金	▬▬▬▬▬	巳火
官鬼 ○	▬▬▬▬▬	午火	父母 ▬▬ ▬▬	未土
父母 应	▬▬▬▬▬	辰土	▬▬▬▬▬	亥水
妻财 ○	▬▬▬▬▬	寅木	父母 ▬▬ ▬▬	丑土
子孙	▬▬▬▬▬	子水	▬▬▬▬▬	卯木

寅午两爻，财官俱动，三合世爻而成官局。若以父病而断者，火局生父母，岂得死耶？殊不知应前官长之功名也。世在六爻，得缺广东肇庆府。

此二卦，何尝不灵？岂知神不肯让后人，而得前人之卦也。

他事由他动念，慎勿提他。

他之心事，未动念而占，我提醒他，叫他占者，乃我之念也。曾有父叫子占功名。

午月辛酉日，占功名，得萃变遁。

	泽地萃		天山遁	
父母 ×	▬▬ ▬▬	未土	父母 ▬▬▬▬▬	戌土
兄弟 应	▬▬▬▬▬	酉金	▬▬▬▬▬	申金
子孙	▬▬▬▬▬	亥水	▬▬▬▬▬	午火
妻财 ×	▬▬ ▬▬	卯木	兄弟 ▬▬▬▬▬	申金
官鬼 世	▬▬ ▬▬	巳火	▬▬ ▬▬	午火
父母	▬▬ ▬▬	未土	▬▬ ▬▬	辰土

此子十有一岁，父叫他占将来有功名否？若以官星持世，夏火当阳，未土父爻为文章，父化进神，功名有望。岂知父叫子占，乃父之念也，此卦乃是父占子也。父动克子，兄动伤妻，此子未年而死。未年死子者，未土父动，值未年以伤子也。夫应七月伤妻者，卯木财爻绝于申也。

予今亦曾叫人而占，另有一法，先向伊曰："尔之某事，须占一卦，目下我起之念，尔且莫占，待少刻忘怀，尔忽想起，另起念而占之，即尔之念也。"屡验。

我占必以直告，切莫昧己。

此等极多，难以枚举。有为婚姻，故占月令者；因功名，故占流年。有现任官府，欲望他人之缺，不便言之，故占在任之吉凶。有孝廉不明言卜会试，浑问功名。有已革职，浑问功名。有已生子，故问有子否。

如未月癸亥日，占流年，得艮卦。

艮为山

官鬼	世 ▬▬ ▬▬	寅木
妻财	▬▬ ▬▬	子水
兄弟	▬▬ ▬▬	戌土
子孙	应 ▬▬ ▬▬	申金
父母	▬▬ ▬▬	午火
兄弟	▬▬ ▬▬	辰土

此人已往军前援例，故占流年，只谓命有功名，流年必现，却不知占功名，以官为官，最喜官星持世。占流年以官为鬼，不宜官鬼持世。予以此理告之，彼曰："烦人援例，如不知成否？"予曰："此卦官星持世，长生于亥日，业已成矣。亥水为财，明明财旺生官。"果于申日，文书实收俱到。应申日者，寅木官星持世，静而逢冲之日也。若以流年作鬼断者，如天远矣。

又如子月乙酉日，占现任吉凶，得需卦。

水天需

妻财	▬▬ ▬▬	子水
兄弟	▬▬ ▬▬	戌土
子孙	世 ▬▬ ▬▬	申金
兄弟	▬▬ ▬▬	辰土
官鬼	▬▬ ▬▬	寅木
妻财	应 ▬▬ ▬▬	子水

此公因本省有缺出，不便明问得否，故以现任吉凶而问。只谓得缺，卦之必吉，殊不知《周易》之理，问缺之得否，子孙持世而不得；问现任之吉凶，子孙持世而休官。予必问明。公曰："问升迁。"予始告曰："此缺不得。"果不得。若以占现任之吉凶者，休官之兆也。亦非天远耶？

又如午月辛丑日，因母有病，故问流年，得益之无妄。

```
                    风雷益                      天雷无妄
    兄弟   应  ▬▬ ▬▬   卯木         ▬▬▬▬▬   戌土
    子孙      ▬▬▬▬▬   巳火         ▬▬▬▬▬   申金
    妻财   ×  ▬▬▬▬▬   未土    子孙  ▬▬▬▬▬   午火
    妻财   世  ▬▬ ▬▬   辰土         ▬▬ ▬▬   辰土
    兄弟      ▬▬ ▬▬   寅木         ▬▬ ▬▬   寅木
    父母      ▬▬▬▬▬   子水         ▬▬▬▬▬   子水
```

买卖人占流年者，自然以财爻为重。此卦旺财持世，未土之财又动，当许发财。若以问母病断之，最忌财爻发动，财动克母，其母死于甲辰日，应世爻辰土出空之日也。后贤凡遇卜流年月令者，先以此理晓之，两无误矣。此卦若以发财而断，岂无谤耶！

占远应近，务必留心。

天下之理生于动，有机则动。凡来占者，事在目前，心神迫情，两心相感；起课之人精神亦聚，吉凶立见。若事尚无机，或占后运，或占不关切之事，甚有作戏谈而问占卦之人，不得已而应之，两心毫无相摄，卦亦茫然。卦之成者，戏以远而报近事，或以近事而报远占。

如未月丙辰日，占财，得咸之大过。

```
                    泽山咸                      泽风大过
    兄弟   应  ▬▬ ▬▬   未土         ▬▬ ▬▬   未土
    子孙      ▬▬▬▬▬   酉金         ▬▬▬▬▬   酉金
    妻财      ▬▬▬▬▬   亥水         ▬▬▬▬▬   亥水
    子孙   世  ▬▬▬▬▬   申金         ▬▬▬▬▬   酉金
    父母   ×  ▬▬ ▬▬   午火    子孙  ▬▬▬▬▬   亥水
    兄弟      ▬▬ ▬▬   辰土         ▬▬ ▬▬   丑土
```

此人闲问："家中常见白人，必有古窖，何时得财？"予曰："卦中鬼变子孙，目下子女不利。"彼曰："小女出花。"予曰："须防亥日。"果死于亥日。彼问："何所问得财，神报目下而死女？"应亥日者，午火鬼化亥水子也。

又如酉月甲辰日，占本月月令，得遁之姤。

```
           天山遁                    天风姤
父母        ▬▬▬▬▬    戌土         ▬▬▬▬▬    戌土
兄弟    应  ▬▬▬▬▬    申金         ▬▬▬▬▬    申金
官鬼        ▬▬▬▬▬    午火         ▬▬▬▬▬    午火
兄弟        ▬▬▬▬▬    申金         ▬▬  ▬▬   酉金
官鬼  ×  世 ▬▬  ▬▬   午火    子孙 ▬▬▬▬▬    亥水
父母        ▬▬  ▬▬   辰土         ▬▬▬▬▬    丑土
```

世化午火，动化亥水回头克，世辰年占卦，在午年子月而死。占月令而现寿元，此占近而应远也。

又如申月戊辰日，占贸易，得比之井。

```
           水地比                    水风井
妻财    应  ▬▬  ▬▬   子水         ▬▬  ▬▬   子火
兄弟        ▬▬▬▬▬    戌土         ▬▬▬▬▬    戌土
子孙        ▬▬  ▬▬   申金         ▬▬  ▬▬   申金
官鬼  ×  世 ▬▬  ▬▬   卯木    子孙 ▬▬▬▬▬    酉金
父母  ×     ▬▬  ▬▬   巳火    妻财 ▬▬▬▬▬    亥水
兄弟        ▬▬  ▬▬   未土         ▬▬  ▬▬   丑土
```

此人常往外方贸易，偶尔闲问，明岁利于何方。卦得世爻卯木，动化酉金冲克，七月占卦，八月而死。犹神报之，大数已终，何必来年之问。

占此应彼，必须详察。

大凡占出卦象，必须细为详查。卦有不应所问之事，而反应所未问之事，其故何也？神有舍小事而报大事，有舍小吉而报大凶，有舍此应彼，舍彼应此，占我应他，占他应我，乃旦夕祸福将至，机之一动，卦之必现。故曰"知机其神乎"，此之谓也。

如巳月己未日，占小厮病。

```
            水地比                     水山蹇
妻财   应  ▬▬ ▬▬   子水            ▬▬ ▬▬   子水
兄弟       ▬▬▬▬▬   戌土            ▬▬▬▬▬   戌土
子孙       ▬▬ ▬▬   申金            ▬▬ ▬▬   申金
官鬼 × 世  ▬▬ ▬▬   卯木      子孙  ▬▬▬▬▬   申金
父母       ▬▬ ▬▬   巳火            ▬▬ ▬▬   午火
兄弟       ▬▬ ▬▬   未土            ▬▬▬▬▬   辰土
```

予曰："此卦不应小子病，而应今秋功名有碍。"彼曰："何也？"予曰："世临卯木之官，化申金子孙回头克，是以知之。"彼曰："我问小子，如何应在功名？"予曰："神之机常常如此，舍小事而报大凶。神警公之诸事，须宜慎之。"果于七月，被论革职。此占他而应我也。

又如申月戊寅日，占身病，得坤之比。

```
            坤为地                     水地比
子孙   世  ▬▬ ▬▬   酉金            ▬▬ ▬▬   子水
妻财 × ▬▬ ▬▬   亥水      妻财  ▬▬ ▬▬   戌土
兄弟       ▬▬ ▬▬   丑土            ▬▬ ▬▬   申金
官鬼   应  ▬▬ ▬▬   卯木            ▬▬ ▬▬   卯木
父母       ▬▬ ▬▬   巳火            ▬▬ ▬▬   巳火
兄弟       ▬▬ ▬▬   未土            ▬▬ ▬▬   未土
```

断曰："世爻酉金，虽绝于寅日，幸而秋间旺相，自身无碍。须防九十月妻妾之危。亥水财爻化戌土，为回头克。"彼曰："吾病已重。"予曰："子孙持世，不药而愈。"果然其病即愈，九月妻死。此又占我应他也。

又如卯月丙午日，占小人口舌，得乾之需。

```
                 乾为天                     水天需
青龙 父母 ○ 世  ▬▬▬▬▬   戌土      子孙  ▬▬ ▬▬   子水
元武 兄弟       ▬▬▬▬▬   申金            ▬▬▬▬▬   戌土
白虎 官鬼 ○    ▬▬▬▬▬   午火      兄弟  ▬▬▬▬▬   申金
螣蛇 父母   应  ▬▬▬▬▬   辰土            ▬▬▬▬▬   辰土
勾陈 妻财       ▬▬▬▬▬   寅木            ▬▬▬▬▬   寅木
朱雀 子孙       ▬▬▬▬▬   子水            ▬▬▬▬▬   子水
```

予曰："既占口舌，如何得此吉卦？"公曰："有何吉处？"予曰："青龙天喜，文书持世。午火官星，临日建而生世。今年太岁在巳，岁君又生世爻，定有非常之喜，不出十日应之。"公曰："小人口舌成非否？"予曰："疑神之报，大喜之日，即小人潜伏之时也。"果于戊申日，闻报起用，小辈潜形。应申日者，寅木财空，申日冲起寅木，以成三合之故耳。若不细加详察，而以口舌断者，又如天远。

又如未月丁亥日，占母病，得坤之剥。

坤为地　　　　　　　山地剥

子孙	× 世	▬▬ ▬▬	酉金	官鬼	▬▬▬▬▬	寅木
妻财		▬▬ ▬▬	亥水		▬▬ ▬▬	子水
兄弟		▬▬ ▬▬	丑土		▬▬ ▬▬	戌土
官鬼	应	▬▬ ▬▬	卯木		▬▬ ▬▬	卯木
父母		▬▬ ▬▬	巳火		▬▬ ▬▬	巳火
兄弟		▬▬ ▬▬	未土		▬▬ ▬▬	未土

断曰："此卦不现母病，而现子女有灾。"彼曰："何也？"予曰："令堂近病，卦得六冲即愈，只不宜爻中现出子孙变鬼。"伊曰："小儿初生两月。"曰："八月防之。"果于八月，其子惊风，又来卜之。

酉月丁卯日，又占子病，得既济之革。

水火既济　　　　　　泽火革

兄弟	应	▬▬ ▬▬	子水	未土
官鬼		▬▬▬▬▬	戌土	酉金
父母	×		申金	兄弟　亥水
兄弟	世	▬▬▬▬▬	亥水	亥水
官鬼		▬▬ ▬▬	丑土	丑土
子孙		▬▬▬▬▬	卯木	卯木

断曰："卯木子孙临月破，又动出申金伤克，虽值日辰，难过酉月卯日。"彼曰："还有救否？"予曰："向占母病，已应八月死。子今又得此凶卦，何以救之？"果死于卯日。夫应于卯日者，乃实破之日也。

余因好友贫困之极，携银数两，亲往赠之。彼尚未知，即浼占卦，谓目下一事，约得二十余金，不知得否？

丑月甲申日，占得同人之离。

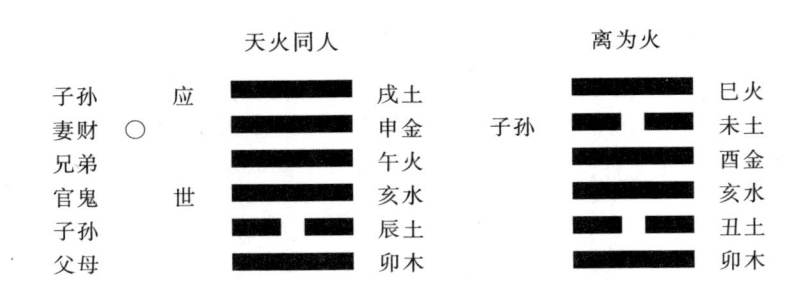

```
            天火同人              离为火
子孙      应  ▬▬▬▬▬  戌土         ▬▬▬▬▬  巳火
妻财   ○    ▬▬▬▬▬  申金   子孙   ▬ ▬ ▬   未土
兄弟       ▬▬▬▬▬  午火         ▬▬▬▬▬  酉金
官鬼      世  ▬ ▬ ▬   亥水         ▬▬▬▬▬  亥水
子孙       ▬ ▬ ▬   辰土         ▬ ▬ ▬   丑土
父母       ▬▬▬▬▬  卯木         ▬▬▬▬▬  卯木
```

予曰："日建作财以生世，此财必得。"问："在何日可得？"予曰："今日就得。"彼曰："事尚未成，如何就得？"予始悟曰："是也。我欲赠他，他倘未知，必神告曰：'目下就见财矣，何必他问。'"予即与之，命他再占一卦，占得离卦，兄爻持世，卦得六冲。余曰："先得之卦，应我相赠之物，后卦全无影响。"果然此乃占彼而应此也。

李我平曰：《黄金策》、《千金赋》，乃诚意先生所著。昔有人曰："有能易一字者，予以千金。"后因刻板错误，以讹传讹，致白玉生瑕。不意野鹤老人前后增删，另作解注，以成全璧。予不能遗以千金，从此名之《万金赋》可也。

校正全本增删卜易卷五

天时章第三十五[①]

天道旱涝不时,易爻阴晴可测。

古以晴雨之占,不可以自试其术,而轻渎鬼神。如亢旱求雨,涝则求晴,始可卜之。予曰:不然,正可以此试其术也。何也?卦之微妙,初学难知。以人事而试,取验不速;以天时而试者,目前见效。天时之阴晴,人间之祸福,皆不离乎五行。天时得验,人事验矣。予初学卜,皆赖天时之巧应,得其微奥之旨趣也。

子孙为日月星斗,动则万里晴光。

《黄金策》"以财动者,八方咸仰晴光",非也。子孙发动,万里无云。财以子孙为元神,财动虽晴,倘如子孙休囚空破,或现而不动者,必不大晴,当有浮云薄雾。

如卯月甲午日,占晴。

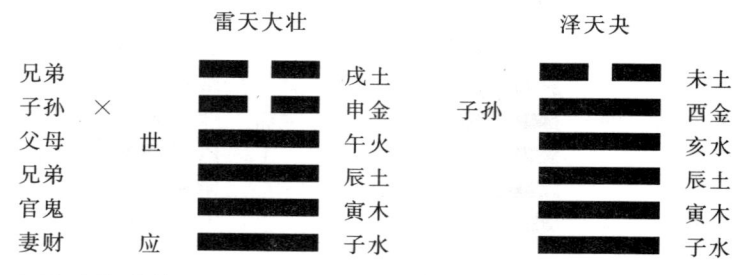

	雷天大壮			泽天夬	
兄弟	▬▬	戌土	子孙	▬▬	未土
子孙	▬ ×▬	申金		▬▬	酉金
父母	▬▬▬ 世	午火		▬▬▬	亥水
兄弟	▬▬▬	辰土		▬▬▬	辰土
官鬼	▬▬▬	寅木		▬▬▬	寅木
妻财	▬▬▬ 应	子水		▬▬▬	子水

申金子动化进神,酉日碧天如洗。

或曰:"凡存占验,皆尚奇微巧验,此卦显而易见,何故录之?"予曰:"令初学者易知,由浅以入深也。奇验奥理,后卷有之。"

父母为雨雪雹霜,发则八方润泽。

---

① 《增删黄金策》。

凡占，须宜分祷，或求晴，或求雨，或求雪、求霜，念专于一，而神告矣。宜分请求于何地，祷曰："城内雨否，晴否？"或占某乡，或占某省。不然，天下何日不晴？何日不雨？指其地而占之可也。法以父母为天地，天地闭塞，而日月掩藏，此亦近理。予以父母为厚云重雾，父动伤子，掩其日月也。所以父爻发动，云雾迷天，日月掩藏而雨矣。

如巳月甲戌日，占天何日雨，得小过之旅。

```
        雷山小过                    火山旅
父母  ×  ▬▬ ▬▬    戌土    官鬼   ▬▬▬▬▬   巳火
兄弟     ▬▬ ▬▬    申金           ▬▬ ▬▬   未土
官鬼  世 ▬▬▬▬▬    午火           ▬▬▬▬▬   酉金
兄弟     ▬▬▬▬▬    申金           ▬▬▬▬▬   申金
官鬼     ▬▬ ▬▬    午火           ▬▬ ▬▬   午火
父母  应 ▬▬ ▬▬    辰土           ▬▬ ▬▬   辰土
```

因连日大晴，本日卯时，占何时雨？即于辰时起云，辰末巳初，雷雨交作。应辰时者，戌日冲辰父而暗动。雷雨大作者，戌化巳火鬼也。

妻财天气晴明。

财动克父，而生子孙，所以主晴。

如酉月乙巳日，占本日阴晴，得升之恒。

```
        地风升                    雷风恒
官鬼     ▬▬ ▬▬    酉金           ▬▬▬▬▬   戌土
父母     ▬▬ ▬▬    亥水           ▬▬ ▬▬   申金
妻财  × 世 ▬▬ ▬▬  丑土    子孙   ▬▬▬▬▬   午火
官鬼     ▬▬▬▬▬    酉金           ▬▬▬▬▬   酉金
父母     ▬▬▬▬▬    亥水           ▬▬▬▬▬   亥水
妻财  应 ▬▬ ▬▬    丑土           ▬▬ ▬▬   丑土
```

此卦丑土财动，化出午火子孙，上半日虽晴，常有浮云掩日。自午时之后，满天红日无云。所以财爻虽主晴明，难免无云，必至午时，而见子孙，始大晴也。

官鬼雷霆雾电。

官鬼乃父母之元辰，动则生父，故主雷霆雾电。或为黑云，或应雷霆，不拘春夏秋冬。不可执以为雷，浓云黑雾者是也。

如巳月丁卯日，占天何日雨，得恒之大过。

雷风恒　　　　　　　　泽风大过

妻财　　应 ▬▬▬▬▬　戌土　　　　　▬▬▬▬▬　未土
官鬼　　× ▬▬　▬▬　申金　　官鬼 ▬▬▬▬▬　酉金
子孙　　　 ▬▬▬▬▬　午火　　　　　▬▬　▬▬　亥水
官鬼　　世 ▬▬▬▬▬　酉金　　　　　▬▬▬▬▬　酉金
父母　　　 ▬▬▬▬▬　亥水　　　　　▬▬▬▬▬　亥水
妻财　　　 ▬▬　▬▬　丑土　　　　　▬▬　▬▬　丑土

世爻酉鬼暗动，申鬼明动化进神，本日申时，霹雳惊天，远方大雨，而本处洒来几点。或曰："想因父爻月破。"予曰："非也。父爻若动，虽临月破，亦有大雨。"

应乃太虚，逢空雨晴难定。

世为大地，受克天变非常。

觉子曰：占雨用父爻，占晴用子孙爻及财爻，与世应何干？予尝占雨占晴，一卦不现，再占两卦。六爻不动者，务必求其动而验之。何故而曰雨晴难定？假使人间趋避，亦可答曰我难定耶？至于世爻受克而天变者，或系偶然凑合一两卦耳，何得以之为法？余常占得官父兄爻克世者不少，未见天变。此两句，宜删之。

若论风云，全凭兄弟。

兄弟发动，虽主风云，乃云淡风轻之景，非晴非雨之天。每见兄动，而日月于云中穿走，乍隐乍出耳。

如午月丁亥日，占本日阴晴，得遁之否。

天山遁　　　　　　　　天地否

父母　　　 ▬▬▬▬▬　戌土　　　　　▬▬▬▬▬　戌土
兄弟　　应 ▬▬▬▬▬　申金　　　　　▬▬▬▬▬　申金
官鬼　　　 ▬▬▬▬▬　午火　　　　　▬▬▬▬▬　午火
兄弟　　○ ▬▬▬▬▬　申金　　妻财 ▬▬　▬▬　卯木
官鬼　　世 ▬▬　▬▬　午火　　　　　▬▬　▬▬　巳火
父母　　　 ▬▬　▬▬　辰土　　　　　▬▬　▬▬　未土

或曰："兄动为风云，今日还是阴天。"予曰："申时要见日色。"彼曰："何也？"予曰："申金兄爻为云，化出卯木财爻，是由云雾中，变出日色之象。"果一日阴云，申时而见日色，次日卯时大晴。

更详四季推辞，须配五行参决。

《黄金策》曰："父母爻四时主雨，若临金水，雨大而不止；若临火土，雨小而不久。"

觉子曰：此系不论衰旺四时，皆以父临水则雨大，临火则雨小。既不论衰旺如何，后章又曰："父持月建，必然阴雨连旬。"假使巳午未月，火土当令之时，正大雨施行之际，若值父临火土而动，如以旺衰而断者，当主阴雨连旬；若以五行来决，论火土者，当断之雨小。古法之谬，何以不删？

更可笑者，旧注有云："冬天以子孙为霜雪。"既以子孙为霜雪，倘值冬令占晴，以何爻而为日月？

昔贤悖理之谬，当时而不省悟者，何也？

如子月己亥日，因连日雪，占何日晴，得观之比。

		风地观		水地比	
妻财	○	▬▬ ▬▬	卯木	子孙 ▬▬ ▬▬	子水
官鬼		▬▬▬▬▬	巳火	▬▬▬▬▬	戌土
父母	世	▬▬▬▬▬	未土	▬▬ ▬▬	申金
妻财		▬▬ ▬▬	卯木	▬▬ ▬▬	卯木
官鬼		▬▬ ▬▬	巳火	▬▬ ▬▬	巳火
父母	应	▬▬ ▬▬	未土	▬▬ ▬▬	未土

断曰："两爻火鬼暗动，今日还是阴天，卯木财爻，化出子水子孙，明日卯时必晴。"果于次日卯时，云开日出。此子水者，既临月建，又有亥月拱之，旺之无比。若以之为霜雪，不独不晴，即当雪深十尺。所以占天时，不论旺衰，亦未有以子孙为霜雪也。

晴或逢官，为烟为雾。

旧注：卦得时兆，爻中又有鬼动者，必须有浓云重雾，或恶风晦暗。冬或大寒，夏或大热，非风和日丽之天。余以此论有理，但须分别时辰。

即如辰月己卯日，占本日阴晴，得屯之临。

	水雷屯			地泽临	
兄弟	▬▬ ▬▬	子水		▬▬ ▬▬	酉金
官鬼 ○ 应	▬▬ ▬▬	戌土	兄弟	▬▬ ▬▬	亥水
父母	▬▬ ▬▬	申金		▬▬ ▬▬	丑土
官鬼	▬▬▬▬▬	辰土		▬▬ ▬▬	丑土
子孙 × 世	▬▬ ▬▬	寅木	子孙	▬▬▬▬▬	卯木
兄弟	▬▬▬▬▬	子水		▬▬▬▬▬	巳火

断曰："寅木子孙化进神，今日大晴。五爻戌土鬼动，戌亥时必主黑云。"果于戌时，星辰无光。若以一日之烟雾断者，错也。

雨而遇福，为电为虹。

谓卦得有雨之象，子孙亦动者，非有闪电，则有彩虹，余以之为非。

如辰月丙辰日，因连日阴雨，占本日晴否，得困之比。

	泽水困			水地比	
父母	▬▬ ▬▬	未土		▬▬ ▬▬	子水
兄弟	▬▬▬▬▬	酉金		▬▬▬▬▬	戌土
子孙 ○ 应	▬▬▬▬▬	亥水	兄弟	▬▬ ▬▬	申金
官鬼	▬▬ ▬▬	午火		▬▬ ▬▬	卯木
父母 ○	▬▬▬▬▬	辰土	官鬼	▬▬ ▬▬	巳火
妻财 世	▬▬ ▬▬	寅木		▬▬ ▬▬	未土

此卦二爻辰土，既是父持月建，又持日辰，化出巳火生之，岂非有雨之兆？而亥水子孙发动，化出申金，予竟不以虹霓断之，许申时天开，亥时大晴。果于亥时，万里无云。子孙为日月星斗，勿以之为云为虹。

三合成财，问雨难堪入卦。

三合财局子孙局者，主晴。三合父局主雨。

三合鬼局，黑雾迷天，或雷电闪烁。三合木局，主风。

五乡连父，问晴怪杀临空。

旧注：谓父爻空而无雨，子孙及财爻空而不晴。

余常占雨，父母休囚不动，果是难望。若值空者，勿谓无望。常得父爻动而逢空，不应冲空之日，则应填实之期，百试百验。财与子孙空者，亦同此推。

财化鬼，阴晴不久。

旧注系"财化鬼，阴晴未定"，非也。

如巳月甲寅日，因连日晴，占何日雨，得既济，变蹇。

		水火既济		水山蹇	
兄弟	应	▬▬ ▬▬	子水	▬▬ ▬▬	子水
官鬼		▬▬▬▬▬	戌土	▬▬▬▬▬	戌土
父母		▬▬ ▬▬	申金	▬▬ ▬▬	申金
兄弟	世	▬▬▬▬▬	亥水	▬▬▬▬▬	申金
官鬼		▬▬ ▬▬	丑土	▬▬ ▬▬	午火
子孙	○	▬▬▬▬▬	卯木	官鬼 ▬▬ ▬▬	辰土

若以"财化鬼，阴晴未定"，此卦卯木子孙，化辰土鬼，岂可曰"阴晴而未定"耶？殊不知卯木子，卯日晴；辰土鬼，辰日天变，则不晴矣。予断辰日天阴，巳日必雨。何以知其巳日雨？卦中申金父爻暗动，动而逢令之日。果于辰日天变，巳日大雨。故曰：子孙财爻化鬼，晴之不久；父动化财化子，乃雨之不久，非阴晴而难定也。

父化兄，风雨靡常。

父化兄，父化鬼，或卦中父动兄动，皆主风雨交作。若论前后，动者为先，变者为后。即如兄化父，先风而后雨；鬼化父，春夏占者，先雷后雨。

觉子曰：鬼动虽为雷电，应雷者少，黑云者多，不可执之。

母化子，雨后晴明；弟化孙，云开日出。

旧注系"母化子，长虹垂带𬺈"，非也。

如午月乙卯日，因连日雨，本日亦雨，占何日晴。

		地火明夷		艮为山	
父母	×	▬▬ ▬▬	酉金	子孙 ▬▬▬▬▬	寅木
兄弟		▬▬ ▬▬	亥水	▬▬ ▬▬	子水
官鬼	世	▬▬ ▬▬	丑土	▬▬▬▬▬	戌土
兄弟		▬▬▬▬▬	亥水	▬▬▬▬▬	申金
官鬼		▬▬ ▬▬	丑土	▬▬ ▬▬	午火
子孙	○ 应	▬▬▬▬▬	卯木	官鬼 ▬▬ ▬▬	辰土

予告吾友曰："今日酉时，必见红轮西堕，明日还见阴天。"彼曰："何也？"予曰："上爻酉父化子，今日酉时落日。初爻卯木化辰鬼，明朝辰日，必是阴云。"果于酉时忽然天开见日色，次日迷云而不雨。

父持月建，必然阴雨连旬。

旧注：父母临月建而动者，雨必不止。

野鹤曰：此以旺衰而言，余试不验。

如午月丙午日，占何日雨，得大壮之升。

```
         雷天大壮              地风升
兄弟     ▬▬ ▬▬    戌土         ▬▬ ▬▬    酉金
子孙     ▬▬ ▬▬    申金         ▬▬ ▬▬    亥水
父母  ○ 世 ▬▬▬▬▬   午火    兄弟 ▬▬ ▬▬    丑土
兄弟     ▬▬▬▬▬    辰土         ▬▬▬▬▬    酉金
官鬼     ▬▬▬▬▬    寅木         ▬▬▬▬▬    亥水
妻财  ○ 应 ▬▬▬▬▬   子水    兄弟 ▬▬ ▬▬    丑土
```

又如申月丙辰日，占何日，得坎之困。

```
         坎为水                泽水困
兄弟   世 ▬▬ ▬▬    子水         ▬▬ ▬▬    未土
官鬼     ▬▬▬▬▬    戌土         ▬▬▬▬▬    酉金
父母  × ▬▬ ▬▬     申金    兄弟 ▬▬ ▬▬    亥水
妻财   应 ▬▬ ▬▬    午火         ▬▬ ▬▬    午火
官鬼     ▬▬▬▬▬    辰土         ▬▬▬▬▬    辰土
子孙     ▬▬ ▬▬    寅木         ▬▬ ▬▬    寅木
```

前卦午火父动，未时一阵大雨，而酉时即晴。后卦申金爻动，庚申日雨，辛酉半阴晴，亥时大晴。前卦不惟父持月建，且临日辰；后卦父持月建，辰日生之，旺莫如此也。似此之旺，且无风雨连旬，而况他乎？余试天时，旺衰不论。

兄坐长生，拟定任风累日。

如辰月戊申日，占本日阴晴，得中孚之小畜卦。

```
         风泽中孚              风天小畜
官鬼     ▬▬▬▬▬    卯木         ▬▬▬▬▬    卯木
父母     ▬▬▬▬▬    巳火         ▬▬▬▬▬    巳火
兄弟   世 ▬▬ ▬▬    未土         ▬▬ ▬▬    未土
兄弟  × ▬▬ ▬▬     丑土    兄弟 ▬▬▬▬▬    辰土
官鬼     ▬▬▬▬▬    卯木         ▬▬▬▬▬    寅木
父母   应 ▬▬▬▬▬   巳火         ▬▬▬▬▬    子水
```

丑土兄动，化进神，临月令，父长生于申日，若论旺衰，旺之无比，并不见狂风累日，只见一日阴云而已。或曰："兄动化进神不见狂风者，以何爻而至狂风？"予曰："木动化进神，乃狂风耳。"

父财无助，旱涝有常。

旧注：官鬼空伏，父母无气，而财爻旺动者必旱；子孙空伏，妻财无气，而父爻旺者必涝。再遇日月动爻扶者，涝必至于浸没。

觉子曰：若重旺衰，此论何当无理？予存四十余年之占验，天时无日不占。时当涝者，鬼动亦雨，兄动亦雨；父鬼休囚无气者，动亦有雨。时当旱者，父持月建，亦不过浓云重雾，洒尘而已。故章后有云："竞发父官，连朝风雨。"凡遇卦中父鬼乱动，而雨水连绵而不止也。

福德带刑，日月必蚀。

此乃特占日月之论，不可以占阴晴之卦，偶而凑合者，而弃断也。

雨嫌妻位以逢冲。

占雨倘父爻不动，而妻财暗动者，还主晴明。

占晴若子财不动，而父母暗动者，还主有雨。

晴利父官而化退。

旧系"晴利父爻之入墓"，谓父爻入墓，或动而化墓，必主晴明，予以为非。父爻入墓，冲开之时则雨，何得利于占晴？惟父动化退神，势必晴也。

如丑月戊辰日，久雪占晴，得随之震。

```
         泽雷随              震为雷
妻财  应 ▬▬ ▬▬  未土
官鬼  ○  ▬▬▬▬▬ 酉金    官鬼 ▬▬ ▬▬  申金
父母     ▬▬▬▬▬ 亥水         ▬▬ ▬▬  午火
妻财  世 ▬▬ ▬▬  辰土         ▬▬ ▬▬  辰土
兄弟     ▬▬ ▬▬  寅木         ▬▬ ▬▬  寅木
父母     ▬▬▬▬▬ 子水         ▬▬▬▬▬ 子水
```

断曰："鬼化退神，雨将止矣。"果于酉时，雾散天开。凡得父化退神，雨亦将止。兄动化退神，云将开矣。于子孙财爻，化退神者，晴不久矣。

子伏财飞，淡云轻雾。

旧系"子伏财飞，曝夫犹抑"，谓财动虽主晴明，若子孙休囚空伏，乃阴晴之象。

余以此论是理，此章首句，原系"妻财发动，八方咸仰晴光"，予故改曰："子孙发动，万里晴光。"实此意耳。

父衰鬼旺，少雨浓云。

占雨以父爻为主，若父爻不动，且不暗动，而官鬼动者，必主浓云厚雾，而无雨也。倘爻变出父母者，不拘旺衰，皆主有雨。

卦传暗冲，虽空有望。

父母官鬼，静而逢空，日建冲之，主雨。
子孙财爻，静而逢空，日建冲之，主晴。
木临兄鬼，静而逢空，日建冲之，主风。
兄弟临空，日建冲之，主轻风薄雾。
如巳月己卯日，占何日晴，得离卦。

```
        离为火
兄弟  世 ▬▬▬  巳火
子孙     ▬ ▬  未土
妻财     ▬▬▬  酉金
官鬼  应 ▬ ▬  亥水
子孙     ▬▬▬  丑土
父母     ▬▬▬  卯木
```

酉财旬空，本日日建冲动，次日即晴，乃应动而逢合之日。

福兴被克，冲则成功。

子孙爻动，化回头克，或被动爻克，须待冲去克神之日始晴。父母财父，动化被克者，同此断之。

如丑月甲戌日，占何日雨，得震之豫。

```
      震为雷              雷地豫
妻财 世 ▬ ▬  戌土      ▬ ▬  戌土
官鬼    ▬▬▬  申金      ▬▬▬  申金
子孙    ▬ ▬  午火      ▬ ▬  午火
妻财 应 ▬▬▬  辰土      ▬ ▬  卯木
兄弟    ▬ ▬  寅木      ▬▬▬  巳火
父母 ○  ▬▬▬  子水  妻财 ▬ ▬  未土
```

子水父动，被未土回头克住，丑日而雨。夫应丑日者，冲去未土，合起子水父母而雨也。

觉子曰：旧系"爻逢合住，总动无功"，非也。合住父爻，冲开之日必雨；合住财爻，冲开之日时必晴。何谓无功？故删之。

木动生风，风伯肆虐。

旧有"兄弟木兴系巽风，冯夷肆虐。"

觉子曰：木动生风，不在乎震与巽也。临子父，值财官，皆主有风，不在乎临于兄弟。惟化进神则风大，否则风小，亦不在乎化水化火。

金空则响，电母施威。

金鬼动而逢空，若遇本日日建相冲，或后遇冲空实空之日，必然动雷，谓之金空则响。金化金者，迅雷霹雳；火鬼动者，电掣金蛇。

此虽屡试屡验，当决于雷作之时，勿断于收声之后。

动而合，静而冲，勿临月破。

父母主雨，官鬼主浓云雷电，子孙财爻主晴。

动者逢值逢合之日；静者，逢值逢冲之日，若静而逢月破者，则不应之；动而破者，亦应实破之日。

如辰月癸卯日，因晴，占何日雨，得蹇卦。

水山蹇

```
子孙      ▬▬ ▬▬    子水
父母      ▬▬ ▬▬    戌土
兄弟  世  ▬▬▬▬▬    申金
兄弟      ▬▬▬▬▬    申金
官鬼      ▬▬ ▬▬    午火
父母  应  ▬▬ ▬▬    辰土
```

或曰："卦中辰戌父爻，月建又是父爻，明日辰日，冲动戌父，必然有雨。"予曰："戌临月破，如何有雨？阴云而已。"果于次日，常见阴云。

冲则应，填则实，最喜动空。

人以为空则无功，殊不知动而空者。占晴占雨，若非冲空之日，定应填实之朝。

如未月丙午日，占何日雨，得离之旅卦。

		离为火			火山旅	
兄弟	世	▬▬▬	巳火	▬▬▬	巳火
子孙		▬ ▬	未土	▬ ▬	未土
妻财		▬▬▬	酉金	▬▬▬	酉金
官鬼	应	▬▬▬	亥水	▬▬▬	申金
子孙		▬ ▬	丑土	▬ ▬	午火
父母	○	▬▬▬	卯木	▬ ▬	辰土

断曰："卯木父动，临于旬空，己酉若不雨者，卯日必雨。"或曰："如何定在两日？"予曰："不难，尔再占一卦。"

又得离卦，不动。予曰："此卦还与前卦相同。尔再占一卦。"又得艮之谦卦。

		艮为山			地山谦	
官鬼	○世	▬▬▬	寅木	▬ ▬	酉金
妻财		▬ ▬	子水	▬ ▬	亥水
兄弟		▬ ▬	戌土	▬ ▬	丑土
子孙	应	▬▬▬	申金	▬▬▬	申金
父母		▬ ▬	午火	▬ ▬	午火
兄弟		▬ ▬	辰土	▬ ▬	辰土

断曰："甲寅日阴云，乙卯日必雨，辰日而又晴矣。"彼曰："何余知之？"予曰："此卦又是寅木鬼动值旬空，出空之日，必于天变。前卦卯木父，变辰土子孙，故知卯日必雨，辰日必晴。"果于寅日密云，卯日大雨，辰日大晴。所以动则不为空矣。

雨遇财动，欲雨须得财墓绝。

占雨须宜父动鬼动，倘父鬼不动，又见财与子孙动者，须待财爻入墓之日，及临绝之日，才得有雨。占晴须于财动，倘若父母发动，须得父爻临墓绝之日，方能得晴。

如戌日丙午日，占何日雨，得坎之井卦。

坎为水 / 水风井

		坎为水			水风井
兄弟	世	▬▬ ▬▬	子水		子水
官鬼		▬▬▬▬▬	戌土		戌土
父母		▬▬ ▬▬	申金		申金
妻财	×应	▬▬▬▬▬	午火	父母	酉金
官鬼		▬▬▬▬▬	辰土		亥水
子孙		▬▬ ▬▬	寅木		丑土

或曰："今日占雨，如何有动财爻？想是大旱而无雨也。"予曰："非也。化出酉父，酉日就当有雨。但因日建，又因午火，必待戌日午火入墓，方才有雨。"果于酉日天变，戌日而雨，午火财爻，墓于戌也。

晴逢子动，望晴只待子逢生。

占晴得子财动，占雨得父动，后逢长生之日应之。

如卯月丁巳日，占何日雨，得涣之坎卦。

风水涣 / 坎为水

		风水涣			坎为水
父母	○	▬▬▬▬▬	卯木	官鬼	子水
兄弟	世	▬▬▬▬▬	巳火		戌土
子孙		▬▬ ▬▬	未土		申金
兄弟		▬▬ ▬▬	午火		午火
子孙	应	▬▬▬▬▬	辰土		辰土
父母		▬▬ ▬▬	寅木		寅木

卯木父动，当应在卯戌日，而雨却应长生亥日。

竞发父官，连朝猛雨。

卦中父鬼重叠，或又鬼变父，父变鬼，父化兄，兄化父，或连日又占，并不见子孙财爻发动者，一定连旬风雨。

如午月乙卯日，占何日晴，得晋之归妹。

火地晋 / 雷泽归妹

		火地晋			雷泽归妹
官鬼	○	▬▬▬▬▬	巳火	父母	戌土
父母		▬▬ ▬▬	未土		申金
兄弟	世	▬▬▬▬▬	酉金		午火
妻财		▬▬ ▬▬	卯木		丑土
官鬼	×	▬▬ ▬▬	巳火	妻财	卯木
父母	×应	▬▬ ▬▬	未土	官鬼	巳火

断曰："父鬼叠见，乃连朝风雨之象。"次日又占，又是鬼父同兴，果雨四十余日。

多逢财子，累日晴明。

未月甲午日，占天何日雨，得屯，变益。

	水雷屯		风泽中孚	
兄弟 ×	▬▬ ▬▬	子水	子孙 ▬▬ ▬▬	卯木
官鬼 应	▬▬▬▬▬	戌土	▬▬▬▬▬	巳火
父母	▬▬ ▬▬	申金	▬▬ ▬▬	未土
官鬼	▬▬ ▬▬	辰土	▬▬▬▬▬	丑土
子孙 × 世	▬▬ ▬▬	寅木	子孙 ▬▬▬▬▬	卯木
兄弟	▬▬▬▬▬	子水	▬▬▬▬▬	巳火

大旱望云雷，卦中父爻不动，子孙重叠化进神，疑其木爻入墓之日必雨。又令他日占之，又得财与子动。次日又占，并无父动鬼动，知其旱矣。果于两月不雨。

卦得反吟，晴雨终须反复。

如辰月庚寅日，占何日晴，得观之升。

	风地观		地风升	
妻财 ○	▬▬▬▬▬	卯木	兄弟 ▬▬ ▬▬	酉金
官鬼 ○	▬▬▬▬▬	巳火	子孙 ▬▬ ▬▬	亥水
父母 世	▬▬ ▬▬	未土	▬▬ ▬▬	丑土
妻财 ×	▬▬ ▬▬	卯木	兄弟 ▬▬▬▬▬	酉金
官鬼 ×	▬▬ ▬▬	巳火	子孙 ▬▬▬▬▬	亥水
父母 应	▬▬ ▬▬	未土	▬▬ ▬▬	丑土

断曰："卯木财现，明日必晴。但卦得内外反吟，晴而还雨。"果于次日，晴还又雨。

爻逢伏象，旱涝必待冲开。

伏吟卦，动如不动。子财动者，冲开之日必晴。父爻动者，冲开之日必雨。

如辰月甲戌日占雨，得大壮变震卦。

雷天大壮　　　　　　震为雷

兄弟	▬▬　▬▬	戌土		▬▬　▬▬	戌土
子孙	▬▬　▬▬	申金		▬▬　▬▬	申金
父母 世	▬▬▬▬▬	午火		▬▬▬▬▬	午火
兄弟 ○	▬▬▬▬▬	辰土	兄弟	▬▬　▬▬	辰土
官鬼 ○	▬▬▬▬▬	寅木	官鬼	▬▬　▬▬	寅木
妻财 应	▬▬▬▬▬	子水		▬▬　▬▬	子水

占雨，父爻不动，兄鬼同动，木动生风，无雨而有风也。既于本日申时冲开寅木，拔木狂风。

合父鬼冲开，有雷则雨。

合财兄克破，无风不晴。

父母合住，本主不雨。若遇鬼冲开，必待必雷震，而后有雨。卦中若无鬼爻动，而他爻冲动者，亦有雨。他爻又无冲动者，须待冲开之日有雨。财子两爻被合，亦同此推。

觉子曰：合父鬼冲开，冲开之日必雨。合财合子，冲开之日必晴。有雷有风者，乃偶然耳，不必执之。

半晴半雨，卦中财父同兴。

旧注：妻财父母同兴，或是子孙鬼爻同动，必然半晴半雨。余以此论亦谬，殊不知各因其时。

如酉月癸未日，占何日晴，得讼之随卦。

天水讼　　　　　　泽雷随

子孙 ○	▬▬▬▬▬	戌土	子孙	▬▬　▬▬	未土
妻财	▬▬▬▬▬	申金		▬▬▬▬▬	酉金
兄弟 世	▬▬▬▬▬	午火		▬▬　▬▬	亥水
兄弟	▬▬　▬▬	午火		▬▬　▬▬	辰土
子孙 ○	▬▬▬▬▬	辰土	父母	▬▬　▬▬	寅木
父母 × 应	▬▬　▬▬	寅木	官鬼	▬▬▬▬▬	子水

此卦子孙父母同兴，寅木父化巳火兄[1]，又是一日阴雨。至戌时，天开而见星斗。应戌时晴者，戌土子孙而值时也。

---

[1] 此处疑有误。

又雨又晴，爻上母子皆动。

如巳月丙申日，占何日雨，得临之蒙。

地泽临			山水蒙	
子孙	×	▬▬ ▬▬ 酉金	官鬼	▬▬▬▬▬ 寅木
妻财	应	▬▬ ▬▬ 亥水		▬▬ ▬▬ 子水
兄弟		▬▬ ▬▬ 丑土		▬▬ ▬▬ 戌土
兄弟		▬▬▬▬▬ 丑土		▬▬ ▬▬ 午火
官鬼	世	▬▬▬▬▬ 卯木		▬▬▬▬▬ 辰土
父母	○	▬▬▬▬▬ 巳火	官鬼	▬▬ ▬▬ 寅木

卦中父母子孙皆动，因巳火父空，亥日冲空则实，亥日而雨，即于亥日酉时晴。应酉时者，上爻动出酉金子孙之故耳。

前卦父与子孙同动，戌土子孙，应本日戌时晴。

后卦父与子孙同动，应他日之雨晴之时也。

觉子曰：即此两卦论，阴晴各有其时，岂可谓之"半雨半晴"耶？

若知占远应近，可称为神。

如酉月初五戊子日，占中秋月，得小过之丰。

雷山小过			雷火丰	
父母		▬▬ ▬▬ 戌土		▬▬ ▬▬ 戌土
兄弟		▬▬ ▬▬ 申金		▬▬ ▬▬ 申金
官鬼	世	▬▬▬▬▬ 午火		▬▬▬▬▬ 午火
兄弟		▬▬▬▬▬ 申金		▬▬▬▬▬ 亥水
官鬼		▬▬ ▬▬ 午火		▬▬ ▬▬ 丑土
父母	×	应 ▬▬ ▬▬ 辰土	妻财	▬▬▬▬▬ 卯木

卦中辰父发动，当许中秋有雨。殊不知应在初九，辰日即雨。

即于壬辰日，又占中秋晴否？

风天小畜			风泽中孚	
兄弟		▬▬▬▬▬ 卯木		▬▬▬▬▬ 卯木
子孙		▬▬▬▬▬ 巳火		▬▬▬▬▬ 巳火
妻财	应	▬▬ ▬▬ 未土		▬▬ ▬▬ 未土
妻财	○	▬▬▬▬▬ 辰土	妻财	▬▬ ▬▬ 丑土
兄弟		▬▬▬▬▬ 寅木		▬▬▬▬▬ 卯木
父母	世	▬▬▬▬▬ 子水		▬▬▬▬▬ 巳火

癸巳日又占，得屯之中孚。

水雷屯　　　　　　　风泽中孚

兄弟	×	▬▬ ▬▬	子水	子孙	▬▬▬▬▬	卯木
官鬼	应	▬▬▬▬▬	戌土		▬▬▬▬▬	巳火
父母		▬▬ ▬▬	申金		▬▬ ▬▬	未土
官鬼		▬▬ ▬▬	辰土		▬▬ ▬▬	丑土
子孙	×	▬▬ ▬▬	寅木	子孙	▬▬▬▬▬	卯木
兄弟	世	▬▬▬▬▬	子水		▬▬▬▬▬	巳火

一卦财动，一卦子动，不见父鬼爻动，知其晴，果于中秋夜，月明星稀。

识得卜日应时，方得其奥。

辰月癸巳日，占甲午日竖造，此日有雨否。

天山遁　　　　　　　泽山咸

父母	○	▬▬▬▬▬	戌土	父母	▬▬ ▬▬	未土
兄弟	应	▬▬▬▬▬	申金		▬▬▬▬▬	酉金
官鬼		▬▬▬▬▬	午火		▬▬ ▬▬	亥水
兄弟		▬▬▬▬▬	申金		▬▬▬▬▬	申金
官鬼	世	▬▬ ▬▬	午火		▬▬ ▬▬	午火
父母		▬▬ ▬▬	辰土		▬▬ ▬▬	辰土

彼以父动有雨。予曰："常见占日应时，且看今日申戌时，而无雨者，明日必有雨也。"果于本日申时雨。彼又问曰："如何申时雨？"予曰："戌土是生在申。"又问："雨久远否？"余曰："父化退神，雨之不久。明日必晴。"果于次日大晴。

野鹤曰：或问予曰："有动而逢合逢值，可能实知其一日也？"予曰："昔人不知多占之法，亦不明其此理，错断有之，天机未肯全泄，全在人之变通。圣人立教，设此天时，教人以验人事。即如子孙持世发动，占天时者，皓日当空，无云点缀。乃至墓绝之日，黑暗无光。若占身命，烈烈轰轰，扬扬得志。后逢墓衰之年，灾非同至。故予言教人以天时而验人事，取效之速。今欲实知一日者，不难。"曾因官长有事，命在旦夕，因占得子孙持世，劝之勿忧，必蒙赦免。彼不肯信，意欲先寻自尽。余设一法。

酉日丙子日，占何日雨，得蒙之临卦。

山水蒙　　　　地泽临

父母　　○	▬▬ ▬▬　寅木	妻财　　▬▬ ▬▬　酉金
官鬼	▬▬ ▬▬　子水	▬▬ ▬▬　亥水
子孙　　世	▬▬ ▬▬　戌土	▬▬ ▬▬　丑土
兄弟	▬▬▬▬▬　午火	▬▬ ▬▬　丑土
子孙	▬▬▬▬▬　辰土	▬▬▬▬▬　卯木
父母　　×　应	▬▬ ▬▬　寅木	兄弟　　▬▬▬▬▬　巳火

上下寅木父动，明知寅日必雨。再叫人占何日雨，又得大壮之泰卦。

雷天大壮　　　　地天泰

兄弟	▬▬ ▬▬　戌土	▬▬ ▬▬　酉金
子孙	▬▬ ▬▬　申金	▬▬ ▬▬　亥水
父母　　○　世	▬▬▬▬▬　午火	兄弟　▬▬ ▬▬　丑土
兄弟	▬▬▬▬▬　辰土	▬▬▬▬▬　辰土
官鬼	▬▬▬▬▬　寅木	▬▬▬▬▬　寅木
妻财　　应	▬▬▬▬▬　子水	▬▬▬▬▬　子水

前卦寅木父动，当应寅日。此卦午火父爻长生于寅，亦是。又叫人再占，得随之屯。

泽雷随　　　　水雷屯

妻财　　应	▬▬ ▬▬　未土	▬▬ ▬▬　子水
官鬼	▬▬▬▬▬　酉金	▬▬▬▬▬　戌土
父母　　○	▬▬▬▬▬　亥水	官鬼　▬▬ ▬▬　申金
妻财　　世	▬▬ ▬▬　辰土	▬▬ ▬▬　辰土
兄弟	▬▬ ▬▬　寅木	▬▬ ▬▬　寅木
父母	▬▬▬▬▬　子水	▬▬▬▬▬　子水

又见亥水父动知寅日必雨也。何也？亥水父动，动而逢合之日，亦应寅日。

又至寅日五更，又占本日何时有雨，得睽之履。

火泽睽　　　　天泽履

父母	▬▬▬▬▬　巳火	▬▬▬▬▬　戌土
兄弟　　×	▬▬ ▬▬　未土	子孙　▬▬▬▬▬　申金
子孙　　世	▬▬▬▬▬　酉金	▬▬▬▬▬　午火
兄弟	▬▬ ▬▬　丑土	▬▬ ▬▬　丑土
官鬼	▬▬▬▬▬　卯木	▬▬▬▬▬　卯木
父母　　应	▬▬▬▬▬　巳火	▬▬▬▬▬　巳火

余以前三卦，俱应寅日而雨，此卦未土动，化出申金子孙，此应一爻

独发，知其未时必雨，申时大晴。清晨往彼，安慰之曰："卜公之卦，子孙持世无忧。公不肯信，试看今日未时雨，申时晴者，公知我卦之灵，从此不须忧也。"彼留于家，见午末未初，雨从西南而来，未时大雨，申时云散天开。合家喜曰："真神卦也。"予曰："既知天时，何难知其人事？公宜宽心。"迟半月，果蒙恩赦。

或曰："未土兄动，如何指定未时必雨？"予曰："神已报定寅日雨矣。今日再问者，又报晴时。不然，目下已是晴天，如何又现申金子孙？申时晴耶？全在灵机变通耳。"

辰月丙子日，因雨占晴，得巽之姤。

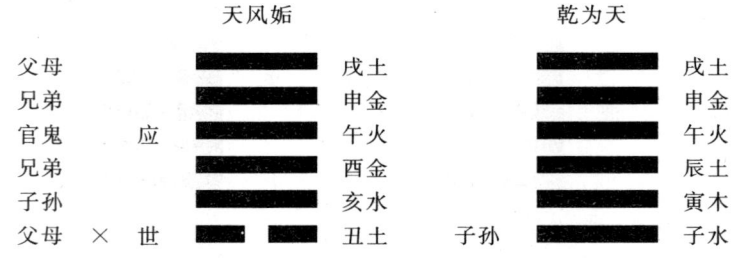

	巽为风			天风姤	
兄弟	世	卯木			戌土
子孙		巳火			申金
妻财	×	未土	子孙		午火
官鬼	应	酉金			酉金
父母		亥水			亥水
妻财		丑土			丑土

又叫人占，得姤之乾。

	天风姤			乾为天	
父母		戌土			戌土
兄弟		申金			申金
官鬼	应	午火			午火
兄弟		酉金			辰土
子孙		亥水			寅木
父母	× 世	丑土	子孙		子水

又叫人占，得无妄卦。

天雷无妄

妻财		戌土
官鬼		申金
子孙	世	午火
妻财		辰土
兄弟		寅木
父母	应	子水

此因满城，欲装抬阁以赛神，因连日忽雨忽晴，不敢装扮。余以此三卦，合而决之，知癸未日必大晴。前卦未土财，化出午火子孙，古法谓之"合住财爻不晴"，予尝得验。冲开之日必晴，况此卦子日占之，子水已冲开午火，而未土不能作合，故知未日必晴。第二卦，丑土父母为雨，化出子水，子孙为晴，亦应未日，冲开丑土，而子水子孙，不能与丑作合，亦当晴于未日。第三卦，午火子孙，子日冲之而暗动，动而逢合之日，亦应晴于未日。果于癸未日，万里晴光。

又如寅月癸酉日，因连日雨，占何日晴，得坎之节。

	坎为水		水泽节	
兄弟 世	▬▬ ▬▬	子水	▬▬ ▬▬	子水
官鬼	▬▬▬▬▬	戌土	▬▬▬▬▬	戌土
父母	▬▬ ▬▬	申金	▬▬ ▬▬	申金
妻财 应	▬▬ ▬▬	午火	▬▬ ▬▬	丑土
官鬼	▬▬▬▬▬	辰土	▬▬▬▬▬	卯木
子孙 ×	▬▬ ▬▬	寅木 妻财	▬▬▬▬▬	巳火

寅木子孙独发，亥日不晴者，寅日必晴。许亥日者，动而逢合之日；许寅日者，寅木而值日也。但亦不能实指一日，又命人占，得夬之需。

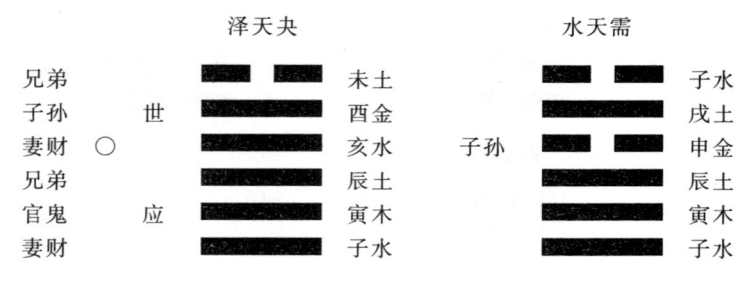

	泽天夬		水天需	
兄弟	▬▬ ▬▬	未土	▬▬ ▬▬	子水
子孙 世	▬▬▬▬▬	酉金	▬▬▬▬▬	戌土
妻财 ○	▬▬▬▬▬	亥水 子孙	▬▬ ▬▬	申金
兄弟	▬▬▬▬▬	辰土	▬▬▬▬▬	辰土
官鬼 应	▬▬▬▬▬	寅木	▬▬▬▬▬	寅木
妻财	▬▬▬▬▬	子水	▬▬▬▬▬	子水

前卦寅木子孙，动而主晴，常有应在动，而逢合之亥日，亦有应在寅日。此卦亥水财动，故知亥日而无疑矣。况亥值旬空，亦应实空之日。果于亥日大晴。

又如申月巳卯日，早上天阴，占今日雨否？得夬之大壮。

	泽天夬		雷天大壮	
兄弟	▬▬ ▬▬	未土	▬▬ ▬▬	戌土
子孙 ○ 世	▬▬▬▬▬	酉金	子孙 ▬▬ ▬▬	申金
妻财	▬▬▬▬▬	亥水	▬▬▬▬▬	午火
兄弟	▬▬▬▬▬	辰土	▬▬▬▬▬	辰土
官鬼 应	▬▬▬▬▬	寅木	▬▬▬▬▬	寅木
妻财	▬▬▬▬▬	子水	▬▬▬▬▬	子水

因天阴而问雨，神不报雨，而报酉时大晴，予疑神之意，雨已来矣。雨则不久，酉时即晴。果于午未时小雨，中时云开，酉时大晴。此卦常多，后贤须宜会意。要知雨已来矣，神不报雨而报晴。或曰："酉金爻动，动而逢冲谓之散，又化退神，如何亦晴？"予曰："旺金如何得散？申金月建，如何为退？"

又如卯月甲辰日，天阴占雨，得艮之乾。

	艮为山		乾为天	
官鬼 世	▬▬▬▬▬	寅木	▬▬▬▬▬	戌土
妻财 ×	▬▬ ▬▬	子水	子孙 ▬▬▬▬▬	申金
兄弟 ×	▬▬ ▬▬	戌土	父母 ▬▬▬▬▬	午火
子孙 应	▬▬▬▬▬	申金	▬▬▬▬▬	辰土
父母 ×	▬▬ ▬▬	午火	官鬼 ▬▬▬▬▬	寅木
兄弟 ×	▬▬ ▬▬	辰土	妻财 ▬▬▬▬▬	子水

断曰："从今日天阴起，有四日不晴。"或曰："今日晴否？"予曰："辰土兄化子水财，子水长生于申，申酉时必晴。明日巳日，或晴或雨；午未日必有大雨，申日大晴。"或曰："何以知之？"予曰："自初爻辰土一动，连动两爻，父化鬼，兄化父，乃连朝之不晴也。第五爻子水财，化申金子孙，故知申日必晴。"果于连日，或阴或雨或晴；直至申日，万里无云。

又如巳月朔日庚辰，占一月阴晴，得坤之师。

```
          坤为地                    地水师
子孙   世  ▬▬  ▬▬   酉金      ▬▬  ▬▬   酉金
妻财       ▬▬  ▬▬   亥水      ▬▬  ▬▬   亥水
兄弟       ▬▬  ▬▬   丑土      ▬▬  ▬▬   丑土
官鬼   应  ▬▬  ▬▬   卯木             ▬▬▬▬  午火
父母   ×   ▬▬  ▬▬   巳火  兄弟      ▬▬▬▬  辰土
兄弟       ▬▬  ▬▬   未土             ▬▬  ▬▬   寅木
```

或曰："巳火父动，父持月建，阴雨连晴。此卦巳火父动，又是父化兄，风雨靡常，此月必涝。"予曰："书中虽有此说，予试不验。明日巳日，必雨，他日未必。"果于次日小雨。所以前篇，予辟其"阴雨连旬"之谬，后贤不可不察。

又如巳月辛卯日，占次日阴晴，得遁之咸。

```
          天山遁                    泽山咸
父母   ○  ▬▬▬▬   戌土      父母  ▬▬  ▬▬   未土
兄弟   应  ▬▬▬▬   申金            ▬▬▬▬  酉金
官鬼       ▬▬▬▬   午火            ▬▬  ▬▬   亥水
兄弟       ▬▬▬▬   申金            ▬▬▬▬  申金
官鬼   世  ▬▬  ▬▬   午火            ▬▬  ▬▬   午火
父母       ▬▬  ▬▬   辰土            ▬▬  ▬▬   辰土
```

或曰："戌父化未父，明日必有大雨。"予曰："常见神报近而不报远，且看今日未戌时，而无雨者，明日必雨。"果于本日未时小雨，申戌时大雨，亥时即晴。

又如酉月丙戌日，因连日阴雨，占何日晴，得小过之贲。

```
          雷山小过                  山火贲
父母   ×   ▬▬  ▬▬   戌土      妻财  ▬▬▬▬  寅木
兄弟       ▬▬  ▬▬   申金            ▬▬  ▬▬   子水
官鬼   ○ 世 ▬▬▬▬   午火      父母  ▬▬  ▬▬   戌土
兄弟       ▬▬▬▬   申金            ▬▬▬▬  亥水
官鬼       ▬▬  ▬▬   午火            ▬▬  ▬▬   丑土
父母   × 应 ▬▬  ▬▬   辰土      妻财  ▬▬▬▬  卯木
```

断曰："卦中父鬼乱动，今日必有大雨。幸初爻辰土父，化卯木财；

上爻戌父，化寅木财。明日寅卯时必晴。"果于次日寅卯时天开。

又如卯月癸巳日，连日雨，占何日晴。

	水地比			泽火革	
妻财 应	▬▬ ▬▬	子水		▬▬▬▬▬	未土
兄弟	▬▬▬▬▬	戌土		▬▬▬▬▬	酉金
子孙 ×	▬▬ ▬▬	申金	妻财	▬▬ ▬▬	亥水
官鬼 × 世	▬▬ ▬▬	卯木	妻财	▬▬ ▬▬	亥水
父母	▬▬ ▬▬	巳火		▬▬▬▬▬	丑土
兄弟 ×	▬▬ ▬▬	未土	官鬼	▬▬ ▬▬	卯木

卦中父鬼乱动，连日还有大雨，幸申金子孙，化出亥水财爻，申日必晴。果于申日大晴。

卯月癸卯日，占何日雨，得小过之遁。

	雷山小过			天山遁	
父母 ×	▬▬ ▬▬	戌土	父母	▬▬▬▬▬	戌土
兄弟 ×	▬▬ ▬▬	申金	兄弟	▬▬▬▬▬	申金
官鬼 世	▬▬▬▬▬	午火		▬▬▬▬▬	午火
兄弟	▬▬▬▬▬	申金		▬▬▬▬▬	申金
官鬼	▬▬ ▬▬	午火		▬▬ ▬▬	午火
父母 应	▬▬ ▬▬	辰土		▬▬ ▬▬	辰土

戌父化戌父，乃是伏吟卦。明日辰日必雨。伏吟必要冲开，果于次日辰巳时得雨。

又如子月甲申日，因连日大雪，占何日晴，得损之临。

	山泽损			地泽临	
官鬼 ○ 应	▬▬▬▬▬	寅木	子孙	▬▬ ▬▬	酉金
妻财	▬▬ ▬▬	子水		▬▬ ▬▬	亥水
兄弟	▬▬ ▬▬	戌土		▬▬ ▬▬	丑土
兄弟 世	▬▬ ▬▬	丑土		▬▬ ▬▬	丑土
官鬼	▬▬▬▬▬	卯木		▬▬▬▬▬	卯木
父母	▬▬▬▬▬	巳火		▬▬▬▬▬	巳火

寅木鬼动，木动生风，变出酉金子孙。今日亥时，必起大风，明日酉日，则晴矣。果于亥时起风，次日大晴。

又如巳月丁亥日，因连日雨，占何日晴，得屯之噬嗑。

水雷屯　　　　　　　　火雷噬嗑

兄弟	╳	▬▬ ▬▬	子水	妻财		▬▬▬▬▬	巳火
官鬼	○ 应	▬▬ ▬▬	戌土	官鬼		▬▬ ▬▬	未土
父母	╳	▬▬ ▬▬	申金	父母		▬▬▬▬▬	酉金
官鬼		▬▬ ▬▬	辰土	官鬼		▬▬ ▬▬	辰土
子孙	世	▬▬ ▬▬	寅木			▬▬ ▬▬	寅木
兄弟		▬▬▬▬▬	子水			▬▬▬▬▬	子水

外卦父化父，鬼化鬼，还有连朝风雨。上爻子水，化出巳火财爻，要到巳日方晴。或曰："鬼旺而化退，父衰而化退，何以断之？"予曰："父化父，鬼化鬼，乃神告我连日之风雨也。何论旺衰？要知神意，既欲报我连日之雨，又要报我巳日之晴，非此爻象，难尽此意。今又以旺衰进退言之，乃不知通变之人也。"

又如申月丁未日，连日雨，占何日晴，得复之既济。

地雷复　　　　　　　　水火既济

子孙		▬▬ ▬▬	酉金			▬▬ ▬▬	子水
妻财	╳	▬▬ ▬▬	亥水	兄弟		▬▬▬▬▬	戌土
兄弟	应	▬▬ ▬▬	丑土			▬▬ ▬▬	申金
兄弟	╳	▬▬ ▬▬	辰土	妻财		▬▬ ▬▬	亥水
官鬼		▬▬ ▬▬	寅木			▬▬▬▬▬	丑土
妻财	世	▬▬▬▬▬	子水			▬▬▬▬▬	卯木

断曰："辰土兄化亥水财，亥日必晴，但晴之而不久耳。""何以知之？""第五爻亥水财，又变戌土鬼，是以知之。"果于亥日天开，至申酉戌时，而又雨矣。

又如卯月壬寅日，占何日雨，得天地否之观。

天地否　　　　　　　　风地观

父母	应	▬▬▬▬▬	戌土			▬▬▬▬▬	卯木
兄弟		▬▬▬▬▬	申金			▬▬▬▬▬	巳火
官鬼	○	▬▬▬▬▬	午火	父母		▬▬ ▬▬	未土
妻财	世	▬▬ ▬▬	卯木			▬▬ ▬▬	卯木
官鬼		▬▬ ▬▬	巳火			▬▬ ▬▬	巳火
父母		▬▬ ▬▬	未土			▬▬ ▬▬	未土

或曰："午火鬼化未土父，当雨之兆，只因午与未合，必待子丑日，

冲开其合，方得有雨。"予曰："今日子丑时，亦可冲开。"果于半夜大雨。

又于未月庚子日，因求雨而占雨。

```
              泽水困                    火雷噬嗑
父母  ×   ▬▬ ▬▬   未土     官鬼  ▬▬▬▬▬   巳火
兄弟  ○   ▬▬▬▬▬   酉金     父母  ▬▬ ▬▬   未土
子孙      应 ▬▬ ▬▬   亥水     父母  ▬▬▬▬▬   酉金
官鬼      ▬▬ ▬▬   午火          ▬▬ ▬▬   辰土
父母  ○   ▬▬▬▬▬   辰土     妻财  ▬▬ ▬▬   寅木
妻财  ×  世 ▬▬ ▬▬   寅木     子孙  ▬▬▬▬▬   子水
```

断曰："内卦辰土父动，又化寅木之财，辰日有雨而不大。酉兄化出未土父，未父又化巳火鬼，必到未日，而有大雨。"果于辰日小雨，未日大雨。

又如寅月，甲申日，友约亥日游春。予曰："连日雨雪，游玩何能尽兴？"友曰："今早占得亥水子孙动，亥日必晴。"予即卜之，得豫之震。

```
              雷地豫                    震为雷
妻财      ▬▬ ▬▬   戌土          ▬▬ ▬▬   戌土
官鬼      ▬▬ ▬▬   申金          ▬▬ ▬▬   申金
子孙  应  ▬▬▬▬▬   午火          ▬▬▬▬▬   午火
兄弟      ▬▬ ▬▬   卯木          ▬▬ ▬▬   辰土
子孙      ▬▬ ▬▬   巳火          ▬▬ ▬▬   寅木
妻财  ×  世 ▬▬ ▬▬   未土     父母  ▬▬▬▬▬   子水
```

予曰："子日方晴，亥日未必。"友曰："我占亥水子孙，兄占子水子孙，必是亥子日俱晴。"予曰："非也。兄占亥水子孙者，旺于子日也，亦应子日晴，非亥日也。"果于亥日还雪，子日大晴。

校正全本增删卜易卷六

身命章第三十六

诸书占身命,谓妻财子禄,一卦能包寿夭穷通,六爻兼尽。殊不知父子财官兄弟,各有相忌相伤。若以一卦而兼断者,即如"父母旺相,双庆之征",又曰"父旺伤子",岂世之有父母者,皆无子嗣之人也?又曰"见兄则财莫能,又为克妻之神",又曰"兄弟爻兴,紫荆并茂",倘值旺兄持世,克妻耶?耗财耶?手足外伤耶?

《易林补遗》有曰:"兄动妻亡财耗。"故执此论者,世之贫人寒士,尽皆失偶之人。至于财官子孙,皆同此论,不暇细辨。必兼而断者,即先贤犹在,执此问之,知亦无从置喙。

觉子曰:余今得其法者,分占之法也。占父母,占兄弟,另占一卦。占终身财福何如?占终身功名有无?占终身夫妻偕老否?占终身子嗣及寿元,俱宜分占。

终身财福章第三十七

福财旺相,钟鸣鼎食之家。

旧系"既富且寿,世爻旺相无伤"。

觉子曰:占财宜于财旺,占寿独重世爻,未闻财福不旺而世爻独旺,即许富与寿也。执此论之,世之多寿者,悉皆富贵之人也。

凡占终身财福,世爻财爻子孙爻,三者无一失陷,定是家殷户足、福禄绵长。财世旺相,而福神不旺者,乃先富后贫之人也。何也?子孙者,财之源也。水无源流,终须枯涸,谓之"财旺福空,荣华不久"。

世与福爻旺相,而财爻不旺者,乃无财享福之人也。既曰无财,焉能享福？此人心有现成之事业，只知坐享，不知生发；或是财托他人掌管，只知花费，不识艰难。

财与福爻旺相，而世爻不旺者，乃富屋之贫人也。

觉子曰：以上之论，不旺所包者，无气失陷，谓之不旺；得地有气，亦谓之不旺；空破墓绝，亦谓之不旺。

财福旺，而世爻不旺而有气者，后逢生之年，仍复旺相。故谓之"财福司权，荣华有日"。

财福两旺，而世爻无气者，不为吉也。虽则丰衣足食，不免痴哑喑聋，或遭疾病官非，或系吝啬鄙俗。财福两旺，而世爻失陷者，更为凶也。虽有万斛金银，难买长生药石。

前论财与福神，虽则不旺，亦宜有气。若失陷者，俱为凶兆。财福失陷，立见倾家。惟动空及动而破者，不妨定应实破实空之年月也。

财世休囚，灶釜生尘之宅。

世爻财爻福爻，三者无气，或空破墓绝，或动而变凶，乃无衣乏食之人也。

世爻得地，而财福失陷者，此人身强力健，或有小谋小技，亦可支撑度日。

世爻福爻有气、财爻无气者，虽则贫寒，乐享清福。

世爻财爻有气、福爻而无气者，此人虽无积蓄，手头常过金银，或代人掌财。再得日月动爻生扶者，亦许小成。

如卯月申日，占终身财福，得复之颐。

```
        地雷复              山雷颐
子孙  ×  ▬▬ ▬▬   酉金    官鬼  ▬▬▬▬▬  寅木
妻财     ▬▬ ▬▬   亥水          ▬▬ ▬▬  子水
兄弟 应  ▬▬ ▬▬   丑土          ▬▬ ▬▬  戌土
兄弟     ▬▬ ▬▬   辰土          ▬▬ ▬▬  辰土
官鬼     ▬▬ ▬▬   寅木          ▬▬ ▬▬  寅木
妻财 世  ▬▬▬▬▬   子水          ▬▬▬▬▬  子水
```

五爻亥水财、世爻子水财，皆长生于申日，虽不当令，却得日建之生，独嫌酉金福神破而化绝，生平衣禄不少，难于积蓄成家。果此人自三十七岁入典铺掌柜，财东更换者三，此人依然在柜，活至七旬之一，每年工食养家，此应财爻持世遇长生也，生四子二女。若执古法而兼断者，卦中子孙破化绝，乃无子也。

《黄金策》曰：世位休囚，非贫即夭。予以为非贫者，须观财福。夭者，单用世爻。非夭即贫，不是卜易之理。

世居空位，终身作事无成。

旧注：大忌世空，一生百事无成。余以此论近理，但未分出旺与动。世爻旺而空者，谓之"带旺匪空"。动而空者，动不为空；遇日建冲者，冲空则实。卦中若是财福得地，冲空则实空之年，勃然发福，岂曰无成？

如戌月辛亥日，占终身财福，得比之观卦。

	水地比			风地观	
妻财 × 应	▬ ▬	子水	官鬼	▬▬▬	卯木
兄弟	▬▬▬	戌土		▬▬▬	巳火
子孙	▬▬▬	申金		▬ ▬	未土
官鬼 　世	▬ ▬	卯木		▬ ▬	卯木
父母	▬ ▬	巳火		▬ ▬	巳火
兄弟	▬ ▬	未土		▬ ▬	未土

断曰："世爻虽空，月建合之，亥日生之，子水财爻，动而生世，卯年一定成家。"丑年占卦，果至卯年。彼时定鼎之初，云贵未平，此人于川中带出附子、黄连药材数担，勃然家蓄数千余金。从此置业成家，连年丰足。此岂可谓"终身作事无成"耶？

又如酉月辛未日，占终身财福，得颐卦。

	山雷颐	
兄弟	▬▬▬	寅木
父母	▬ ▬	子水
妻财 　世	▬ ▬	戌土
妻财	▬ ▬	辰土
兄弟	▬ ▬	寅木
父母 　应	▬▬▬	子水

断曰："财爻持世，虽有未日扶拱，不宜旬空。且卦中无火生助，占身命之最忌也，难许成家。"此人自二十五岁，至五十多岁，东奔西走，

一事无成。后因贫极，从戎外出，不知所终。如此者，谓之"生平作事无成"，可也。

身入墓乡，到老求谋多戾。

世爻有三，但有一墓者，若休囚无气，主其人如醉如痴，不伶不俐，动静行藏，心不响快，凡为不遂。

觉子曰：世爻若得临于日月，或日月生扶，或动而化吉，不逢冲墓之年，果然颠倒昏迷。及逢墓库冲开，如苗逢雨。谚云："福至心灵。"爻中再有财福相生，或财福旺相者，陡然富足，故曰"墓中人逢冲之年而发"，岂可谓"到老而多戾"耶？

如午月丙戌日，占终身财福，得节卦。

水泽节

```
兄弟     ▬▬ ▬▬      子水
官鬼     ▬▬▬▬▬     戌土
父母  应 ▬▬▬▬▬     申金
官鬼     ▬▬ ▬▬      丑土
子孙     ▬▬▬▬▬     卯木
妻财  世 ▬▬▬▬▬     巳火
```

此人旺财临世，平素手有余钱，亦因世入戌墓，酷好痴赌。后至巳年，因开铅矿，连开数穴，富冠一乡。

野鹤曰：古法当应冲开戌墓之年，此卦而应冲世之年。

卦宫衰弱根基浅，爻象丰隆命运高。

爻象兴隆，占身命最重。世爻、财爻、福爻，得遇生扶，自然命运高强。惟卦宫之衰弱者，不验。常见根基浅薄之人，卦宫极旺，不可为法。

若问成家，嫌六冲之为卦。

旧注：凡遇六冲，必主其人做事，有始无终。前卦六冲，前三十年，生涯淡泊。后卦六冲，三十年后，家业凋零。予曰："非也。若止以两卦六冲，断六十年之休咎；而世与财福，置之于何地？若世财福爻无气，再遇六冲卦者是也。"

如寅月乙巳日，占财福，得大壮。

雷天大壮

兄弟		戌土
子孙		申金
父母 世		午火
兄弟		辰土
官鬼		寅木
妻财 应		子水

余见此卦，世旺官父旺，见其人才品异常，问曰："近来所做何事？"彼曰："在庠，因家寒，意欲行医，不知财福如何？"予曰："卦中官父两旺，寅年必有际遇，午未年定登金榜。"伊曰："予知不能，竟无此念。"予曰："尔虽以财为问，而神告曰：'将来还可成名。'"后果于寅年，医好富翁，厚赠读书。午年一榜，富翁及亲友，又赠援例县令，未几丁艰，及至补缺，未几罣误而归，囊箧消然。应寅年者，寅年而实空也。应午年发者，世爻而值年也。功名反复而不久者，六冲之卦也。宦囊消索者，子水财爻绝于日也。

安知创业，喜六合以成爻。

旧注：占身命，得六合卦，主其人春风和气，交游必善，谋事多遂。若前合后合，主一生利达，百事如心。予以"主其人善于交游，交游春风和气"者有之，若以百事如心，未必然也。世必以用神兼之，爻象吉者，吉而又吉；爻象凶者，合亦无益。

动身自旺，独力撑持。

旧注：世爻不遇日辰动爻生扶，而自强自旺，其人必白手成家。此果屡验，但须财爻持世，而自强自旺，多自成家。若兄父官鬼持世，未必，仅可撑持而已。

如申月壬子日，占终身之财福。

```
         地天泰              地泽临
子孙  应 ▬▬▬▬▬  酉金           ▬▬▬▬▬  酉金
妻财    ▬▬▬▬▬  亥水           ▬▬▬▬▬  亥水
兄弟    ▬▬▬▬▬  丑土           ▬▬▬▬▬  丑土
兄弟 ○ 世 ▬▬▬▬▬ 辰土    兄弟   ▬▬▬▬▬  丑土
官鬼    ▬▬▬▬▬  寅木           ▬▬▬▬▬  卯木
妻财    ▬▬▬▬▬  子水           ▬▬▬▬▬  巳火
```

世临辰土，旺于子日，并无刑伤冲克，亦无生扶，真可谓之自强自旺，此人向来稍有家业，因赌致贫，问："将来还有发旺否？"予曰："兄爻持世，永无发福之秋，且世爻逢退，难许长年。"后当夫头，死于丑年。

衰世遇扶，因人创立。

此果屡验。世爻无气，得遇日月动爻，有一而生扶者，必遇好人提拔，但亦要财爻持世。或日月动爻，作财以生世，因人照看成家。若父兄持世，仅可度日。屡见日月生世，贵人生世，常得官贵垂青。

如丑月丙辰日，占终身财福，得未济之睽。

```
         火水未济              火泽睽
兄弟  应 ▬▬▬▬▬  巳火           ▬▬▬▬▬  巳火
子孙    ▬▬▬▬▬  未土           ▬▬▬▬▬  未土
妻财    ▬▬▬▬▬  酉金           ▬▬▬▬▬  酉金
兄弟  世 ▬▬▬▬▬  午火           ▬▬▬▬▬  丑土
子孙    ▬▬▬▬▬  辰土           ▬▬▬▬▬  卯木
父母  × ▬▬▬▬▬ 寅木    兄弟   ▬▬▬▬▬  巳火
```

断曰："兄爻持世，耗财之神，虽得寅木相生，而财不聚。"彼曰："做何事可以成家？"予曰："木生火旺，木火通明，胸中灵巧；况朱雀临父，笔砚可以营生。"后因叔父做衙门，命之贴写，得上人之意，尽可度日，而财不聚。叔父提拔者，应寅木父爻生世，又是笔墨营生。

日持合助，一生偏得小人心。

岁月克冲，半世未沾君子德。

世爻不论旺衰，但得岁月日建，有一而生扶者，君恩宠爱，君子相亲，小人忠敬。平人者，必得贵客扶持。又曰：父来生，得父辈之恩；兄来克，受兄弟之累。此则间有验，不可执之。

世爻有气,或被日月有一而冲克者,仕者上位相陵,同僚不睦,小人毁谤。若太岁五爻冲克者,君恩失宠。世若休囚者,更甚。平人而得此者,官贵欺陵,新朋妒忌,下辈欺侮。世若休囚,更甚。

遇龙子而无气,总清高亦是寒儒。

此果屡验。凡得青龙子孙持世,必然立志高远,不慕富贵。即子孙无气,亦主绝俗超群,自甘寒薄。

如酉月癸丑日,占终身除功名外何事可为。

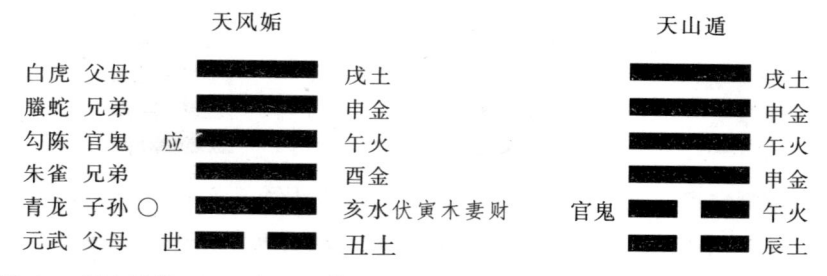

```
           天风姤                    天山遁
白虎 父母  ▬▬▬▬▬  戌土            ▬▬▬▬▬  戌土
腾蛇 兄弟  ▬▬▬▬▬  申金            ▬▬▬▬▬  申金
勾陈 官鬼 应▬▬▬▬▬ 午火            ▬▬▬▬▬  午火
朱雀 兄弟  ▬▬▬▬▬  酉金            ▬▬▬▬▬  申金
青龙 子孙 ○▬▬ ▬▬  亥水伏寅木妻财 官鬼 ▬▬▬▬▬ 午火
玄武 父母 世▬▬ ▬▬  丑土            ▬▬ ▬▬  辰土
```

断曰:"财星伏于二爻,又值空亡,正所谓'内外无财伏又空,财莫能聚'。且喜子孙独破遇青龙,虽不持世,亦主清高。生平非义不取,不以富贵关心。"彼曰:"祖有恩荫,已让舍弟承袭,今欲挟伎遍游,取乐山水,可能如愿否?"余曰:"亥水子孙变鬼,财爻又空,子死妻空,绝俗离尘之事。如有此志,此卦验之极矣。"彼曰:"予年四十有三,自二十一岁妻亡之后,竟未续弦,子女皆无。"予曰:"卦之相合,必如其愿。"后闻此人游川广滇黔,及至十余载之后,致书于家,竟入华山,不知所终。

觉子曰:予因父子兄财官鬼,各有相忌,难以一卦决之,是以分占得理,然亦有不占。财神卦中现出旺财,不问功名;父象现出旺官,目下刑妻克子,不待另占。卦中先现刑伤,不可不细加详查。或曰:"既谓分占,何故又言兼断?"予曰:"此理难同俗人而言。来人欲占事者,其几动矣。人之至亲,莫过于骨肉。人之得志,莫过于利名。神不告已问之事,而告未问之事者,以重大者而先告也。即如此卦,福遇青龙,清高之客;子孙变鬼,绝后之人。兼之财伏而空,乃是离尘绝俗。以此数事,正合'福遇青龙,清高之客'也。似此显而易见,何须另卜再占?不然,此财爻者,以之为财帛空耶?以之为妻妾空耶?"

逢虎妻而旺强，虽鄙俗偏为富客。

旧注：谓白虎临财持世，其人虽不知礼义，然必家道殷实。此果有验。又曰：旺财若有制服，亦粗知文墨。此又非理。论旺财逢制，及应将来之破败也，岂以文墨言？

如午月丙子日，占财福，得明夷之丰。

```
        地火明夷              雷风丰
父母    ▬▬ ▬▬    酉金          ▬▬ ▬▬    戌土
兄弟    ▬▬ ▬▬    亥水          ▬▬▬▬▬    申金
官鬼 ×世 ▬▬▬▬▬   丑土    妻财  ▬▬▬▬▬    午火
兄弟    ▬▬▬▬▬    亥水          ▬▬▬▬▬    亥水
官鬼    ▬▬ ▬▬    丑土          ▬▬ ▬▬    丑土
子孙 应  ▬▬▬▬▬    卯木          ▬▬▬▬▬    卯木
```

世临白虎，化出旺财生世，果此人目不识丁，鄙俗不堪，农生尽可度日，人丁六畜丰盛。戌年占卦，值子年，农生被蝗虫食尽，全家瘟疫，六畜亦瘟。应子年者，占时原有子日冲其午火，因午火而值月建，可以相敌；今遇子年，增其冲克，所以破败。

父母持身，辛勤劳禄。

鬼爻持世，疫病缠绵。

遇兄则莫能聚财，遇子则身不犯刑。

《黄金策》自此之后，皆非理也。父母官鬼持世，竟可以劳碌疾病而断耶？旧注有云："贵人占者，不可以此断之。"彼占身命，焉知不是贵人？便实知不是贵人，焉知将来不贵？曾有人占财福。

酉月壬辰日，得恒卦。

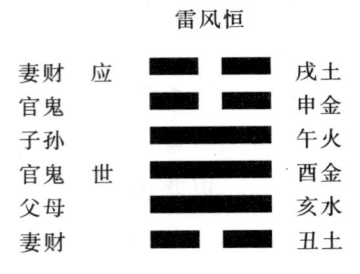

```
        雷风恒
妻财 应  ▬▬ ▬▬    戌土
官鬼    ▬▬▬▬▬    申金
子孙    ▬▬▬▬▬    午火
官鬼 世  ▬▬▬▬▬    酉金
父母    ▬▬▬▬▬    亥水
妻财    ▬▬ ▬▬    丑土
```

问曰："尔适间祷告，曾问功名否？"彼曰："生意之人，何有功名之念？"予曰："此卦财生官旺，竟可问名。"彼曰："天有落下来之官，亦不到我头上。"命再占名。

得噬嗑，变否卦。

```
        火雷噬嗑              天地否
子孙    ▬▬▬▬▬    巳火           ▬▬▬▬▬    戌土
妻财 ×  世 ▬▬ ▬▬    未土    官鬼   ▬▬▬▬▬    申金
官鬼    ▬▬ ▬▬    酉金           ▬▬▬▬▬    午火
妻财    ▬▬ ▬▬    辰土           ▬▬ ▬▬    卯木
兄弟    应 ▬▬ ▬▬    寅木           ▬▬ ▬▬    巳火
父母 ○  ▬▬▬▬▬    子水    妻财   ▬▬ ▬▬    未土
```

予曰："世爻未土之财，变出申金之官，明明以财而变官。前卦财旺生官者，因世临月建之官，辰日冲动戌土之财，暗动生世，虽可许名，不敢指以年月。后卦世临未土而逢空，实空之年，包尔出仕。"果于卯年，援例入监，巳年初任兵马，即加纳县令，未年再位江南。

旧注：官鬼持世，疾病缠绵。若是贵人，勿以此断。此人原非贵人，岂可谓之"疾病缠绵"耶？

又如巳月己丑日，占终身财福，得归妹之临卦。

```
        雷泽归妹              地泽临
父母    应 ▬▬▬▬▬    戌土           ▬▬ ▬▬    酉金
兄弟    ▬▬ ▬▬    申金           ▬▬ ▬▬    亥水
官鬼 ○  ▬▬▬▬▬    午火    父母   ▬▬ ▬▬    丑土
父母    世 ▬▬ ▬▬    丑土           ▬▬ ▬▬    丑土
妻财    ▬▬▬▬▬    卯木           ▬▬▬▬▬    卯木
官鬼    ▬▬▬▬▬    巳火           ▬▬▬▬▬    巳火
```

予曰："卦中财福不旺，而官父两旺，如何不问求名？"彼曰："功名之念已灭。"予曰："世临日建，月建生身，必主显贵荐举，巳午年富贵逼人来也。"果于午年保举，虽非科甲，身为科甲之官。此岂可谓"父母持身，辛勤劳碌"耶？

父母临身，劳碌贫寒之辈。

或曰："《黄金策》乃卜筮之宗，未有占身命而以父子财官兼断之理。"余曰："既不为信，即看'父母持身'之解注，便可知矣。谓占身不可见父兄官鬼持世，世爻遇父则克伤子女，一生劳碌，不得安逸，岂非父为克子之神，又为一生劳碌之神耶？执此论之，但遇父爻持世，不独劳碌，抑且无子。世之无子者，悉劳碌之人也？"

觉子曰：占功名父母持世，以之为诗书文馆；如占财福，以之为劳碌辛勤。官不旺而父旺者，虽不见用于朝廷，名盛文传。衰而又逢冲克，即欲寄食于公门，凶多吉少。

如子月乙未日，占终身财福，得兑卦。

兑为泽

父母	世	▬▬ ▬▬	未土
兄弟		▬▬▬▬	酉金
子孙		▬▬▬▬	亥水
父母	应	▬▬ ▬▬	丑土
妻财		▬▬▬▬	卯木
官鬼		▬▬▬▬	巳火

断曰："卯木之财，而入未日之墓。巳火之官，休囚无气。名不能成，利不能就。惜乎旺父临身，才愈高而和愈寡。况得卦遇六冲，一事无成之象。"后见屡逢显贵聘之，才高气傲，皆不待瓜期而辞归矣。目击十有余载，贫寒淡泊，后随表弟升任云南，不知所终。

又如午月于寅日，占终身财福，得丰卦。

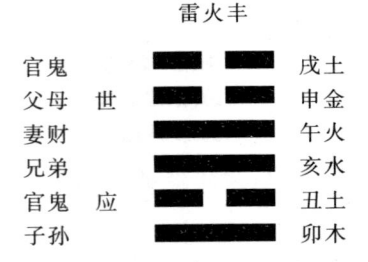

雷火丰

官鬼		▬▬ ▬▬	戌土
父母	世	▬▬ ▬▬	申金
妻财		▬▬▬▬	午火
兄弟		▬▬▬▬	亥水
官鬼	应	▬▬ ▬▬	丑土
子孙		▬▬▬▬	卯木

古以占财者，喜之克世，却不知占目下之财者，财克世者必得；占终身之财福者，不宜财爻克世，乃生平受财之累，因财之害也。且嫌父母持身，一世无安逸之日。休囚又遇日冲，而为日破，如蜂酿蜜，谁苦谁甜。果此人原系农庄之贫人也，劳碌勤耕，稍成家业，后因逆子赌博，首其子，并告窝赌之人，其人自缢，致成人命，产业荡费，气郁而亡。探之死

于午年，乃因世爻申金，午月克之，寅日冲之，故逢火克而死。

兄爻临世，财耗贫寒。

旧系"遇兄则财，莫能聚解"。注有云：世逢兄爻，必克妻妾，一生必不聚财。既以之为克妻，又以之为破耗，执此而论，世之伤妻者，皆贫困之人也？假使贫者偕老，富者断弦，何以决之？故予以分占之法，实得理也。

觉子曰：凡占财福，兄爻持世，虽不许之富足，亦看旺衰。旺则贫而好义，衰则多疾病官非。得日月生扶，贫而乐。得日月作财而合世，富而骄。旺临蛇虎元武，奸盗诈伪之凶顽。衰遇勾陈雀武，背负肩挑之穷汉。受克受制，下贱隶卒。得合得扶，上人抬举。全在人之活变，观其轻重而言。

官衰无破，公门异行资生。

官鬼持世，休囚无气者，乃缠绵病疾，残疾之人也。若有气者，或入公门，或挟术行道。再遇日月动爻，贵人扶助，皆得贵客相亲，从此成家立业。财若无气，空有虚名而已。

财弱有扶，商贾百工事业。

财爻福爻，自来旺相者，或商或贾，或守农庄，仍成之富足，乐享丰饶。倘遇衰财持世，或得日月动爻生扶合助者，暴发兴家。守农庄年时丰稔，习工艺巧夺天工。

慕道修行，皆为子孙持世。

子孙乃恬淡之神，如若持世，孤立无助。又遇财爻陷者，若有高尚之志，许之为道为僧。若无出家之念，不可妄断。殊不知"见子则身不犯刑"，许之生平不犯官刑可也。

家倾名丧，乃因官鬼伤身。

凡遇官鬼克世，世爻旺者，生平多招刑宪，或招嫉妒，或小人暗害，或残疾缠身。若鬼旺身衰，乃身伤家倾之兆。劝之不必以财福为问，速寻趋避之法可也。如世爻动而变鬼克世，及日月作官鬼而克世者，更凶。

如辰月甲寅日，占终身财福，得风泽中孚，变水泽节。

```
              风泽中孚                     水泽节
官鬼  ○    ━━━ ━━━   卯木    妻财  ━━━━━━━   子水
父母       ━━━━━━━   巳火          ━━━ ━━━   戌土
兄弟  世   ━━━ ━━━   未土          ━━━━━━━   申金
兄弟       ━━━ ━━━   丑土          ━━━ ━━━   丑土
官鬼       ━━━━━━━   卯木          ━━━━━━━   卯木
父母  应   ━━━━━━━   巳火          ━━━━━━━   巳火
```

断曰："世爻临未土，辰月助之，亦作有气。但嫌日建伤身，上爻卯木之鬼，化出子水之财，正谓之助鬼以伤身也。不必以财福为问，可问凶灾。"彼曰："可能避否？"予曰："今年九月十月，不可出门，可以避之。"果于九月，蒙官差遣。此人雇人代顶而去，中途遇害。似此之法，祸亦可避。

如卯月癸未日，占终身财福，得革之家人。

```
              泽火革                       风火家人
官鬼  ×    ━━━ ━━━   未土    子孙  ━━━━━━━   卯木
父母       ━━━━━━━   酉金          ━━━━━━━   巳火
兄弟  ○ 世 ━━━━━━━   亥水    官鬼  ━━━ ━━━   未土
兄弟       ━━━━━━━   亥水          ━━━━━━━   亥水
官鬼       ━━━ ━━━   丑土          ━━━ ━━━   丑土
子孙  应   ━━━━━━━   卯木          ━━━━━━━   卯木
```

外卦世与日月同为三合，以为吉卦。不宜世爻变鬼，又化回头之克；上爻未土又克，目下虽则无妨，今年五月冲开其合，或是酉月冲开卯木，须防不测。果至巳月而生恶疮，卒于酉月。

财化退兮，不利于己。

财爻持世化进神，或动而生世者，事业从此而进，家道自此丰亨。若化退神，家业自此渐退，日剥月削，渐生萧条。若世爻再被刑克冲害者，非渐退也，即见物覆财倾。

世逢合住，受制于人。

世临财爻，或被日月动爻合住，虽则丰衣足食，定然受制于人，事不由己。

世爻若临父兄者，而得日月动爻合住，衣食仅可度日，难许丰足。
世爻无气而被合，财福无气，兄动卦中，乃奔走受制之下贱也。

终身功名有无章第三十八

官父兴隆，文章见用。

凡得旺父持世、官动生之，或官星持世、父爻旺动，或官星父爻旺动、生合世爻，或日月作官星、父母生合世爻，皆主成名之象。学成文武艺，货与帝王家。

鬼财摇发，纳粟成名。

官星持世、财动相生，或世临官动化财，或世临财动化官，或官星动而生合世爻，或日月作官星，生合世爻，皆主纳粟以奏名也。

如辰月乙未日，占终身功名有无，得地火明夷，变丰卦。

	地火明夷			雷火丰
父母	▬▬ ▬▬ 　酉金			▬▬ ▬▬ 戌土
兄弟	▬▬ ▬▬ 　亥水			▬▬ ▬▬ 申金
官鬼	×世 ▬▬ ▬▬ 丑土	妻财		▬▬▬▬▬ 午火
兄弟	▬▬ ▬▬ 　亥水			▬▬ ▬▬ 亥水
官鬼	▬▬▬▬▬ 　丑土			▬▬▬▬▬ 丑土
子孙	应 ▬▬▬▬▬ 卯木			▬▬▬▬▬ 卯木

此公原是武荫，已任卑宫，因病告退，即无官矣。问将来还有功名否？此卦丑土官星持世，化出午火，财旺生官。卯年占卦，巳年援例，连连加纳，官至府佐。未年出仕，戌年升任黄堂。古法以动而逢冲谓之散，此系未冲世爻之丑土，竟不见其散也。

又如戌月壬子日，占终身功名有无，得困之兑卦。

泽水困　　　　　　兑为泽

父母	▬▬ ▬▬	未土	▬▬ ▬▬	未土
兄弟	▬▬▬▬▬	酉金	▬▬▬▬▬	酉金
子孙 应	▬▬▬▬▬	亥水	▬▬▬▬▬	亥水
官鬼	▬▬ ▬▬	午火	▬▬ ▬▬	丑土
父母	▬▬▬▬▬	辰土	▬▬▬▬▬	卯木
妻财 × 世	▬▬ ▬▬	寅木	官鬼 ▬▬▬▬▬	巳火

断曰："寅木财爻持世，化出官星，终身之功名，以财而得之也。"彼曰："目下意欲援例。"予曰："援例必妥，第恐不能出仕。六合变六冲，有始无终之象。"果已考职，忽害眼疾，双目失明。

独旺于官，立功建业。

凡卦中财爻父爻，皆不得地，而官星独旺，或日月作官星而生世，或虎临世动，或虎临金鬼，动而生合世爻，皆主立功以成名也。

如戌月戊辰日，占终身功名有无，得蛊卦。

山风蛊

朱雀	兄弟 应	▬▬▬▬▬	寅木
青龙	父母	▬▬ ▬▬	子水
元武	妻财	▬▬ ▬▬	戌土
白虎	官鬼 世	▬▬▬▬▬	酉金
螣蛇	父母	▬▬▬▬▬	亥水
勾陈	妻财	▬▬ ▬▬	丑土

日月作财生世，白虎临金官持世，若入文途，必以援例；若入武途，可以立功。彼曰："有功名否？"予曰："官星持世，日月生之，岂曰无官？"后此人亦未食粮，竟随营破寨，奋勇当先，主帅嘉之，即以职官。不出五载，建奇功，官至元戎。

如辰月己巳日，占终身功名有位否。

```
        雷地豫                          泽地萃
妻财    ▬▬  ▬▬    戌土              ▬▬▬▬▬    未土
官鬼 ×  ▬▬  ▬▬    申金       官鬼   ▬▬▬▬▬    酉金
子孙 应  ▬▬▬▬▬    午火              ▬▬▬▬▬    亥水
兄弟    ▬▬  ▬▬    卯木              ▬▬  ▬▬    卯木
子孙    ▬▬  ▬▬    巳火              ▬▬  ▬▬    巳土
妻财 世  ▬▬  ▬▬    未土              ▬▬  ▬▬    未火
```

此公考过州佐，因缺少人多，问将来得缺否？予见此卦，五爻申官化进神，长生于巳日，辰月生之，但嫌不来生合世爻，疑是应于独发，请再卜之。彼曰："改日虔诚再卜。"余曰："更好。"

辰月丁未日，占得晋之姤。

```
        火地晋                          天风姤
官鬼    ▬▬▬▬▬    巳火              ▬▬▬▬▬    戌土
父母 ×  ▬▬  ▬▬    未土       兄弟   ▬▬▬▬▬    申金
兄弟 世  ▬▬▬▬▬    酉金              ▬▬▬▬▬    午火
妻财 ×  ▬▬  ▬▬    卯木       兄弟   ▬▬▬▬▬    酉金
官鬼 ×  ▬▬  ▬▬    巳火       子孙   ▬▬▬▬▬    亥水
父母 应  ▬▬  ▬▬    未土              ▬▬  ▬▬    丑土
```

余因此卦，参悟前卦。前卦官化进神，动于五位，不临世合世，非分内之官也。此卦内得反吟，巳火之官，被亥水冲去，明明现出，分内之官，巳冲坏矣。将来之功名，非此考定之州佐也，另有奇处。彼曰："从何而得？"余曰："前卦官摇五位，官出特恩。此卦求土，日建动于五位，化长生而生世爻，必得勅命而立军功。"此公亦知易理，问曰："兄爻持世，如何有官？"余曰："此胶柱也。若非世值兄爻，何得五位之文书而生世？官星旺化进神，前卦已定就矣。"彼又问曰："此时多事之际，正有此念。不知何方为吉？"予曰："前卦申官化酉官，此卦世爻又临酉金，西去大利。"果往西行，未几建立奇功，官至副使，加衔方伯，午年升任山东。

岁五生世，平步登云。

凡得太岁及五爻生世，或日月入爻，动而生世，皆主庶民食禄，平步登云。须要太岁入爻，又宜发动。倘得五爻生世，亦要发动，而世与官星亦宜旺相，方可断之。

古有存验。丙戌年，戌月乙卯日，占闻驾至，吉凶何如。

```
        水地比                    坤为地
妻财  应 ▅▅ ▅▅  子水           ▅▅ ▅▅  酉金
兄弟  ○  ▅▅ ▅▅  戌土   妻财    ▅▅ ▅▅  亥水
子孙     ▅▅ ▅▅  申金           ▅▅ ▅▅  丑土
官鬼  世 ▅▅ ▅▅  卯木           ▅▅ ▅▅  卯木
父母     ▅▅ ▅▅  巳火           ▅▅ ▅▅  巳火
兄弟     ▅▅ ▅▅  未土           ▅▅ ▅▅  未土
```

此人虽系庶民，乃一方之首领，忽闻驾至，迎之而得将军之爵。太岁与五爻月建，动而合世，世爻卯木之官，又临日建。神之征验如此，此非"知几者神也"？

福德动摇，岂是庙廊之客。

凡得子孙持世，卦中子孙发动，终非贵客。

如戌月丁卯日，占终身功名有无，得需卦。

```
        水天需
妻财     ▅▅ ▅▅  子水
兄弟     ▅▅ ▅▅  戌土
子孙  世 ▅▅ ▅▅  申金
兄弟     ▅▅ ▅▅  辰土
官鬼     ▅▅ ▅▅  寅木
妻财  应 ▅▅ ▅▅  子水
```

断曰："子孙持世，休问功名。"彼曰："做何事可以成名？"予曰："任尔才能倚马，力能举鼎，终身不许成名。"但此人功名之念切甚，读书苦胜囊萤，文重当时，竟未游泮。后从戎二十余载，或立军功，或援例纳粟，奔驰于名利之场，皓首无成。此子孙克官之征验也。

破空临世，终须白屋之人。

世静而临旬空月破，官逢月破自空，皆主不得成名。惟世与官星空破而动者，勿以此断。

又如巳月乙卯日，占终身功名，得旅卦。

火山旅

兄弟		巳火
子孙		未土
妻财 应		酉金
妻财		申金伏亥水官鬼
兄弟		午火
子孙 世		辰土

断曰："虽是爻逢六合，嫌其子孙持世，官逢月破，勿想成名。"彼曰："业已援例。"予曰："费尽万金，终难食禄。"后至子年得病，丑年得蛊病而终。

又于寅月丁卯日，曾占一人，已考职矣，问"后运升迁何如"，亦得此卦。戌年在地方多事，被人告发，革职提问。

终身功名之占，止知功名之有无，卦中若现功名者，再问或文或武，或入公门，任其念，指其事而占之，其验如响。若以一卦，妄以文武断之，乃欺人之法也。

曾遇武荫，占终身功名。即此功名终身，还是另有功名？

卯月戊子日，占得大过，变井。

泽风大过　　　　　　　水风井

朱雀	妻财		未土		子火
青龙	官鬼		酉金		戌土
元武	父母 ○ 世		亥水	官鬼	申金
白虎	官鬼		酉金		酉金
螣蛇	父母		亥水		亥水
勾陈	妻财 应		丑土		丑土

断曰："另有功名。卦中之酉金官星，已临破矣，即是身上现在之官也。破而无用，幸世爻化出申金之官，回头生世。申乃今年之太岁，将来另有显爵，出自特恩。"彼曰："从何而得？"予曰："元武临亥水，父爻发动，必因息盗安民之策而得之也。"彼曰："我何能有此长才？"又问："应在何时？"予曰："寅年得官，申年出仕。"后果因盗贼之事，除首有功，寅年叙功，先得武爵，后又改为文职。申年升任陕西副使，随升粤东臬宪，亥年坐升藩台。予于子年，到公署又占。

卯月辛丑日，占后运功名，得归妹变震。

```
       雷泽归妹              震为雷
父母  应 ▬▬ ▬▬  戌土    ▬▬ ▬▬  戌土
兄弟    ▬▬ ▬▬  申金    ▬▬ ▬▬  申金
官鬼    ▬▬▬▬▬  午火    ▬▬▬▬▬  午火
父母  世 ▬▬ ▬▬  丑土    ▬▬ ▬▬  辰土
妻财 ○ ▬▬▬▬▬  卯木  妻财 ▬▬ ▬▬  寅木
官鬼    ▬▬▬▬▬  巳火    ▬▬▬▬▬  子水
```

予曰："我特远来，指望占得吉卦，预报开府。奈何事与心违，不惟不能开府，且有退休之兆。"公曰："何也？"予曰："月建之财，现于卦象，克世克父。虽无虎动，难免长上之灾。世亦逢伤，自身亦有险厄。"果于寅年丁父艰，卯年回籍，至中途得病而终。乃因丑土父母持世，叠叠卯木而相克也。

寿元章第三十九

世爻旺相，永享长年。身位休囚，须防夭折。

凡占寿元，独以世爻为根本。世爻或旺或相，或临日月，或得日月生扶及动爻生扶，或动而化生化旺化回头生者，乃大寿之征也。

世爻休囚，防之于冲克之年。再有刑伤克害者，动而逢合逢值之年，静而逢值逢冲之年，皆在《应期章》内断之。休囚随鬼入墓，衰逢助鬼之伤，皆为凶兆。世动化退，化鬼又化回头之克，化绝、化墓、化破空，夕阳无限好，只恐不多时，皆于《应期章》内决之。

如辰月乙巳日，占寿，得中孚卦。

```
        风泽中孚
官鬼    ▬▬▬▬▬  卯木
父母    ▬▬▬▬▬  巳火
兄弟  世 ▬▬ ▬▬  未土
兄弟    ▬▬ ▬▬  丑土
官鬼    ▬▬▬▬▬  卯木
父母  应 ▬▬▬▬▬  巳火
```

世临未土，巳日生之，月建扶之，遂儿孙期颐之祝，必享长年。彼曰："看在何时？"予曰："占以初爻管五年，二爻管五年，共作三十年。再占一卦，又作三十年，余试四十余载，并无应验，不以为法，止以世爻衰旺，而断长短。欺人之法，予不为之。依此卦象，过二十载，公再卜之。"此人占卦之时，五十三矣。后至七旬之一，相遇而曰："向年所占寿元，还可记否？"予曰："占得中孚卦，原许二十年后再占。彼笑而占。"

申月己卯日，占得山泽损之复卦。

	山泽损			地雷复	
官鬼 ○ 应	▬▬ ▬▬	寅木	子孙	▬▬ ▬▬	酉金
妻财	▬▬ ▬▬	子水		▬▬ ▬▬	亥水
兄弟	▬▬▬▬	戌土		▬▬ ▬▬	丑土
兄弟 世	▬▬ ▬▬	丑土		▬▬ ▬▬	辰土
官鬼 ○	▬▬▬▬	卯木	官鬼	▬▬ ▬▬	寅木
父母	▬▬▬▬	巳火		▬▬ ▬▬	子水

予曰："适间若是一爻鬼动，公之寿则不久矣。今见多鬼摇发，反为不碍。今年太岁在子，还享八年之福，至未年是其时也。"彼曰："何也？"予曰："未年鬼多入墓，又是世逢年破。"果终于未年七月。

又如巳月己酉日，占寿，得大畜之泰。

	山天大畜			地天泰	
官鬼 ○	▬▬ ▬▬	寅木	子孙	▬▬ ▬▬	酉金
妻财 应	▬▬ ▬▬	子水		▬▬ ▬▬	亥水
兄弟	▬▬ ▬▬	戌土		▬▬ ▬▬	丑土
兄弟	▬▬▬▬	辰土		▬▬▬▬	辰土
官鬼 世	▬▬▬▬	寅木		▬▬▬▬	寅木
妻财	▬▬▬▬	子水		▬▬▬▬	子水

断曰："世临寅木之鬼，晚景多灾。世值休囚，又逢日克，今岁流年，太岁在辰，还可保其无碍，防申年木绝于申。"后于未年得蛊症，交春之日而死，亦卦之奇验也。

元神宜于安静。

占寿，世为根本，元神为滋生之物，宜旺而静，不宜动摇。其故何也？占他事，宜元神动者，动则而有力也。占寿元，不宜发动，动则已有限期矣。非元神逢绝墓之年，即在元神被冲克之岁。

如亥月丁卯日，占寿，得姤之小畜。

天风姤		风天小畜	
父母	戌土		卯木
兄弟	申金		巳火
官鬼 ○ 应	午火	父母	未土
兄弟	酉金		辰土
子孙	亥水		寅木
父母 × 世	丑土	子孙	子水

断曰："世临丑土，化子水而合之，应爻午火生之，乃为世爻得地，长寿之征。然反不宜火动生土，犹忌子年。冲去午火，是其时也。"果卒于子年。应于年者，世爻动而逢合之年，又是冲去午火，不能生世。

如辰月乙卯日，占寿，得中孚之睽。

风泽中孚		火泽睽	
官鬼	卯木		巳火
父母 ○	巳火	兄弟	未土
兄弟 × 世	未土	子孙	酉金
兄弟	丑土		丑土
官鬼	卯木		卯木
父母 应	巳火		巳火

予曰："世爻未土，月拱日克，可以敌之。反不宜巳火动而生世，今岁太岁在申，予恐亥年不利。"后卒于戌年，应在巳火入墓之年。

忌神最怕动摇。

忌神不动，自是平安，动则已有限期矣。非应逢合之年，必应逢值之岁。

如寅月己酉日，占寿，得剥之无妄卦。

山地剥		天雷无妄	
妻财	寅木		戌土
子孙 × 世	子水	兄弟	申金
父母 ×	戌土	官鬼	午火
妻财	卯木		辰土
官鬼 应	巳火		寅木
父母 ×	未土	子孙	子水

断曰："世化申金，回头之生，不宜寅月冲破。又嫌戌未二土，动而

190

克水，有克而无生也。须防卯岁。"果卒于卯年，乃应戌土逢合之年而克世也。

又如酉月，癸亥日，占寿，得泰之明夷。

	地天泰			地火明夷
子孙 应	▬▬ ▬▬	酉金		戌土
妻财	▬▬ ▬▬	亥水		亥水
兄弟	▬▬ ▬▬	丑土		丑土
兄弟 世	▬▬▬▬▬	辰土		亥水
官鬼 ○	▬▬▬▬▬	寅木	兄弟	丑土
妻财	▬▬▬▬▬	子水		卯木

此卦寅木鬼动而克世，当应寅年亥年。却死于辰年，世爻所值之年也。乃是世爻辰土，逢辰年而遭鬼克。

又如子月乙亥日，占终身财福。

	水泽节			风泽中孚
兄弟 ×	▬▬ ▬▬	子水	子孙	卯木
官鬼	▬▬▬▬▬	戌土		巳火
父母 应	▬▬ ▬▬	申金		未土
官鬼	▬▬ ▬▬	丑土		丑土
子孙	▬▬▬▬▬	卯木		卯木
妻财 世	▬▬▬▬▬	巳火		巳火

予曰："勿以财问，问寿可也。巳火世爻，日月冲克；岂当子水，又加克之。三十六岁逢丑年，须防水厄。"彼曰："此其何故？"予曰："坎宫属水，日辰月建是水，又动出子水，是以防之。"

忽于丑年卯月辛卯日，杨友偕一人，占流年，得兑之随。

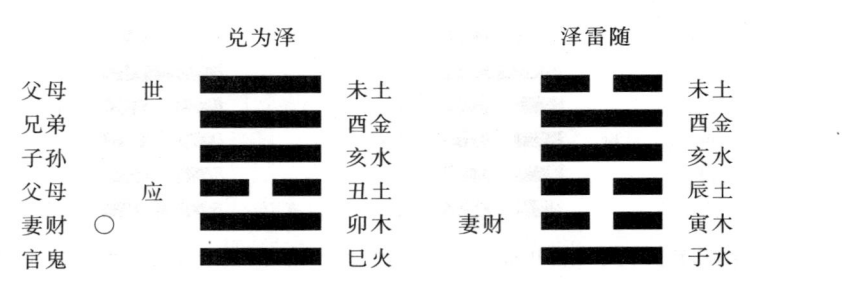

	兑为泽			泽雷随
父母 世	▬▬ ▬▬	未土		未土
兄弟	▬▬▬▬▬	酉金		酉金
子孙	▬▬▬▬▬	亥水		亥水
父母 应	▬▬ ▬▬	丑土		辰土
妻财 ○	▬▬▬▬▬	卯木	妻财	寅木
官鬼	▬▬▬▬▬	巳火		子水

断曰："今年六月，若非水中之险，定逢竹木之灾。卦中日月克世，

二爻寅卯又克，目下世空，可以不碍。六月世爻出空，逢群木以伤之，难保无危。"杨友曰："此位姓郭，前岁占身，尔许今年不利，今又如此，果然低耶？"予曰："数与数合，不独于低。"后果于六月，随之避暑园林。二十九日，向人而曰："某人说我六月必死，今日念九，饭吃七碗，如何得死？"少刻持裤往塘内，在独木船上洗之，忽而船已离岸，岸上一人叫曰："无怪乎！某人说你死于水中，今船离岸，不死何为？"其人心忙，以手划船，而船不动，竟下水，欲以一手扳船，一手划之。岂知船轻，连人而覆，既死于木，又死于水。少刻主人，随命家人，戽干船水，叫两人番船，竟番不过。岂非数耶？

古法占流年，财克世者，以财断之。予竟以木多克世，防木为害。

《千金赋》曰："卦过凶星，避之则吉。"此卦忌神动摇，世爻空亡，岂可避耶？

又如午月巳丑日，占寿，得否之遁。

	天地否			天山遁
父母 应	▬▬▬	戌土	▬▬▬	戌土
兄弟	▬▬▬	申金	▬▬▬	申金
官鬼	▬▬▬	午火	▬▬▬	午火
妻财 × 世	▬ ▬	卯木	兄弟 ▬▬▬	申金
官鬼	▬ ▬	巳火	▬▬▬	午火
父母	▬ ▬	未土	▬ ▬	辰土

断曰："此卦不敢定寿，世与妻财，同化回头之克，间有应于伤妻，须再占一卦。"又得比之屯。

	水地比			水雷屯
妻财 应	▬ ▬	子水	▬ ▬	子水
兄弟	▬▬▬	戌土	▬▬▬	戌土
子孙	▬ ▬	申金	▬ ▬	申金
官鬼 世	▬ ▬	卯木	▬ ▬	辰土
父母	▬ ▬	巳火	▬▬▬	寅木
兄弟 ×	▬ ▬	未土	妻财 ▬▬▬	子水

世爻随鬼入墓，故知前卦，乃应自身之寿也。但不敢以年月断之。彼曰："须求直判。"予曰："非我不言，因卦中之年月难定。世爻卯木，有

应逢值，有应逢冲，有应木绝于申，有应木墓于未。再占一卦，可以决之。"又得蒙之临。

山水蒙		地泽临	
父母 ○	寅木	妻财	酉金
官鬼	子水		亥水
子孙 世	戌土		丑土
兄弟	午火		丑土
子孙	辰土		卯木
父母 × 应	寅木	兄弟	巳火

予曰："此卦得其年也。上下寅木，动而克世。木墓之年，乃未年也。"彼曰："有凶事否？"予曰："前卦木被金伤，临元武而动，须防盗贼。"后于申年，城破而亡，还应木绝于申也。

趋避章第四十

圣人作《易》，原令人趋吉避凶，若使吉不可趋，凶不可避，圣人作之何益？世人卜之何用？或曰："年炎月晦，可以避之，死生如何能避？"予曰："安于正寝者，虽有可避之方，亦不须避。"

康节先生临终呼弟子沐浴更衣，群弟子哭曰："先生何不忌神避杀，以乐天年。"先生曰："不怕二程夫子笑，要作神仙有甚难。"故曰"可避而不避"也。若占得死于水者，莫近河旁；死于刑者，不可违条犯法，未有不化凶而为吉也。

曾于汉口卯月丙寅日，占索债，得否得益之中孚。

风雷益		风泽中孚	
兄弟 应	卯木		卯木
子孙	巳火		巳火
妻财	未土		未土
妻财 世	辰土		丑土
兄弟 ×	寅木	兄弟	卯木
父母	子水		巳火

此人欲渡江索债，因屡取不得，欲与之厮闹，问："得财否？成非否？"予见此卦，本日日辰动化进神克世，因世爻落空，辰时出空，被日

月动爻之克，必有危亡之祸，留之早膳，过此时辰，去亦不迟。彼必欲去，予苦留之。饭后去到江傍，忽而跑回，向予拜谢活命之恩。予曰："此其何故？"彼曰："今早四只大船横渡，行至江心，忽起暴风，尽行覆没。此时尸满长江，若不蒙之苦留，已在江中矣。"予曰："依数全无救星，定是兄之德行，我有何功，此非避也？"

最忌官鬼克世。

凡占防患克世者，皆不为吉，独鬼爻克世更凶。火鬼须防火炎，木鬼须防木害。水鬼克世，沉溺之忧。土鬼伤身，岩墙之厄。金鬼剑刀斧钺，虎元盗贼兵戈。蛇雀官非兼防火厄，勾陈田土又系牢狱。青龙虽是吉神，克世亦为凶象。或因酒色亡身，间有喜中起祸。

既以五行六神而定，再以八卦参之。乾兑为寺庙，又属金形。坎兑以水为灾，勿执弓弩。离以火灾，又为蟹龟。震有舟车之寇，巽防妇女之奸。坤艮郊野山林，又为老妇妖童之惑。诸类多门，在人通变。

如丑月戊子日，占梦，得益之中孚卦。

	风雷益			风泽中孚	
兄弟	应	▬▬▬ 卯木		▬▬▬	卯木
子孙		▬▬▬ 巳火		▬▬▬	巳火
妻财		▬▬▬ 未土		▬▬▬	未土
妻财	世	▬ ▬ 辰土		▬ ▬	丑土
兄弟	×	▬ ▬ 寅木	兄弟	▬▬▬	卯木
父母		▬▬▬ 子水		▬▬▬	巳火

此人因梦一身之血，入河洗之。予曰："血乃财也，洗去者，破财之兆也。今占得此卦，元武发动化进神，克世克财不独劫财，还防身遭木害。巽宫属木，又系木动克世，木害须防。"彼曰："何以避之？"予曰："世与木爻，皆在内卦，出外可避。巽为少女，勿贪幼妇。"彼曰："应在何时？"予曰："交春可以避之。"彼曰："年近岁逼，如何远去？"不意果于正月亥日，宿于妾房，被贼明火入室，席卷一空，身受木器所伤。若不宿于少妇之室，或者扒墙而出，未必身受其伤。

独宜福德随身。

占梦兆，占漂洋过江，占逾险偷关，占防瘟疫占防病，占误食毒物，占远领火起，占防仇害占避难，占贼盗生发，占孤身夜行，占宿店朝占入山，占仇人讹诈，占已定大罪，占入不毛。大凡一切忧疑惊恐、防灾防患者，皆宜子孙持世，或福神动于卦中。古法曰：但得子孙乘旺动，飞殃横祸化为尘。

如午月丁亥日，占梦前夫叫去，已随去矣。

	水火既济			地雷复	
兄弟	应 ▬▬ ▬▬	子水		▬▬ ▬▬	酉金
官鬼	○ ▬▬▬▬▬	戌土	兄弟	▬▬ ▬▬	亥水
父母	▬▬▬▬▬	申金		▬▬ ▬▬	丑土
兄弟	○ 世 ▬▬ ▬▬	亥水	官鬼	▬▬ ▬▬	辰土
官鬼	▬▬▬▬▬	丑土		▬▬ ▬▬	寅木
子孙	▬▬▬▬▬	卯木		▬▬▬▬▬	子水

断曰："世爻亥水临日辰，岂当重重土克？今冬防厄。"果于九月小产成痨，腊月而死。

又如戌月戊申日，占梦亡母叫去，已随去矣。

风山渐

官鬼	应 ▬▬▬▬▬	卯木
父母	▬▬▬▬▬	巳火
兄弟	▬▬ ▬▬	未土
子孙	世 ▬▬▬▬▬	申金
父母	▬▬ ▬▬	午火
兄弟	▬▬ ▬▬	辰土

凶梦相同，生死各别，前卦世爻变鬼，死于腊月；后卦子孙持世，竟无凶灾。

觉子曰：虽然子孙持世，难为吉兆；如逢月破，出月无忧。若临旬空，许之出旬无忧。未至出旬之日，尽属虚疑空忧。

如巳月庚辰日，占防患，得夬卦。

泽天夬

兄弟	▬▬ ▬▬	未土
子孙	世 ▬▬▬▬▬	酉金
妻财	▬▬▬▬▬	亥水
兄弟	▬▬▬▬▬	辰土
官鬼	应 ▬▬▬▬▬	寅木
妻财	▬▬▬▬▬	子水

世临子孙值旬空，事之不结，终日忧煎。

又于乙酉日，占得无妄。

```
            天雷无妄
妻财    ▅▅▅▅▅     戌土
官鬼    ▅▅▅▅▅     申金
子孙 世 ▅▅▅▅▅     午火
妻财    ▅▅ ▅▅     辰土
兄弟    ▅▅ ▅▅     寅木
父母 应 ▅▅ ▅▅     子水
```

世临午火，子孙又值旬空，事又反覆不结。

乙酉日，又占得节之坎卦。

```
        水泽节                    坎为水
兄弟    ▅▅ ▅▅   子水           ▅▅ ▅▅   子水
官鬼    ▅▅▅▅▅   戌土           ▅▅▅▅▅   戌土
父母 应 ▅▅ ▅▅   申金           ▅▅ ▅▅   申金
官鬼    ▅▅ ▅▅   丑土           ▅▅▅▅▅   午火
子孙    ▅▅▅▅▅   卯木           ▅▅ ▅▅   辰土
妻财 ○世 ▅▅▅▅▅  巳火   子孙    ▅▅ ▅▅   寅木
```

予曰："甲寅日则事结矣。"彼曰："何也？"余曰："世下巳火，变寅木子孙，又值旬空，幸得卦遇六冲，所以结矣。"果结于甲寅日。

克在内，世在外，宜于外避。

克神若在内卦，动而克世，宜出外避之。

克神若在外卦，动而克世，宜在家避之。

如寅月丁卯日，占流年，得益之睽。

```
        风雷益                    火泽睽
兄弟 应  ▅▅▅▅▅   卯木           ▅▅▅▅▅   巳火
子孙 ○   ▅▅ ▅▅   巳火   妻财    ▅▅ ▅▅   未土
妻财 ×   ▅▅ ▅▅   未土   官鬼    ▅▅▅▅▅   酉金
妻财 世  ▅▅ ▅▅   辰土           ▅▅ ▅▅   丑土
兄弟 ×   ▅▅ ▅▅   寅木   兄弟    ▅▅▅▅▅   卯木
父母    ▅▅▅▅▅   子水           ▅▅▅▅▅   巳火
```

予曰："今秋必有险厄。寅木动爻临月建，化进神克世。此时大盛贪荣，不来克害。六七月衰墓之时，防土木之厄。"彼曰："可避否？"予曰："宜往外方可避。"又问："何方为吉？"予曰："目下去者，宜往西方。六七月去者，宜往东方。何也？六七月木衰矣，所以反宜于东。"此人竟未出门，挨至七月初七，又得凶梦，初八即往东行，二十八地震房塌，人口被伤，独伊得免。

又如卯月己未日，占得履卦。

天泽履

兄弟		戌土
子孙	世	申金
父母		午火
兄弟		丑土
官鬼	应	卯木
父母		巳火

予过鄱阳，忽起暴风，水冲舵去，其舟旋于湖内，小价掷钱，予问："所得何卦？"答曰："天泽履。"予曰："子孙持世，何足为忧？"仍复睡卧。少刻一阵大风，将船吹送其岸。

又如申月戊申日，占被人讹诈，可成非否？得旅卦。

火山旅

兄弟		巳火
子孙		未土
妻财	应	酉金
妻财		申金
兄弟		午火
子孙	世	辰土

予曰："子孙持世，何足为惧，必不成非。分文勿使，不必理他。"予详酉金，旺财临应爻，又曰："我虽劝尔，分文勿使，应财旺甚，是非虽无，只恐不得不使钱耳。"后果仇家央烦当道说合，无奈费过四数。

世在外，克在外，宜于家居。

世爻与忌神，皆在外卦者，不可出行，宜家居可避。世与忌神在内卦者，不可家居，宜于外避。

《出行章》云："路上有官休出外，宅中有鬼莫居家。"同此意耳。

如未月丙子日，占仆人为祸否，得解之震。

```
            雷水解              震为雷
妻财    ▬▬ ▬▬   戌土          ▬▬ ▬▬   戌土
官鬼 应 ▬▬ ▬▬   申金          ▬▬ ▬▬   申金
子孙    ▬▬▬▬▬  午火          ▬▬▬▬▬  午火
子孙    ▬▬ ▬▬   午火          ▬▬ ▬▬   辰土
妻财 ○世 ▬▬ ▬▬  辰土   兄弟   ▬▬ ▬▬   寅木
兄弟 ×  ▬▬ ▬▬   寅木   父母   ▬▬▬▬▬  子水
```

此公知仆役变心，意欲处治，尚无实迹，故占之。断卦者若执奴仆为财，则迁矣。彼既防患，只看忌神。此卦世临辰土，两重寅木伤之。予曰："不独此人，还有附从者。"彼曰："何法处之？"予曰："彼实无实迹，如何处之？但未月乃木之墓，七月乃木之绝，此两月乃败露之月也。公宜出外，自能免祸。"果依语而行，往坟庄上住过半月，两仆人逃矣。一妇随去，一妇未去。未去之妇而曰："彼二人原欲害主而逃，今因外出，不能相害。"此非避凶之法耶？

避患于生世之方，趋吉于福神之地。

凡避兵、避盗、避瘟、养病、避是非，皆宜避于生世之方，及子孙之方为吉。

子孙若发动于卦中，不拘克世持世，俱以为吉。

如巳月戊辰日，占防流兵，得临之睽卦。

```
                  地泽临              火泽睽
朱雀 子孙 ×   ▬▬ ▬▬   酉金   父母   ▬▬▬▬▬  巳火
青龙 妻财 应  ▬▬ ▬▬   亥水          ▬▬ ▬▬   未土
元武 兄弟 ×   ▬▬ ▬▬   丑土   子孙   ▬▬▬▬▬  酉金
白虎 兄弟    ▬▬ ▬▬   丑土          ▬▬ ▬▬   丑土
螣蛇 官鬼 世  ▬▬▬▬▬  卯木          ▬▬▬▬▬  卯木
勾陈 父母    ▬▬▬▬▬  巳火          ▬▬▬▬▬  巳火
```

彼时流兵为害，到处遭殃，此人知《易》，占得此卦，终日焦忧。予问其故，彼曰："巳酉丑合成金局而克世，世爻又临螣蛇之鬼，数在结中，万万莫能逃矣。"予笑而曰："尔与兵贼同居，保尔无事。"彼曰："何也？"予曰："子孙合成金局，克去身边之鬼，夫复何忧？"彼曰："酉金子孙，旺于巳月，又化巳火，论克如何论生？"予曰："酉金得丑未二土以相生，如何论克？"后果屡次逢兵变，此人或避，或不避，皆不逢惊。自癸未年，占得此卦，直至庚寅年，地方大定，向予而曰："子孙为福神，信乎有验。世之看书不到，论理不彻，以吉为凶者，不独我一人而已。"

如巳月丙戌日，占通乡避乱，得乾之大有。

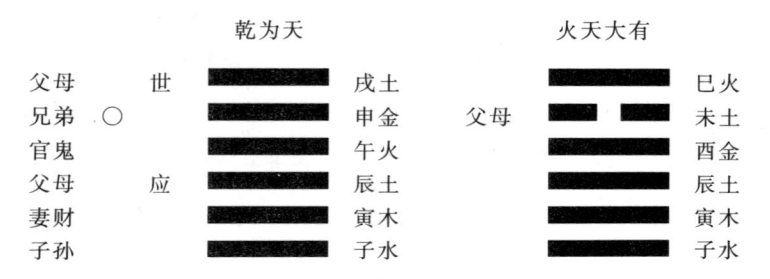

	乾为天		火天大有	
父母 世	▬▬▬	戌土		巳火
兄弟 ○	▬▬▬	申金	父母	未土
官鬼	▬▬▬	午火		酉金
父母 应	▬▬▬	辰土		辰土
妻财	▬▬▬	寅木		寅木
子孙	▬▬▬	子水		子水

众以子孙属水，金动生之，北方为吉。予曰："非此议论，兄动化进神，乃破财之象。午火得令而生世，往南避之为吉。"信予之言，皆从南避。后果从北来，放火烧村而去。房屋稻谷，尽成灰烬，乃申金兄动，破财之故耳。

所以生方为吉，子孙之方亦吉。又当以旺衰分别，火乃鬼方，生我何碍。

世遇生扶，百年正寝。身遭克害，分五类推详。

凡占终身，结果如何，但得世爻旺相，或有动爻日月生扶，或动而化吉，皆许无疾而终。

如若世逢克制刑冲，须以五行兼六神而断，受五行之克。以疾病而言，如兼六神之凶，即以横亡而断。火若伤金，肺经之病；土来刑水，肾受其伤；水克火以伤心，金克木而肝疾；脾虚胃弱，皆因木旺刑冲。肠损腰伤，乃谓仇神独发。

兼螣蛇以心惊，带青龙而酒色。勾陈肿胀，朱雀颠狂。虎必血灾，元因气恼。

虎元金鬼，难免盗贼兵戈；水鬼龙元，宜远江湖池井；蛇雀木鬼犯官刑，临火须防焚害。蛇木又言缢绞，勾陈土鬼牢狱。

谚云：一样之生，百样之死。卦如神见，理宜细详。

如未月癸亥日，占定何罪，得中孚，变临卦。

风泽中孚　　　　　地泽临

白虎	官鬼	○	卯木	子孙	酉金
螣蛇	父母	○	巳火	妻财	亥水
勾陈	兄弟	世	未土		丑土
朱雀	兄弟		丑土		丑土
青龙	官鬼		卯木		卯木
元武	父母	应	巳火		巳火

断曰："木鬼临白虎，绞罪定矣。但幸世临月建，木鬼虽动，又被酉金回头之克，外卦反覆，事必反复。虽定绞罪，终有改移。"果议绞罪，后蒙驳审，改活罪。

父母寿元章第四十一

凡占祖父，祖母，占父，占母，须宜分占。

古以阳爻为父，阴爻为母，予试不验。

父临日月，椿庭晚放荣华。

母值空破，萱草残年憔悴。

父母爻或旺相，或临日月，或日月动爻生扶，及动而化吉，长享遐龄。

父母爻休囚，不遇刑伤克害，晚年多病，远保无伤。休囚又被刑冲，或日月动爻之克，及动而变凶，承欢宜早。

如丑月庚子日，先占父寿，得姤卦。

天风姤

父母		戌土
兄弟		申金
官鬼	应	午火
兄弟		酉金
子孙		亥水
父母	世	丑土

又占，占母寿，得大壮之升。

		雷天大壮				地风升	
兄弟		▬▬▬	戌土			▬ ▬	酉金
子孙		▬▬▬	申金			▬ ▬	亥水
父母	○世	▬▬▬	午火	父母		▬ ▬	丑土
兄弟		▬▬▬	辰土			▬▬▬	酉金
官鬼		▬▬▬	寅木			▬▬▬	亥水
妻财	○应	▬▬▬	子水	妻财		▬▬▬	丑土

断曰："前卦两现父母，取月建丑土为用神，旺于子日，又与日合，蒂固根深，大椿永茂。后卦午火父母，动被日冲，初爻子水又动，此午火有克无生。因初爻子水，化出丑土，贪合不来克火，防丙子年，加以太岁冲之，是其时也。"癸酉年占，至乙巳年，三十余载，复遇其人而问曰："尊翁健否？"答曰："甚健。"问乃堂，答曰："果终于子岁。"

若以古法，阳为父，阴为母，前卦丑戌两现，俱以旺而断者，如天远矣。

又如卯月庚寅日，占母寿，得蹇之谦。

		水山蹇				地山谦	
子孙		▬ ▬	子水			▬ ▬	酉金
父母	○	▬▬▬	戌土	子孙		▬ ▬	亥水
兄弟	世	▬ ▬	申金			▬ ▬	丑土
兄弟		▬▬▬	申金			▬▬▬	申金
官鬼		▬ ▬	午火			▬ ▬	午火
父母	应	▬ ▬	辰土			▬ ▬	辰土

卦中两现父母，取戌土动爻为用神，春占休囚，虽则卯与戌合，嫌日月同克，论克不论合也。酉年占，戌年辰月而终，此应动而逢值之年。应辰月者，冲戌之月也。

又如酉月庚申日，占祖母寿，得蒙变涣。

		山水蒙				风水涣	
父母		▬▬▬	寅木			▬▬▬	卯土
官鬼	×	▬ ▬	子水	兄弟		▬▬▬	巳火
子孙	世	▬ ▬	戌土			▬ ▬	未土
兄弟		▬ ▬	午火			▬ ▬	午火
子孙		▬▬▬	辰土			▬▬▬	辰土
父母	应	▬ ▬	寅木			▬ ▬	寅木

寅木父母，秋占凋零，逢绝逢冲逢克。五爻子水，独发相生，无根之木，生之不久。防午年冲去子水，为子者，勿远游也。卯年占，果终于午年，此应冲去元神之年也。

又如巳月乙酉日，占父寿，得巽之姤。

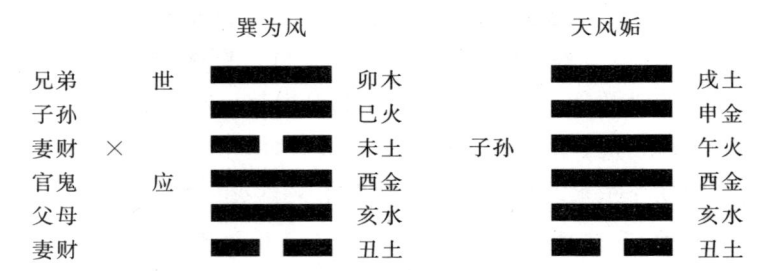

```
           巽为风                    天风姤
兄弟    世  ▅▅▅▅▅  卯木          ▅▅▅▅▅  戌土
子孙        ▅▅▅▅▅  巳火          ▅▅▅▅▅  申金
妻财    ×   ▅▅ ▅▅  未土    子孙   ▅▅ ▅▅  午火
官鬼    应  ▅▅▅▅▅  酉金          ▅▅▅▅▅  酉金
父母        ▅▅▅▅▅  亥水          ▅▅▅▅▅  亥水
妻财        ▅▅ ▅▅  丑土          ▅▅ ▅▅  丑土
```

断曰："亥水父临月破，又被未土相伤。虽则酉日，冲动卯木克土，土旺木衰，不惟不许长年，且无长月。"果终于本年冬至日。应子日者，冲去午火，而未土以克亥水。

又如卯月丙寅日，占祖母寿，得中孚。

```
           风泽中孚
官鬼        ▅▅▅▅▅  卯木
父母        ▅▅▅▅▅  巳火
兄弟    世  ▅▅ ▅▅  未土
兄弟        ▅▅ ▅▅  丑土
官鬼        ▅▅▅▅▅  卯木
父母    应  ▅▅▅▅▅  巳火
```

断曰："巳火父母，日月生之，且有大寿。"伊曰："家父为祖母拜斗，许拜七年，我因家父劳于公事，我停妻未娶，代为礼拜。"予曰："可见乔梓大孝，感格天心。此卦日月相生，勿谓非神之力。"戌年占，及至次年，偶因痰堵，此子又来卜之。

丑月庚子日，占得归妹，变复卦。

		雷泽归妹			地雷复	
父母	应	▬▬ ▬▬	戌土		▬▬ ▬▬	酉金
兄弟		▬▬ ▬▬	申金		▬▬ ▬▬	亥水
官鬼	○	▬▬▬▬▬	午火	父母	▬▬ ▬▬	丑土
父母	世	▬▬ ▬▬	丑土		▬▬ ▬▬	辰土
妻财	○	▬▬▬▬▬	卯木	妻财	▬▬ ▬▬	寅木
官鬼		▬▬▬▬▬	巳火		▬▬▬▬▬	子水

刚未装毕，家人来曰："老太已去世矣。"此子急去。予详此卦，丑土父母，既临月建，又有午火，暗动相生，虽则木动克土，化退神绝于申日，岂无救耶？随即赶到其家。北人土俗，临终不肯停床，已抬于门板之上，痰壅于喉，稍有微息，予以白生矾三钱，滚水化开，掀牙灌之，忽而叫曰："冷甚。"随即复移烧炕，又活十有三载。

兄弟章第四十二

凡占兄弟，须宜问明。或因弟兄不睦，将来和好否？或因弟兄虽多，将来得济否？或问将来有兄弟否？或占兄弟寿元？便于判断。

兄爻旺相遇生扶，紫荆并茂。

兄弟爻，或旺或相，或临日月，或日月动爻生扶，及动而化吉，长枕大被，和睦致详。

弟位休囚兼受制，雁亭公飞。

兄弟爻休囚者，若问得济，虽有如无。若问将来有否，从此无矣。如问兄弟寿元，长年有限。倘休囚又逢破空，及日月动爻刑克，或动而化凶者，诸占皆不吉也。

如申月丙辰日，占弟兄和好否？得济否？得大有之乾。

			火天大有			乾为天	
青龙	官鬼	应	▬▬▬▬▬	巳火		▬▬▬▬▬	戌土
元武	父母	×	▬▬ ▬▬	未土	兄弟	▬▬▬▬▬	申金
白虎	兄弟		▬▬▬▬▬	酉金		▬▬▬▬▬	午火
螣蛇	父母	世	▬▬▬▬▬	辰土		▬▬▬▬▬	辰土
勾陈	妻财		▬▬▬▬▬	寅木		▬▬▬▬▬	寅木
朱雀	子孙		▬▬▬▬▬	子水		▬▬▬▬▬	子水

弟兄临月建，未土爻动以相生，又化出兄爻。予曰："弟兄虽多，有一位属猴者得济。"彼问："何故？"予曰："神化于动，动而变出，以临月建，自是超群拨类。"彼曰："果有舍弟属猴，去年曾叨一第，余三人皆从别业。"可见数之灵验如此。迟一科，又登甲榜。

又如卯月戊辰日，占弟兄，得震之兑。

```
            震为雷                     兑为泽
妻财    世  ▅▅  ▅▅   戌土             ▅▅  ▅▅   未土
官鬼  × ▅▅  ▅▅   申金        官鬼     ▅▅▅▅▅▅   酉金
子孙      ▅▅▅▅▅▅   午火             ▅▅▅▅▅▅   亥水
妻财    应 ▅▅  ▅▅   辰土             ▅▅  ▅▅   丑土
兄弟  × ▅▅  ▅▅   寅木        兄弟     ▅▅▅▅▅▅   卯木
父母      ▅▅▅▅▅▅   子水             ▅▅▅▅▅▅   巳火
```

予见此卦，为伊赧然。问曰："此因何事而占？"彼曰："愚弟兄四人，尚未分家，问将来和睦久远否？终有反目否？当分居否？"余曰："此卦大凶。爻凶卦凶，大有不测之祸。内卦兄弟化进神，金鬼亦化进神，动而冲克，震木变兑金，亦化回头之克，凶之极矣。"壬午年占，至甲申年，弟兄四人，同时被害。大小男女，悉陷贼营。应申年者，木绝于申。

又如未月辛酉日，占弟兄还有否，得既济变革。

```
            水火既济                   泽火革
兄弟    应 ▅▅  ▅▅   子水             ▅▅  ▅▅   未土
官鬼      ▅▅▅▅▅▅   戌土             ▅▅▅▅▅▅   酉金
父母  × ▅▅▅▅▅▅   申金        兄弟     ▅▅  ▅▅   亥水
兄弟    世 ▅▅▅▅▅▅   亥水             ▅▅▅▅▅▅   亥水
官鬼      ▅▅  ▅▅   丑土             ▅▅  ▅▅   丑土
子孙      ▅▅▅▅▅▅   卯木             ▅▅▅▅▅▅   卯木
```

予曰："弟兄虽有，必不得济。亥水兄爻持世，申父动而生之。此一位得济之弟，尚未生也。应爻之子水，虽则出现，已值旬空，故曰必不得济。"彼曰："果一位舍弟，已得颠狂之症，所以再问有无。"予曰："必有，乃异母所生。"彼曰："何也？"予曰："父母化出之爻，是以知之。"又问："子水之兄弟，临空而不得力，是也。亥水持世之兄爻，如何亦不得济？"予曰："第四爻申金，化出之亥水，即是此爻。卦之微妙，尔岂得

204

知。"后果异母有出，父亡而抚之。予目击其成人，后事未考。古法：父母而有兄弟，胞于异母。予未得试。

夫妇章第四十三

夫妇之占，亦须分别。或占妻寿，或占夫妻偕老否？或占夫妻和睦否？或占妻有刑伤破败否？占妾占婢，一卦只占一人，不可概问。

财福生身，可遂唱随之愿。

应爻合世，堪为附和之神。

《黄金策》专以应爻为妻，其故何也？因其《身命章》中，父子弟兄，妻财官鬼，以一卦而兼断之，正恐屡以财为妻者，又以何爻为财帛？不得不以应爻而为妻位。不顾验与不验，竟以应爻为妻。虽然以应爻为妻者，亦非全非理也。占妻财爻为重，应爻次之。财爻旺相，应爻空破，仍以吉断。应爻旺相，财爻空破，即以凶推。应旺财旺，吉而又吉。应破财破，凶而更凶。故以应爻为附和也。

财爻或旺或相，或临日月，或日月动爻生扶，及动而化吉，又与世爻相生合者，如占偕老，定然举案齐眉。若问和睦，白首必无反目。若问妻命之妍媸，入夫门，夫家随旺，占妾占婢，指而问者，亦同此断。

财动化凶，失履遗簪之叹。

弟兄持世，鼓盆箕踞之悲。

财动化凶者，乃化鬼，化回头克，化退神，化绝化墓，化破化空之类是也。不拘何问，玉碎珠沉。

弟兄持世，或兄爻动于卦中，或日月临兄弟以伤财，或兄化财爻，不拘问妻问妾，皆不得长年。

财旺兄衰，终须反目。

克财财退，必主生离。

兄爻持世，而财爻旺者，不能克妻，终乖琴瑟，相见如仇。兄爻持世，财化退神者，亦同此意，非反目即生离。

如酉月辛巳日，占夫妇将来和好否？得泰卦。

地天泰

子孙	应 ▬▬ ▬▬	酉金
妻财	▬▬ ▬▬	亥水
兄弟	▬▬ ▬▬	丑土
兄弟	世 ▬▬▬▬▬	辰土
官鬼	▬▬▬▬▬	寅木
妻财	▬▬▬▬▬	子水

兄爻持世，以克妻财，幸亥水财爻，酉金生之，财旺难于克害。彼曰："目下不和，将来和好否？"余曰："巳日冲动亥水，又临驿马，妻财临马而暗动，心去难留，生离之象。"此人自此之彼，常为此事而占，十有余次，若非兄爻持世，定遇财化退神。后竟生离。

《黄金策》："世为一生之本，应为百岁之妻。"此卦世应相生，如鲍宣娶桓氏之断者，失千里也。

又如戌月癸卯日，占夫妇何如，有刑克否？得旅之蹇。

火山旅　　　　　　　水山蹇

兄弟	○ ▬▬▬▬▬	巳火	官鬼	▬▬ ▬▬	子水
子孙	▬▬ ▬▬	未土		▬▬▬▬▬	戌土
妻财	○ 应 ▬▬▬▬▬	酉金	妻财	▬▬ ▬▬	申金
妻财	▬▬▬▬▬	申金		▬▬▬▬▬	申金
兄弟	▬▬ ▬▬	午火		▬▬ ▬▬	午火
子孙	世 ▬▬ ▬▬	辰土		▬▬ ▬▬	辰土

断曰："不独世应相生，且喜世与财合，当许相守百年。奈何世爻，空而且破，欲合而不能。更嫌财化退神，必有生拆之事。"果自娶入门，并无和气，后竟休之。

应财受制，结发难于偕老。

动妻旺相，续弦堪许白头。

卦中财爻多现，若分正庶者，自当以应爻临财，而作正妻之位也。倘被日月动爻冲克，及动而化凶，乃结发之妻伤也。若得他爻之财旺相，或动而化吉，及他爻变出之旺相，相生合世爻者，乃再娶之妻，反遂白头。

如若财爻不临于应，又以正卦之财为正妻，变卦之财为再娶。

妻若克身，非刑伤妒悍。

妻财克世，世若休囚空破，或墓绝，或动而变凶，或随鬼入墓，但逢一者，夫命夭亡。

旺财克世，世爻得地者，虽无刑伤，必遭悍妇。

应财生世，非内助即获外财。

卦中但遇财爻，生合世爻，亦不可只以和美断之，间有应在得妻家之财力也，否则内君必善于持家。

如巳月丁未日，占夫妻偕老否？得无妄，变观卦。

	天雷无妄			风地观	
妻财	▬▬▬	戌土		▬ ▬	卯木
官鬼	▬▬▬	申金		▬▬▬	巳火
子孙 ○ 世	▬▬▬	午火	妻财	▬ ▬	未土
妻财	▬ ▬	辰土		▬ ▬	卯木
兄弟	▬ ▬	寅木		▬▬▬	巳火
父母 ○ 应	▬▬▬	子水	妻财	▬ ▬	未土

满盘俱是财爻，世爻变出之未土，与世爻相合。此未土之财，乃正妻也。临日建遇月生扶，不独偕老，且许贤比《周南》。果此公美妾十余，正夫人贤而无妒，夫妻同庚而生，妻活八旬有一，夫年八十二岁。此卦若以世应相冲相克而断之，远如天壤。

子嗣章第四十四

凡问子嗣，须明告之，或已有子，后还生否？

或问现在之子，将来可保长年否？

或从未生育，终有子否？

《易》告未来，不告已往。即如占天时，神报将来之旱涝，不言昨日之阴晴。尔若含糊而问，假使从前有子，问后来还可生否？后若不生，神必现无子之卦，不报以前之有，乃现将来之无。断卦之人，依卦而断，尔肯服耶？

又有现今有子，将来若难存者，神亦现无嗣之卦。尔虽以曰有，神告曰无，神肯阿谀耶？

即如寅月癸女日，占子嗣多少，得坤之艮。

```
            坤为地                    艮为山
子孙  ×  世 ▬▬ ▬▬   酉金   官鬼 ▬▬▬▬▬   寅木
妻财        ▬▬ ▬▬   亥水        ▬▬ ▬▬   子水
兄弟        ▬▬ ▬▬   丑土        ▬▬ ▬▬   戌土
官鬼  ×  应 ▬▬ ▬▬   卯木   子孙 ▬▬▬▬▬   申金
父母        ▬▬ ▬▬   巳火        ▬▬ ▬▬   午火
兄弟        ▬▬ ▬▬   未土        ▬▬ ▬▬   辰土
```

断曰："鬼变子孙，子孙变鬼。有一而遇者，皆无子也。此卦两现，无子之兆。"彼曰："少年难于子嗣，自五旬之外，连得四子，长子已六岁矣。"余曰："依此卦象，恐俱难存。"彼甚不悦。岂知婢妾甚多，三五年内生者生，而死者死，生过九子，并无一存。临终过侄立嗣，承袭世职。

福德旺隆，育儿贤德。

福德即子孙爻，若旺遇生扶，或临日月，或帝旺长生于日，或动而化吉，必产贤儿。

子孙衰弱，生子愚痴。

子孙多衰弱，必生痴愚之子。衰而被克，休囚无气，或落绝空破，或动而化凶，或日月动爻冲克，或父化子，子化父，鬼变子孙，或父空持世，皆主生而不有。子孙逢空不碍，必得子于冲空实空之年。

觉子曰：《黄金策》"子化兄，生儿不肖"，殊不思化兄及回头之生，如何不肖？注解又曰：化鬼亦不肖。化鬼者百无一活，岂不肖而已耶？

申月辛卯日，占子嗣，得复。

```
            地雷复
子孙        ▬▬ ▬▬   酉金
妻财        ▬▬ ▬▬   亥水
兄弟    应  ▬▬ ▬▬   丑土
兄弟        ▬▬ ▬▬   辰土
官鬼        ▬▬ ▬▬   寅木
妻财    世  ▬▬▬▬▬   子水
```

断曰："身带吉而子扶，喜闻鹤和。此卦申金月建，作子孙以生世，有子之兆。上爻酉金子孙，日神冲动以生世。定有远方之子，来家之象。"

彼喜而曰："我于三十七岁有子，已十八矣。因乱失散，至今无所出。"余曰："恭喜，明现子从六爻，动来生世，此子见归。"彼曰："何时得见？"曰："明岁申辰，与酉金相合，定然得意而归。"果于次年六月，父子相逢。

财化子，可辨正出庶出。

卦有财而无子孙者，须看变出之爻。变爻子孙，庶出也。即断曰："正无所出，定得偏生。"

卦有子孙，亦有子孙变爻，又非此论，即变爻之为晚子。倘若正庶俱已生子，而问贤愚者，以正卦之子为正出，变爻之子为庶出也。

如巳月己酉日，占子生而不存，将来存否？得贲之无妄。

	山火贲			天雷无妄	
官鬼		寅木			戌土
妻财 ×		子水	子孙		申金
兄弟 × 应		戌土	父母		午火
妻财 ○		亥水	兄弟		辰土
兄弟		丑土			寅木
官鬼 世		卯木			子水

余曰："克过正妻否？"彼曰："还是结发。"予曰："伤过正妻，方可存子。"彼曰："何也？"予曰："内卦亥水之财，即为正妻，破而被克。五爻子水财爻，乃为再娶之妻，变出申金子孙，必生子也。但五爻子水，亦被戌土之克，虽化长生，又有酉日之生，不免多病。"卯年占，果于巳年死妻。即于冬月续弦，申年得子。此妇月中得病，久卧床塌。

子化子，须知本宫他宫。

子孙化子孙，得验者二。

少年无子得此者，应多生子也。

现有子得此者，乃应多子而多孙也。

老年无子得此者，扶他人之子而为子。须宜分别化出他宫者，立异姓之子；化出本宫，立族中子孙侄。

如子月戊戌日，占现已有子，还有子否？得屯之节。

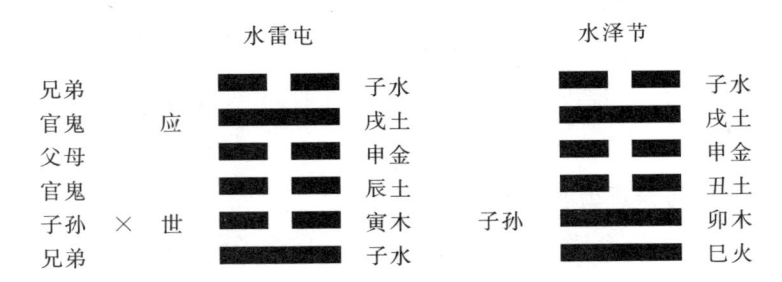

		水雷屯				水泽节	
兄弟		▬▬ ▬▬	子水			▬▬ ▬▬	子水
官鬼	应	▬▬▬▬▬	戌土			▬▬▬▬▬	戌土
父母		▬▬ ▬▬	申金			▬▬ ▬▬	申金
官鬼		▬▬ ▬▬	辰土			▬▬▬▬▬	丑土
子孙	×世	▬▬ ▬▬	寅木	子孙		▬▬▬▬▬	卯木
兄弟		▬▬▬▬▬	子水			▬▬▬▬▬	巳火

　　子孙化子孙，又逢月建相生，不独多子，抑且多孙。彼问曰："命有几个？"予曰："古有此法，余因不合其理，不敢以之而欺人也。"彼曰："古法如何有错？"余曰："古以水一，火二，木三，金四，土五，数止于五。假使文王生百子，何以定之？予以占多寡者，旺相者多；占贤愚者，另占一卦。旺相者贤，屡试不错。余今以聪明而断此卦，看后来验否。动爻寅木子孙，乃现在之子也。化出卯木子孙，乃将来之子孙也。目下现有几位？"彼曰："有四。"余曰："还有四位。"后过十余载，果得四子。予至其家，见属兔者，一只渺眼，其余不带残疾。予曰："此子将来贵显。"彼曰："何知？"予曰："前卦变出卯木子孙，与月建相刑，与日辰相合。刑中带合，既带破相，自然荣贵。"此子十四岁入学，因明末，大科未举，考贡首选，官至参政。后事未考。

　　又如巳月丁酉日，占子有无，得未济之节。

		火水未济				水泽节	
兄弟	○应	▬▬▬▬▬	巳火	官鬼		▬▬ ▬▬	子水
子孙	×	▬▬ ▬▬	未土	子孙		▬▬▬▬▬	戌土
妻财	○	▬▬▬▬▬	酉金	妻财		▬▬ ▬▬	申金
兄弟	世	▬▬ ▬▬	午火			▬▬▬▬▬	丑土
子孙		▬▬▬▬▬	辰土			▬▬▬▬▬	卯木
父母	×	▬▬ ▬▬	寅木	兄弟		▬▬▬▬▬	巳火

　　此人因屡生女，且亦无存，问终有子否？内卦辰土子孙，空而被克，乃无子也。幸外卦未土化出子孙，劝之早继螟蛉可也。彼曰："正有此念，妻兄有子，甚是聪明，意欲抚之，不知可否？"予曰："离宫化出他宫，原该异姓之子。"后果抚之为嗣。

　　如亥日庚子日，占子孙有无？得屯之节卦。

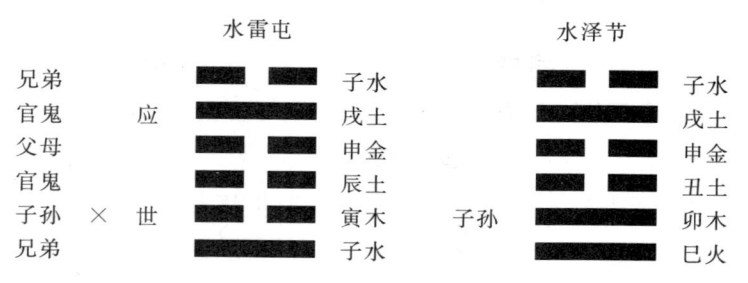

```
          水雷屯                          水泽节
兄弟        ▬▬ ▬▬      子水              ▬▬ ▬▬      子水
官鬼  应    ▬▬▬▬▬     戌土              ▬▬▬▬▬     戌土
父母        ▬▬ ▬▬      申金              ▬▬ ▬▬      申金
官鬼        ▬▬ ▬▬      辰土              ▬▬ ▬▬      丑土
子孙  ×世   ▬▬ ▬▬      寅木   子孙       ▬▬▬▬▬     卯木
兄弟        ▬▬▬▬▬      子水              ▬▬▬▬▬     巳火
```

此公逾已六旬，并无所出。自知易理，得此卦甚喜。以为世爻子孙，又化子孙，月建合之，日辰生之，有子必多。岂知子孙化子孙，非己出也。次年三月终于任，立侄孙承嗣。

父占子，知其易养。子临贵，难曰成名。

父占子，止知易养，难断高贵。子孙旺相，克制官星；子若休囚，焉能食禄？所以易养否，不难知也。子孙化相，或动而化吉，或临日月，或日月动爻生扶，或长生帝旺，皆许成人。如休囚空破，动而变凶，水泡风灯。至于子孙之富与贵者，旺相又遇生扶，自然富贵。若以科甲科名而断者，及欺人之法也。《黄金策》曰："子带贵人，自有登天之日。"又曰："禄贵临爻，童年拜相。"以贵禄临子孙化鬼者，不为化鬼，而为化官，即许登天拜相。予查天乙贵人临爻，并无禄到；贵人临马，止有丁巳日，见亥水子孙，乃为贵人，与马同宫。余皆不是有禄者，无贵人与马。此信笔妄谈也，何尝经验。况余屡占子女，子孙变鬼，万无一活。

如亥月丙辰日，占子易养否？得姤之旅卦。

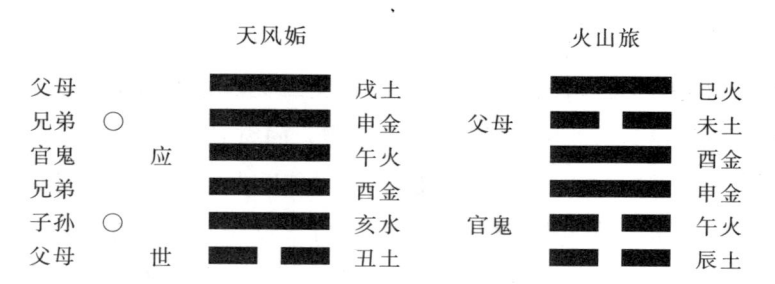

```
          天风姤                          火山旅
父母        ▬▬▬▬▬     戌土              ▬▬▬▬▬     巳火
兄弟  ○    ▬▬▬▬▬     申金   父母       ▬▬ ▬▬      未土
官鬼  应    ▬▬▬▬▬     午火              ▬▬▬▬▬     酉金
兄弟        ▬▬▬▬▬     酉金              ▬▬▬▬▬     申金
子孙  ○    ▬▬▬▬▬     亥水   官鬼       ▬▬ ▬▬      午火
父母   世   ▬▬ ▬▬      丑土              ▬▬ ▬▬      辰土
```

亥水子孙，临月建五爻，兄动以相生，旺莫旺于此也。若以吉神论之，丙日以亥为贵人，贵莫贵于此也。岂知子爻变鬼，死于次年五月。

《黄金策》曰："旧有官鬼无伤，曹彬取印终封爵。"

觉子曰：官鬼无伤者，必是子孙爻被伤。被伤被克，休囚无气，所以不能伤克官鬼。既是如此衰弱之子孙，又封官封爵，余不信也。

又曰：父身有气，车胤显名。

觉子曰：父占子，父为忌神。或动或旺，必于克子，救死不暇，何得显名？或曰：疑是婴儿之自占也。余曰：婴儿乃无知无识孩童，占富占贵，全在人之一念。三五岁之婴孩，可知富贵之念耶？况《身命后章》，有曰"若卜婴儿之造化"，固知非代占耶。

代占六亲，不宜世爻化鬼。

占父母兄弟，妻妾儿孙，先看世爻。虽占六亲，常有带出自身之凶者。世爻化鬼，化回头克，休囚化空破墓绝，及随鬼入墓，日月同克，休问他人，且防自夭。

常问父母，亦有应儿孙。

常见占父母之卦，爻中带出刑伤兄弟儿孙妻妾者。有占儿孙，亦有兼应父母兄弟妻妾者，不可不知。此谓占此而应彼也。此论前已表明，非予谆谆告之，因予屡占而屡见也。

李我平曰：《黄金策·身命章》：父子官鬼，兄弟妻财，虽则不当概论，其理还细，惜乎悖谬者多。金镜微尘，不宜有也。《易冒》虽有分占之意，论理太粗。即如问寿夭，而曰"破散冲空定之夭"，存有占验。戊子命，亥日占，后行午限，绝于亥，是以终也。倘占非亥日，何处而寻限绝？生平占验，如果有灵，何不多存一二？以为后法。殊不知死生事大，三言两句，何以能尽？尚谓推之深者，虽日时可矩，予不信也。又如问我能贵乎？"龙为文翰，虎为武卫"，以龙虎而定文武。《周易》之理，如此易耶？又曰："三为守牧，五为台省。"初爻二爻，竟不知是何职也？朦胧混过，后学何以为法？又云："问子忌子虚，问财忌财陷。"空与陷，便足断其无财无子耶？圣人作《易》，以前民用；后人问卜，无过身命；身命之外，夫复何求？后学得其精者，赖前人传授得法。问者得其趋避，赖卜人识理之微。此书身命，较之他章，愈加详细，反复通明，足为教人之法也。

校正全本增删卜易卷七

学业章第四十五

儒业者，父母世爻同旺，终须变化成龙。日月动爻相生，定是王家储器。

世爻父母爻，皆宜旺相。或动而变吉，或父母持世，日月动爻生合世，攀龙附凤，指日可期。

财动卦中，青灯不久。子孙持世，白首无成。

财动，克文章，读书中道而废。子动，无官之象，皓首必不成功名。

九流者，财兴官旺，道重人钦。兄动世衰，有毁无誉。

财持世，官持世，财官世爻，皆宜得地。

兄爻持世，只可糊口，难许成家。

觉子曰：古以九流，皆以官鬼为吉，殊不知天师家，及驱邪治鬼之家，巫师医家，皆以子旺，能于治鬼，必以子孙持世，及子孙发动而为吉也。

百工皆以财为用神，子孙元神，最忌兄爻持世，及兄爻旺动者，劳碌终身。余以《求财章》同断。

以上皆不宜世爻空破墓绝休囚，诸事无成。

世若休囚，而又随鬼入墓，及受日月动爻冲克，或动而化鬼，化绝化克者，不唯学业难成，且防不测。

治经章第四十六

古以金作《春秋》，木作《毛诗》，水为《书经》，火为《礼记》，土为《易经》。

觉子曰：不可概问，须指定一经而卜之，祷于神曰："我习此经何如？"

父旺官兴，王家栋梁。世空子动，蓬筚寒儒。

官持世，父动相生，或日月临父母生世，或官爻旺相、父爻持世，及世爻动而化吉，皆飞腾变化之兆也。世空世破，及动而变凶，或子孙财爻持世，父母官鬼空破，须宜另于一经，虔诚再卜。

如酉月丙子日，占本经能发否，得益之观。

```
            风雷益              风地观
兄弟  应  ▬▬ ▬▬  卯木   ▬▬▬▬▬  卯木
子孙      ▬▬▬▬▬  巳火   ▬▬▬▬▬  巳火
妻财      ▬▬▬▬▬  未土   ▬▬ ▬▬  未土
妻财  世  ▬▬ ▬▬  辰土   ▬▬ ▬▬  卯木
兄弟      ▬▬ ▬▬  寅木   ▬▬ ▬▬  巳火
父母  ○  ▬▬▬▬▬  子水 妻财 ▬▬ ▬▬  未土
```

断曰："卦中旺官合世，不宜初爻朱雀，子水文章，皆破未土回头之克，宜于改经。"彼问："宜改何经？"予曰："古法有之，予占不验。意欲何经，再占一卦。"

即卜《易经》，得天火同人。

```
            天火同人
子孙  应  ▬▬▬▬▬  戌土
妻财      ▬▬▬▬▬  申金
兄弟      ▬▬▬▬▬  午火
官鬼  世  ▬▬▬▬▬  亥水
子孙      ▬▬ ▬▬  丑土
父母      ▬▬▬▬▬  卯木
```

予曰："旺官持世，难以为吉。父临月破，再宜更之。"

又占《书经》。

```
            雷火丰              离为火
官鬼  ×  ▬▬ ▬▬  戌土  妻财 ▬▬▬▬▬  巳火
父母  世  ▬▬ ▬▬  申金      ▬▬ ▬▬  未土
妻财      ▬▬▬▬▬  午火      ▬▬▬▬▬  酉金
兄弟      ▬▬▬▬▬  亥水      ▬▬▬▬▬  亥水
官鬼  应  ▬▬ ▬▬  丑土      ▬▬ ▬▬  丑土
子孙      ▬▬▬▬▬  卯木      ▬▬▬▬▬  卯木
```

"旺父持世，官动生之，只因今日子日，冲午火伤金，此经相宜。下科壬子冲去午火，管许高发。"果于子科中魁。

延师章第四十七

父爻旺相，就而正焉。

父母爻既为师长，又为诗书。延师受教，即以此爻为用神。宜旺相，或临日月，及动而化吉，可式可矜。如若休囚空破绝，及动而化凶，有伴食之讥，无师资之益。

世位相生，博文善诱。

父旺生合世爻，成人有德。若克世爻，而世爻得地者，有责成之功。世若休囚，必受师尊之累。

父入墓中，懒于教训。

父爻入三墓及临绝者，若非偷安懒惰，定是师教不严。

财临世上，懦弱不严。

财爻持世，乃我克父母，若非师不严，定是我凌师长。

鬼化文书克世，讼由乎学。

鬼动化父母，冲克世爻，异日必主争讼。能使日月动爻，制服鬼爻，亦不相宜。此何故也？神兆机于动，目前虽可制服，他日鬼逢生旺，必见灾非。不唯鬼动化父，但系鬼动克世，或世动变凶，皆不宜从。

月扶世爻日助，青出于蓝。

世爻旺相，或父母持世，或官星持世，日月动爻生扶，及世爻动而化吉，必有长进，青出于蓝。

动衰变旺，先惰后勤。动旺变衰，先勤后怠。

父爻衰而化生化旺，化日月化进神，皆主后勤。

父爻旺而化空破墓绝，化退神，皆主后怠。

父化父而殊经，父化财而多病。父化鬼，显贵之交；父化兄，贪财好利。

三合连年受教，六冲半载难留。

世与父爻，兼日月作三合者，情同父子，连年受业门墙，始终成就。卦得六冲，或世克父爻，及父爻克世者，彼此不投，难收一岁之功。

父为子而延师者,应为西席。世乃东家,宜世应相生合,不宜相克相冲。应生世,我得其益。应爻空破,延之不就。应动他心有变,世空我意不专。

觉子曰：虽以世应为主,父爻不可缺之。父旺与子孙相合,名实兼收。父动克子孙,无益有害。子动化克,不宜延之。子动化鬼,速宜辞绝。

如寅月戊午日,占子从师。

	火山旅		离为火	
兄弟	▬▬▬	巳火	▬▬▬	巳火
子孙	▬ ▬	未土	▬ ▬	未土
妻财 应	▬▬▬	酉金	▬▬▬	酉金
妻财	▬▬▬	申金	▬ ▬	亥水
兄弟	▬ ▬	午火	▬ ▬	丑土
子孙 × 世	▬ ▬	辰土	父母 ▬▬▬	卯木

子动化克,不宜从之,不听。后因师责,逃至桥头,跌折右足。

求名章第四十八

野鹤曰：凡占小考,尝见占得吉卦,后竟道考无名。何也？神之应近而不应远,已应府县之有名也。必须先占县考,再占府考,又占道考。连得吉卦者,许之。内有卦而不吉者,勿望道考而成名也。

童试章第四十九

父旺官兴,堪期首选。官衰父发,亦论抡收。

官星持世,得日月动爻相生相合,首选无疑。

父爻持世,得日月动爻相生相合者,亦要官星有气,始许成名。

子兴财发于卦中,难游泮水。

子动克官,财动克父,或持于世爻者,皆不宜也。

世破身空兼墓绝,再奋芸窗。

世爻空破墓绝,或被日月动爻冲克,及动而变凶者,不能遂志。

文旺遭伤,收而复弃。冲中逢合,见弃复收。

父母旺相，若化休囚空破墓绝，化回头之克，及被冲克者，始取终弃。

世与父爻，动而逢冲，若得日月动爻相合者，谓之冲中逢合，必获续取。

父衰变旺，愈出愈奇。

文化退神，日长日短。

父衰动而化旺，及化回头生、化进神，文章得意胜于前，皆不宜化退神。旺化退神者，前篇稍遂，后劲不力。衰化退神，及化克化空破墓绝，或回头克者，窗下千日之长，临场一日之短。

如亥月丙戌日，占道考，得丰之革。

```
        雷火丰              泽火革
官鬼   ▅▅ ▅▅   戌土         ▅▅ ▅▅   未土
父母   ▅▅ ▅▅ × 世  申金  父母 ▅▅▅▅▅   酉金
妻财   ▅▅▅▅▅   午火         ▅▅▅▅▅   亥水
兄弟   ▅▅▅▅▅   亥水         ▅▅▅▅▅   亥水
官鬼   ▅▅▅▅▅ 应 丑土         ▅▅ ▅▅   丑土
子孙   ▅▅ ▅▅   卯木         ▅▅▅▅▅   卯木
```

父母持世化进神，日建作官而生世，文章愈出愈奇，后胜于前，定蒙首取。果取案首。

又如卯月壬子日，占道考，得小畜。

```
        风天小畜
兄弟   ▅▅▅▅▅   卯木
子孙   ▅▅▅▅▅   巳火
妻财   ▅▅ ▅▅ 应 未土
妻财   ▅▅▅▅▅   辰土伏酉金官鬼
兄弟   ▅▅▅▅▅   寅木
父母   ▅▅▅▅▅ 世 子水
```

子水父母临日建，旺文持世，佳作定然得意。但不宜酉金官星临月破，伏藏不露，幸得辰土作飞神，破而逢合。若在三月考之，必取。果考于三月取之。

又如辰月丁巳日，得革变既济。

　　　　　　　　　　泽火革　　　　　　　水火既济

官鬼　　▬▬　▬▬　未土　　　　▬▬　▬▬　子水
父母　　▬▬　▬▬　酉金　　　　▬▬▬▬▬　戌土
兄弟　○　世　▬▬▬▬▬　亥水　父母　▬▬　▬▬　申金
兄弟　　▬▬　▬▬　亥水　　　　▬▬▬▬▬　亥水
官鬼　　▬▬▬▬▬　丑土　　　　▬▬　▬▬　丑土
子孙　　应　▬▬▬▬▬　卯木　　▬▬▬▬▬　卯木

前说父衰变旺为吉，此卦世爻亥水，月克日冲，幸化回头之生，所以后得续取。

岁科考章第五十

文宜旺相，最忌休囚；官宜生身，不宜克世。

父与世爻旺相，及得日月动爻生扶，及动而化吉，全无破绽者，定考超等。若此两爻旺相而逢生，旺而无生，相而遇扶，无刑冲克破者，次之。有一而遇刑冲克者，又次之。世爻受克，教刑不免。世父同受克，劣等无疑。

野鹤曰：此法是也。亦要人之通变，观其世父两爻轻重而言之。卦之全美，世父两爻有生扶，又无刑克，卷之上上。以此挨次查之，或有生扶，而得六冲变冲，反吟复吟，动变克化绝，即是破绽。父爻受克而无救，难免涂鸦；世爻受克而有扶，亦蒙姑贷。

觉子曰：此以父爻之旺衰而列等第，是也。《易冒》谓："卦得进神，考于上等，退神而考下等。"假使卦无进退之神，何以定之？

如申月乙巳日，占岁考，得大过之鼎卦。

　　　　　　　泽风大过　　　　　　　火风鼎

妻财　×　　▬▬　▬▬　未土　子孙　▬▬▬▬▬　巳火
官鬼　○　　▬▬▬▬▬　酉金　妻财　▬▬　▬▬　未土
父母　　世　▬▬▬▬▬　亥水　　　　▬▬▬▬▬　酉金
官鬼　　　　▬▬▬▬▬　酉金　　　　▬▬▬▬▬　酉金
父母　　　　▬▬▬▬▬　亥水　　　　▬▬▬▬▬　亥水
妻财　　应　▬▬　▬▬　丑土　　　　▬▬　▬▬　丑土

尝曰：财动克父，乃不通变之论也。此卦乃亥水父爻持世，申月生之。父旺而身亦旺，巳日冲之为暗动。未土财爻虽动，喜其生助酉金，酉官生世，名为接续相生，一定篇篇华锦。财生官旺，优等帮粮，果取一等补廪。

野鹤曰：大凡卦遇六冲变冲，及六爻乱动，父旺世旺，还考平等。倘若父衰受刑克，及世爻休囚受克，及变凶者，劣等无疑。

飞神无助身无克，荣辱无施。

父爻出现，不旺不衰，虽无生扶，亦无克制，而世爻不被冲克者，可保平等。

伏藏旺相也遭伤，赏罚并见。

如午月乙卯日，占岁考，得地天泰卦。

地天泰

子孙	应	▅▅ ▅▅	酉金
妻财		▅▅ ▅▅	亥水
兄弟		▅▅ ▅▅	丑土
兄弟	世	▅▅▅▅▅	辰土
官鬼		▅▅▅▅▅	寅木
妻财		▅▅▅▅▅	子水

午火月建为父母，而卦中之巳火，伏藏于寅木之下，旺而又遇飞神之生。爻逢六合，只不宜日辰克世。发落之日，承宗师面叱，念字法古帖，姑取三等。后悟之，此巳午之火，非文旺也，乃字端也。但此卦虽多逢，事却少见，存之为法。

以上总而言之，父与世爻旺相遇生扶为上，略有破绽者次之，刑伤有救者又次之，刑伤无救而轻者又次之。世爻父爻被刑冲克破而重者，劣等必矣。全要通变，须卦之吉凶，兼用神衰旺之轻重也。

增廪章第五十一

觉子曰：占廪若不得其秘诀，而望灵者，少也。何也？占廪用财，财乃文章之忌神，不知其窍，卜岁考而兼问廪，财爻若旺，父母受伤，则如休囚，如何得廪？予有法也：先占岁科之吉凶，再占一卦而问廪，即其秘也。

廪以财爻为用神，财爻持世，或动而生世，为吉。与《求财章》同断。有廪而恐失者，忌兄弟持世。兄爻发动，及财逢空破墓绝，动而变凶，皆有失也。如官鬼兄爻克世者，轻则草粮，重则道罚。倘卦中三合兄局者，亦主革廪。

考遗才章第五十二①

官爻持世生世，我必蒙收。

父母空破墓绝，他不见用。

如世爻受克，及空破墓绝，或动而化凶，或子孙持世，或动于卦中，皆不录之。父母生世持世者吉，休囚空破者凶。

发案挂榜章第五十三

父为用神，衰者宜生旺之日；

旺而静者，逢值逢冲之日；

动而逢值、逢合之日，

空与入墓，必待冲开；

破与旬空，须期填实。

予又得验，心有忧惧。若得子孙持世，值子孙之日而发案，心有欢喜。若得官星持世，逢官鬼之日而挂榜。

廷试章第五十四②

官星为用，父爻次之。

若持世爻，得日月岁五生合者，定蒙首拔。

官爻世爻三合，定蒙异宠隆恩。

---

① 凡告考同之。

② 与会场兼断。

世与官爻，有一而逢空破墓绝，刑冲克害，及动而变凶者，不祥之兆。

岁五官鬼，冲克世爻者，不测之灾。

乡试会试章第五十五

父旺官兴，姓标虎榜。

父官持世而旺相，或临日月，或日月动爻生扶，及动而变吉，名登龙虎。

子摇财动，名落孙山。

子孙财爻持世，及动于卦中，终须下第。

兄弟乃夺标之恶客。

俗传：兄弟爻兴难上榜。凡见兄爻持世，及动者，皆以为之不吉。殊不知有喜有忌。所喜者，卦中财父同兴，喜其兄动以制财也。卦中父官两动者，又喜兄爻持世，父动以生世也。兄弟持世，若临日月或旺相，再得官父两旺，或官动生父，父动生世，必添科名，只不能抢元而夺魁也。故谓之"兄弟乃夺标之恶客"。

觉子曰：卦中官鬼子孙同动，官临旺相遇生扶，子孙衰弱而被克，再宜父动，最怕兄兴。

日月为制煞之将军。

官星父母世爻，有一而被动爻克制，或化回头之克，若得日月冲制克神，亦许得意，故谓之制恶煞之将军。

又如世爻旺相，而官父两爻，若有一而伏藏不现，倘得日月冲制飞神，提出伏神者，亦许高发。又如官父世爻，有一而不旺者，若得日月生扶，亦同此意。

三合无冲，连登甲第。

官父世爻，合成父局官局，不遇日月冲破者，定许连登。倘若合成兄局，得遇日月生扶，官星亦旺者，亦许得意。唯忌合成子孙局者，不为吉也。合成财局，虽不为美，然亦得验于吉者。

如卯月甲申日，占会试，得艮之益。

```
                艮为山                    风雷益
   官鬼    世 ▬▬▬▬▬  寅木            ▬▬▬▬▬  卯木
   妻财    × ▬▬ ▬▬  子水    父母  ▬▬▬▬▬  巳火
   兄弟      ▬▬ ▬▬  戌土          ▬▬ ▬▬  未土
   子孙    ○应 ▬▬▬▬▬  申金    兄弟  ▬▬ ▬▬  辰土
   父母      ▬▬ ▬▬  午火          ▬▬▬▬▬  寅木
   兄弟    × ▬▬ ▬▬  辰土    妻财  ▬▬ ▬▬  子水
```

寅木旺官持世，申日冲之暗动，又得日辰会成财局，不唯不克世爻，反来生世，一定高捷，果得及第。

六爻竟发，空赴科场。

旧系"六爻竟发，功名恍惚以难成"，此论是理。余见占功名之必中者，卦象一成，若非旺父生身，定是旺官持世。

功名无成者，不是子孙持世，即是子孙财爻发动，或是世破世空，或是六爻乱动，名必无成。

出现无情，难遂青云之志。

父与官星，虽则出现，若不生合世爻，或不持世，或世爻空破，亦属无益。

父与官星，生合世爻，若又被日月动爻冲坏者，亦作无情之喻。

伏藏有用，终辞白屋之人。

官父有一而不上卦，须看伏神。若伏而旺相，或得日月冲去飞神，生起伏神，一准登科。

太岁作官星，终登黄甲。

太岁乃人君之爻，官临太岁，动而生合世爻，乃人臣面君之象，当主君臣契合，连捷无疑。

太岁必要入爻，入爻亦要发动，或持世爻，始如此说。

日月冲克世，且守青灯。

卦中官父虽旺，而世爻休囚，空破墓绝，及动而变凶，或日月冲克世爻，须知求名在我，我位既失，何以成名？

卦遇六冲，此去难题雁塔。爻逢六合，这回可夺鳌头。

如午月丙辰日，占乡试，得兑卦。

兑为泽

父母	世	▬▬ ▬▬	未土
兄弟		▬▬▬▬▬	酉金
子孙		▬▬▬▬▬	亥水
父母	应	▬▬ ▬▬	丑土
妻财		▬▬▬▬▬	卯木
官鬼		▬▬▬▬▬	巳火

旧注：卦逢六冲，冲之即散。予见此卦，虽系六冲，世爻皆逢旺地，不敢决之，请之再占一卦。又得临之师。

地泽临　　　　　　地水师

子孙		▬▬ ▬▬	酉金		▬▬ ▬▬	酉金
妻财	应	▬▬ ▬▬	亥水		▬▬ ▬▬	亥水
兄弟		▬▬ ▬▬	丑土		▬▬ ▬▬	丑土
兄弟		▬▬ ▬▬	丑土		▬▬ ▬▬	午火
官鬼	世	▬▬▬▬▬	卯木		▬▬ ▬▬	辰土
父母	○	▬▬▬▬▬	巳火	官鬼	▬▬ ▬▬	寅木

此卦官星持世，虽则不旺，初爻官生父旺，与前卦相合，许之必发，果得成名。凡得六冲卦，官父世爻俱旺者，不必再占，竟许必发。如父旺者，须再占一卦。再得吉者，以吉断之。后卦凶者，即以凶推。

凡得六合卦，亦要官父世爻得地，有一失陷不遇生扶者，虽六合亦无益矣**父旺官衰，终须下第。**

父爻旺相，官临空破墓绝，及动而变凶变克，虽有锦绣文章，终遇红纱蔽目。

父衰官旺，堪许登科。

官爻旺，而生世持世；若是父爻不旺，谓之福齐文不齐，反许遂志。

应合日生，必资鹗荐。

官父两旺，而世爻不旺，或得日月扶助，又得应爻动而生合世爻者，必得推荐之力。

动伤日克，还守鸡窗。

应爻动爻，虽来生合世爻；而应爻动爻，又被日月冲克者，荐亦无功。

世动化官化克，蝶梦堪忧。

旧有："身官化鬼月扶，连步蟾宫。"

又曰："身兴变鬼，来试方成。"

又曰："身动化空用旺，豹变翻成蝶梦。"

皆以卦身而言，予试总无应验，唯验于世爻。而世爻化鬼，亦有两验。

卦中父母旺相，而世爻化出官星者，若不回头克世，乃为变官，今科即中，岂等来科？

世若休囚被克，动而化出官星者，乃为化鬼，不唯不中，且见危灾。化出鬼爻克世者，更凶。

如卯月戌辰日乡试，得离之既济。

	离为火			水火既济	
兄弟	○ 世	巳火	官鬼		子水
子孙	×	未土	子孙		戌土
妻财	○	酉金	妻财		申金
官鬼	应	亥水			亥水
子孙		丑土			丑土
父母		卯木			卯木

旧注："身官化鬼月扶，则鹏程连步蟾宫。"谓卦身如得官父临之，必有成望。若得出现发动，化出官爻，又得月建生合者，必主联捷。

觉子曰：此卦已为卦身，又是世爻，变出子水官星，又得月建生合，正合此说，竟未见其连捷。不唯不能连捷，且难保其长年。其故何也？因变出子水之鬼，回头克世，客死于途。

如酉月丁巳日，占乡试，得小过之泰。

	雷山小过			地天泰	
父母		戌土			酉金
兄弟		申金			亥水
官鬼	○ 世	午火	父母		丑土
兄弟		申金			辰土
官鬼	×	午火	妻财		寅木
父母	× 应	辰土	子孙		子水

世爻午火官星，化出丑土文章，官文两旺，因丑父旬空，午岁乡试得意，丑年甲榜先登。

觉子曰：若以"世动化空用旺，豹变翻成蝶梦"，此卦岂非世动化空耶？午年登科，丑年发甲，而未见其蝶梦。所以化空者，必应实空之年也。

身兴化旺化生，龙池变化。

世爻旺相，动而变出官星，回头生合世爻者，不作变鬼，乃为变官。

如卯月乙未日，占乡试，得观之履。

风地观		天泽履	
妻财	▬▬ 卯木		戌土
官鬼	▬▬ 巳火		申金
父母 ×世	▬ ▬ 未土	官鬼	午火
妻财	▬ ▬ 卯木		丑土
官鬼 ×应	▬ ▬ 巳火	妻财	卯木
父母 ×	▬ ▬ 未土	官鬼	巳火

未土父母，临日建而持世，化出午火官星，回头生世。二爻巳火，又生世爻。初爻未土，又来拱扶，许之高发。果中会魁。

世退官星化退，窗下囊萤。

世与官父俱旺，内有一而化进神者，名姓高悬。占乡试者，必然联捷。

独不喜之化退神。世化退神，若非临场之阻，必无勇往之心。父化退神，学问日颓，文章渐腐。官化退神，皓首无成。当于《进退章》中参考。

财临白虎持身，帏前枕块。

旧系"财临白虎必丁忧"，然亦不唯临虎。凡遇财爻持世，或财动卦中，父母又值休囚空破，及财动化父，父动化财，皆有验之。

乾卦如天，亦要官父两旺。

雷声如震，犹有空破之嫌。

古以乾震二卦即以为吉，予试务必官父两旺，始以吉断，否则未见为吉。

衰旺克冲，轻重须宜细玩。

墓绝空破，应期章内详之。

前《应期章》须宜熟记。各门各类，无不问其应期。熟则触类旁通，随心应口。

凡遇用神，衰要有根，旺宜中和，克要有救，冲要逢合。

升选候补章第又五十五

官爵荣身，须宜持世。财禄恩养，最喜生身。

旺官持世，及日月动爻作官星，生合世爻；或世爻发动，化出官星生世，皆吉。

又曰：财动生官得美缺，官临日月必超选。

子孙持世，休望荣荫。官位空破，勿思升选。

子孙持世，子孙动于卦中，升选无期。

官临空破墓绝，及动而变凶，补升尚早。

雨露承恩，合中逢合。

世与官星，三合官局财局，或生世，或世在局中，或官星持世，与日月动爻相合，得逢六合卦，及卦动变六合者，皆是承恩之日。

如申月己亥日，占缺得否，得井之节。

```
        水风井              水泽节
父母      ▬▬▬▬      子水    ▬▬▬▬      子水
妻财  世  ▬▬▬▬      戌土    ▬▬▬▬      戌土
官鬼      ▬▬▬▬      申金    ▬▬▬▬      申金
官鬼  ○  ▬▬▬▬      酉金 妻财 ▬▬▬▬     丑土
父母  应  ▬▬ ▬▬    亥水    ▬▬ ▬▬     卯木
妻财  ×  ▬▬ ▬▬    丑土 子孙 ▬▬▬▬     巳火
```

断曰："内卦巳酉丑，合成官局，而生应爻，不来生世，正所谓出现无情，此缺不得。"彼曰："如何不得？"予曰："官生应爻，一定不得。"后果另点他人。

风云未际，冲上逢冲。

世官不旺，父得六冲，或是官被日月相冲，或是卦得六冲变冲，乃风云未际之时也。

元神衰静，泄气爻摇，问升迁以无期。

假令官爻属木，水爻衰而不动，火爻发动是也。余仿此。

世爻发动，官化进神，望荣除而在即。

世爻发动，或动而化吉，或禄马贵人临世，及官动化吉，生合世爻，皆可束装以待。

世官破而休望，世福空而亦升。

世临月破，即使官星持世，不独不能升迁，且防他变。子孙持世值旬空，亦不当升。若占三两日之内者，许之必得。其故何也？子孙尚未出空，不克官也。

野鹤曰：占过三个，俱皆得官。得官之后，随即死亡。

申月戊寅日，占得差否，得泽天夬。

泽天夬

兄弟　　▬▬　▬▬　未土
子孙　世　▬▬▬▬▬　酉金
妻财　　▬▬▬▬▬　亥水
兄弟　　▬▬▬▬▬　辰土
官鬼　应　▬▬▬▬▬　寅木
妻财　　▬▬▬▬▬　子水

断曰："子孙持世，此差不得，世空亦不得。"岂知不出三日，得差，行至中途而死。其故何也？三日之内而得差者，子孙未出空也。中途而死者，世爻空也。

又寅月庚辰日占。

水天需

妻财　　▬▬　▬▬　子水
兄弟　　▬▬▬▬▬　戌土
子孙　世　▬▬　▬▬　申金
兄弟　　▬▬▬▬▬　辰土
官鬼　　▬▬▬▬▬　寅木
妻财　应　▬▬▬▬▬　子水

野鹤曰：余凡占得不验之卦，刻刻在心。因见此卦，悟前点差之卦。

此卦亦是子孙持世，遇旬空，亦是只在三两日命下。予竟许之，果得缺。不出两月而亡。

又辰月丁丑日，占起用，已列名矣。

	风山渐			风地观	
官鬼	应 ▬▬▬	卯木		▬ ▬	卯木
父母	▬▬▬	巳火		▬▬▬	巳火
兄弟	▬ ▬	未土		▬ ▬	未土
子孙	○ ▬▬▬	申金	官鬼	▬ ▬	卯木
父母	世 ▬ ▬	午火		▬▬▬	巳火
兄弟	▬ ▬	辰土		▬ ▬	未土

此卦与前二卦，大同小异。前二课，子孙持世遇旬空，未曾发动。此卦动而变官，况亦系三两日之事，子孙尚未出空，竟许必得。果得起用。起程六日，家内死子。到任八个月，终于任。身死子死，乃应世与子孙同变鬼也。

野鹤曰：后二卦，余得验者，乃因前卦不灵，刻刻留心之故耳。余人占过即忘，何得精奥。

随官入墓，世旺者官升。助鬼伤身，身衰者祸至。

古以随官入墓，助鬼伤身，皆以为凶。予屡试之，世旺者竟升，世衰者不吉。

助鬼伤身，元神同动者，其官必升。世若休囚者，必有祸至。

如寅月乙未日，占升，得比之观。

	水地比			风地观	
妻财	× 应 ▬ ▬	子水	官鬼	▬ ▬	卯木
兄弟	▬▬▬	戌土		▬▬▬	巳火
子孙	▬ ▬	申金		▬ ▬	未土
官鬼	世 ▬ ▬	卯木		▬ ▬	卯木
父母	▬ ▬	巳火		▬▬▬	巳火
兄弟	▬ ▬	未土		▬ ▬	未土

断曰："卯木旺官持世，子水财动相生，虽则墓于未日，幸世爻得助无妨。"果得升于亥月。

又如戌月辛酉日，占何日补官，得蹇之需。

```
            水山蹇                    水天需
子孙      ▬▬ ▬▬    子水        ▬▬ ▬▬    子水
父母      ▬▬ ▬▬    戌土        ▬▬ ▬▬    戌土
兄弟  世  ▬▬ ▬▬    申金        ▬▬▬▬▬    申金
兄弟      ▬▬ ▬▬    申金        ▬▬ ▬▬    辰土
官鬼  ○  ▬▬ ▬▬    午火   妻财  ▬▬▬▬▬    寅木
父母  ○  应 ▬▬ ▬▬  辰土   子孙  ▬▬▬▬▬    子水
```

寅木财爻，生助午火之鬼，火鬼克世，乃为助鬼伤身。幸辰土生申金，午火贪生忘克，今年冬月必升。果得升于冬月。应冬月者，辰土化子水空亡，十一月则不空矣。

古以晋升为吉，又云屯蹇为凶。

晋卦升卦，果得屡验，亦要世爻得地。若失陷，亦不为吉。

屯卦蹇卦，世爻旺者何妨。前篇亥月丙寅日占验，世爻旺相，竟得超升，岂非屯卦耶？

升选何方章第五十六

官金而应西土，木官必应于东。水北火南，土升中土，此古法也。

余之得验，木官而应山东，亦有应广东者。金官虽应山西，有应江陕，广西者。又有以住处而定东西南北者。

如未月己巳日，住在京都，占地方，得归妹变解。

```
            雷泽归妹               雷水解
父母  应  ▬▬ ▬▬    戌土        ▬▬ ▬▬    戌土
兄弟      ▬▬▬▬▬    申金        ▬▬ ▬▬    申金
官鬼      ▬▬▬▬▬    午火        ▬▬▬▬▬    午火
父母  世  ▬▬ ▬▬    丑土        ▬▬ ▬▬    午火
妻财      ▬▬▬▬▬    卯木        ▬▬▬▬▬    辰土
官鬼  ○  ▬▬▬▬▬    巳火   妻财  ▬▬ ▬▬    寅木
```

彼时有山东、真定两缺，此卦巳火官星，许之真定。

彼曰："何也？"余曰："巳火官星，乃南方也。必得真定，真定乃都门之南也。"果得真定。

又有以初爻为内地，以五爻六爻为边缺。

应初爻者，世与官星皆在初爻者是也。

应五六爻者，或世在五爻，官在六爻；或世在六爻，官在五爻；或官星持世，同在五六爻上是也。若在二三四爻，仍以五行决之。

如丑月癸亥日，占升何方，得山风蛊。

```
         山风蛊
兄弟  应 ▬▬▬▬▬  寅木
父母     ▬▬ ▬▬  子水
妻财     ▬▬ ▬▬  戌土
官鬼  世 ▬▬▬▬▬  酉金
兄弟     ▬▬▬▬▬  亥水
妻财     ▬▬ ▬▬  丑土
```

此卦酉官持世，许任西方。

及至次年，见选单。又占官升何方。

寅月甲戌日，得震卦。

```
         震为雷
妻财  世 ▬▬ ▬▬  戌土
官鬼     ▬▬ ▬▬  申金
子孙     ▬▬▬▬▬  午火
妻财  应 ▬▬ ▬▬  辰土
兄弟     ▬▬ ▬▬  寅木
父母     ▬▬▬▬▬  子水
```

余犹记得前卦，酉官持世，曾许西方。今见此卦，又是官属申金，西方必矣。但见世在六爻，必是边缺。问之："陕西有边缺否？"曰："有庆阳。"予曰："即此缺也。"果升庆阳。

野鹤曰：大概问其地方，虽则有验，然不如指其缺而问之，此缺我得否？我得词林否？我得部属否？我得科道否？我得正印否？

官星持世者，必得。官动生合世爻者，必得。三合官局而生世者，必得。世空世破官破官空，俱不得。子孙持世，子孙发动，不得。官临应爻，不得。三合官局，而生应爻，不得。

在任吉凶章第五十七

官旺财兴，仕途显赫。

子摇兄动，减俸休官。

官旺遇生扶，或动而化吉，世旺财旺，或财动以生世，皆主兵民颂德，宦海无波。

官临日月，生合世爻；三合官局，生合世爻，或官星持世，日月生扶，岁君又相生合，近君者必蒙异宠，在位者不久超升，外任者必为卓异。

兄弟持世，兄爻发动，若非破耗财物，定然减俸除粮。

子孙持世，及子动爻中，有剥官削职之忧。倘得官星休囚，而扶子孙动而有制，降级而已。

官旺兄兴，清风两袖。

父发鬼旺，恩露三锡。

兄动虽为减俸耗财之神，亦不可执之。若得官星旺相，乃是为官清正，非义不取，非无财也。

官星旺相，财临空破者，亦同此断。

旺父临世，官动临岁君，或日月生扶，外任者，必蒙上台推荐；近君及大位者，三锡荣加。

兄鬼安宁，地方少事。

兄鬼乱动于卦中，旱涝兵蝗，地方不宁之兆。

日月冲克，诽谤多招。

日月克官，或克世爻，及朱雀螣蛇克世，世爻休囚者，得祸不轻。世爻旺相有救者，多招萋菲，须宜检点，政事勤慎，以免愆尤。

官鬼克世，世旺官衰者，亦主诽谤。世衰鬼旺，若临蛇雀，必见弹章。

化进神，冲变合，加官赠爵。

世爻旺相，官化进神；官星旺相，世化进神；及世官得地，财化进神，皆有进爵之征。

爻反吟，入三墓，反复昏庸。

卦得反吟，虽是身动不宁，若得世与官爻旺相，一定升迁。世爻若与官星衰者，必遭降罚，降后还升。惟怕世与官星被冲被克者，定有不测之祸。

世爻休囚，被克化入墓者，事多反复，立见灾非。世爻有气，化墓入墓者，亦主朦胧昏聩。

世破鬼空，居官不久。

身衰化鬼，命尽当危。

世破世空，官破官空，在任无多日矣。

世衰动而化鬼，及化回头克者，须防寿命无坚。

世化官而遇官，政权多摄。

世爻旺相，化出官星，生合比助世爻者，得权摄之济。世爻旺相，化出官星，刑世克世者，反受权摄之害也。化出官星，泄世爻之气者，因权摄以赔累也。官星持世，而旺爻中，又动出官星，拱扶比合者，亦主政权多摄。

世临官而遇马，差遣烦劳。

官星持世，明动暗动，加临驿马者，多有差遣。日月动爻作财而扶者，差中得利。卦中兄爻发动，日月动爻刑克世爻者，辛苦赔财。心有望于差遣者，不待驿马加临，但遇世动，即有差矣。

官合龙兴恩命至。

青龙官星持世，或世临日月，或日月动爻生合世爻，或世临岁五之爻，或岁五生合世爻，或世官三合，皆为吉兆。大位者上恩特用，平位者加级超升。

财临虎动讣音来。

财爻持世，及卦中财动，或父母爻休囚空破，若有尊长，切不可以财断之，须防孝服。

如寅月壬午日，占在任平安否？得颐之噬嗑。

			山雷颐			火雷噬嗑	
白虎	兄弟		▬▬▬▬▬	寅木		▬▬▬▬▬	巳火
螣蛇	父母		▬▬ ▬▬	子水		▬▬ ▬▬	未土
勾陈	妻财	× 世	▬▬ ▬▬	戌土	官鬼	▬▬▬▬▬	酉金
朱雀	妻财		▬▬ ▬▬	辰土		▬▬ ▬▬	辰土
青龙	兄弟		▬▬ ▬▬	寅木		▬▬ ▬▬	寅木
玄武	父母	应	▬▬▬▬▬	子水		▬▬▬▬▬	子水

有人出此卦而问余曰："今岁占在任之流年，世爻变鬼，我甚忧之。"余曰："世爻戌土，虽则休囚，得午火生之，自身不妨，须防孝服。"彼曰："财非临虎，如何主孝？"余曰："迂也。午日冲动子水，父母被戌土财爻之克，世化官空，八九月必见。"果于八月丁艰。

又如辰月己丑日，占在任吉凶。

			风泽中孚			山泽损	
官鬼			▬▬▬▬▬	卯木		▬▬▬▬▬	寅木
父母	○		▬▬▬▬▬	巳火	妻财	▬▬ ▬▬	子水
兄弟	世		▬▬ ▬▬	未土		▬▬ ▬▬	戌土
兄弟			▬▬ ▬▬	丑土		▬▬ ▬▬	丑土
官鬼			▬▬▬▬▬	卯木		▬▬▬▬▬	卯木
父母	应		▬▬▬▬▬	巳火		▬▬▬▬▬	巳火

官鬼克世，幸而不动，在任还保无凶。但不宜兄爻持世，丑日冲动，今冬身必动摇，身动耗费不小。彼曰："因何事而动？"予曰："堂前双庆否？"彼曰："家父在堂。"予曰："须防冬令，火被水伤，必因孝服而动。"不意六月公署回禄，冬月讣音随至。回禄者，兄爻持世，暗动破财。伤父者，巳火父化子水克也。

援例章第五十八[①]

财旺官空，且有堆金于白屋。

财旺世旺，而官临月破旬空，或被日月冲克，及动而变凶，官如朽木枯枝。虽有旺相之财，生之不起。终属白屋之富翁，难食王家之天禄。

妻摇鬼旺，定然执玉拜丹墀。

世与官星财星，三者不可一陷。若财官两旺，而世爻失陷者，纵使得官，无福安享。若官世两旺，财星失陷者，乃有例而无财也。

如丑月乙卯日，占援例，得豫之否。

```
          雷地豫                天地否
妻财 ×  ▬▬ ▬▬  戌土    妻财  ▬▬ ▬▬  戌土
官鬼 ×  ▬▬ ▬▬  申金    官鬼  ▬▬▬▬▬ 申金
子孙 应 ▬▬▬▬▬ 午火           ▬▬▬▬▬ 午火
兄弟    ▬▬ ▬▬  卯木           ▬▬ ▬▬  卯木
子孙    ▬▬ ▬▬  巳火           ▬▬ ▬▬  巳火
妻财 世 ▬▬ ▬▬  未土           ▬▬ ▬▬  未土
```

断曰："财动生官，不宜世临月破。破而被克，有官不能享也。"后竟纳之，名成身丧。

又如戌月癸丑日，占纳银复职，得困之兑。

```
          泽水困                兑为泽
父母    ▬▬ ▬▬  未土    父母  ▬▬ ▬▬  未土
兄弟    ▬▬▬▬▬ 酉金           ▬▬▬▬▬ 酉金
子孙 应 ▬▬▬▬▬ 亥水           ▬▬▬▬▬ 亥水
官鬼    ▬▬ ▬▬  午火           ▬▬ ▬▬  丑土
父母    ▬▬▬▬▬ 辰土           ▬▬▬▬▬ 卯木
妻财 × 世 ▬▬ ▬▬ 寅木   官鬼 ▬▬▬▬▬ 巳火
```

此公先因讦误革职，后因外省新例，较部纳损银一半。予知此信，告于此公，即请卜之，而得此卦，予曰："世爻休囚，动而变鬼，不可行

[①] 凡用财图名者，同此。

之。"不听，竟欲举行。予嘱其家人，告禀夫人，尔主明年秋令甚低，纵使名成，不能出仕。果得夫人力阻，次年正月得噎食之疾，七月而终。

财静子飞空用意。

子孙持世，财爻动与不动，皆不可行。财临空破，亦不可行。

子孙财星官星同动者，又可行。其故何也？子动生财，财动生官也。

兄兴财动枉劳心。

兄弟爻持世，或兄爻发动，乃是破耗之神，白费其财，终不成名。若得官星同动者，又可行之。何也？以官鬼而制兄也。

野鹤曰：卦中官星不动，但遇兄弟持世，兄爻发动，及财爻持世化兄弟，百无一成。即使成后，必有他故，终无食禄之方。

武试章第五十九

文试者，官父而重。武试者，首重官爻。

世破官空休指望，官兴财旺亦堪图。

世与官星，有一而逢空破者，不须指望。

武场虽不以父为重，予常得验，官父两旺者，竟得抢元。

然又有财动生官，竟得中者，何也？然其中必有隐事。

空赴武闱，皆为子孙持世。

子孙持世，子孙发动，即使力能扛鼎，百步穿杨，皆无益于事矣。

试期病阻，乃因官鬼伤身。

官鬼克世，日月动爻克世，世动化鬼化克，若非临场病阻，即有灾祸临身。

投麾效用入武从军章第六十

官宜旺相，不宜空破休囚。

财世两爻，怕见刑冲克坏。

世与官星，皆宜旺而化吉。财为禄养，岂宜日月刑冲？世爻失陷，及动而变凶，身身难保。

官星失陷，及动而变凶，难许成名。

财爻失陷，及动而变凶，乏粮无禄，即使官旺，厨灶无烟。

惟喜官星持世，财动相生；财爻持世，官动相合。或官世临乎日月，及岁月日建相生；或世动化吉，将来之封拜可期。岂唯百夫之长而已耶？

觉子曰：虽以此断，无不验者，但要识来人之意。彼若以名利而问，以此而决者，是也。如若尚未见用，占问可能收用否，又以官星为收用之官。官来生合世爻者，必收。官爻克世及空破者，不录。如不知其此窍，竟以此官星断自己之功名，如天远也。

署印谋差章第六十一

财与官星，不可有一而不旺。

子孙兄弟，不可有一而动摇。

世陷财空，不如守己。

官空世破，且让他人。

用财而图者，与援例同推。

衰世随鬼入墓，世动化克化鬼，子孙兄弟持世，谋署谋差，自投罗网。

校正全本增删卜易卷八

占面圣上书叩阍献策条陈劾奏章第六十二①

旺父持世，宜日月岁五以维持。

父母为文书章奏，持世合世，奏必见准，再得岁五及日月动爻生合者，见用无疑。

兄弟临身，喜父母化吉而拱合。

兄弟持世，日月生之，或世爻父母爻动而化吉，或化父母生世。以上皆得喜动龙颜，因文见用。

财爻持世破文书。

财爻持世，财爻发动，克破文书，无益之奏。倘得父母持世，财官同动者，而又喜之。其故何也？以财动而生官，官动而生世也。

子福临身防降罚。

子孙为克官之神，有职之官章奏者，不宜见之。或持世，或发动，轻则降罚，重则休官。无职之人而章奏者，有两论之，须察来人之念。彼行此事，原为名者，见之不成名；彼行此事，恐其有祸，若见之则无祸。

世临空破，难以回天。

世值旬空月破，及临绝及入三墓者，不蒙见准，宜早知机。

世动变凶，或岁五日月动爻冲克世爻者，不唯难以回天，且防不测之祸。

子动临身，力能折槛。

或曰：前说子动克官，不宜见之。此喜子孙持世者，何也？

野鹤曰：须看事之大小，有职之官行此事者，预料此事即不准，行无

---

① 凡占文书，亦须采用。

过于革职而已，子孙者即为克官之神也。欲保全功名，子孙发动，切勿行之。倘若条陈，将相谏诤君非，若得准行，名垂青史；如不见准，祸及其身，所以反喜子孙持世，即使殿折庭诤，可保无祸。古以子发乾宫为吉，非也。子孙为制鬼之伏神，未闻独在乾宫而为福神也。

如巳年巳月丁卯日，占劾奏，得旅卦。

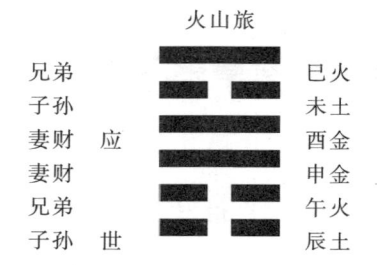

```
        火山旅
兄弟    ▬▬▬▬▬    巳火
子孙    ▬▬ ▬▬    未土
妻财 应 ▬▬▬▬▬    酉金
妻财    ▬▬▬▬▬    申金
兄弟    ▬▬ ▬▬    午火
子孙 世 ▬▬ ▬▬    辰土
```

野鹤曰：有人执此卦而问予曰："我欲劾奏权奸，恐其彼之根固，反遭其害。尔看此卦何如？"予曰："彼虽蒂固根深，今已坏矣。"问曰："何以知之？"曰："应爻酉金，长生于巳年巳月，岂非盘根耶？今被岁月克之，卯日冲之，有伤无救，所以知其彼之权势，自此衰矣。"又问曰："我有害否？"予曰："子孙持世，何害之有？"果蒙准行，奸势败矣。

最忌官爻克世，犹嫌助鬼伤身。

官鬼克世，已兆凶征，再加财动而助鬼者，其祸难免。世爻变鬼，动化回头之克；随鬼入墓，卦得反吟，卦变绝，世被冲克者，事非重大，急宜止之。

岁五生身防受制，六爻恍惚且休行。

太岁生世要入爻，不在爻中，不能生世。且如今岁子年，须看卦中有子爻者是也。难以五爻生世为吉，亦防受克，及空衰破绝。有生之名，无生之实。

如申月戊辰日，占上书，得中孚之损。

```
      风泽中孚              山泽损
官鬼   ▬▬▬▬▬   卯木   妻财 ▬▬ ▬▬   寅木
父母 ○ ▬▬▬▬▬   巳火        ▬▬ ▬▬   子水
兄弟 世 ▬▬ ▬▬   未土        ▬▬▬▬▬   戌土
兄弟   ▬▬ ▬▬   丑土        ▬▬ ▬▬   丑土
官鬼   ▬▬▬▬▬   卯木        ▬▬▬▬▬   卯木
父母 应 ▬▬▬▬▬   巳火        ▬▬▬▬▬   巳火
```

断曰："五位巳火生世，不宜巳火受克，此书宜止。"问曰："有害否？"予曰："巳火虽则不能生世，卦中无克世之爻，利害皆无。"后上之，果不准行。

野鹤曰：凡上书劾奏，果有兴利除害，益于国者，舍身而国，虽蹈汤赴火而不辞，何用占卜？倘若事无关系，或因忿而抱不平，或以直而报怨，事在两可之间者，得世与父爻，皆无刑冲克破，及岁五日月相生，方可行之。倘爻中乱动，而用神元神非旺非衰，或生少克多，六爻恍惚者，即宜止之。言出祸随，得不慎乎？

父旺官生，叨蒙赠爵。

旺官持世，平步登云。

旺父持世，官动生之；旺官持世，日月生之。官则官上加官，士则身登台阁。平人得者，立见平步登云。

野鹤曰：断卦者，最重来人之念。此行有为人者，有为己者，有为自身父母而雪怨者，有为保全人己之功名，有为财利而行者，有为免自己之赔累者，有为辨下属之赔累者，事之多端，在人通变。士民上书，虽则亦有忠心为国，亦有借此以作阶梯而求名也。倘得官旺而父不旺，亦可许之赠职封官。其故何也？彼之初念，原为得官，文乃敲门之瓦耳，所以重官而不重父。

我念为名，忌子孙之发动。

我念为利，忌弟兄以临身。

如五月丙辰日，占具文伸枉，保全功名，得大壮之夬。

```
      雷天大壮              泽天夬
兄弟  ▬▬ ▬▬      戌土    兄弟 ▬▬▬▬▬  未土
子孙  ▬▬ ▬▬  ×   申金    子孙 ▬▬▬▬▬  酉金
父母  ▬▬▬▬▬  世  午火    父母 ▬▬ ▬▬  亥水
兄弟  ▬▬▬▬▬      辰土    兄弟 ▬▬▬▬▬  辰土
官鬼  ▬▬▬▬▬      寅木    官鬼 ▬▬▬▬▬  寅木
妻财  ▬▬▬▬▬  应  子水    妻财 ▬▬▬▬▬  子水
```

父母持世，月建文书极旺，但不宜子动伤官。七八月，申金得令之秋，功名坏矣。果蒙上台题保，未蒙准行，八月削职。此乃为名，父旺亦属无益。

又如卯月辛丑日，占具文辨恳开销，得讼之履。

```
            天水讼              天泽履
子孙      ▬▬▬▬   戌土    ▬▬▬▬   戌土
妻财      ▬▬▬▬   申金    ▬▬▬▬   申金
兄弟  世  ▬▬▬▬   午火    ▬▬▬▬   午火
兄弟      ▬▬ ▬▬  午火    ▬▬▬▬   丑土
子孙      ▬▬ ▬▬  辰土    ▬▬▬▬   卯木
父母 × 应 ▬▬ ▬▬  寅木  兄弟▬▬▬▬ 巳火
```

断曰："旺文虽则生世，不宜兄弟持世。上司之章奏必行，我财终须要破。"后果已蒙题辨，不准开销。

占防防劾、虑大计，及已有事尚未结案者。

世旺官崇，忧心冰解。

旺官持世，喜照双眉。

世与官星，旺相何忧？再得日月动爻生扶，或得世爻官爻，临于日月，及动而变吉，防参劾者何虑？已参而未结案者，无忧。大计者，不独无忧，定蒙卓异。凡得旺官持世，亦同此推。

如未月戊申日，占因迟误军粮，已被参劾，得丰之旅。

```
            雷火丰              火山旅
官鬼 ×    ▬▬ ▬▬  戌土  妻财▬▬▬▬ 巳火
父母   世 ▬▬ ▬▬  申金    ▬▬ ▬▬ 未土
妻财      ▬▬▬▬   午火    ▬▬▬▬   酉金
兄弟      ▬▬▬▬   亥水    ▬▬▬▬   申金
官鬼   应 ▬▬ ▬▬  丑土    ▬▬ ▬▬ 午火
子孙 ○    ▬▬▬▬   卯木  官鬼▬▬ ▬▬ 辰土
```

断曰："世临日建，月建生之，动出戌官，又来相生，官爵无恙。"诸人不以为然。岂知因获奇功，保本随至，功名仍复保全。或曰："卯木子孙发动，如何不克官？"予曰："木绝于申，所以有救。"

福世孙摇身化福，官空鬼破变爻伤。

子孙持世，子孙动于卦中，世动化子孙，官破官空，及动化回头之克，皆主罢职休官。

如寅月丁巳日，占虑大计，得旅之明夷。

```
        火山旅                        地火明夷
兄弟 ○ ▬▬▬▬▬   巳火      妻财 ▬▬ ▬▬  酉金
子孙   ▬▬▬▬▬   未土      亥水 ▬▬▬▬▬  亥水
妻财 ○ 应 ▬▬▬▬▬   酉金    子孙 ▬▬ ▬▬  丑土
妻财   ▬▬▬▬▬   申金伏亥水官鬼   ▬▬▬▬▬  亥水
兄弟   ▬▬ ▬▬   午火              ▬▬ ▬▬  丑土
子孙 × 世 ▬▬ ▬▬   辰土    父母   ▬▬▬▬▬  卯木
```

断曰："子孙持世，虽化回头之克，世亦受克。外卦巳酉丑，虽则金局，以生伏神之官，亦无用矣。"果削职。

子动财空，减禄罚俸。

兄弟持世，兄弟发动，或财破财空，及财动化凶，倘得官爻旺相，罚俸而已。官失陷，利名双失。

身衰鬼克，贬责凌辱。

世衰不遇生扶，又有岁五日月动爻刑冲克世，或官动克世，或世随鬼墓，世动化鬼化克，及虎蛇刑克世爻者，轻则贬罚，重则刑狱。或曰："何以谓之轻重？"予曰："轻者乃世爻之有救也，重者乃世爻休囚，又被刑伤冲克也。"

卦静世空官久陷，林下闲人。

世空者，退休之兆。官又空破休囚者，削职无疑。

世陷逢生，杀兴何碍。

古有"身空杀动，避祸之征"，予以为非。殊不知忌神动于卦中，世爻空者，待世爻出空之月日，必遭其害，岂能避之？

惟世空逢元神，动而相生，卦中虽有忌神发动，亦无碍矣。待世爻出空之日，忌神反生元神，而生世也。

官隆世陷，身辱官存。

古有"身边伏鬼若非空，官职犹在"，谓凡遇凶兆，若得官爻持世，或官伏世下而旺，虽见责罚，而官职犹存。

野鹤曰：世遇五爻之克，若得旺官生合世爻，及旺官持世，虽则逢辱，仍可为官。

又如丑月戊辰日，占防参劾，得井之中孚。

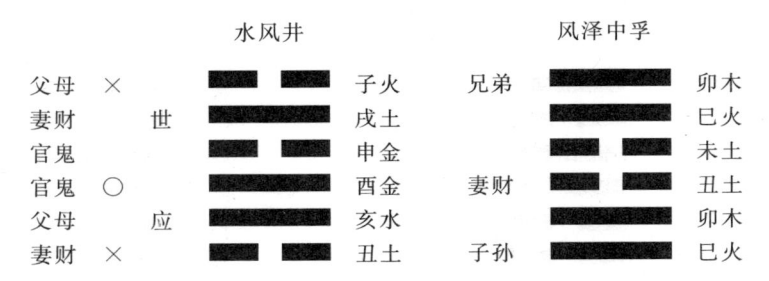

```
        水风井              风泽中孚
父母  ×  ▬▬ ▬▬   子火   兄弟  ▬▬▬▬▬   卯木
妻财  世  ▬▬▬▬▬   戌土         ▬▬▬▬▬   巳火
官鬼     ▬▬▬▬▬   申金         ▬▬ ▬▬   未土
官鬼  ○  ▬▬▬▬▬   酉金   妻财  ▬▬ ▬▬   丑土
父母  应  ▬▬▬▬▬   亥水         ▬▬▬▬▬   卯木
妻财  ×  ▬▬ ▬▬   丑土   子孙  ▬▬▬▬▬   巳火
```

此公因新换督抚，有防参劾。予曰："此卦甚奇。世空以逢日冲，不为空矣。世不受克而暗动，虽无参论，离任不免。"彼曰："既无参论，如何离任？"予曰："世爻暗动，必主动摇。内卦巳酉丑，合成官局，以生应爻，故知此位已属他人矣。"后因裁他处之缺，上台题留他处之官，顶此公之位，换此公回京另补。此亦少经见之事，知几者神也。

身实官陷，位去身安。

世爻旺相，不受伤克，官破官空，及被刑冲克害，或动而变凶者，官禄虽失，身不逢伤。

养亲告病辞官章第六十三

子世子兴，必能遂愿，官克官世，总不如心。

子孙持世，子孙发动，乃无官之累，必能遂我偷闲。若官星持世，及官动克世合世，难脱利名缰锁。

给假不忌反吟，休致须宜化退。

告病及养亲，乃暂归之事，得反吟卦者，乃应将来再任，故不忌之。惟辞官者，不宜见之。非目下屡辞反复，乃将来还入留台。若得伏吟，必不能行。

官化退，世爻化退，告假辞官，皆得遂意。

世与官星而化进神者，王事羁身，难于歇手。

修陵修河一切营造公务防患章第六十四

福摇子动无忧，鬼克兄冲有患。

子孙持世，子动卦中，事无忧虑，有始有终。

官鬼克世而受累，兄克兄动以赔财，鬼兄持世者同推。

父世官生因公加爵。

父母持世，官星动而生合世爻者，必因公事加官。

财兴官旺，获利荣名。

旺官持世，财动而相生，不独因公得利，远许名荣旺。财爻持世，世动化财生世，皆同此断。

六冲不久，六合坚牢。

工程皆以父爻为用神，不旺或受冲克，又得六冲卦者，必不坚久，化冲者亦然。又看世爻旺否，世若休囚被克，将来终遭其害。

唯喜父爻旺相，又得六合卦者，永远坚牢。

野鹤曰：凡占公务，初入工程而防患，宜子孙动摇，子动无忧。倘若已见疏虞而防患者，必有功名之虑，子动以伤官也，岂曰"子动而无忧"耶？初入工程，兄动以防赔财，已见疏虞，兄动而防罚俸。

僧官道纪医官杂职阴阳寺官章第六十五

僧道医官，亦喜官爻发动。

旧系"岂可爻书发动"，谓僧道医官占功名，乃以子孙为用神，不宜父动而克子也。

野鹤曰：此非理也，若他人占僧道医人，乃以子孙为用神。子孙旺相，道业高强；父母兴隆，庸愚懦弱。若僧道医家，自占道艺，亦以子孙为用神。子孙旺相，鬼服龙降。今以自占功名，子动而克官也，如何反为用？非也，仍看官爻。官星持世，或日月动爻以相生；父母持世，或得旺官相生，其名必成。

阴阳杂职，俱以子动为嫌。子孙动，子持世，皆许必不成名。余则以俗家求名同断。

如丑月丙辰日，僧官占名，得屯之既济。

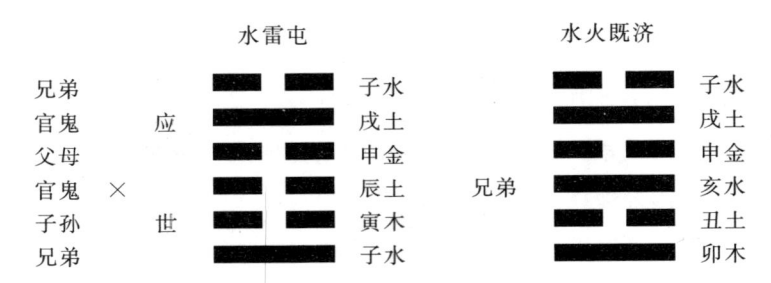

```
        水雷屯                    水火既济
兄弟    ▬▬ ▬▬    子水            ▬▬ ▬▬    子水
官鬼 应 ▬▬▬▬▬   戌土            ▬▬▬▬▬   戌土
父母    ▬▬ ▬▬    申金            ▬▬ ▬▬    申金
官鬼 ×  ▬▬ ▬▬    辰土    兄弟    ▬▬▬▬▬   亥水
子孙 世 ▬▬ ▬▬    寅木            ▬▬▬▬▬   丑土
兄弟    ▬▬▬▬▬   子水            ▬▬▬▬▬   卯木
```

此因官事，恐革退僧官而卜之。

断曰："子孙持世，克官之神，官临应爻，此官已属他人矣。"果蒙革退。

功名到何品级章第六十六

古法：水一，火二，木三，金四，土五。官临火者，官居二品。官星属水，一品之尊。

野鹤曰：水止一数，位至公侯者，何以定之？官设九品，数止于五六七品者，何以定之？余得其法者，指占之法也。我能公侯否？我能将相否？我能一品否？我能入座否？旺官临日月，指日可期。官破及刑冲，终身失望。子孙持世，犹如止渴望梅。官动生身，恰似探囊取物。

曾有邑宰问："将来官至方面否？"巳月乙卯日占，得雷山小过。

```
        雷山小过
父母    ▬▬ ▬▬    戌土
兄弟    ▬▬ ▬▬    申金
官鬼 世 ▬▬▬▬▬   午火
兄弟    ▬▬▬▬▬   申金
官鬼    ▬▬ ▬▬    午火
父母 应 ▬▬ ▬▬    辰土
```

午火官星持世，后果官至金事。又子月乙亥日，官至方伯。问将来能于开府否？连占三卦，子孙持世，后果降调而归。又因占会试，许之必中。又问："可能鼎甲否？"予曰："必须再占一卦。"
卯月甲申日，得节之蹇。

			水泽节			水山蹇	
元武	兄弟		▬▬ ▬▬	子水		▬▬ ▬▬	子水
白虎	官鬼		▬▬▬▬▬	戌土		▬▬▬▬▬	戌土
螣蛇	父母	应	▬▬ ▬▬	申金		▬▬ ▬▬	申金
勾陈	官鬼	×	▬▬ ▬▬	丑土	父母	▬▬ ▬▬	申金
朱雀	子孙	○	▬▬▬▬▬	卯木	妻财	▬▬ ▬▬	午火
青龙	妻财	○ 世	▬▬▬▬▬	巳火	官鬼	▬▬ ▬▬	辰土

断曰："古以蹇为不吉，余重用神。此卦世临巳火，卯月生之，申日合之，青龙持世，中鼎甲而无疑。但非今科之鼎甲也。"公曰："何也？"予曰："世爻变出辰土之官，乃辰年之鼎甲也。"公曰："此数暗合我机。我少年得一预兆，亦应辰年。"场毕即回。至甲辰科殿试，果得首唱传胪。所以教人指其事而占者，无不验也。何必谆谆执古法而猜耶？

子占父功名章第六十七

父旺官动相生，日月作官星而生父母，父旺化官，父官动而化吉，皆许成名。

财克父，子动伤官，父官动而变凶，日月克官克父，或父爻官爻衰墓破绝，皆许无益。

如卯月壬辰日，占父何时起用，得风水涣，变夬。

		风水涣			泽天夬	
父母	○	▬▬▬▬▬	卯木	子孙	▬▬▬▬▬	未土
兄弟	世	▬▬▬▬▬	巳火		▬▬▬▬▬	酉金
子孙	×	▬▬ ▬▬	未土	官鬼	▬▬▬▬▬	亥水
兄弟	×	▬▬ ▬▬	午火	子孙	▬▬▬▬▬	辰土
子孙	应	▬▬▬▬▬	辰土		▬▬▬▬▬	寅木
父母	×	▬▬ ▬▬	寅木	官鬼	▬▬▬▬▬	子水

内卦寅木父母，旺而化出子水之官，许寅年起用。果应寅年，仍以原

品起用，后终于未年。又以此卦悟之，初爻寅木爻，寅年而起用。上爻卯木父动而化未墓，墓于未年。占时未墓爻空，谓之空墓以待死，所以终于实墓之年。又因用神重叠，逢墓库以收藏。

又如辰月戊申日，占父在京候补，得观之涣。

风地观

妻财	▬▬ ▬▬	卯木
官鬼	▬▬ ▬▬	巳火
父母　世	▬▬▬▬▬	未土
妻财	▬▬ ▬▬	卯木
官鬼　×　应	▬▬ ▬▬	巳火
父母	▬▬ ▬▬	未土

风水涣

	▬▬ ▬▬	卯土
	▬▬ ▬▬	巳火
	▬▬ ▬▬	未土
	▬▬ ▬▬	午火
父母	▬▬▬▬▬	辰土
	▬▬ ▬▬	寅木

未土父母持世，巳火官动生之，果得缺，补于四川。巳月即归，巳火生世之故耳。

李我平曰：问何时，问地方，须宜分占，不可一卦而兼断。若兼断者，假使官值申金，必升于七月。论分野者，申乃西晋之地，岂七月之升选，必得西方之缺耶？古法之谬者明矣。又以八宫，离南坎北；又以二十八宿，以定分野。又云："食禄于此土，以禄定方。"又曰："游魂远而归魂近。"《易冒》："以五行六神八宫为经，诸星为纬以参之。"此可说而不可行也。五行八宫及二十八宿，尚亦近理。若以六神而兼星煞者，乃妄谈也。假使丁日占，得雷风恒卦，酉金官星持世，必司兵权。神得螣蛇，蛇乃驰骤差遣之官，丁以酉为文昌，文昌为翰林，执彼之法而断者，酉官为经，螣蛇文昌为纬，定是掌兵权于翰苑，听差遣驰驿之词林也。

校正全本增删卜易卷九

求财章第六十八

诸书之论求财，弗如《黄金策》理真论确，屡试屡验，惜乎未经分别。今以前段为总论，以后段分门，使后贤易晓。内有屡试而不验者，删之。予另得其验者，增之。

财旺福兴，公私称意。

财空福绝，上下违心。

上至国课，下至营谋，无不以财为用。公占私卜，皆以财为用神。子孙者，乃生助财爻之元神也。俱宜旺而化吉，又宜生合世爻，公私皆得如意。若逢衰墓绝空，刑冲克害，动而变凶，日月冲克破者，上下皆违心矣。

有福无财，兄弟交重偏有望。

兄弟乃劫财之神，占财之最忌也。财与兄爻同动，必主阻隔破耗。倘若财爻静而不动，及不卦者，若得子孙与兄弟同动，又为可喜。兄动生子孙，故谓之有望。

财爻，兄爻，子孙爻，俱动于卦中者，更为可喜。其故何也？兄动生子，子动生财，其利甚厚，且有久远源流之利益也。

兄与财振，官爻发动亦堪求。

兄爻与财爻同动，而官鬼亦动者，亦许得财，以官鬼克制兄爻之故耳。

财福俱无，莫若守株待兔。

财与子孙爻，俱不现卦，或现于卦中，又值休囚空破墓绝，或被刑冲克坏，须宜株守，图则无益。

觉子曰：倘得日月为财，或伏而旺者，亦可求也。

父兄爻动，无殊缘木求鱼。

父动克福神，兄动克财爻，此二爻动于卦中，凡有所图，水中捞月。

如酉月戊午日，占求财，得革卦。

```
          泽火革
官鬼  ▬▬ ▬▬   未土
父母  ▬▬ ▬▬   酉金
兄弟 世 ▬▬▬▬▬  亥水
兄弟  ▬▬▬▬▬   亥水
官鬼  ▬▬ ▬▬   丑土
子孙 应 ▬▬▬▬▬  卯木
```

断曰："卦中财爻不现，亥水兄爻持世，父临月建，生助兄爻，如缘木以求鱼也。"

多财反覆，必须墓库以收藏。

卦中财临日月，谓之太旺。或动变俱是财爻，日月又作财星，谓之重叠。若许求谋得意之时，须待财爻入墓之日。且如水作财神，辰日而得。余仿此。

无鬼分争，又怕交重而阻滞。

兄弟乃争夺阻隔耗财之神，宜官鬼动而制之，以免分争之患。

觉子曰：兄爻发动，喜鬼动以制之。倘卦中兄爻安静者，又不宜乎鬼动。鬼动反泄财爻之气也，且有口舌。

兄如太过，反不克财。

旧注：卦中一位兄爻动者，最为利害。如若兄弟爻多动者，反不劫财。

觉子曰：非也。兄爻多者，待兄爻入墓之日，及克损兄爻之日，必劫其财。谓之"太旺者，损之斯成"。

如巳月丙辰日，占放印子钱，得未济之归妹。

```
             火水未济              雷泽归妹
兄弟  ○ 应  ▬▬▬▬▬   巳火   子孙  ▬▬ ▬▬   戌土
子孙       ▬▬ ▬▬   未土   申金  ▬▬▬▬▬   申金
妻财       ▬▬▬▬▬   酉金        ▬▬▬▬▬   午火
兄弟    世 ▬▬▬▬▬   午火        ▬▬ ▬▬   丑土
子孙       ▬▬▬▬▬   辰土        ▬▬ ▬▬   卯木
父母  ×    ▬▬ ▬▬   寅木   兄弟  ▬▬▬▬▬   巳火
```

此卦月建世爻动爻变鬼，俱是兄爻。占卦之后，虽则顺遂；后至九月，乃兄爻入墓之月，因奸情而破耗。岂可谓之"兄爻太过，反不劫其财"耶？

世遇兄临，必难求望。

古以卦身临兄爻，难于求望。予因卦身不验，只以世爻为主。兄爻持世，难遂图谋。

野鹤曰：全在人之通变。兄弟而持世者，虽则为忌，亦有不当忌者。

如未月丁卯日，占借贷，得晋卦。

```
           火地晋
官鬼     ▬▬▬▬▬   巳火
父母     ▬▬ ▬▬   未土
兄弟  世 ▬▬▬▬▬   酉金
妻财     ▬▬ ▬▬   卯木
官鬼     ▬▬ ▬▬   巳火
父母  应 ▬▬ ▬▬   未土
```

断曰："虽则兄爻持世而无财，但喜卯日即是财星，古以财爻克世冲世者必得，况应爻未土旺而生世，明日必获。"果于辰日得财。应辰日者，世动逢合之日也。

又如巳月丁巳日，占求财，得既济变涣卦。

```
                     水火既济                    风水涣
        兄弟  ×  应  ▬▬  ▬▬    子水      子孙   ▬▬  ▬▬    卯木
        官鬼         ▬▬  ▬▬    戌土             ▬▬▬▬▬▬    巳火
        父母         ▬▬▬▬▬▬    申金             ▬▬  ▬▬    未土
        兄弟  ○  世  ▬▬▬▬▬▬    亥水      妻财   ▬▬  ▬▬    午火
        官鬼  ×     ▬▬▬▬▬▬    丑土      官鬼   ▬▬▬▬▬▬    辰土
        子孙  ○     ▬▬▬▬▬▬    卯木      子孙   ▬▬  ▬▬    寅木
```

断曰："若占久远之财者，则无财也。若问目下之财，明日戊午必得。其故何也？兄临世爻，日破月破，不克变出之财。况日月俱作财来冲世，只因应爻而逢空，明日冲实，定送财来。"果于次日送来。

又如巳月戊寅日，占何日得财，得离之丰。

```
                     离为火                    雷火丰
        兄弟  ○  世  ▬▬▬▬▬▬    巳火      子孙   ▬▬  ▬▬    戌土
        子孙         ▬▬  ▬▬    未土             ▬▬  ▬▬    申金
        妻财         ▬▬▬▬▬▬    酉金             ▬▬▬▬▬▬    午火
        官鬼     应  ▬▬▬▬▬▬    亥水             ▬▬▬▬▬▬    亥水
        子孙         ▬▬  ▬▬    丑土             ▬▬  ▬▬    丑土
        父母         ▬▬▬▬▬▬    卯木             ▬▬▬▬▬▬    卯木
```

断曰："酉金财爻不动，明日卯日，冲动财爻，明日必得。"彼曰："兄弟持世，如何得财？"予曰："兄爻动而化墓，不克财爻。"果于次日得之。

野鹤曰：余非他书之比，偶然凑合，即以为式，务必屡试而屡验者，故敢教人以为法也。予凡占得兄爻持世，而世值月破旬空化墓，及日月作财，冲世克世，或世爻兄弟，变出财爻，皆许得财。屡占得验，方敢告之。若世持兄弟，非此类者，不可如此断之。

财来就我终须易，我去寻财必是难。

旧注：凡遇财爻，生世合世，克世持世，皆谓之才来就我。若卦中虽有财动，不来生合世爻，亦非我之财也。

野鹤曰：此说财不生合世爻，非我之财。即如前二卦兄爻持世，何尝财来生合？总要断卦之人灵机应变，参悟其理，自然触类旁通，不可执之。

福变财生，利源滚滚。

财得子动生之，如财之有源也，其利丰厚。倘得子动化财，财动化子，皆同此断。

兄伤鬼克，口舌纷纷。

财爻持世，兄爻亦动者，不独劫财，还防伤己。如若鬼动克世者，更凶。

觉子曰：《黄金策》云："兄连鬼克，口舌难逃。"谓兄动变鬼，冲克世爻者，不独无财，还防口舌。殊不知兄动变鬼，即是兄化回头之克，自顾不暇，又焉能冲克世爻？

如酉月丙午日，占贸易有利否，得师之坎。

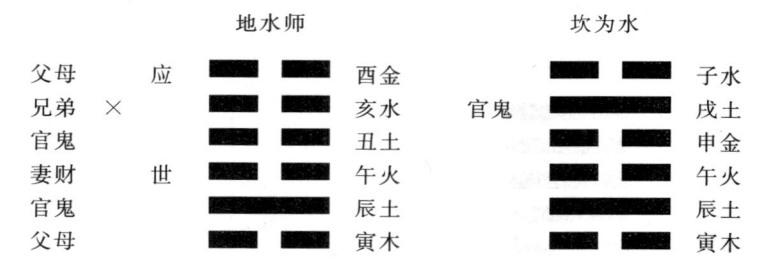

	地水师		坎为水
父母　应	▬▬ ▬▬　酉金		▬▬ ▬▬　子水
兄弟　×	▬▬ ▬▬　亥水	官鬼	▬▬▬▬▬　戌土
官鬼	▬▬ ▬▬　丑土		▬▬ ▬▬　申金
妻财　世	▬▬ ▬▬　午火		▬▬ ▬▬　午火
官鬼	▬▬▬▬▬　辰土		▬▬▬▬▬　辰土
父母	▬▬ ▬▬　寅木		▬▬ ▬▬　寅木

午火财爻持世，亥水兄动劫之，幸得亥水化戌土，兄爻被克，不来劫财，许之可行，必有利息。果得利益。后于九月，此人胞弟，得暴病而死。予悟此卦，亥水兄弟变鬼之故耳。此卦问财，带出丧弟。如此者，余屡见之，后学不可不留心也。

财局合福德，万倍利源可许。

世与财爻，或与子孙爻三合成局，诸占物阜财丰。

野鹤曰：须要在局中，或是合成子孙财局生世，方为全美。倘如合成父局，劳碌辛苦；合成兄局，破耗多端；合成鬼局，口舌灾非。克世者更凶。

岁君逢劫杀，一年生意无聊。

劫煞者，乃兄弟之爻也。兄临太岁，一年破耗。

谒贵求财章第六十九

世克官，官生世，须宜谒见；财临破，鬼克世，枉费奔驰。

野鹤曰：见贵有两问也。为名者用官，为利者用财，皆宜持世，及生合世爻为吉。如逢空破墓绝，及动而变凶者，徒劳奔驰之力耳。

倘若世爻化鬼化克，及随墓助伤者，更不宜行。若非到彼之凶，定在中途遇祸。贵谒贵者同断。

世动遇空，身兴遇破。

世动化空破者，勿曰不吉，乃应到彼之月日也。

如申月丁卯日，占出行见贵，得同人。

```
         天火同人
子孙  应 ▬▬▬▬▬  戌土
妻财     ▬▬▬▬▬  申金
兄弟     ▬▬▬▬▬  午火
官鬼  世 ▬▬▬▬▬  亥水
子孙     ▬▬ ▬▬  丑土
父母     ▬▬▬▬▬  卯木
```

断曰："官星持世而空，出空亥日，得见官府，财利如心。"果于出空之日见官，财利得意，月建财爻生世之故耳。

官持世，财动相生；财持世，官无缺陷。

再得日月照临，彼此缘投有幸。

日月照临者，乃日月生世生财，或世与财爻而临日月是也。

为名宜父动，因利忌兄兴。

凡与谒贵，既得世与官星相合相生，必然得见。若为名利，须宜另占，不可就以此卦断之。为名者，宜父官两旺。为利者，宜财福两旺。

如申月甲辰日，占谒贵求题荐，得噬嗑。

```
            火雷噬嗑
子孙      ▬▬▬▬▬    巳火
妻财 世   ▬▬  ▬▬   未土
官鬼      ▬▬▬▬▬    酉金
妻财      ▬▬  ▬▬   辰土
兄弟 应   ▬▬▬▬▬    寅木
父母      ▬▬  ▬▬   子水
```

断曰："若求题荐，全仗文书。卦中财爻持世，父母受克，难许如心。"彼曰："若果得财，亦不负此一行。"予曰："非此论也。尔之来意，原为求名。此财爻持世者，乃是破文书之忌神，非许尔以得财也。"

觉子曰：尝见人断卦，竟以此财爻，断之有财。殊不知财爻持世破文书，求荐举而不得也。误作虽不成名，必得其利，相去远矣。

六合六冲须看用，反吟化退枉奔驰。

爻逢六合，亦要用神旺相，或世与财官相合，乃为吉兆。卦逢六冲，必须用神受克失陷，始作凶征。

卦得反吟，及世动化退，多见难于行动，勉强而去，空反而归。

贵人谒贵，宜世应以相生。

平人见贵，宜官贵而相合。

贵人谒贵人，宜于世应相合相生。平人见贵人，宜官贵相合相生，及官星持世。

觉子曰：有心而问见贵求名者，官星持世生世必得官。有心问谒贵人者，官星生世合世而得见。切勿以此得见贵人之官星，误作成名而断也。

贵人谒贵，世应若相冲克，财伏而空，去之何益？官克世，世变鬼变克，更凶。

平人见贵，官克世变鬼变克，勿去，去则须防不测。财官生世，持世为吉。

凡出行求财谒贵，《出行章》参看。

为贵人奔走效力财章第七十

最重财官两旺，不宜世应皆空。
世遇财应临福，我益他损；
应临官世逢破，他损我益。
兄爻持世，不如闲处安身；
应克世爻，防虑他人反目。

世遇财星，官星临应，无不遂也。世逢空破墓绝，及动而变凶者，皆非吉也。应克世，兄克世，见灾还浅。鬼克世，世化鬼，得祸不轻。

开行开店及各色铺面章第七十一

世为己，应为人，大宜相合。
财为本，福为基，最喜同兴。

古法应为伙计，又为下顾之客。《黄金策》曰："开行定主有人投。"

觉子曰：须在来人之念。有心而问伙计，应为伙计。若得世应相生相合，彼此同心。应生世，他益于我。世生应，我益于他。相克相冲，两情有变。应爻克世，我被他瞒。世克应爻，他从我愿。应临元武兄爻，暗中盗骗。应临官鬼克世，明降灾非。世财应兄，受他之累。世财应子，得他之力。世应空合，彼此有虚诈之心也。

来人之念，重在买卖者，须以应爻为下顾之客。应爻生合世，生客来交成故旧。世应相冲相克，熟人终久变成仇。

鬼作灾非须忌动，财为活计畏刑冲。

鬼动招非，克世最忌。法云："鬼现爻中，是非日有。鬼摇克世，灾祸连绵。"须看鬼值何神克世，须于《家宅章》内详之。

财为资本，忌衰墓空破，及动而变凶。或日月刑冲克害，更忌世与财空，俱开不成。

鬼兄发动，有制何妨。
随墓助伤，多凶少吉。

鬼动招非，若得子孙制鬼，或日月冲克鬼爻，谓之有制。

觉子曰：凡遇兄鬼同动者，不可曰"鬼动招非"。以鬼动能制兄爻，不劫财也。兄弟又为阻隔破耗之小人，得此鬼动，可以制服。独不宜世随鬼墓，或世动而变凶，皆凶兆也。

凡占贸易，虽宜财动，若遇鬼爻克世，又不相宜，乃为助鬼以伤身也。

卦得反吟多反复。

卦得反吟，欲行不行，行而又止；或开而又剪，剪而又开。倘店开久矣，遇此一定更迁。

冲中变合再重兴。

爻逢六合，及六冲卦变六合，或世与财爻子孙共成三合，定是剪后重兴。惟六合变冲，则不宜也。眼前热闹，终久萧条。

合伙不嫌兄弟，乏本内外无财。

世应临兄不吉，兄爻发动不吉。倘若世临兄爻，日月作财星冲克世者，反为吉也。

内外无财，伏而又空，必然乏本。屡试果验。

投行损益章第七十二

官若兴隆，行主可千金之托；
应如空破，牙人无毫忽之能。

官旺应旺，生合世爻者，其人可托。

如若静衰空破，即是奸险小人。倘若交财，定遭欺骗。

世被应伤，遭他陷害；
财逢兄克，虑彼相瞒。

应克世爻，帐目难清；兄克财爻，已入套矣。

兄动货难脱卸，子兴物易交关。

兄动阻隔，货难磬脱；子兴财旺，利息丰亨。

兄雀并摇，难逃口知；武鬼同发，须虑穿窬。

雀临兄鬼，动而克世者，口舌官灾。

元武临兄，鬼动克世者，须防窃盗。

囤货卖货章第七十三

财爻衰者须停榻，妻位当时可脱之。

积货卖货，皆不宜财逢空破，及动而变克；财衰宜囤，财旺以脱。

如春天，占得财爻属木，谓之旺，宜速发卖。若临金水土者，宜堆积也。临火为相，亦不宜堆。此论四时之衰旺也。

觉子曰：衰虽可买，须要查其根蒂。虽衰宜有根，将来再发。若无根蒂，终久难于出脱。不可不知。

如寅月己亥日，占收货，得颐卦。

山雷颐

兄弟　　▬▬　　寅木
父母　　▬ ▬　　子水
妻财　世　▬ ▬　　戌土
妻财　　▬ ▬　　辰土
兄弟　　▬ ▬　　寅木
父母　应　▬▬　　子水

古以财爻，衰者当收，此卦辰戌

之财，衰而不遇生扶，谓之无根，将来终不得价，不可收买。不听，后来堆积四年，朽坏大半，大亏其本。

货有定时，须凭时令。物无定者，指利而占。

定时者，有贵贱之时也。比之麻葛得价于夏令，花绵得价于冬天。又如木料绸缎，无定时也。

财化进神，其价正长。

财化进神，不可收积。化退者，其价将落，有货速宜出脱。

兄爻持世，破败之端。

觉子曰：**算甚命，问甚卜？亏人是祸，饶人是福。**财将义取者，神告显然。财之不义者，神不告矣。昔有一人，亏损伙计，独得其利，人人知而唾骂。因占货当卖否？卦得兄爻持世；又占不卖何如？又是兄爻持世。

256

占过又占，不离兄动。予亦知其此人，亏损伙计而得货，抑且素行不端。予悟兄动者，破财之兆也。有利无利，神不告之。后此人不卖者，其价一日贱似一日，不得不卖。及至急急卖毕，其价大长，折本漂流，难回故里，所以丧心之人，何须占卜。

财值旺衰墓绝，自有得令之秋。
妻逢破克伏空，岂无乘除之日。

财太旺者，得利于墓库之月。休囚者，出脱于生旺之时。入墓必待冲开，遇绝当逢生旺。月破者，填实之候。被克者，冲去克神之秋。伏藏者，得价于出现之时。旬空者，冲空实空之月。财逢合住，亦待冲开。

如子月己丑日，占何时得价，得归妹之兑。

```
            雷泽归妹              兑为泽
父母    应  ▬▬ ▬▬    戌土        ▬▬ ▬▬    未土
兄弟  ×    ▬▬▬▬▬    申金   兄弟  ▬▬▬▬▬    酉金
官鬼       ▬▬▬▬▬    午火        ▬▬ ▬▬    亥水
父母    世 ▬▬ ▬▬    丑土        ▬▬ ▬▬    丑土
妻财       ▬▬▬▬▬    卯木        ▬▬▬▬▬    卯木
官鬼       ▬▬▬▬▬    巳火        ▬▬▬▬▬    巳火
```

断曰："卯木财爻，子月生之，财有根蒂。目下不得价者，被申金动而克制，待寅月冲去申金，其价必长。"果于正月，勃然大长。此乃财爻被克，冲去克神之月也。

又如巳月戊申日，占买台连吊，有利否，得复之颐。

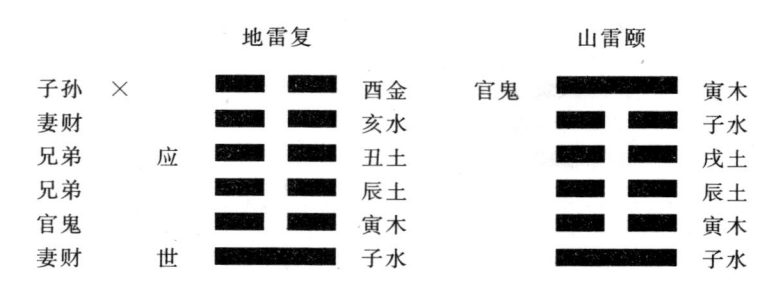

```
            地雷复               山雷颐
子孙  ×    ▬▬ ▬▬    酉金   官鬼  ▬▬▬▬▬    寅木
妻财       ▬▬ ▬▬    亥水        ▬▬ ▬▬    子水
兄弟    应 ▬▬ ▬▬    丑土        ▬▬▬▬▬    戌土
兄弟       ▬▬ ▬▬    辰土        ▬▬ ▬▬    辰土
官鬼       ▬▬ ▬▬    寅木        ▬▬ ▬▬    寅木
妻财    世 ▬▬▬▬▬    子水        ▬▬▬▬▬    子水
```

断曰："子水财爻持世，日辰生之，酉金动而生之，但嫌金水逢于夏令，元神用神，但值休囚，秋冬必长，宜于多收。"果于堆时每块九钱，后卖至三两六七，此乃财值休囚，出脱于生旺之时也。

又如卯月乙未日，占卖货，得家人之小畜。

　　　　　　　　风火家人　　　　　　　风天小畜

兄弟　　　▬▬▬　卯木　　　　　▬▬▬　卯木
子孙　应　▬▬▬　巳火　　　　　▬▬▬　巳火
妻财　　　▬▬▬　未土　　　　　▬▬▬　未土
父母　　　▬▬▬　亥水　　　　　▬▬▬　辰土
妻财 × 世 ▬ ▬　丑土　　兄弟　　▬▬▬　寅木
兄弟　　　▬▬▬　卯木　　　　　▬ ▬　子水

断曰："丑土财爻持世，卯月克之，未日冲散，又化寅木回头之克，不独财爻被克，世爻亦被冲伤。六月世临月破，不独破财，且防不测。"果于六月回禄，货成灰烬，身被火伤，过七日而死。

觉子曰：归妹与小畜两卦，俱是财爻受克。前卯木之财，有子月之生，谓之有根，所以逢寅月冲去克神而得财。

后卦丑土财爻，并无生扶，谓之无根，所以财命两伤，岂可亦许"冲去克神之月而旺"耶？须宜通变。

财逢合而当遇。

合者有应，动而逢合之月而得价也。亦有财爻衰静，占时得遇日月生合者，其价目下以及时也。

如寅月巳酉日，占脱货于何时，得贲卦。

　　　　　　山火贲

官鬼　　　▬▬▬　寅木
妻财　　　▬ ▬　子水
兄弟　应　▬ ▬　戌土
妻财　　　▬▬▬　亥水
兄弟　　　▬ ▬　丑土
官鬼　世　▬▬▬　卯木

断曰："亥水财爻，酉日生之，寅日合之，目下正及时也。但因世爻暗动，身动方可出脱。"彼曰："我闻某处得价，正欲移货去卖，不知可否？"予曰："卦已明现，速宜行之。"果去，不数日，得价出脱。此乃爻逢六合，财逢月合，及时而脱货也。

财逢冲而当起。

财旺而静，或旺而空，得今日之日神冲者，其价渐渐长矣。

倘若静而休囚，日冲为破，勿以此断。

卖货宜守宜动章第七十四

内财衰而外财旺，宜往他乡。

外卦财旺，生合世爻，及持世者，宜往他乡；倘若财不生合世爻，及世动化凶者，他乡花似锦，我去不逢春。

应财外而世财内，须查动静。

应爻以外，财爻持世者宜内，必须应爻动而与生合世爻。不然应财虽旺，与己何干？

六冲须宜别图，六合还宜坐守。

卦得六冲，虽宜改图，予屡试之。财旺者，何须更改？财衰者，改亦无益。

野鹤曰：凡得此象，须令本人再占，占问更改何如？卦得财世两旺，许之改图。再逢衰者，还须耐守。卦得六合，亦看财爻衰旺。财持世而动者，不可坐守。衰而静者，守待旺时可也。

财衰变旺，先曲后伸。

财旺变衰，先金后土。

谓财爻动而变也。财衰变旺，目下虽贱，将来必长。财旺而变衰绝，如若卖货，宜于急卖；倘若收货，切不可收。

买货与卖货相反。

财爻旺而可卖，衰者宜买。

内卦财衰，宜于外卖。

世爻财旺，近地相宜。

财化进神，宜往外方发货。

世爻化退，宜回旧地出脱。

往何方买卖章第七十五

古法有之，屡试不验，须指其方向而卜之。

如午月戊子日，占往楚买豆，得临卦。

```
          地泽临
子孙    ▬▬ ▬▬     酉金
妻财 应 ▬▬ ▬▬     亥水
兄弟    ▬▬ ▬▬     丑土
兄弟    ▬▬ ▬▬     丑土
官鬼 世 ▬▬ ▬▬     卯木
父母    ▬▬ ▬▬     巳火
```

断曰："亥水财爻，休囚于外，楚豆必贱。子水日建而生世，必得厚利，须宜行之。但嫌间爻兄弟，月生日合，耗费者多。"后果牙行作弊，鸣之于官；迟误一月，花费些须。幸到地头，其价大长，果得厚利。此乃指其地而占者，无不验也。

买何货为吉章第七十六

古以金财而像珠宝玉石，水财以类鱼盐；
火财陶冶果品，木财土为五谷。
青龙木利，又兼喜庆之用。
白虎金财，丧仪屠宰之物。
元武水利，朱雀火宜。
螣蛇利于出入，勾陈利于农工。

野鹤曰：此乃揣摩五行之论，非经验也。屡试不验。间有验者，乃凑合耳，不可为法。必须意属何类，指其事而占之，无有不验。

如未月戊申日，占往粤东探亲，可带何货，归来得利，得旅卦。

```
                    火山旅
朱雀  兄弟        ▬▬▬▬▬       巳火
青龙  子孙        ▬▬▬▬▬       未土
元武  妻财  应    ▬▬▬▬▬       酉金
白虎  妻财        ▬▬▬▬▬       申金
螣蛇  兄弟        ▬▬▬▬▬       午火
勾陈  子孙  世    ▬▬▬▬▬       辰土
```

断曰："爻逢六合，世应相生，此行遂意。如问置买何货，予无此法，不敢相误。但喜既得吉卦，任尔冬天卖扇，夏月卖毡，亦有厚利。"后此人买檀香翠毛而归，俱得大利。若执古法断者，此卦酉金为财，可买珠宝玉石耶？财临元武，可买水利鱼盐耶？

借贷章第七十七

世逢兄，何须开口？

应空破，难遂我心。

财若破空休指望，子兴财发可干求。

世应两爻，皆不宜月破旬空。兄弟一爻，不可临身及动。

如未月丁卯日，占借贷，得兑之震。

```
           兑为泽                        震为雷
父母   世  ▬▬▬▬▬   未土              ▬▬▬▬▬   戌土
兄弟 ○    ▬▬▬▬▬   酉金    兄弟      ▬▬▬▬▬   申金
子孙      ▬▬▬▬▬   亥水              ▬▬▬▬▬   午火
父母   应 ▬▬▬▬▬   丑土              ▬▬▬▬▬   辰土
妻财 ○    ▬▬▬▬▬   卯木    妻财      ▬▬▬▬▬   寅木
官鬼      ▬▬▬▬▬   巳火              ▬▬▬▬▬   子水
```

断曰："兑卦属金，变震卦属木，金克木为财，卯木财爻化退神，酉金兄动亦化退神，幸得财临日辰，旺而不退；明日辰日，合住酉爻，必得。"果于辰日得之。

此乃酉金兄爻，得辰日合住，不能克阻其财。

放债索债章第七十八

兄临世，放则无归。
弟爻兄，索而不获。
应鬼克身防负义，应财生世定怀忠。

古以世应同人，放债必然连本折，谓不独世临兄弟忌之，应临兄者亦忌。官鬼克身，美意终成恶意。

买卖六畜章第七十九

山野兽禽，须寻福德。家畜牛犬，亦看子孙。

不拘家禽野兽，皆以子孙为用神，兼看财爻。财爻持世，子动生之，或日月生助，或财动化子孙，乃吉象也。不拘买卖畜禽，多多益善，大有利息。

子孙持世，财爻合世，亦有利益。独防鬼变子孙，子孙变鬼，父化子，子化父，父兄持世，财临空破，不可行之。

如丑月丁卯日，占买马往南发卖，得鼎之大有。

```
            火风鼎              火天大有
兄弟     ▅▅▅▅▅  巳火        ▅▅▅▅▅  巳火
子孙  应 ▅▅ ▅▅  未土        ▅▅ ▅▅  未土
妻财     ▅▅▅▅▅  酉金        ▅▅▅▅▅  酉金
妻财     ▅▅▅▅▅  酉金        ▅▅▅▅▅  辰土
官鬼  世 ▅▅▅▅▅  亥水        ▅▅▅▅▅  寅木
子孙  × ▅▅ ▅▅  丑土   官鬼 ▅▅▅▅▅  子水
```

断曰："内卦子孙，虽临月建，不宜动而变鬼。外卦未土子孙，又临月破，不宜买之。幸而间爻酉财，暗动生世，马虽多死，财不致于大耗。"后果买马七十余匹，一路多死，仅存二十八匹。幸而得价，不然大亏其本。

博戏章第八十

有技斗力斗，首重世应。若斗胜以得财者，兼用财爻。世喜临于日月，财宜日月生扶。世爻动而化吉，应带财而生世，皆我胜也。此者必系他赢，兄动卦中，破财之兆；鬼爻克世，灾祸相侵。

亦有禽鸟斗者，专重子孙。子孙旺者，必胜。休囚空破，或被刑冲克害，及卦中父动者，多被其伤。

如巳月戊申日，占斗鹌鹑，得渐之巽。

		风山渐			巽为风	
官鬼	应	▬▬ ▬▬	卯木		▬▬ ▬▬	卯木
父母		▬▬▬▬▬	巳火		▬▬▬▬▬	巳火
兄弟		▬▬ ▬▬	未土		▬▬ ▬▬	未土
子孙	世	▬▬▬▬▬	申金		▬▬▬▬▬	酉金
父母	×	▬▬ ▬▬	午火	妻财	▬▬▬▬▬	亥水
兄弟		▬▬ ▬▬	辰土		▬▬ ▬▬	丑土

断曰："子孙持世，以临日辰。父爻虽动，亥水制之。独不宜亥为月破，难于制火。今日巳午时，切不可斗。"彼曰："何也？"予曰："巳午时，午火父母得令，必克子孙。"果于早斗得胜。午时又斗，大败破财。

请会摇会章第八十一

请会须宜财旺，更宜世应相生。

卦遇六冲，财虽旺而不久。

六冲变合，世应相克亦成。

六合变冲，有始无终。

财逢绝破，速宜止之。

摇会得否，旺财持世，必得。如占何时可得，财破财空，填实之月。财若伏藏，出现之月。财太旺者，逢墓之月。财衰绝者，逢相生之月。倘得财化回头之克，及衰静而逢空破，又遇六冲者，会场必散，终无得会之日矣。

行险求财章第八十二

觉子曰：古以青龙财爻为吉，予以此非营生之本，乃丧心之事也。行此丧心之事，亦敢告之于神耶？既告之于神，而神若以吉凶而报者，乃神之教人而作丧心之事也，可谓之大道之易卦耶？可谓之伏羲之大圣主神耶？然不独此，凡有非义非礼之事，不忠不孝之谋，一念之恶，恶神随之，即不告之于神，亦遭天谴。《书》曰："惠迪吉，从逆凶。"何须问卜？

校正全本增删卜易卷十

婚姻章第又八十二

觉子曰：男家占女，不拘父母亲朋，而代占者，无不以财为用。女家占男，皆以官为用神。用官者，官有生扶；用财者，财爻旺相，即许成婚。今见古今诸书文，又以财旺伤克父母，余不知宜财之旺而为吉也？宜财不旺而为吉也？或曰：《黄金策》云："翁姑不睦，皆因妻位交重。"《海底眼》曰："财动丧双亲。"《易冒》亦曰："妻财动父母参商。"俱以财动伤克父母，未说旺也。予曰：动则能伤父母，旺则不能伤耶？假令春天占卦，财爻属木，谓之女命旺而可取，但父母爻定然属土，如此当权得令之财爻，不克休囚之父母耶？何必曰动？殊不知昔人言动，而不言旺者，正恐后人驳论，所以讳言其旺，不得已而言动也，岂知亦被看破。或曰：据尔之论，何以为法？余曰：分占之法也。先要财官旺相，既得吉卦，再占妨克父母，是其法也。《黄金策》专以应为妻位，《易冒》亦以应为妻，欲其旺相，乃为贤良发福之女。又以应为女家父母，谓之"应爻旺相，必是富贵之家；应若休囚，必主贫寒之宅"。执此论之，旺相贤良之女，皆出于富贵之家？种种悖谬，余不知千百年来，竟无一人道破。

男卜女，姻财要旺。女占男，配鬼宜兴。

男家代占女，专以财为用神，以应爻为女家。财宜旺相，动而化吉；应爻不宜空破，又克世爻。

女家代占男，专以官为用神，以应爻为男家。宜官星旺相动而化吉，应爻不宜空破墓绝，不宜克世。男人自占妻者，亦以财爻为用，兼以应爻为女身。财与应爻皆宜生世持世合世，须忌破墓绝空。财旺生身，应值破空亦取，应爻生世，财爻破绝勿求。

野鹤曰：财爻应爻，同来生合世者，更吉。大抵以财爻为重，后爻为

265

附和耳。《黄金策》曰：应为百岁之妻。重应而又重财，谬也。

即如子年未月酉未日，自占婚姻，得明夷，变丰卦。

	地火明夷			雷火丰	
父母	▬▬ ▬▬	戌土		▬▬ ▬▬	戌土
兄弟	▬▬ ▬▬	亥水		▬▬▬▬▬	申金
官鬼 × 世	▬▬▬▬▬	丑土	妻财	▬▬▬▬▬	午火
兄弟	▬▬ ▬▬	亥水		▬▬ ▬▬	亥水
官鬼	▬▬ ▬▬	丑土		▬▬ ▬▬	丑土
子孙 应	▬▬▬▬▬	卯木		▬▬▬▬▬	卯木

"世临丑官，虽临月破日破，幸得动化财爻，回头之生。目下虽破，终有不破之时。明岁丑年，定逢佳偶。"果于次年四月，得配良姻。应丑年者，世爻实破之年也。此非财爻生世，爻克世耶？

子月癸酉日，自占婚，得恒变鼎。

	雷风恒			火风鼎	
妻财 × 应	▬▬ ▬▬	戌土	子孙	▬▬▬▬▬	巳火
官鬼	▬▬▬▬▬	申金		▬▬ ▬▬	未土
子孙	▬▬▬▬▬	午火		▬▬▬▬▬	酉金
官鬼 世	▬▬▬▬▬	酉金		▬▬▬▬▬	酉金
父母	▬▬▬▬▬	亥水		▬▬▬▬▬	亥水
妻财	▬▬ ▬▬	丑土		▬▬ ▬▬	丑土

断曰："酉官持世，戌土财爻，动而生世，又得世应相生。戌土虽值旬空，动不为空。明日出空之日，求之必允。"果于次日巳时允婚，夫妇白头相守，儿女成行。

又如寅月丙午日，女家代占婚，得临之既济。

	地泽临			水火既济	
子孙	▬▬ ▬▬	酉金		▬▬ ▬▬	子水
妻财 × 应	▬▬ ▬▬	亥水	兄弟	▬▬▬▬▬	戌土
兄弟	▬▬ ▬▬	丑土		▬▬ ▬▬	申金
兄弟 ×	▬▬ ▬▬	丑土	妻财	▬▬ ▬▬	亥水
官鬼 ○ 世	▬▬▬▬▬	卯木	兄弟	▬▬▬▬▬	丑土
父母	▬▬▬▬▬	巳火		▬▬▬▬▬	卯木

觉子曰：女家占男，以官为用，以应爻为男家。此古法也，亦死法

也。断卦之时，须要人之活变，未必全得显而易见者。即如此卦，女家占男，卯木旺官持世，其婚必成；而应爻受克，又为男家不允。似此何以决之？要知财官为重，世应为轻，虽是女家占男，亦要财爻不致于失陷。此一卦也，关乎男女两人。财被回头克，又逢丑土之克，如何能生卯木之官？男女不能相合相生，婚姻虽成，终有他变。后果聘定于四月，未及成婚，被贼兵劫去。应巳月者，亥水逢月破也。

财值休囚破散，终非举案之姻。

官逢衰墓绝空，难遂齐眉之愿。

财爻官爻，不宜墓绝空破，又不宜动而化破化散，化克化鬼，乃夭折贫寒之命。男占忌财爻犯之，女占忌官爻犯之。

男女自占，世爻忌犯，勉强成婚，参商即见。

世静空亡动化退，终须失望。

动而空者，实空之月日必成。静而空者，终不成也。世动化进神，事在必成。若化退神，终须难就。应爻静而空破，及化退神，亦同此推。

应静旬空财化进，夙有良缘。

应空他人不实，若动化退神，必有退悔之心。若得财爻动化进神而生世者，虽见退悔，终是良缘。若世应动而破者，亦应实破之时。

世应皆空徒费力，反吟多变事难成。

世应俱空，事无准实，反吟卦变，反覆难成。

野鹤曰：须得空而逢旺，财鬼相生，先虽不允，变后终还成。

如巳月戊子日，占婚允否，得恒变井。

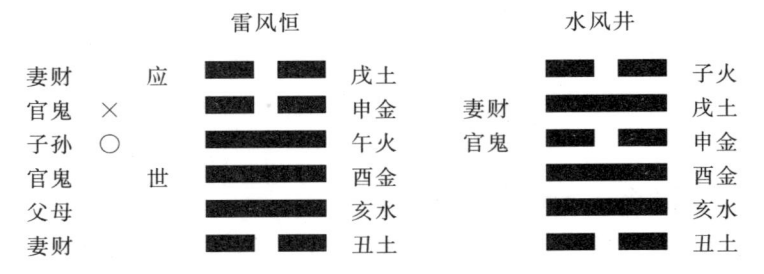

雷风恒			水风井	
妻财 应 ▬▬ ▬▬	戌土		▬▬ ▬▬	子火
官鬼 × ▬▬ ▬▬	申金	妻财	▬▬ ▬▬	戌土
子孙 ○ ▬▬▬▬▬	午火	官鬼	▬▬▬▬▬	申金
官鬼 世 ▬▬▬▬▬	酉金		▬▬▬▬▬	酉金
父母 ▬▬▬▬▬	亥水		▬▬▬▬▬	亥水
妻财 ▬▬ ▬▬	丑土		▬▬ ▬▬	丑土

断曰："内卦反吟，反复多变，允而复悔之象。"彼曰："果然。不知将来成否？"予曰："应爻临财，动而生世，八九月必成。"果于酉月成之。

乃应世爻值月，又冲去卯木之月也。

男占兮，兄动卦中非配偶。

兄爻持世，或兄弟发动，乃伤妻阻隔之神，婚必难成。已成之婚，遇此者，刑伤不免。

觉子曰：余得之验，兄持世，财爻合世，必成。世临兄爻，化出财爻，亦成。

女卜兮，官爻持世是良缘。

女占男，不宜子孙持世，子孙发动。子孙乃克夫之神，未成者不成，已成者伤夫再嫁。

惟官星持世，合世生世，旺相者，不独姻缘必就，还期举案齐眉。卦中官星重叠者，亦主再嫁。

财官世应冲刑，夫妻反目。

如巳月乙亥日，占夫妇不和，将来如好否？得需之大过。

	水天需		泽风大过	
妻财	▬▬▬	子水		未土
兄弟	▬▬▬	戌土		酉金
子孙 ×世	▬▬▬	申金	妻财	亥水
兄弟	▬▬▬	辰土		酉金
官鬼	▬▬▬	寅木		亥水
妻财 ○应	▬▬▬	子水	兄弟	丑土

断曰："女占夫，不宜子孙持世，乃克夫之象。幸寅木子水相生，不能伤之，所以不和。今兼应爻为夫，应逢子丑作合，夫已有外遇，水木相生，两人情密。"彼曰："果然。后来如何？"余曰："你两人不是姻缘，虽则不能死别，必有生离。"果于次年寅月休妻，此人六月再取彼妇。应寅月者，夫临寅木，而冲世也。应六月者，未土冲开初爻丑土，子水来生其寅木也。

旺相爻逢六合，彼此同心。

爻逢六合，占婚最宜，更要财官旺相为吉。男忌财逢破墓，女防官位克绝。六冲变六合者，更吉。日下不允，终必成之。已成婚不和睦者，终须和美。惟忌六冲，卦若无财官两旺，切不可成。勉强成之，若非死别，定是生离。六合变冲，先虽许允，后必更张。已成者，终须拆枕。

即如戌月庚申日，占已娶活人之妻，夫回成讼，断离否？得困之兑。

```
        泽水困                    兑为泽
父母    ▬▬ ▬▬    未土      ▬▬ ▬▬    未土
兄弟    ▬▬▬▬▬    酉金      ▬▬▬▬▬    酉金
子孙 应 ▬▬▬▬▬    亥水      ▬▬▬▬▬    亥水
官鬼    ▬▬ ▬▬    午火      ▬▬ ▬▬    丑土
父母    ▬▬▬▬▬    辰土      ▬▬▬▬▬    卯木
妻财 ×世 ▬▬ ▬▬   寅木   官鬼 ▬▬▬▬▬   巳火
```

断曰："财爻持世，乃是美姻缘也。凋零之木，被日辰冲散，又是六合变冲，不独断离，还防有罪。"彼曰："业已状告奸谋，不知何如？"予曰："世爻变爻，与日辰共作三刑，尔两人皆不免于刑杖。"后果审出奸娶，男女俱被仗刑，即断离异。

古用咸临节泰，忌逢睽革解离。

觉子曰：《易冒》有云："卦得咸临节泰，若不遇合冲变冲，虽财官衰陷，随墓助伤，皆不为凶。睽革解离，则为凶兆。虽用神全备而化合，亦不为吉。"此言用神未胜于卦验也。

曾于巳月丁卯日，占婚于何时，得泰卦。

```
        地天泰
子孙 应  ▬▬ ▬▬   酉金
妻财     ▬▬ ▬▬   亥水
兄弟     ▬▬ ▬▬   丑土
兄弟 世  ▬▬▬▬▬   辰土
官鬼     ▬▬▬▬▬   寅木
妻财     ▬▬▬▬▬   子水
```

予见此卦，兄爻持世，亥财临月破旬空，子水之财，世爻克之，日辰刑之，古虽以泰卦为吉，予焉敢以人之婚姻大事而试卦耶？命之再占。

又得坤卦。

```
              坤为地
子孙  世  ▬▬  ▬▬      酉金
妻财      ▬▬  ▬▬      亥水
兄弟      ▬▬  ▬▬      丑土
官鬼  应  ▬▬  ▬▬      卯木
父母      ▬▬  ▬▬      巳火
兄弟      ▬▬  ▬▬      未土
```

世爻休囚为日破，亥水财爻临月破，卦遇六冲，大凶之兆。故知前得泰卦，非为吉也，仍用财官世应者为是，然亦不可竟以为是。凡有所疑，勿执古法而断，须以再占之卦而决之。后卦若吉，即以吉断。后卦凶者，则以凶推。神不欺人，彼此两无误矣。

财化财，未必婚姻两度。

鬼化鬼，难曰相守百年。

《黄金策》曰："财爻重叠，重作新人。"余屡试之，男家占女，财爻重叠，旺相生合世爻者，多主贤妻美妾。财化财者，或应双取，或应婢妾同来，或应妻妾之多，或应妆奁甚厚。惟忌爻中兄动，及日月冲克财爻，花烛重重，所不免耳。

女占男家，得遇财化财，财爻重叠生世者，必主百辆盈门，千金为聘。不宜鬼动化鬼，必主夫亡。及鬼爻重叠克世，若非争婚夺娶，定然反复灾非。男占遇之，亦主更变。克世者，亦可止也。世爻化鬼者，更宜止之。

兄临元武防劫骗，鬼临白虎遇凶丧。

兄鬼动临元武，防局中奸诈骗财。纵使世应相生，财官无害，必须大费。鬼临虎动，或未过门，或过门不久，必见丧事。

应财世鬼，夫唱妇随。应鬼世财，夫权妻夺。

世持鬼应持财，谓之阴阳得位，必然鸾凤和鸣。鬼临应财持世，牝鸡鸣晨，妻夺夫权。惟赘婿得之，反吉。

此婚子嗣有无章第八十三

子孙旺相，或休囚而动，及动而化吉，皆主有子。子化进神，化回头生，有子必多。如逢子孙墓绝，动而变鬼，鬼变子孙，父化子，子化父，父动克子，皆因我命无儿，不成此婚，亦无子也，惟多积阴德以培之。

如申月丁丑日，因有妾多，占何命者有子，得革之夬。

```
          泽火革              泽天夬
官鬼     ▬▬ ▬▬   未土     ▬▬ ▬▬   未土
父母     ▬▬ ▬▬   酉金     ▬▬ ▬▬   酉金
兄弟  世 ▬▬▬▬▬   亥水     ▬▬▬▬▬   亥水
兄弟     ▬▬▬▬▬   亥水     ▬▬▬▬▬   辰土
官鬼  × ▬▬ ▬▬   丑土  子孙 ▬▬▬▬▬   寅木
子孙  应 ▬▬▬▬▬   卯木     ▬▬▬▬▬   子水
```

断曰："卯木子孙，绝于申月，鬼变子孙，又逢月破，公命无子，与女命何干？"即出八字观之，甲寅、甲戌、甲子、戊辰。予曰："八字虽奇，纯阳包阴，兵权显赫。但嫌平头煞重，叠叠魁罡，亦主无子。"公曰："有何法耶？"余曰："多积阴德以培之。"公曰："不孝有三，无后为大。"嗣后施济贫寒，全人夫妇，修桥砌路，施药施棺，连生二子。临终嘱其子曰："我非阴功，不能有尔，尔若成人，多宜积德。"

此婚有宜于父母否章第八十四

专以父母为用神，父母爻或旺或衰，皆不忌也。所忌者财爻发动，必此婚之有妨也。如财化父母，父母化财，鬼化父母，父母动化墓绝空破，及回头克，动而破散，或日月克父母，乃桑榆日暮之秋，不成此婚，亦难免耳。

纳宠章第八十五

为子嗣者，以子孙为用神，与前段占子嗣同断。否则专看财爻，亦与占婚同断。

占配仆

财爻为用，财爻持世，或动而生合世爻，动而化进化生，财化财，皆得忠诚效力；散破空绝，非懒惰，即疾病。财爻克世冲世，负义忘恩之徒也。财化鬼化绝，化墓化克，及鬼化财爻，贫穷寿夭。

取离妇跳娼妇章第八十六

防患者，用子孙。子孙持世，子孙发动，皆无忧也。财爻持世，子动相生而吉。鬼兄克世，随墓助伤，鬼爻持世，婚姻虽就，祸患随之。财克世，兄持世，落人之局，必人财两失。防拦阻者，兄动不成，鬼动有祸。兄爻持世，到底难成。财动相生，不谋而就。六冲变冲为凶，三合六合者吉。六合变冲，成而不久。六冲变合，终必有成。

夺强婚，遂私约，非礼非义，勿告于神。

出妾休妻，原非所欲，有不得已而出者，必去难留。

李我平曰：古法占婚，不言正理，多尚浮辞，议论多端，总无凭据。不知先贤，何以指人之迷也。《黄金策》曰："夫若财能，官占长生之位；妻如丑拙，财落墓库之乡。"此犹近理。《易冒》以八宫而推容貌，六神而定财情，则不可也。

假令卯月戊日，得否卦。

```
        天地否

父母  应 ▬▬▬▬▬  戌土
兄弟     ▬▬▬▬▬  申金
官鬼     ▬▬▬▬▬  午火
妻财  世 ▬▬ ▬▬  卯木
官鬼     ▬▬ ▬▬  巳火
父母     ▬▬ ▬▬  未土
```

旺财持世，推容貌以八宫者，此卦财在乾宫，乾为天，谓仪容端正，质性聪明，配天德之淑女也。然财临白虎，若兼六神而断，白虎乃悖逆之星，成婚之后，配天德之良女，而悖逆者，未之有也。是以容貌才情，不必卜之。岂不闻"在德不在色"，婚姻自有一定之缘。财旺官兴，定遂唱随之好。相生相合，自有悦己之容。吉者求之，凶者弃之。用财官兼世应而断，足矣。必欲两命不宜入墓，六亲俱不相妨，父母不可沦，子孙不可溺，财爻不宜动，官鬼不宜没，夫妇勿二，阴阳莫悖，事事求全；不惟世无此十全之女，即六十四卦之中，无此十全之卦也。浮辞诳世，实误后人。

胎孕章第八十七

卜胎之虚实，占孕之安危，问产妇之吉凶，测胎中之男女，各宜分占。亲占代占，皆用子孙。惟子占母孕，以弟兄爻为用神也。

福神旺相遇生扶，麟种兆瑞。

子孙休囚逢破散，泡孕空虚。

子孙临日月，或遇日月动爻生扶，或动而化吉，皆许成孕。若临空破散绝，或被刑冲克害，或动而变鬼，化绝化破，或鬼变子，父变子，子化父，水泡空灯。惟动而空者不妨。

子化子，双生有准。

子动化子孙，或卦中子孙多动，或已有旺相之子孙动者，他爻又变出旺相之子孙，皆主双胎。《卜筮元龟》云："子孙两旺，定是双胎。"

觉子曰：两动两旺者，此断是也。内有一衰者，一死一生。一阴一阳者，一女一男。两现一不动者，非也。

阳变阴，男女可辨。

六爻静，先看卦包阴包阳，生女阳包阴，生男阴包阳。

阴包阳，坎卦、大过、小过、咸、恒卦是也。

阳包阴，离卦、中孚、颐、损卦是也，其余非也。

六爻既静，若无卦包，须看子孙。值阳为男，值阴为女。卦有动爻者，虽有卦包而不用。神兆机于动，先看动爻。一爻动者，阳动为女，阴动为男；两爻动者，看上爻；若有三爻发动，看中爻；卦中多动者，来意不诚，改日再占。即刻连占，亦不验也。

如辰月戊辰日，占孕男女，得小过之豫。

```
        雷山小过                雷地豫
父母      ▬▬ ▬▬    戌土      ▬▬ ▬▬    戌土
兄弟      ▬▬ ▬▬    申金      ▬▬ ▬▬    申金
官鬼  世  ▬▬▬▬▬   午火      ▬▬ ▬▬    午火
兄弟  ○  ▬▬▬▬▬   申金  妻财 ▬▬ ▬▬    卯木
官鬼      ▬▬ ▬▬    午火      ▬▬ ▬▬    巳火
父母  应  ▬▬ ▬▬    辰土      ▬▬ ▬▬    未土
```

予曰："尔之来意，还是问妻孕平安？还是问孕之男女？"彼曰："两事俱问。"予曰："日后须宜分占，不可同问。幸此卦两事俱现，兄爻虽动，不克变出之财爻，尊正坐草无虞。卦中阳动变阴，必然生女。"彼曰："小过卦谓之阴包阳，如何生女？"予曰："神兆机于动，先重动爻。"果于壬申日生女，产母平安。

觉子曰：占妻平安，及占男女，原宜分占。彼若闲时而问兼问者，还可同断。若在临产危急之时而问者，切不可以男女而断。

如辰月戊子日，女人自卜孕，得艮之剥。

```
        艮为山                  山地剥
官鬼  世  ▬▬▬▬▬   寅木      ▬▬▬▬▬   寅木
妻财      ▬▬ ▬▬    子水      ▬▬ ▬▬    子水
兄弟      ▬▬ ▬▬    戌土      ▬▬ ▬▬    戌土
子孙  ○应 ▬▬▬▬▬   申金  官鬼 ▬▬ ▬▬    卯木
父母      ▬▬ ▬▬    午火      ▬▬ ▬▬    巳火
兄弟      ▬▬ ▬▬    辰土      ▬▬ ▬▬    未土
```

此女人，生产已有一日一夜矣。予断曰："明日申时得生。"彼夫曰："何以知之？"予曰："卦中申金子孙，一爻独发。自占者，官鬼持世。明日申时，子孙当时出现，克去身边之鬼，而无忧也。"或曰："何不许今日申时？"予曰："今日子日，冲动午火克金，今日不能。"又问："是男是女？"予曰："尔不知其易理。此卦如何定得男女？神卦随人之念，占此应此，占彼应彼。若在闲暇无事之时而问者，必有男女之念。此时性命在呼吸之间，只愿离身得命足矣。神现生产之时，不报男女。"果生男于次日申时。此卦若以阳动变阴，牵扯兼断者，不知易理之人也。

问产妇安否章第八十八

坐草临盆嫌鬼动，胎前产后忌兄摇。

财临绝破妻难保，鬼化妻财命不牢。

问产妇，夫占代占，皆以财为用神。虽则不宜鬼动，倘若兄动克财，又宜鬼动制服兄爻。不宜财变鬼，鬼变财，兄化财，财化兄，及妻逢月破，休囚墓绝，化墓化绝，或日月冲克，皆为凶兆。

觉子曰：问胎问妇，虽宜分占，另有不待分占，而卦中先现者，须宜留心。

如子月乙亥日，占妻孕平安否，得丰之小过。

	雷火丰		雷山小过
官鬼	▬▬ ▬▬	戌土	▬▬ ▬▬ 戌土
父母 世	▬▬ ▬▬	申金	▬▬ ▬▬ 申金
妻财	▬▬▬▬▬	午火	▬▬▬▬▬ 午火
兄弟	▬▬▬▬▬	亥水	▬▬▬▬▬ 申金
官鬼 应	▬▬ ▬▬	丑土	▬▬ ▬▬ 午火
子孙 ○	▬▬▬▬▬	卯木	官鬼 ▬▬ ▬▬ 辰土

断曰："午火妻财临月破，又被亥日克之。冬天之火，休囚被克，全无生扶，命之难保。"彼曰："卯木子孙，动而生火，何谓全无生扶？"余曰："卯木子孙，动而变鬼，神曰'母子皆丧'，非生火之卯木也。断卦者须宜知机，会神之意。"彼又曰："财虽不旺，卯木子孙，得子月亥日以生之，何谓子亦不保。"余曰："变鬼之子孙，纵临日月，亦无益矣。"

卦得六冲，子旺财强终是喜。

爻逢六合，财空子破亦为忧。

产期章第八十九

产期有远近之分，远则应月，近则应日。

子孙动者，逢合逢值；

静者，逢值逢冲；

空者，冲空实空之日；

破者，实破逢合之期。

白虎兄弟而动，值日而生。

子孙临绝，待生旺之日。

又有子孙，遇长生胎养之日；

伏藏者，出现之日而生也。

婴童否泰章第九十

《身命子孙章》同断。

出行章第九十一

人为利名，奔驰道路。

风波不测，占卜当先。

世爻旺相宜行，应若空亡宜止。

世为出行人，生旺有气则吉，动而化吉，及化子孙者更吉。如若休囚空破，动而化凶者，不宜行也。应为地头，又为傍倚人，他若空破墓绝，或动而变鬼变绝，化回头克者，去之无益。

世伤应位，不拘远近相宜。

应克世爻，公私皆主不利。

我去克他，所向通达。应来刑冲克世，不可行之。

八纯乱动，在处皆凶。

两间齐空，独行则吉。

六冲卦及动而变冲，世爻休囚被克者，终去不成，有始无终，去亦诸般不就。

两间爻者，乃同行附载之人。动而克世，必遭其害。动临兄爻，破我之财。生合我者为吉。倘两间齐空，若非中途梗阻，定然无伴孤行。

静遇日冲必去，动逢合住而留。

世爻暗动者，必去。世爻旺静逢冲之日，必去。世爻动而化合，或被日月动爻合者，必有事故，阻滞不行。

觉子曰：予尝得验，亦有应在冲开之日而行。

官鬼交重灾祸重。

武鬼动忧盗贼，雀鬼发防讼非。虎鬼疾病绵缠，蛇鬼风波惊险。勾陈鬼动，事有勾连。鬼动逢龙，戒于嫖赌。鬼发震乾车马患，鬼发兑坎虑风波。坤艮之鬼，山间岭野逢殃。巽离之官，火厂林窑被难。余在《趋避章》中详之。

福神发动患殃消。

出行得子孙发动，子孙持世，世化子孙，程途万里，百祸潜消。子孙克世者，亦吉。

父克世爻，风雨舟车行李。

父母持世而动，或被父动冲克世爻，余得验者，有应舟车行李之累，有应风雨淋漓。世爻旺者无妨，最怕休囚而化凶也。

兄冲世位，花月破耗灾非。

财爻持世，兄爻冲克，有应花朝月夕，无端浪费；有应小辈明欺暗骗，致成灾非，破耗百出。

返吟化退中途返，六冲随墓始终凶。

卦得伏吟世动者，冲开之日月必行。卦得反吟，去到中途亦返。世逢冲克，大凶。六冲卦，世静世空，必不能行。随鬼入墓，世若休囚，不返之兆。

六合化冲不吉，六冲化合方亨。

六合卦变六冲，及卦变克绝者，坐家亦恐凶危。

舟行章第九十二

登舟问何日而到？

世爻发动，合日值日而到。

若得子持世，及子孙他爻发动者，值日而到。

世化退及返吟卦，中途而返。

问舟行平安否？

子孙持世克世，生世合世，一路平安。

官鬼持世，忧郁惊恐。

官鬼冲克世爻，灾非必见，兄动破财。

风阻者，勿以兄弟为风云，乃以子孙为顺风。

动而逢合逢值，静而逢冲之日，

空逢冲实之日，与《天时章》阴晴同断。

同舟共行章第九十三

同行共处应为尊，同路同舟一样论。
应伤世位遭他害，墓绝空破见吾恩。
只宜生合相扶助，永赖维持如至亲。
三合同途皆遂意，六冲半路便灰心。
起居为害摇兄鬼，水陆清平动子孙。
占他人以应为用，占亲戚必看用神。
不宜兄鬼动而克世，最宜相合相生。

行人章第九十四

问行人之归期，有远有近。远则应月，近则应日。亦有去久，若在目下当归，又可以日断之。

问行人之否泰，另占一卦，不可一卦而兼断也。

世克用兮人未动，用爻克世必然归。

占亲人在《用神章》中详之。疏者以应爻为用神，世克用神，且无归志。用神克世，指日回家。余试果验。

墓绝空破，归信杳然。明摇暗动，归鞭发矣。

伏藏者出现之日，动而逢合之日。

动化进神不返，用神化退必归。

动逢合有事阻隔，动化鬼在外危灾。

最怕动而化克，还防卦变反吟。

世爻空者，行人即至。用神静逢休囚空破者，且不思归。动空旺空者，实空冲空之月日必回。惟恐卦变克绝，及返吟卦。用神被克者，皆难望其归也。

用神三合，冲开之月日而来。

卦逢六冲，行人无定而不返。

用爻静者冲动之日，用爻墓者开墓之日。

用爻无病，可断归期。用爻有病，在外不安。

野鹤曰：用神墓绝空破受伤，谓之有病。来人问行人在外平安否，须看有病无病。若问归期，只可看卦象来与不来而断也。

如酉月戊申日，占母在外何时来，得旅之艮。

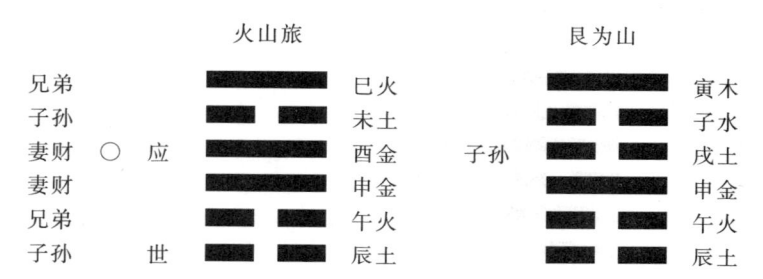

```
           火山旅                    艮为山
兄弟       ▬▬▬▬▬  巳火              ▬▬▬▬▬  寅木
子孙       ▬▬ ▬▬  未土              ▬▬▬▬▬  子水
妻财  ○ 应 ▬▬▬▬▬  酉金      子孙   ▬▬ ▬▬  戌土
妻财       ▬▬▬▬▬  申金              ▬▬▬▬▬  申金
兄弟       ▬▬ ▬▬  午火              ▬▬ ▬▬  午火
子孙    世 ▬▬ ▬▬  辰土              ▬▬ ▬▬  辰土
```

此卦若问父母平安否？父母卯木，日月动爻冲克，必不安矣。今问其来否，不以此断，只可断用神伏藏，受克而不来；六合变冲，亦不来。后果不来，在外平安。

又如亥月甲子日，占仆人何日回，得革之夬。

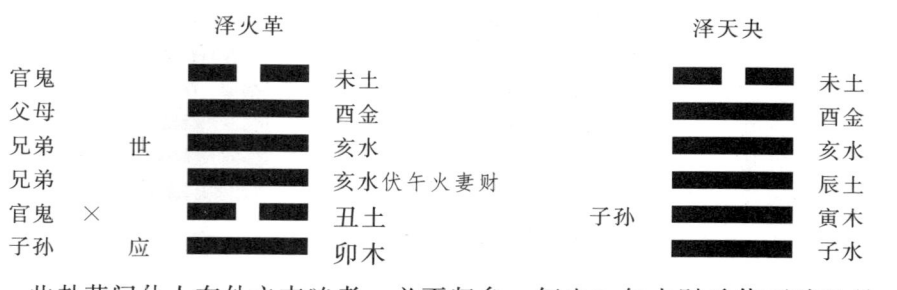

```
           泽火革                    泽天夬
官鬼       ▬▬ ▬▬  未土              ▬▬ ▬▬  未土
父母       ▬▬▬▬▬  酉金              ▬▬▬▬▬  酉金
兄弟    世 ▬▬▬▬▬  亥水              ▬▬▬▬▬  亥水
兄弟       ▬▬▬▬▬  亥水伏午火妻财     ▬▬▬▬▬  辰土
官鬼  × 　 ▬▬ ▬▬  丑土       子孙   ▬▬▬▬▬  寅木
子孙    应 ▬▬▬▬▬  卯木              ▬▬▬▬▬  子水
```

此卦若问仆人在外之吉凶者，必不归矣。何也？午火财爻伏而破日月之克，今问何日可到，不以此断，世空者速至。此人来矣，己巳日必到。

应巳日者，冲空之日也。巳火又是财爻，果于巳日到。

未月戊戌日，占伯何日来，得屯之随卦。

```
        水雷屯              泽雷随
兄弟    ▬▬ ▬▬  子水          ▬▬ ▬▬  未土
官鬼 应 ▬▬ ▬▬  戌土          ▬▬▬▬▬  酉金
父母 ×  ▬▬ ▬▬  申金  兄弟    ▬▬▬▬▬  亥水
官鬼    ▬▬ ▬▬  辰土          ▬▬ ▬▬  辰土
子孙 世 ▬▬ ▬▬  寅木          ▬▬ ▬▬  寅木
兄弟    ▬▬▬▬▬  子水          ▬▬▬▬▬  子水
```

父母为用神，克世者速至，七月必到，后于亥月方到。应亥月者，父母化出之爻也。

又如丑月庚午日，占父远去何日回，得履卦。

```
         天泽履
兄弟    ▬▬▬▬▬  戌土
子孙 世 ▬▬▬▬▬  申金
父母    ▬▬▬▬▬  午火
兄弟    ▬▬ ▬▬  丑土
官鬼 应 ▬▬▬▬▬  卯木
父母    ▬▬▬▬▬  巳火
```

断曰："今日乃是午日，午火为父母克世，今日必到。"果于本申时到。

寅月癸亥日，占主人何日回，父母为用神。

```
        山天大畜            风天小畜
官鬼    ▬▬ ▬▬  寅木          ▬▬▬▬▬  卯木
妻财 ×应 ▬▬ ▬▬  子水  父母  ▬▬▬▬▬  巳火
兄弟    ▬▬▬▬▬  戌土          ▬▬ ▬▬  未土
兄弟    ▬▬▬▬▬  辰土          ▬▬▬▬▬  辰土
官鬼 世 ▬▬▬▬▬  寅木          ▬▬▬▬▬  寅木
妻财    ▬▬▬▬▬  子水          ▬▬▬▬▬  子水
```

断曰："子水财爻，化出巳火父，动爻不克变爻，巳日必到。"果于巳日到。

又如未月丁丑日，占父何月来，得大有之井。

　　　　　　　　火天大有　　　　　　　水风井

官鬼　○　应　▬▬▬▬▬　巳火　　子孙　▬▬ ▬▬　子水
父母　×　　　▬▬ ▬▬　未土　　父母　▬▬▬▬▬　戌土
兄弟　○　　　▬▬▬▬▬　酉金　　兄弟　▬▬ ▬▬　申金
父母　　　世　▬▬▬▬▬　辰土　　　　　▬▬▬▬▬　酉金
妻财　　　　　▬▬▬▬▬　寅木　　　　　▬▬▬▬▬　亥水
子孙　○　　　▬▬▬▬▬　子水　　父母　▬▬ ▬▬　丑土

辰年占父何时来。断曰："初爻丑土父，与子作合，不来。五爻未土父，化进神，不来。"彼曰："终须来否？"予曰："午年必来。"果于午年戌月到。应午年者，未爻父动，午岁合之，动而逢合之年也。又因初爻，子与丑合，合要冲开，午年以冲开也。

又如寅月庚寅日，占主人往楚平安否，还往他省否。

　　　　　　　　风地观

妻财　　　　　▬▬▬▬▬　卯木
官鬼　　　　　▬▬▬▬▬　巳火
父母　　　世　▬▬▬▬▬　未土
妻财　　　　　▬▬ ▬▬　卯木
官鬼　　　应　▬▬ ▬▬　巳火
父母　　　　　▬▬ ▬▬　未土

父母遇真空，不祥之兆，不敢断之，再请亲人卜之。

同日弟占兄，得中孚之临。

　　　　　　　　风泽中孚　　　　　　　地泽临

官鬼　○　　　▬▬▬▬▬　卯木　　子孙　▬▬ ▬▬　酉金
父母　○　　　▬▬▬▬▬　巳火　　妻财　▬▬ ▬▬　亥水
兄弟　　　世　▬▬ ▬▬　未土　　兄弟　▬▬ ▬▬　丑土
兄弟　　　　　▬▬ ▬▬　丑土　　兄弟　▬▬ ▬▬　丑土
官鬼　　　　　▬▬▬▬▬　卯木　　官鬼　▬▬▬▬▬　卯木
父母　　　应　▬▬▬▬▬　巳火　　父母　▬▬▬▬▬　巳火

前卦家人占主，父母为用神。父母真空，此卦兄弟为用神。又落真空，大凶之兆。再命亲人占之。

次日辛卯，家人又占，得坎之困。

	坎为水			泽水困	
兄弟	世 ▬▬ ▬▬	子水		▬▬ ▬▬	未土
官鬼	▬▬▬▬▬	戌土		▬▬▬▬▬	酉金
父母 ×	▬▬▬▬▬	申金	兄弟	▬▬ ▬▬	亥水
妻财	应 ▬▬ ▬▬	午火		▬▬ ▬▬	午火
官鬼	▬▬▬▬▬	辰土		▬▬▬▬▬	辰土
子孙	▬▬ ▬▬	寅木		▬▬ ▬▬	寅木

断曰："得此卦者，我为尔以放心矣。"彼曰："何也？"予曰："前两卦用神落真空，乃凶亡之兆。今见此卦，申金父母生世，四月必归。"彼曰："前二卦，父兄落真空，不作准耶？"予曰："何得不准？只因此公，大寿无多耳。神报未年之死，不言目下之事。"彼曰："何以知其未年？"予曰："占主者，父临未土；占兄者，兄临未土，俱被日月克害。因在旬空，所以无祸。未年出空，被日月之伤，得不危乎？"辰年占卦，果死于未年。

野鹤曰：连占两卦，俱报未问之事。第三卦中，始报目前之事也。笑前贤，以一卦竟断吉凶。不知将此占远应近，占近应远之卦，错断千千万万矣。既不能悟出，尚牵强辨论，留作后人之法。

亥月甲子日，占夫在外，还往他省去否？得大壮之大过。

	雷天大壮			泽风大过	
兄弟	▬▬ ▬▬	戌土		▬▬ ▬▬	未土
子孙 ×	▬▬ ▬▬	申金	子孙	▬▬▬▬▬	酉金
父母	应 ▬▬▬▬▬	午火		▬▬▬▬▬	亥水
兄弟	▬▬▬▬▬	辰土		▬▬▬▬▬	酉金
官鬼	▬▬▬▬▬	寅木		▬▬▬▬▬	亥水
妻财 ○	世 ▬▬▬▬▬	子水	兄弟	▬▬ ▬▬	丑土

断曰："妻占夫，官为用神，申动克之，寅木夫爻受克，不往他处去矣。不日必回。"彼曰："何以知其回也？"予曰："日月生夫，夫生世爻，必有归志。"问曰："何日可到？"予曰："巳日必到。应巳日者，合住申金之日也。"果于巳日到。或曰："用爻有病，莫问归期。此卦申金，化进神以克寅木，如何许回？"予曰："彼问夫之平安，即以不利断之。今问往他处去否，夫爻受制，不往他乡。断卦者各有取用耳。"

辰月丙申日，占差家人取书得否，何日来。

风山渐

官鬼	应	▬▬ ▬▬	卯木
父母	○	▬▬▬▬▬	巳火
兄弟		▬▬▬▬▬	未土
子孙	○	▬▬▬▬▬	申金
父母	世	▬▬ ▬▬	午火
兄弟		▬▬ ▬▬	辰土

山地剥

妻财	▬▬▬▬▬	寅木
	▬▬ ▬▬	子水
	▬▬ ▬▬	戌土
官鬼	▬▬ ▬▬	卯木
	▬▬ ▬▬	巳火
	▬▬ ▬▬	未土

断曰："书子不得，仆人今日酉时必到。"问曰："何以知之？"予曰："巳火父化回头克，不得书矣。申金子孙持世，化卯木鬼，人不到，必有忧。今日酉时，冲去卯木，则无忧也。"果于酉时到，不得书。

酉月癸酉日，卜兄何日回，得师之临。

地水师

父母	应	▬▬ ▬▬	酉金
兄弟		▬▬ ▬▬	亥水
官鬼		▬▬ ▬▬	丑土
妻财	世	▬▬ ▬▬	午火
官鬼		▬▬▬▬▬	辰土
父母	×	▬▬ ▬▬	寅木

地泽临

	▬▬ ▬▬	酉金
	▬▬ ▬▬	亥水
	▬▬ ▬▬	丑土
	▬▬ ▬▬	丑土
	▬▬▬▬▬	卯木
妻财	▬▬▬▬▬	巳火

断曰："亥水兄爻，旺相而空，出空之日必到。"彼曰："后日即是亥日，日前有信至，约在今日起身，二千余里，三日如何得到？"予曰："不独亥日出空，凡卦中子孙持世，及动而生合世爻，皆是喜悦之神。许亥日而归者，寅与亥合，又是合起子孙之日也。定许归于亥日。"岂知水路而来，凑得顺风，日夜行舟，亥日果到。

觉子曰：泛常占风，兄动为风，木动生风，惟行舟而占风者，以子孙而为风也。其故何也？行舟不得顺风，我心忧也。子孙发动之日，乃得顺风之日也。舟行得风，我无忧矣。此亦千古之未传也。

予于戌月丙戌日，由江右登舟，占一路平安否，得蛊之巽。

```
              山风蛊                          巽为风
兄弟      应  ▬▬  ▬▬    寅木              ▬▬▬▬▬    卯木
父母   ×     ▬▬  ▬▬    子水      子孙    ▬▬▬▬▬    巳火
妻财         ▬▬▬▬▬    戌土              ▬▬  ▬▬    未土
官鬼      世  ▬▬▬▬▬    酉金              ▬▬▬▬▬    酉金
父母         ▬▬▬▬▬    亥水              ▬▬▬▬▬    亥水
妻财         ▬▬  ▬▬    丑土              ▬▬  ▬▬    丑土
```

予疑酉金鬼爻持世，一路忧疑之象，初不知风阻之说也，及至戊子日，风雨大作，舟泊南康，始悟此卦，子水父动，子日之风雨也，见其化出巳火子孙，即知巳日方晴，果泊五日，巳日天开得顺风矣，自此始悟子孙乃行舟之顺风也。

又于辰月甲戌日，行舟，占顺风，得升之恒。

```
              地风升                          雷风恒
官鬼         ▬▬  ▬▬    酉金              ▬▬  ▬▬    戌土
父母         ▬▬  ▬▬    亥水              ▬▬  ▬▬    申金
妻财   ×  世  ▬▬  ▬▬    丑土      子孙    ▬▬▬▬▬    午火
官鬼         ▬▬▬▬▬    酉金              ▬▬▬▬▬    酉金
父母         ▬▬▬▬▬    亥水伏巳火父母     ▬▬▬▬▬    亥水
妻财      应  ▬▬  ▬▬    丑土              ▬▬  ▬▬    丑土
```

午火子孙，回头生世，今日午时，必得顺风。但嫌今日戌日，午火子孙，入墓之日，风必不久。果于午时，子孙当令，顺风开舟，至未时而风止矣。

乙亥日，命船家占风，得丰之大壮。

```
              雷火丰                          雷天大壮
官鬼         ▬▬  ▬▬    戌土              ▬▬  ▬▬    戌土
父母      世  ▬▬  ▬▬    申金              ▬▬  ▬▬    申金
妻财         ▬▬▬▬▬    午火              ▬▬▬▬▬    午火
兄弟         ▬▬▬▬▬    亥水              ▬▬▬▬▬    辰土
官鬼   ×  应  ▬▬  ▬▬    丑土      子孙    ▬▬▬▬▬    寅木
子孙         ▬▬▬▬▬    卯木              ▬▬▬▬▬    子水
```

断曰："变爻寅木子孙，克制丑土之鬼，必到寅日，而得顺风。"果然湾船三日，至戊寅日寅时，顺风而开舟矣。

又如亥月癸亥日，占风，得未济之艮。

```
       火水未济              艮为山
兄弟   应 ▬▬▬   巳火           ▬▬▬   寅木
子孙      ▬ ▬    未土           ▬ ▬   子水
妻财 ○    ▬▬▬   酉金   子孙    ▬▬▬   戌土
兄弟 ×世  ▬ ▬    午火   妻财    ▬ ▬   申金
子孙 ○    ▬▬▬   辰土   兄弟    ▬ ▬   午火
父母      ▬ ▬    寅木           ▬ ▬   辰土
```

一位老先生，扬州人也，由淮回扬，余附载之。登舟彼即占风，予曰："明日辰时得顺风，戌时即到府上。"彼曰："何其速也？"予曰："二爻辰土子孙，乃得顺风之喜悦也。第四爻戌土子孙，到家之喜也。"果于次日辰时起风，顺行三百余里，戌时抵家。

戌月戊子日，舟中占风，得坤之震。

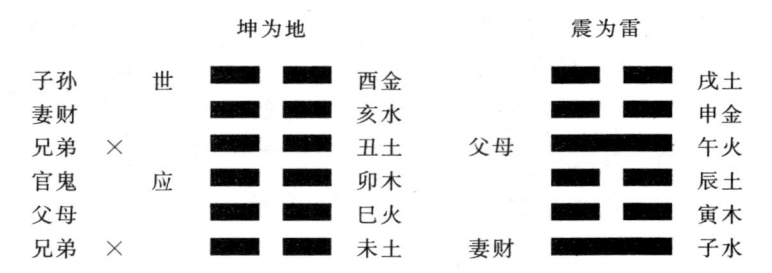

```
       坤为地              震为雷
子孙   世 ▬ ▬    酉金           ▬▬▬   戌土
妻财      ▬ ▬    亥水           ▬ ▬   申金
兄弟 ×    ▬ ▬    丑土   父母    ▬▬▬   午火
官鬼   应 ▬ ▬    卯木           ▬ ▬   辰土
父母      ▬ ▬    巳火           ▬ ▬   寅木
兄弟 ×    ▬ ▬    未土   妻财    ▬▬▬   子水
```

酉金子孙持世，必应静而逢冲之日，必于卯日得风。

己丑日又占，得夬卦。

```
       泽天夬
兄弟      ▬ ▬    未土
子孙   世 ▬▬▬   酉金
妻财      ▬▬▬   亥水
兄弟      ▬▬▬   辰土
官鬼   应 ▬▬▬   寅木
妻财      ▬▬▬   子水
```

又是酉金子孙持世，果于卯日顺风。

壬辰日，占风，得大畜之泰。

　　　　　　　　山天大畜　　　　　　地天泰

官鬼　○　　▆▆　▆▆　寅木　　子孙　▆▆　▆▆　酉金
妻财　　应　▆▆▆▆▆▆　子水　　　　　▆▆　▆▆　亥水
兄弟　　　　▆▆▆▆▆▆　戌土　　　　　▆▆　▆▆　丑土
兄弟　　　　▆▆　▆▆　辰土　　　　　▆▆　▆▆　辰土
官鬼　　世　▆▆▆▆▆▆　寅木　　　　　▆▆▆▆▆▆　寅木
妻财　　　　▆▆▆▆▆▆　子水　　　　　▆▆▆▆▆▆　子水

上爻寅木鬼，化出酉金子孙，明日酉时有风。

癸巳日，又占风，得姤之小畜。

　　　　　　　　天风姤　　　　　　风天小畜

父母　　　　▆▆▆▆▆▆　戌土　　　　　▆▆▆▆▆▆　卯木
兄弟　　　　▆▆▆▆▆▆　申金　　　　　▆▆▆▆▆▆　巳火
官鬼　○　应　▆▆▆▆▆▆　午火　　父母　▆▆　▆▆　未土
兄弟　　　　▆▆▆▆▆▆　酉金　　　　　▆▆▆▆▆▆　辰土
子孙　　　　▆▆▆▆▆▆　亥水　　　　　▆▆▆▆▆▆　寅木
父母　×　世　▆▆　▆▆　丑土　　子孙　▆▆▆▆▆▆　子水

或曰："昨日说在今日酉时，卦中如何不现？"予曰："我心已知，神不报矣。今日酉时亦有风，必不大，神报明日之大风也。子水子孙，与世爻相合，若逢合住，须冲破以成功。明日午日冲开，必有顺风。"果于次日，舟行三百里。

校正全本增删卜易卷十一

防非避讼章第九十五

忧虑官司，却喜官居空破。

最宜子动，子若持世无非。

鬼雀同兴，口舌不免。

蛇鬼克世，灾患相侵。

元武鬼，必因盗贼阴人。

白虎鬼，定有伤痕见血。

世动克应我兴词，应克世爻他有讼。

子孙动，子孙持世，必不成非。鬼持世，鬼克世，应动克世，定然成讼。

斗殴争竞章第九十六

彼此相争寻世应，不宜冲克喜相生。

日月克身，我必受辱。

动爻克应，他必遭刑。

应克世者他胜，世克应者我赢。

世空世破，世动化退，我心怯焉。

应动应旺，应化进神，他得势耳。

卦遇六冲必散，卦逢六合必成。

亦不离乎子孙爻，子孙发动，子孙持世，争斗不成。日月动爻，宜于克应，不宜克世。世宜旺动克应，及动而化吉，官事必赢。

兴词举讼章第九十七

官父同兴，公庭有理。

父官克世，受屈含冤。

世化退神世空世破，卦变六冲，世被刑冲，终不成讼。财与子孙发动克破文书官鬼亦不成之。

已定重罪章第九十八

福宜旺相最忌官兴。

子孙持世，子孙发动，已赴法场终须赦免。

官鬼克世，或官鬼持世，又被日月动爻冲克，或世动化凶，虽定轻罪，防改重刑。

疾病章第九十九

野鹤曰：人有七情，致生百病。急于问卜，以慰其心。奈何卜筮诸书，舛错悖谬，令人反无定见。既取用神，又用卦身世身；兼用本命，又有不看身命用神。单看卦验，卦得明夷、大过、观、贲、蛊、夬、丰、同人、大畜、需卦，断之必死。又云："死气丧门临本命，早备衾棺。"又云："蛇动主死，虎动主丧。"以星煞六神而断生死。独不思假使恶煞凶神，临身守命，若得用神，二身旺相，断之生耶？死耶？予试多年，或生或死，全凭用神，余皆不验。内有不看用神，而断生死者，卦变为六冲是也。

六冲变冲，久病难于调治。

久病者，卦逢六冲。卦变六冲，不论用神之衰旺，乃不治之疾也。近病逢之，不药而愈。

卦变绝克，新病亦主危亡。

卦变者，亦六冲而变六冲，何其近病亦危？乃因化回头之克也。如巽木变乾金，艮坤化震巽，皆谓之回头相克，虽非墓绝，亦主危亡。若化比和、化克去，及化回头相生，近病吉，久病凶，六冲之故耳。

除此冲克之外，必看用神。

用遇旬空，近病何须忧虑。

用逢月破，久病难许安宁。

自占病，世为用神。占父母弟兄取用神者，皆在《用神章》内详之。用神动静而值旬空，及化空者，若无日月动爻冲克，许之冲空实空之日即愈。倘逢冲克，病虽重而不死。若值月破，须看用神之旺衰。旺则愈于实破之日，及出月而愈。衰而受克者，必危。久病，用神值旬空月破者，即使用神旺相，亦无法以治之。

野鹤曰：《海底眼》、《黄金策》皆云："主空无救，中道而殂。"不分近病久病，非经验也。

觉子曰：余得验者，近病值旬空，若逢三合六合者，必成久病而终。

用化鬼，鬼化用神防不测。

忌化用，用神化忌最难医。

自占病，不宜世爻变鬼，及化回头克。占兄弟妻子，皆不宜鬼变弟兄妻子。及弟兄妻子而变鬼，又不宜兄变财，财化兄，父化子，子化父。

野鹤曰：鬼乃父母之元神，父动化鬼，乃为化生。轻病者即愈，久病者鬼化父，父化鬼皆主危亡，或曰："用神化鬼，即为凶兆。假使又值旬空，近病者何以断之？"予曰："曾有占验，请试详之。"

申月庚寅日，占子近病，得恒之解。

```
            雷风恒              雷水解
妻财     应 ▬▬ ▬▬  戌土              ▬▬ ▬▬  戌土
官鬼        ▬▬ ▬▬  申金              ▬▬ ▬▬  申金
子孙        ▬▬▬▬▬  午火              ▬▬▬▬▬  午火
官鬼   ○ 世 ▬▬▬▬▬  酉金      子孙    ▬▬▬▬▬  午火
父母        ▬▬▬▬▬  亥水              ▬▬ ▬▬  辰土
妻财        ▬▬ ▬▬  丑土              ▬▬ ▬▬  寅木
```

断曰："鬼变子孙，夭折之兆。幸得子孙值旬空，近病即愈，恐其难过午年。"果在出空之日而愈。辰年占卦，后至午年，出花而死。

动墓绝，化墓绝，须凭生旺。

日月克，动爻克，最怕休囚。

用神逢墓绝，及动而化墓化绝，全看旺衰。用神旺者何须虑，用神衰者实堪忧。日月动爻克者，亦看旺衰。旺者，冲去克神之日而愈。衰者，生助克神之日而危。

散破无援脱气，忌摇元动仇兴。

用神临散遇破，乃全无生扶，或脱气，此四者，若无根蒂，少吉多凶。忌神动克用神，若有元神发动，许之有救。只恐忌神又动，当许凶危，须于《元神章》内详之。

世持鬼爻，病纵轻而难疗。

此有两说。自占病，官鬼持世，其病难痊。虽得子动克去身边之鬼，目下虽愈，终不断根，不然迟迟又生他病。此之谓病不离身，身不离药。世临官鬼，以临帝旺长生，必得久远残疾。

代占六亲之病，若见官鬼持世，为忧抑之状，惟喜子孙发动，克去我之忧疑，即使用神衰弱，管许平安。

如申月壬子日，占子病，得遁卦。

天山遁

父母　　▬▬　　戌土
兄弟　应　▬▬　　申金
官鬼　　▬▬　　午火
兄弟　　▬▬　　申金
官鬼　世　▬▬　　午火
父母　　▬▬　　辰土

断曰："令郎今日即愈。""何以知之？"予曰："官鬼持世，尔之忧也。今日子日，冲去忧心，管许立愈。"果于本日愈。

觉子曰：如占自身，及兄弟妻儿者，此法是也。倘占父母之灾，官鬼为父母之元神，岂宜子动而伤耶？妻占夫病，官鬼为用神，又岂子动以伤官耶？不惟不能解忧，反添忧也。

身临福德，势虽险以堪医。

亦有两说。自占病，子孙持世，不药而痊。临空破者，实空实破之日而愈。

代占六亲之病，不必看用神之衰旺，即知其安。何也？子孙乃喜悦之神，只要旺相，若动于卦中者，亦为吉庆。

如寅月乙卯日，占妻病，得屯之节。

	水雷屯			水泽节	
兄弟	▬▬ ▬▬		子水	▬▬ ▬▬	子水
官鬼	▬▬▬▬▬ 应		戌土	▬▬▬▬▬	戌土
父母	▬▬ ▬▬		申金	▬▬ ▬▬	申金
官鬼	▬▬ ▬▬		辰土	▬▬ ▬▬	丑土
子孙	▬▬ ▬▬ × 世		寅木	子孙 ▬▬▬▬▬	卯木
兄弟	▬▬▬▬▬		子水	▬▬▬▬▬	巳火

断曰："尊正未日即愈。"彼曰："妻财不上卦，何得即愈？"予曰："子孙化子孙，乃喜悦之神，嫌其太旺。许未日愈者，木墓于未，未日而喜悦也。尊正若不全安，何喜之有？"果于午日退灾，未日大愈。

觉子曰：占父母病，子孙持世而动者，克去父母之元神。妻占夫病，子动伤夫，皆非喜悦之神也。须宜通变可也。

鬼化长生忌化进，须虑添灾。

鬼爻发动，病势必重。若长生于日辰，或动化长生，病势必增。克用神者为忌神，若动化进神，亦同此意。忌神化退，其病渐减。

觉子曰：鬼乃父母之元神，占父母者，其病即愈。鬼乃女人占夫之用神，占夫者亦主即愈。

福摇化克卦反吟，病必反复。

自占病，及占兄弟病，得子孙动者，制服官鬼，其病即愈。倘子孙动而化克，即使病愈后还发，反复之象。卦得反吟者，亦同此意。

用绝逢生，危而有救。主衰得助，重亦何妨。

用爻受刑冲克制，但得日月动爻，有一而生扶者，乃为绝处逢生，临危有救。

用神不宜太弱，弱则体虚，卒难痊愈。但得生扶拱合，虽得重病，亦不至死。

觉子曰：用神亦不宜于太旺，易理贵乎中庸，过犹不及。

即如巳月戊午日，自占病，得未济之睽。

火水未济　　　火泽睽

兄弟　应　▬▬　巳火　　▬▬　巳火
子孙　　　▬ ▬　未土　　▬ ▬　未土
妻财　　　▬▬　酉金　　▬▬　酉金
兄弟　世　▬ ▬　午火　　▬▬　丑土
子孙　　　▬ ▬　辰土　　▬ ▬　卯木
父母　×　▬ ▬　寅木　兄弟　▬▬　巳火

此公寿逾八旬，占病得此，予未敢言。彼亲彭生，满口赞好："世临日辰，当权得令，又有寅木生之，不药而愈。"诸公见予沉吟，促问之急。予曰："过十八壬戌日，则不碍矣。"果卒于壬戌日寅时。彭生问曰："卦之旺极，何故断其戌日之危？"予曰："正为不宜旺极耳。器满则倾，理之常也。衰极老人，而得全盛之卦，日将坠而现霞，灯将烬而放亮，岂能久乎？断壬戌日者，旺火而入墓也。今死寅时者，逢三合也。"

用临日月休寻伏。

卦无用神，得日月作用神者，不必寻伏神，许之即愈。

伏神衰弱再宜占。

凡用神不现，再占一卦。前卷《伏神章》中，注解明白，宜细味之。

觉子曰：野鹤与予之占验极多，不能尽记得，聊存数卦，以为后贤之法。

如申月癸亥日，占友痣病，得未济。

火水未济

兄弟　应　▬▬　巳火
子孙　　　▬ ▬　未土
妻财　　　▬▬　酉金
兄弟　世　▬ ▬　午火
子孙　　　▬ ▬　辰土
父母　　　▬ ▬　寅木

应为用神，申月刑之，亥日冲之，固知亥月不利。予未敢断，令伊亲人再占。

同日子占父病，得夬卦。

泽天夬

兄弟 ▬▬ ▬▬ 未土
子孙 世 ▬▬▬▬▬ 酉金
妻财 ▬▬▬▬▬ 亥水
兄弟 ▬▬▬▬▬ 辰土
官鬼 应 ▬▬▬▬▬ 寅木（伏巳火父母）
妻财 ▬▬▬▬▬ 子水

前卦应爻临巳火，月刑日克，此卦又是巳火父母，伏于寅木之下。破木不生无焰之火，许之十月必危。果卒于亥月，以亥水冲破无烟之巳火也。

又如申月丙子日，自因久病，占此药能去病否，得升之渐。

地风升　　　　　　风山渐

官鬼 × ▬▬ ▬▬ 酉金　　兄弟 ▬▬▬▬▬ 卯木
父母 × ▬▬ ▬▬ 亥水　　子孙 ▬▬▬▬▬ 巳火
妻财 世 ▬▬ ▬▬ 丑土　　　　　 ▬▬ ▬▬ 未土
官鬼 ▬▬▬▬▬ 酉金　　　　　 ▬▬▬▬▬ 申金
父母 ○ ▬▬▬▬▬ 亥水　　子孙 ▬▬ ▬▬ 午火
妻财 应 ▬▬ ▬▬ 丑土　　　　　 ▬▬ ▬▬ 辰土

断曰："巳午火为子孙，乃变爻也。变爻不能生正卦之世爻，无药可医。况嫌外卦反吟，病多反复。"再命亲人占之。

同日子占父，得益之渐。

风雷益　　　　　　风山渐

兄弟 应 ▬▬▬▬▬ 卯木　　　　　 ▬▬▬▬▬ 卯木
子孙 ▬▬▬▬▬ 巳火　　　　　 ▬▬▬▬▬ 巳火
妻财 ▬▬ ▬▬ 未土　　　　　 ▬▬ ▬▬ 未土
妻财 × 世 ▬▬ ▬▬ 辰土　　官鬼 ▬▬▬▬▬ 申金
兄弟 ▬▬ ▬▬ 寅木　　　　　 ▬▬ ▬▬ 午火
父母 ○ ▬▬▬▬▬ 子水　　妻财 ▬▬ ▬▬ 辰土

前卦日辰合世，此卦父值日辰，目下自是无碍。但不宜土动伤水，又是风雷合卦，震为棺，巽为椁，棺椁俱全。然不敢定年月，再命亲人占之。

同日女占父病，得大壮。

雷天大壮

兄弟		▬▬ ▬▬	戌土
子孙		▬▬ ▬▬	申金
父母	世	▬▬ ▬▬	午火
兄弟		▬▬▬▬	辰土
官鬼		▬▬▬▬	寅木
妻财	应	▬▬▬▬	子水

断曰："冬令防之。前卦占药，巳午子孙为药，至冬天水旺之时，无药可医。第二卦，子水化辰土，回头之克，子月逢之，而无救也。后卦午火父母，子月冲克。"果卒于冬至子月。

丑月辛卯日，占子痘，大壮之乾。

雷天大壮　　　　　　　乾为天

兄弟	×	▬▬ ▬▬	戌土	兄弟	▬▬▬▬	戌土
子孙	×	▬▬ ▬▬	申金	子孙	▬▬▬▬	申金
父母	世	▬▬▬▬	午火	父母	▬▬▬▬	午火
兄弟		▬▬▬▬	辰土	兄弟	▬▬▬▬	辰土
官鬼		▬▬▬▬	寅木	官鬼	▬▬▬▬	寅木
妻财	应	▬▬▬▬	子水	妻财	▬▬▬▬	子水

断曰："卦得六冲变六冲，花未发而先谢。又是伏吟卦，皆不为吉。子孙虽遇生扶，难保其吉。"命再占之。

又得艮之升。

艮为山　　　　　　　地风升

官鬼	○ 世	▬▬▬▬	寅木	子孙	▬▬ ▬▬	酉金
妻财		▬▬ ▬▬	子水		▬▬ ▬▬	亥水
兄弟		▬▬ ▬▬	戌土		▬▬ ▬▬	丑土
子孙	应	▬▬▬▬	申金		▬▬▬▬	酉金
父母	×	▬▬ ▬▬	午火	妻财	▬▬▬▬	亥水
兄弟		▬▬ ▬▬	辰土		▬▬ ▬▬	丑土

午火父动克子，虽有制服，不宜鬼变子孙，许寅日防之。果卒于寅日。夫应寅日者，午火父爻，长生于寅，又应前卦申金，子孙化伏吟，寅日而冲申也。

又如戌月庚辰日，占父近病，得离卦。

离为火

兄弟	世	▬▬▬	巳火
子孙		▬ ▬	未土
妻财		▬▬▬	酉金
官鬼	应	▬▬▬	亥水
子孙		▬ ▬	丑土
父母		▬▬▬	卯木

予曰："近病逢冲即愈。"问曰："何日可愈？"命再占之。
又得大过之困。

泽风大过　　　　　泽水困

妻财			未土		未土
官鬼			酉金		酉金
父母	世		亥水		亥水
官鬼	○		酉金	子孙	午火
父母			亥水		辰土
妻财	应		丑土		寅木

断曰："乙酉日全愈。酉金官鬼逢空，出空之日，而生亥水。"果于甲申日起床，乙酉日大愈。

野鹤曰：以上数卦，教人多占之法也。以数卦合而详之，吉凶之日月可知矣。

丑月丙戌日，自占近病，得比之革。

水地比　　　　　　　　泽火革

妻财	应	▬▬　▬▬	子水		▬▬▬▬▬	未土
兄弟		▬▬▬▬▬	戌土		▬▬▬▬▬	酉金
子孙	×	▬▬▬▬▬	申金	妻财	▬▬▬▬▬	亥水
官鬼	×	世 ▬▬　▬▬	卯木	妻财	▬▬▬▬▬	亥水
父母		▬▬　▬▬	巳火		▬▬　▬▬	丑土
兄弟	×	▬▬　▬▬	未土	官鬼	▬▬　▬▬	卯木

官鬼持世，申金发动，克去身边之鬼，及世化亥水回头生，当许其愈。但因世爻随鬼入空墓，又值三合，恐成久病。命亲人再占。

全日妻占夫，得中孚之兑。

风泽中孚　　　　　　　兑为泽

官鬼	○	▬▬▬▬▬	卯木	兄弟	▬▬　▬▬	未土
父母		▬▬▬▬▬	巳火		▬▬▬▬▬	酉金
兄弟	×	世 ▬▬　▬▬	未土	妻财	▬▬▬▬▬	亥水
兄弟		▬▬　▬▬	丑土		▬▬　▬▬	丑土
官鬼		▬▬▬▬▬	卯木		▬▬▬▬▬	卯木
父母	应	▬▬▬▬▬	巳火		▬▬▬▬▬	巳火

卯木官鬼为用，化未土空亡，近病化空即愈，但不宜前后两卦，俱值三合，恐成久病而终。彼曰："防在何时？"予曰："未墓空而且破，若占防忧防患者，破罗破网，容易而脱。今占病者，值三合而难痊。明年未月，犹恐填实其墓。"果卒于次年未月，存此为后贤之法者，何也？要知近病，逢空化空即愈；若值三合者，必成久病而终。

又如寅月乙酉日，占外甥久病，得坤之乾。

坤为地　　　　　　　　乾为天

子孙	×	世 ▬▬　▬▬	酉金	兄弟	▬▬▬▬▬	戌土
妻财	×	▬▬　▬▬	亥水	子孙	▬▬▬▬▬	申金
兄弟	×	▬▬　▬▬	丑土	父母	▬▬▬▬▬	午火
官鬼	×	应 ▬▬　▬▬	卯木	兄弟	▬▬▬▬▬	辰土
父母	×	▬▬　▬▬	巳火	官鬼	▬▬▬▬▬	寅木
兄弟	×	▬▬　▬▬	未土	妻财	▬▬▬▬▬	子水

"久病逢冲必死，况得六冲化六冲，三月必危。"果卒于三月。应三月者，酉金子孙为用神，动而逢合之月也。又是冲去戌土，酉金而无生也。

存此课而为法者，久病逢冲，用神虽临日建，又有戌土生之，亦不活也。

又如子月丙寅日，自占瘟病，得节之中孚。

```
        水泽节              风泽中孚
兄弟 ×  ▬▬ ▬▬  子水   子孙  ▬▬▬▬▬  卯木
官鬼    ▬▬▬▬▬  戌土         ▬▬▬▬▬  巳火
父母 应 ▬▬▬▬▬  申金         ▬▬ ▬▬  未土
官鬼    ▬▬ ▬▬  丑土         ▬▬ ▬▬  丑土
子孙    ▬▬▬▬▬  卯木         ▬▬▬▬▬  卯木
妻财 世 ▬▬▬▬▬  巳火         ▬▬▬▬▬  巳火
```

断曰："子水克世，月建克世，大凶之兆。幸有寅日相生，若肯避瘟于南方，夜卧南床，使火旺而水枯，可保无虞。"果依此行，亥日病势危急，得遇良医，寅日而愈。彼时瘟疫流行，家家传染一人，同日亦得此卦，予亦传此以避之。因此人病重，又信傍言，病人不可移床，未肯迁移，卒于亥日。

野鹤曰：留此以为法者，使其知趋避之法也。

又如丑月乙未日，占子发热，是花痘否，得兑卦。

```
        兑为泽
父母 世 ▬▬ ▬▬  未土
兄弟    ▬▬▬▬▬  酉金
子孙    ▬▬▬▬▬  亥水
父母 应 ▬▬ ▬▬  丑土
妻财    ▬▬▬▬▬  卯木
官鬼    ▬▬▬▬▬  巳火
```

予曰："法以官鬼旺者，是花痘也。予试不验，乃揣摹之说。只看子孙之旺衰。子孙旺者，是花何碍。此卦日月世爻克子孙，卦得六冲，花未开而先谢，不祥之兆。明早洁诚再占。"

丙申日，又占，得大过之涣。

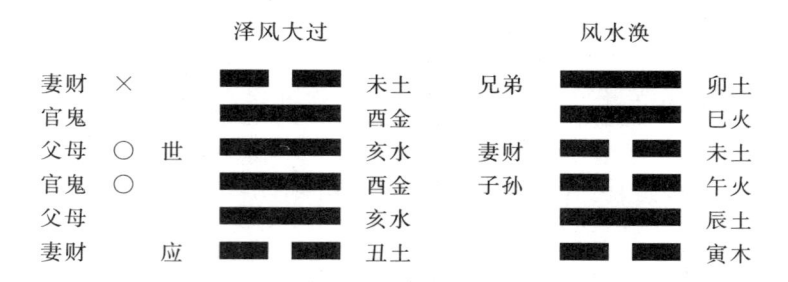

```
                泽风大过                    风水涣
    妻财  ×    ▬▬  ▬▬   未土    兄弟  ▬▬▬▬▬▬   卯土
    官鬼       ▬▬▬▬▬▬   酉金         ▬▬▬▬▬▬   巳火
    父母  ○ 世 ▬▬▬▬▬▬   亥水    妻财  ▬▬  ▬▬   未土
    官鬼  ○    ▬▬▬▬▬▬   酉金    子孙  ▬▬  ▬▬   午火
    父母       ▬▬▬▬▬▬   亥水         ▬▬  ▬▬   辰土
    妻财     应 ▬▬  ▬▬   丑土         ▬▬  ▬▬   寅木
```

断曰："父爻发动，虽有制服，不宜鬼变子孙，令郎须请明人治之。"彼曰："何处医人为吉？"予曰："古以子孙爻为医人，今既占子孙，岂又以子孙爻为医药耶？"

占得地泽临，变地水师。

```
                地泽临                    地水师
    子孙       ▬▬  ▬▬   酉金         ▬▬  ▬▬   酉金
    妻财     应 ▬▬  ▬▬   亥水         ▬▬  ▬▬   亥水
    兄弟       ▬▬  ▬▬   丑土         ▬▬  ▬▬   丑土
    兄弟       ▬▬  ▬▬   丑土         ▬▬▬▬▬▬   午火
    官鬼     世 ▬▬▬▬▬▬   卯木         ▬▬▬▬▬▬   辰土
    父母  ○    ▬▬▬▬▬▬   巳火    官鬼  ▬▬  ▬▬   寅木
```

断曰："巳火父动克子，北方医人可治。"果请北门医家治之。
至庚子日痘变，又占得解之归妹。

```
                雷水解                    雷泽归妹
    妻财       ▬▬  ▬▬   戌土         ▬▬  ▬▬   戌土
    官鬼     应 ▬▬▬▬▬▬   申金         ▬▬  ▬▬   申金
    子孙       ▬▬▬▬▬▬   午火         ▬▬▬▬▬▬   午火
    子孙       ▬▬  ▬▬   午火         ▬▬  ▬▬   丑土
    妻财     世 ▬▬▬▬▬▬   辰土         ▬▬▬▬▬▬   卯木
    兄弟  ×    ▬▬  ▬▬   寅木    子孙  ▬▬▬▬▬▬   巳火
```

断曰："子日冲动午火子孙，遇寅木而生之，此卦非比前卦，已有生机。"彼曰："今日痘变，北门还有一杨姓者，意欲请之，再占一卦，何如？"予曰："杨字有木，卦中寅木生午火，是此人也，不必再卜。"果请此人治之，其花红艳，后得安然。此乃教人延医之法也。

痘疹章第一百

平时而问男女何时出花，鬼爻为用。

鬼爻静者，逢值逢冲。

鬼爻动者，逢值逢合。

鬼衰，逢生旺之年。

鬼旺鬼多，逢墓库之岁。

鬼空鬼破，填实之时。

鬼若伏藏，出现之岁。

见花而问吉凶，卦忌六冲，

兼忌子孙化鬼，及鬼化子孙。

父化子，子化父，

子孙伏而空破，皆非吉兆。

问花之疏密者，鬼旺而临日月，

及动爻生扶，花必稠密。

如值空破休囚墓绝，痘必疏朗。

鬼动乾宫，多生头上。

鬼摇坤卦，腹上多丛。

艮宫多于手，兑宫多于口，

坎离上身，震巽下身。

火鬼其色红紫，金鬼其色虚白，

水鬼须防黑陷，木鬼杂细，土为肿大。

以上四条，分占四卦，不可一卦而断之，大抵全在子孙爻也。子孙临日月，及日月动爻相生，动而化吉，不受刑伤冲克，爻不乱动，花虽密以全生，痘虽陷仍收功也。

病源章第一百零一

火属心经，发热咽干口燥。
水归肾部，恶寒盗汗遗精。
金肺木肝，土为病归脾胃。
衰轻旺重，动则煎连身躯。
螣蛇心惊，青龙则酒色过度。
勾陈肿胀，朱雀则言语颠狂。
狂虎有损伤，女子则血崩血晕。
元武忧郁，男人则阴症阴虚。

野鹤曰：此乃《黄金策》占疾病之首论也，余以为之撞门槌。对俗人而言，不得不以此而动之。若知分占之法，另占一卦，以定吉凶，庶有后验。若即以此卦，而兼断其生死者，如若有灵，吾不信也。要知来人而问病，有何所犯？何以治之？及问吉凶何如？我且以发寒发热而妄猜，得着者哄此一时，而病人不得趋避之指，问卦何益？今见此章，尽是单言病症，并不言及何法治之。如果心经发热，来人岂不知也？请问治其热者，是何法也？无益之论，故尽删之。

余常以来人问病，先命占其吉凶。卦得吉者，许之调理即愈，不必服药求神。卦得凶者，命之延医。卦得鬼动克用神者，命之再占鬼神。或占家宅，或占坟茔，务必求其是何所犯？何法治之？庶不负来人之问也。

鬼神章一百零二

凡占鬼神，卦中鬼值休囚，

及空破墓绝，皆非鬼神之害也。

官鬼属金旺相者，武神及西方之神。休囚者，刀剑身亡之鬼。

鬼临木者，旺则文神及东方之神。衰则倚草附木之妖，或是刑杖悬梁之鬼。

水为河海及北方之神。休囚者，池井江湖水死之鬼。

火鬼火神，及雷公电母窑灶之神。休囚者，汤火焚烧之魂也。

土鬼土神，及中央之庙，或掌管山川社稷之神。休囚者，墙倒屋塌土死之鬼。

古以金木水火土，各分其神。即如金官者，谓之天将关公、金刚元帅，伍公岳公等神。余以为非武神者，不可尽数之神也。有敕封者，有未封者，各方土俗不同，书之未载者更多，何得各庙而祭之？须问病人，或于某武神庙中许愿信而未还？或于何庙秽污作践？心有所疑者，指其神而占之，鬼爻或旺或动，是此神也。如不上卦，再占他处之神可也。

鬼值木火水土者，皆用此法。

得罪于正神者，香花纸马祭之。勾惹邪祟之鬼者，用浆纸钱，夜净之时，金鬼者向西送之，水鬼者向北送之。余仿此。

野鹤曰：凡得时灾瘟瘴，照此法而祭送者，予屡验之。倘系疯痨气蛊，既失调理于前；酒色伤身，又失慎重于后，与鬼神何干？祭之送之，皆无益矣。惟节饮食，远色欲，息气养神，其病自减。予游遍江湖，曾历滇黔蜀粤，彼方不服药，专信鬼神。先用三牲五牲，后至杀牛宰马。一次不愈，甚至二三十次，因病致穷者，多矣。殊不知害他命而救命，其罪愈彰。所以屡见害性命之多者，终不能救而死。可不戒与？今下路读书人，亦信此邪神者，予实不解。神农尝百草遗救生灵，未闻有何圣贤，教人宰性命以救命也。

李我平曰：《易冒》以鬼临金者为关公岳王，《补遗》又以青龙神为汉寿亭候，第不知关公之前，金鬼与青龙，是何神也？又曰：祭者，降之以福；不祭者，降之以殃。此乃作福作威之邪神也？正直之神，岂能为此事？此书前后无一不合于理，独此《疾病章》中，亦言鬼神之事，予实不服，疑因今人问病，开口先问鬼神，不得不从俗耳，智者察之。

延医章第一百零三

野鹤曰：有人而问余曰："问卜以求神延医而服药，有是理乎？"予曰："若无此理，伏羲书卦，神农尝药，作何事耶？"彼曰："然则又有不能救者，何也？"予曰："有根者可以救之，无根者则不能也。人之星辰过宫，或是交运脱限，谓之移花接木之年。移其有根之花木者，上则遮盖，下宜浇水则活矣。不浇不盖，见日则枯。服药求神者，即此意也。若使无根之木，无蒂之花，虽浇虽盖，亦无益矣。"

自占求医，应爻为医人。代六亲而求医者，亦以应为医人。

鬼作忧神休妄动，福为喜悦而生扶。

自占代占，鬼乃忧疑之神也，若持世，及动于卦中，得子孙动而制之，此医可请，手到成功。若得子孙临应爻者，乃明医也。其故何也？子孙乃制鬼之神，非真正能制邪魔之鬼也。乃克去忧神，我无忧也。

应作医人，不宜空破墓绝。

应爻空破墓绝，休囚衰弱，或旺相而被日月动爻冲克，或动而化鬼化绝，化回头克，药不见效。

子孙制鬼，最喜旺相生扶。

子孙临世应，或发动于卦中，亦要旺相，不受刑冲克害，不逢破墓绝空，药必见效。

子动化鬼化克，其药不精。子动化空，实空之日有效。

子动化生化旺，化进神者，其药更灵。

古以子动化子孙，其药必杂，非也，子动化子孙而旺相者，另改药品，即比仙丹。

医克用爻，近病即愈。

自占病，应爻克世者，克制我之病也。应爻克用神，亦如此断。惟不宜乎久病，及体弱之人。非独克病，身亦受其伤矣。

应爻临兄鬼，而克用神，及克世爻者，不拘久病近病，必遭其害。

父爻持世，妙药难调。

自占病，父持世，药不见功，宜于静养，远色欲，息气恼可也。

兄弟持世，有子孙动于卦中者，医再延之，惟嫌鬼旺鬼兴，误服药饵。

才爻持世，切莫误食肥甘。旺相遇生扶，良医有见。休囚逢冲克，无药可医。

子不代父以占药，妻不代夫而卜医。

子占父，宜父爻旺相。占医占药，又以子孙为用神，父旺以伤子也，一爻不能两用。

妻占夫，宜官鬼旺相。占医占药，亦以子孙为用神。子旺又能伤夫，所以不能代占医也。

延医于子孙之方，治病以应爻而定。

卦中子孙爻旺者，延医于子孙之方。且如午火子孙，或旺或动，请南方之医。余仿此。

卦中子孙休囚空破者，又看应爻旺否，若得应爻旺相，生合用神，即于应爻之方请之。

且如应爻临申金，日月医必在西南。余仿此。

如卦中有一爻独发，而生用神者，又以此方而延医。以五行而定名姓，水爻动点水之姓，火爻动姓名像火，木爻草头木旁，土爻姓名有土。

且如占妻病，妻爻属水，得申金发动以相生，请钱姓之医以治之。余仿此。

不起之症，卦中不现其医。

立愈之灾，爻冲不报用药。

屡见占医之卦，无药可医之症者，神不现其医矣。若非用神化鬼、鬼化用神，即是忌神化六亲、六亲化忌神，及用神化绝，化克化墓，久病逢冲逢空，随鬼入墓，此皆无药而医也。

病之即愈，神亦不现其医。近病者，若非卦得六冲，即现用值旬空，或用神化回头生。自占者，子孙持世，此皆不药而愈也。

医卜往治章第一百零四①

世为己，应爻为病人，若得世爻旺相，子孙财爻持世，世生应爻，世爻动化进神，化回头生，日月动爻临财星，子孙而生世，此皆手到病除。

近病者，应值旬空，或动而化空，化回头生，化旺，化退神，或日月动爻生应爻，及卦逢六冲，卦变六冲，此皆速宜往救，勿令他人先到以成功也。

---

① 大抵与卜医相仿。

久病者，应爻旺相，或逢日月动爻相生，或动而化生化旺，应临子孙，应临财动生世，虽然病久，我必除根。除此之外，皆不宜往，徒损盛名。

野鹤曰：诸书无不以官为鬼为病，应为医人，子孙为药，理固然也。但此官鬼者，非鬼非病，乃忧神耳。占子病者，父母爱子之心，未病惟恐疾忧，况已病乎？自占病者，性命在呼吸之间，且一人不起，举室惊惶，谁不忧乎？此官鬼者，即一家之忧神也。惟解此忧者，乃赖子孙爻也。

如午月甲寅日，一人病在危笃，医家不治，迎予到宅，见有三十余人至亲，泪眼不干，密友愁容可掬，此非一家之忧乎？

及至，弟占兄病，得屯之中孚。

		水雷屯			风泽中孚	
兄弟	×	▬▬ ▬▬	子水	子孙	▬▬▬▬▬	卯木
官鬼	应	▬▬ ▬▬	戌土		▬▬▬▬▬	巳火
父母		▬▬ ▬▬	申金		▬▬ ▬▬	未土
官鬼		▬▬ ▬▬	辰土		▬▬ ▬▬	丑土
子孙	× 世	▬▬ ▬▬	寅木	子孙	▬▬▬▬▬	卯木
兄弟		▬▬▬▬▬	子水		▬▬▬▬▬	巳火

予则笑而言曰："列位放心。今日半夜退灾，明日卯日即起床。"只见大小一门，愁容变喜。此卦中之子孙爻者，是药耶？是解忧之神耶？许即愈者，何也？此人虽是险症，其实近病。子水兄爻值旬空，近病逢空即愈，值半夜子时而不空也。或曰："近病逢空，何不许冲空之午日，实空之子日？"予曰："因子水化卯木子孙，世爻又临寅木子孙，化卯木子孙，次日即是卯日，正一家解忧释疑之时，所以许半夜实空之时也。"果于子时退灾，次日起床。此何尝用药而制鬼耶？

予再取舟中阻风之例言之，而子孙为解忧之神，愈可知矣。曾过洞庭阻风，同行章姓者，占何日顺风。

卯月辛丑日，得剥之观卦。

```
              山地剥                    风地观

妻财            ▅▅  ▅▅    寅木              ▅▅  ▅▅    卯木
子孙  × 世      ▅▅  ▅▅    子水    官鬼      ▅▅▅▅▅▅    巳火
父母            ▅▅▅▅▅▅    戌土              ▅▅  ▅▅    未土
妻财            ▅▅  ▅▅    卯木              ▅▅  ▅▅    卯木
官鬼    应      ▅▅▅▅▅▅    巳火              ▅▅▅▅▅▅    巳火
父母            ▅▅  ▅▅    未土              ▅▅  ▅▅    未土
```

彼执此卦而告予曰："若论风云，全凭兄弟。又云：木动生风。卦中寅卯不动，幸而旺相，兄爻申金，伏于世下，今日申时，伏神出而冲动寅木，必有顺风。不然，明日寅日，冲出申金兄爻，一定开舟。"予笑而言曰："此时大风大雨，何尝无风？"彼曰："我问者顺风。"予曰："这等断法，隔靴搔痒。占天时之旱涝，木爻兄爻，以为风云。今已登舟，岂可执此为法？尔我风阻于此，日惧风波之险，夜防盗贼之惊，凄风冷雨，焦心如炽，能解我之忧者，乃子孙之爻耳。此卦子孙持世而化空，连朝风雨，只待出空而后晴。子孙出空之日，开船解我之忧。"果于乙巳日大晴，风停浪静，还无顺风。次日丙午，一日顺风，则过湖矣。顺风顺水，畅饮开怀，得非子孙之力，释我之忧耶？彼曰："卜易之书，从无此论，必有秘传。不然何以神乎？"予曰："昔亦以木兄而断，屡试不验。因见子孙值日以开舟，遂悟出此理。"彼又曰："子水子孙化巳空，巳日已开舟矣。何故到丙午日，而得顺风？"予曰："此卦占于丑日，子水到巳日，虽则出空，还被日辰合住。必待丙午冲开，遇顺风矣。"

此子孙者，不犹夫疾病之篇，以子孙为解忧之神，其理一耶？

又如一日，时值初更，叩门入曰："家小主有病，相迎占卜。"予问："得病几时？""山东才回，后顷刻得病。"予即自卜一卦。

未月壬子日，得节之比。

```
                    水泽节              水地比
         兄弟   ▬▬  ▬▬  子水    ▬▬  ▬▬  子水
         官鬼   ▬▬▬▬▬▬  戌土    ▬▬▬▬▬▬  戌土
         父母 应 ▬▬▬▬▬▬  申金    ▬▬▬▬▬▬  申金
         官鬼   ▬▬  ▬▬  丑土    ▬▬  ▬▬  卯木
         子孙 ○ ▬▬▬▬▬▬  卯木 妻财 ▬▬  ▬▬  巳火
         妻财 ○ 世 ▬▬▬▬▬▬ 巳火 官鬼 ▬▬  ▬▬  未土
```

巳火财爻持世，子动生世，子孙乃喜悦之神，此行有益。及到伊家，值医检药。

壬子日，占子病，得解之坎。

```
                    雷水解              坎为水
         妻财   ▬▬  ▬▬  戌土    ▬▬  ▬▬  子水
         官鬼 × 应 ▬▬▬▬▬▬ 申金 妻财 ▬▬▬▬▬▬ 戌土
         子孙 ○ ▬▬▬▬▬▬  午火 官鬼 ▬▬  ▬▬  申金
         子孙   ▬▬  ▬▬  午火    ▬▬  ▬▬  午火
         妻财 世 ▬▬▬▬▬▬  辰土    ▬▬▬▬▬▬  辰土
         兄弟   ▬▬  ▬▬  寅木    ▬▬  ▬▬  寅木
```

予见此卦生疑，近病化六冲，不死之症耶？却是子孙变鬼，必死之症？不敢断之，再请亲人卜之。

叔占侄病，得坤卦。

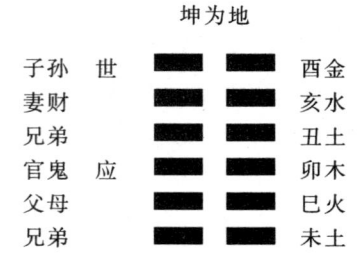

```
              坤为地
         子孙 世 ▬▬  ▬▬  酉金
         妻财   ▬▬  ▬▬  亥水
         兄弟   ▬▬  ▬▬  丑土
         官鬼 应 ▬▬  ▬▬  卯木
         父母   ▬▬  ▬▬  巳火
         兄弟   ▬▬  ▬▬  未土
```

又见六冲，知不死矣。问："有旧病否？"彼曰："从无病根。便是山东一路而来，亦无病也。适间日落之时，忽而满床乱滚，口不能言。"予曰："既无旧病，予敢保之即愈。"

再请医者卜之，得井之明夷。

```
             水风井                    地火明夷
父母      ▬▬ ▬▬      子水              ▬▬ ▬▬      酉金
妻财 ○ 世 ▬▬▬▬▬     戌土     父母     ▬▬ ▬▬      亥水
官鬼      ▬▬▬▬▬     申金              ▬▬ ▬▬      丑土
官鬼      ▬▬▬▬▬     酉金              ▬▬▬▬▬     亥水
父母 ○ 应 ▬▬▬▬▬     亥水     妻财     ▬▬ ▬▬      丑土
妻财 ×    ▬▬ ▬▬     丑土     兄弟     ▬▬▬▬▬     卯木
```

应为病人，世克应爻还不妨，乃是克制病人之病也，但不宜应爻化回头克，定是用药有误。予问东家："药曾吃否？"答曰："未熟。"问医者曰："所得何病？所下何药？"伊曰："三伏之天，途中受暑，不过解暑之凉药耳。"予私对东家曰："令郎不死，却得必死之卦。恐此药未必对症者，再请复看。"医者曰："床上乱滚，不能把脉。"随叫家人，问途中何如，家人言曰："到家热极，移床于过道临风之处，用大冰二块，安于凉床之下，命侄女掌扇。一觉睡熟，忽然打滚叫唤几声，即不言矣。"予想热极之人，卧冰临风；久旷之夫，使婢掌扇，其病可知。医者亦曰："适间看病，已扶入房矣，不知此节事。看来寒药，实不可服。"予曰："竟用附子肉桂，方可治之。"再命伊父占之。

壬子日，占用附子可否，得大有之大畜。

```
             火天大有                    山天大畜
官鬼    应   ▬▬▬▬▬     巳火              ▬▬▬▬▬     寅木
父母        ▬▬ ▬▬     未土              ▬▬ ▬▬      子水
兄弟 ○      ▬▬▬▬▬     酉金     兄弟     ▬▬ ▬▬      戌土
父母    世   ▬▬▬▬▬     辰土              ▬▬▬▬▬     辰土
妻财        ▬▬▬▬▬     寅木              ▬▬▬▬▬     寅木
子孙        ▬▬▬▬▬     子水              ▬▬▬▬▬     子水
```

子孙临日辰，酉金兄动以相生，大用一剂，包管立愈。医家先用乾姜汤试之，少刻开言，肚疼之甚。予曰："何如？快服此药。"医家加减调理一夜，次日全愈。此人之不死也，因我出门"子孙发动"一卦而断定矣。厥后连占数卦，合而泰之，方敢用大热之剂，起死回生。不然一剂凉药，寒上加寒，能于治耶？

觉子曰：此卦酉金兄动，以生子孙，服此热药而病愈者。若使前贤见之，又以酉金兄爻而为药也。

凡卜药，亦有当卜之道。或医家看临危之症，欲投此药，可以起死回生，惟恐一失，关系不小。得子孙动者，必喜悦也，即可用之，用而必效。或泛海行舟，或长途穷旅，无处寻医，有人传一奇方，占得子孙动者，其方必效。或半夜更深，延医不及，检点古方，及家藏凡药，实对此症，不敢擅用，不可不占，皆以子孙为用神。但得子孙持世，子孙发动，服之立可解忧。此诸占之子孙者，不拘金木水火土也。或旺或动，即为喜悦之神，用此方而见效，不效何喜之有？切不可又以金临子孙而用针，火属子孙而用炙，错也，误也。

一日到一府中，众客告曰："老先生昨日在后园忽然仆倒，扶起口出狂言，至今不知人事。适间诸位医者，内有曰：不服人参，不能提气。有曰：幸无痰上，若吃人参，痰上则难治矣。"予曰："就卜人参吃得否。"

寅月丁卯日，子占父病，吃人参好否，得萃之否。

	泽地萃		天地否
父母　×	▬▬　▬▬ 未土	父母	▬▬▬▬▬ 戌土
兄弟　应	▬▬▬▬▬ 酉金		▬▬▬▬▬ 申金
子孙	▬▬▬▬▬ 亥水		▬▬▬▬▬ 午火
妻财	▬▬　▬▬ 卯木		▬▬　▬▬ 卯木
官鬼　世	▬▬　▬▬ 巳火		▬▬　▬▬ 巳火
父母	▬▬　▬▬ 未土		▬▬　▬▬ 未土

占人参，必以子孙为用神。若不通变，见卦中父动克子孙，不过曰：人参不可服也。余非此断。子占父病，父爻为用神。未父化戌，父戌旬空，人参勿用，药亦勿服，明日辰日，冲空即愈。果于鸡鸣时苏醒，次日不药而愈。

又如：一日在席间，忽而东翁口眼歪斜，痰涎长流。予亦在座，乃郎问曰："家有牛黄丸，不知可服？"予命占之。

亥日辛酉日，子占父病，吃牛黄丸可否，得夬卦。

泽天夬

兄弟	▬▬ ▬▬	未土
子孙 世	▬▬▬▬▬	酉金
妻财	▬▬▬▬▬	亥水
兄弟	▬▬▬▬▬	辰土
官鬼 应	▬▬▬▬▬	寅木
妻财	▬▬▬▬▬	子水

予曰："灌服此丸，可保立愈。"服之果醒。喜子孙持世。或曰："同是子占父药，一卦看父爻，一卦看子孙，其故何也？"予曰："前卦父爻发动，神兆机于动，以父母断之。后卦子孙持世值日辰，子孙乃喜悦之神，父病即安，则喜悦矣。"卦无不灵，任人通变。

又如申月癸卯日，因杨梅疮，占医好否，得履之否。

天泽履　　　　　　天地否

兄弟	▬▬▬▬▬	戌土		▬▬▬▬▬	戌土
子孙 世	▬▬▬▬▬	申金		▬▬▬▬▬	申金
父母	▬▬▬▬▬	午火		▬▬▬▬▬	午火
兄弟	▬▬ ▬▬	丑土		▬▬ ▬▬	卯木
官鬼 ○ 应	▬▬▬▬▬	卯木	父母	▬▬ ▬▬	巳火
父母 ○	▬▬▬▬▬	巳火	兄弟	▬▬ ▬▬	未土

断曰："此医不可用之。虽系子孙持世，应为医人，不宜应爻，与巳火克申金；又有卯木生火，世爻虽旺，巳日一定添灾。"不听，竟延此医治之。卯辰日服药，还保平常；巳日忽然变症，遍身疼痛难当。病人着急，而问予曰："可伤命否？"予曰："世值月建，如何伤命？速服解药，过此巳午日，则止疼矣。"即服解药，至申日其病如常。

野鹤曰：前篇俱言子孙持世，其病即愈，必要子孙不受克可也。后贤不可不知。

李我平曰：此论官鬼为忧神，子孙为喜悦解忧之神，虽系古法，用之而当，非合鬼神之机，不能幻想至此。然又有不以鬼作忧神者，全在来人念之所指。彼问病之吉凶，若得鬼持世，鬼动卦中，则为忧神；子孙持世，子孙发动，则为解忧喜悦之神是也。彼问犯何鬼神者，卦现金鬼，必冲犯于武神。水鬼者，获罪于河神也。彼问病源，火鬼必属心经，水鬼必居肾部。子孙旺而动者，不药而愈。非教人以此子孙为治病之药也。往往前贤见此子孙旺动，占病病愈，占医医良，竟以此子孙爻为治病之药，金生子孙而用针，火持子孙而用灸。殊不知子孙若旺，其病自痊，何用针灸？子孙若值空破，用针灸而何益？诸书皆曰："土鬼忌热，水鬼忌寒。水鬼若居生旺之地，须用大热之药以治之。火鬼旺者，宜大寒之药以攻之。"余不知从何所见。假使用神属土，及子占父病，父爻临土，若得火鬼发动，乃生用爻之元神也，岂可以大寒之药而治元神耶？又如妻占夫病，鬼为用神，假令夫临水鬼，又可以大热之药，以攻夫爻之用神耶？尝见穷乡僻壤，无处觅医，只谓《周易》乃大圣大贤之书，遵之必灵。以此大寒大热之药，不知坑陷如许之命，言及发指。此书一出，寒热之药，不敢轻用，从此泉下无怨鬼矣。

校正全本增删卜易卷十二

家宅章第一百零五

野鹤曰：诸书皆曰：一卦之中，可决一家休咎；六爻之内，能分六事吉凶。以卦中之父母爻为屋宇，又以父母爻为双亲。既为二亲，又以五爻为父，四爻为母。于此悖谬糊涂，尚有刊传为法，余实不解。

假令戌月丙午日，占得乾之小畜。

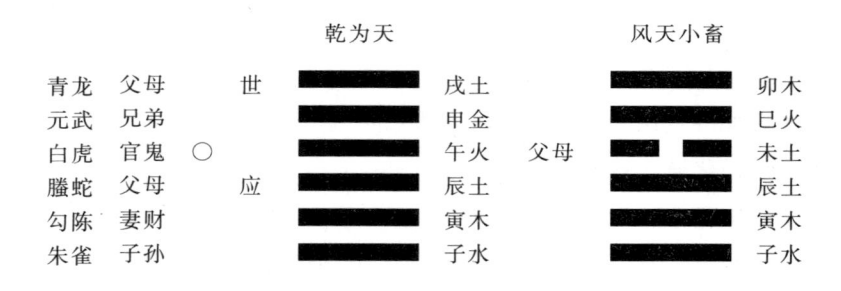

			乾为天		风天小畜	
青龙	父母	世	▅▅▅	戌土	▅▅▅	卯木
元武	兄弟		▅▅▅	申金	▅ ▅	巳火
白虎	官鬼	○	▅▅▅	午火 父母	▅ ▅	未土
螣蛇	父母	应	▅▅▅	辰土	▅▅▅	辰土
勾陈	妻财		▅▅▅	寅木	▅▅▅	寅木
朱雀	子孙		▅▅▅	子水	▅▅▅	子水

古法有云："卦无父母，不免堂上之忧。"此卦不独有父母，戌土临月建，午火官动以相生，即父母双庆之祥也。若又以五爻为父，四爻为母断者，鬼临四位，老母多灾。执此问之，老母多灾耶？堂上无忧耶？又曰："何爻受克，即此逢伤。"今五爻申金被午火鬼克，此又老父以生灾耶？又曰："鬼动乾宫，老父之咎。"此卦鬼发乾宫，又为老父之咎？又云："火鬼动，以防回禄；白虎鬼，为丧服之忧。"又云："世逢生旺，宅旺家安。"此卦世已旺矣，奈因火鬼临于虎动，可谓之回禄乎？丧服乎？家兴宅旺乎？又以官鬼为厅，谓之"官旺屋宇轩昂"。又云："鬼旺鬼兴，为灾为咎。"此卦鬼临日辰旺动，屋宇轩昂乎？为灾为咎乎？又云："财兴官旺相，热闹门庭。"又曰："财爻发动，父母遭伤。"岂门庭热闹之家，皆无父母之家耶？又云："兄爻旺相，紫荆并茂于堂前。"又云："兄弟持世，

丝弦再理。"岂雁行队队者，皆失履遗簪之宅耶？种种悖谬，难以枚举，予不得已而正之。

盖造买宅赁宅第一百零六

父旺持世，此处清安宜久住。

父爻旺相持世，生世合世，及世爻动而化父相生，或得日月作父母，生合世爻，皆为发福之第。

财爻发动，他方仁里另宜求。

财动以克父爻，另于他处图之。

爻逢六合，终见亨通。

卦遇反吟，多于愁叹。

世爻父爻旺相，又得六合卦者，事之必成，成而久远。

但不喜其六冲，六冲不久之象。

卦遇反吟，倘如世被冲克，大凶之兆。

世动而化进，绵长百代。

父兴不化退，增置千间。

世动化退，勉强成之，终须退悔。世动而化进神者，成后长远兴隆，名隆利厚。父动化退神，成后凋零破败。倘得化进，从此再置千间。

最忌随官入墓，须防鬼动伤身。

世爻随鬼入墓，财爻助鬼克世，及世爻动而变凶，或日月动爻克世，皆不宜行。

父动克世，及世爻父爻空破墓绝者，亦不宜行。

野鹤曰：凡盖造买宅赁宅，世与父爻旺相不犯冲克者，即宜成之，自是荣华昌盛。如问一家之吉凶，虽则须宜分占，亦待迁居入火之时，择其吉日而占之。告于神曰："今择某日迁居，碍于父母妻子否？"若有妨碍，须宜另择一日。不然，或叫所碍之人另择，毋以入门者可也。朝迁颁历，以便民间之用者，此也。如若盖造买造，占问一家，俱宜吉庆。假令家有百口，欲使人人合其吉者，百年买不成矣。

创造宫室章第一百零七

创造兴工，卦忌六冲。

鬼动为忌，克世最凶。

随官入墓，祸患多逢。

父爻旺相，世位兴隆。世父两爻动化吉，人安宅盛事亨通。

修方动土章第一百零八

世临福德最相宜，官鬼交重有祸基。

世旺逢生宜化吉，世衰受克且停之。

子孙之方宜起手，官鬼之位莫挑泥。

且如子孙属水，起手动工，宜于北方。官鬼属火，不可动土于南方。鬼在辰戌丑未，此方切忌动土。

拆旧岂嫌才象发，兴新偏忌父爻虚。

造成屋宇忧冲散，父爻旺相久长居。

迁居过火章第一百零九

占以内三爻为现居之宅，外三爻为未居之房。

内克外者，外宅不利，不宜迁之。

内生外者，外宅兴隆，速迁为吉。

野鹤曰：予以此法不善。宅已盖造买成，今欲入火，假使占得外宅不吉而不迁耶？既有新宅，旧宅或已弃矣，倘若占得内宅吉者，岂可仍居旧宅耶？

觉子曰：此法亦有使处，来人有问：欲弃旧宅而买新宅，可乎？用此法者宜也。

归宅入火章第一百一十

宅之吉凶，已于盖造买宅卦中卜就之矣。今择入火之日，须将父母兄弟妻儿，各自分占。宜于此日者用之，不宜此日者改之。或改日，或另择一时以入门，皆可化凶为吉。

入宅六亲吉凶章第一百一十一

择某日入宅，宜于父母否？再占一卦，宜于兄弟否？再占一卦，宜于妻儿否？

占父母，父母宜于旺相。占兄弟妻儿，皆宜旺相而遇生扶，不宜变动而化鬼，及刑冲克制。得其吉者，即于此日入宅；卦之凶者，令此人另改一日入门可也。假令数卦之中，或兄弟，或妻子，内有一卦不利者，即令另择一日，或另择一时，俱可。

野鹤曰：予得周公克制之法。凡六亲所犯之神，令之趋避，无一不验。且如木临父母金爻，财动以伤之父母，入宅须择克制金爻之日。安父母之床榻，宜克制金爻之方。屡试屡验。

如子月丁酉日，占择某日入宅，是否有碍父母否，得萃卦。

泽地萃

父母		未土
兄弟	应	酉金
子孙		亥水
妻财		卯木
官鬼	世	巳火
父母		未土

断曰："此日入宅，卯木暗动，以克父母。"彼曰："即烦另改一日。"予曰："不必改日，此日寅卯时吉，申时亦吉。尔等于寅卯时入宅，父母于申时入宅，保尔清吉。"彼曰："何也？"予曰："申时，卯木绝于申也。父母未土，又长生于申，是以吉也。入宅之时，宜父母安床于西南。"后

照此行，予目其平安一十七载。

又如卯月丁卯日，占某日入宅，子女安否，得革之丰。

	泽火革			雷火丰
官鬼	▬▬ ▬▬	未土		▬▬ ▬▬ 戌土
父母 ○	▬▬▬▬▬	酉金	父母	▬▬▬▬▬ 申金
兄弟 世	▬▬▬▬▬	亥水		▬▬▬▬▬ 午火
兄弟	▬▬▬▬▬	亥水		▬▬ ▬▬ 亥水
官鬼	▬▬ ▬▬	丑土		▬▬ ▬▬ 丑土
子孙 应	▬▬▬▬▬	卯木		▬▬▬▬▬ 卯木

断曰："父动克子，幸子孙临日月，父母又化退神，宜于亥子日迁居，安令郎之床榻于南房，将来必然贵显。"果依此行，长子竟在卯岁登科。

人凡占宅，无不一家安乐为吉。所以父母兄弟，妻妾子女，自当分别占之，各有相忌相伤，不可一卦而断。然又常得验者，初买房时，不待另占，如有刑伤骨入之事，卦中早现之矣。不可不知。

如申月辛卯日，占买宅吉否，得革之夬。

	泽火革			泽天夬
官鬼	▬▬ ▬▬	未土		▬▬ ▬▬ 未土
父母	▬▬▬▬▬	酉金		▬▬▬▬▬ 酉金
兄弟 世	▬▬▬▬▬	亥水		▬▬▬▬▬ 亥水
兄弟	▬▬▬▬▬	亥水		▬▬▬▬▬ 辰土
官鬼 ×	▬▬ ▬▬	丑土	子孙	▬▬▬▬▬ 寅木
子孙 应	▬▬▬▬▬	卯木		▬▬▬▬▬ 子水

断曰："此宅宜买。申金月建生世，卯日又冲动父爻生世，许之必发，人宅相宜。独嫌二爻鬼变子孙，须防克子。"彼曰："既防损子，买之何益？"予曰："此非宅子之故也。即使不买此宅，亦恐难保。子孙临月破，鬼动化出，危险极矣。"彼竟弃之不买。其子八月出花而死，十月仍买此宅。

马房猪圈章一百一十二

凡作牛棚马房，鸡栖羊栈，亦宜分占。

子孙须宜旺动，父母切忌兴隆。

凡占一切六畜，皆以子孙为用神，不拘猪羊牛马，皆忌父母发动，动则六畜受伤；亦忌子孙空破墓绝，及被日月动爻刑冲克害，及子孙动而化空破墓绝，化鬼化父，回头克，皆主刑伤，此地不宜用之。或更换地方，或另改一日。改日改地方者，再占。

生相必须兼用，日月更喜相生。

六畜虽以子孙为用神，又宜兼于生相。假令作马房，子孙不被冲克，乃为吉也。又宜午爻，亦不宜临鬼，不宜动而变鬼。余仿此。

凡占六畜，最宜日月生扶，谓之卦得日月生扶，六畜必然繁盛。倘受日月冲克，牲口绝种无根。

旧宅章第一百一十三

野鹤曰：以前之卜宅者，乃卜盖造买宅之新居也。常见来人而占久居之家宅，古法亦以一卦兼断诸般之吉凶。先论官鬼，次论八宫，以十二生相，定六畜之灾。午鬼而失良马，丑鬼而丧耕牛。又以之定人口之厄，午爻临鬼，马命者殃。巳鬼爻兴，蛇命有难。

假使午爻临鬼，马死耶？属马之人不禄耶？悖谬不堪，难以数说。予不知昔人何以回复来人之问也。要知彼之来意，或因连年破耗，疑家宅之不安；或因屡科之不第，或因有子求名，疑此宅能兴旺子孙否，必用子孙亲卜。或因官不升转，或因子女不存，或因官灾火盗，或因父母六亲多病；或因前后左右他人盖造，疑其冲犯；或因家有响动，邪祟现形，须问来人而判。曾因官府十载不升，疑是家宅有碍。予曰："若以一卦而断全家之事者，予则不能。须指其所疑之事而占之，其应如是。"公曰："何也？"予曰："卦中不过地支五行，虽有现出，难以直指一处。即如火鬼发动为灶神，府上二百余间，其灶不少，难知何灶而不安。又如卯木鬼，门户不安，古以四爻为门，尊府门户不少，即以六爻全为门户，不过定得六重，难知何门而不利。所以指其所疑之处而占之，无不响应。"公曰："予疑院内不宜有井，占问是否。"

酉月戊寅日，占得师之临。

	地水师			地泽临	
父母	应 ▬▬ ▬▬	酉金		▬▬ ▬▬	酉金
兄弟	▬▬ ▬▬	亥水		▬▬ ▬▬	亥水
官鬼	▬▬▬▬▬	丑土		▬▬ ▬▬	丑土
妻财	世 ▬▬ ▬▬	午火		▬▬ ▬▬	丑土
官鬼	▬▬▬▬▬	辰土		▬▬▬▬▬	卯木
父母	× ▬▬ ▬▬	寅木	妻财	▬▬▬▬▬	巳火

断曰："子孙发动，非此井也。"公又曰："大门对向不利，意欲改之，可否？"又占一卦，又得同人。

	天火同人	
子孙	应 ▬▬▬▬▬	戌土
妻财	▬▬▬▬▬	申金
兄弟	▬▬▬▬▬	午火
官鬼	世 ▬▬▬▬▬	亥水
子孙	▬▬ ▬▬	丑土
父母	▬▬▬▬▬	卯木

断曰："官鬼持世，是此门也，速宜迁改。须再占一卦，改门之后，功名何如。"又得小过之剥卦。

	雷山小过			山地剥	
父母	× ▬▬ ▬▬	戌土	妻财	▬▬▬▬▬	寅木
兄弟	▬▬ ▬▬	申金		▬▬ ▬▬	子水
官鬼	○ 世 ▬▬▬▬▬	午火	父母	▬▬ ▬▬	戌土
兄弟	○ ▬▬▬▬▬	申金	妻财	▬▬ ▬▬	卯木
官鬼	▬▬ ▬▬	午火		▬▬ ▬▬	巳火
父母	应 ▬▬ ▬▬	辰土		▬▬ ▬▬	未土

断曰："午火官星持世，寅日生之，外卦三合官局，明岁巳年，及午

年，连升大位。"果于次年一岁两升，午年又升官至二品。

福德动摇，不是此方之祸。

子孙持世，或动于卦中，或官鬼不动，及六爻安静，非此处也。

官鬼发动，的于此地兴妖。

官鬼持世克世，官鬼动摇，实因此处有害。

野鹤曰：占得果是此处不利，即宜修补，再占一卦，修补之后何如？问名者，《功名章》内断之。因财者，《求财章》内断之。防患者，《防患章》内断之。疾病者，《疾病章》内断之。曾有士子，财重当时，屡科不第，卜家宅何如。予曰："虽则为名而占贵宅，有疑相犯之处否？"彼曰："疑后宅有庙，冲射本宅。"

巳月己丑日，占得大有之乾。

```
          火天大有              乾为天
官鬼  应  ▆▆▆  巳火          ▆▆▆  戌土
父母  ×   ▆ ▆  未土   兄弟   ▆▆▆  申金
兄弟      ▆▆▆  酉金          ▆▆▆  午火
父母  世  ▆▆▆  辰土          ▆▆▆  辰土
妻财      ▆▆▆  寅木          ▆▆▆  寅木
子孙      ▆▆▆  子水          ▆▆▆  子水
```

断曰："世为本宅，应为庙宇，世应相生，如何有犯？庙前另有一物，未土发动刑世，乃此故耳。"彼曰："庙前有一照壁，照壁之后，有一株大树，数百年矣。"予曰："即此物也。尔用大兽头，安于尾脊，张口对树则吉。"

再占一卦，修补之后何如，得归妹之豫。

```
          雷泽归妹              雷地豫
父母  应  ▆ ▆  戌土          ▆ ▆  戌土
兄弟      ▆ ▆  申金          ▆ ▆  申金
官鬼      ▆▆▆  午火          ▆▆▆  午火
父母  世  ▆ ▆  丑土          ▆ ▆  卯木
妻财  ○   ▆▆▆  卯木   官鬼   ▆ ▆  巳火
官鬼  ○   ▆▆▆  巳火   父母   ▆ ▆  未土
```

断曰："修补之后，包尔今科必中。财动生官，官动生世，大吉之兆。"果中经魁，下科胞弟又发。

或曰："尝见前人，悉依古法，以一卦而兼断之。"余曰："有何难哉！"

曾于亥月戊午日，占家宅，得比之蹇。

			水地比		水山蹇	
朱雀	妻财	应	▬▬	子水	▬▬	子水
青龙	兄弟		▬▬	戌土	▬▬	戌土
元武	子孙		▬▬	申金	▬▬	申金
白虎	官鬼	× 世	▬▬	卯木	子孙 ▬▬	申金
螣蛇	父母		▬▬	巳火	▬▬	午火
勾陈	兄弟		▬▬	未土	▬▬	辰土

予曰："因何而卜？"彼曰："占家宅。"予曰："家宅之占，事之多端，他人能以无理之论而妄猜，我不能也。我若执古法而妄猜者，虎鬼发动，有丧服之忧。木鬼爻兴，不宜栽种。鬼持世爻，自身主刑杖枷锁之厄。鬼在坤宫，坟墓有碍。鬼临卯命，兔命者危。又曰：三爻为弟位。鬼在三爻，兄弟必有病险。卦中子水财爻，暗动助鬼，以克未土兄弟，亦主兄弟危亡。世为宅长，卯木化申金之克，十月死气在卯，虎临死气于世爻，家长必有刀剑之害。更有许多神煞，不暇细数，乃极凶之家宅耶。此依古书之猜，尔若实因何事而占？实以告我。我占不灵，我之过也。"彼曰："向因母病，今又妻病，疑是家宅有碍，是以占之。"予曰："《疾病章》云：近病逢空即愈。今日午日，冲动妻财，病人逢冲则起，今晚即当退灾。三爻卯木鬼动，尔家可曾另安一门否？"彼曰："中门原在右边，于五月间，改在左边。"予曰："尔于庚申日，仍旧改在右边，尊正必于甲子日全愈。自此之后，家宅安矣。夫应门户者，鬼临卯也。许申日改者，以申而制鬼也。"果于子日大愈，家宅从此而安。

觉子曰：以此观之，以古法而妄猜者，可乎？不可乎？以来人之意而断者，是耶？非耶？

有因宅中响动，或见妖祟而占。

福德临身，转灾为福。

旺财持世，宝藏兴焉。

子孙持世，子孙发动者，鬼祟潜形。即有活鬼出现，可保平安。子动无忧，神藏鬼没。

旺相之财持世，财动生世合世，必有古窖。若问在于何方，财来寻我，我莫寻他。皆我之财，自然出现。若问何时可得，即以此财爻，《应期章》内断之。

鬼动爻中，真妖实祟。

鬼临白虎，必有伏尸。鬼临元武，水怪山魈。蛇主虫蛇为妖，雀是官非火盗。勾陈鬼，牢狱伤身，青龙鬼色欲而丧。亥子鬼，投河溺井之魂，或因水沟池塘之患。辰戌丑未之鬼，墙倒屋塌，或因墙垣兽头之犯。寅卯鬼，悬梁自缢，又为门户栋梁。巳午鬼，火伤窑死，兼为炉灶不安。鬼临申酉之乡，刀剑之身之魄。或因金铁为怪，又为狐狸为精。鬼在变爻，冤家债主。鬼临日月，供养正神。克世者，必受其殃；生世者，反得其济。古法制鬼于庚申日、甲子日，或于除夕，用黄钱数张，浆水一碗，卦现金鬼者向西送之，水鬼者向北送之，在人静处送往门外。屡验平安。余仿此。

觉子曰：予有治鬼之法，一正可夺百邪。见怪不怪，其怪自灭。

官克在位，为灾为祸。

鬼动克世，或世爻随鬼入墓，及世动变鬼克世，乃是冤家债主，难免祸殃，宜修德作福，自然改祸为祥。才动克父，财化父，父化财，堂上之忧。父动克子，鬼化子，子化鬼，膝前有损。弟兄变鬼，鬼变弟兄，鬼动克兄，妻财变鬼，鬼变妻财，兄动化财，财化兄弟，既防手足刑伤，又主分衾拆枕。

同居章第一百一十四

与六亲同居用六亲，与外人同居看应爻。

世为己，应为人。世应相合相生，日月动爻生合世应者，彼此俱祥。克世我遭伤，克应他遭害。世克应，他畏于我。应克世，我被他欺。刑冲者同。

与六亲同居，宜于财与用神相生，不宜相冲相克。

盖造官衙章第一百一十五

官府自占，世与官星，皆宜旺相。子孙持世，及子孙动者，且勿行之。克变克绝，反招奇祸。六冲化合，必获奇祥。

占衙宇章第一百一十六

野鹤曰：凡占旧衙署者，与占旧家宅同断。有因人口多病，有因连任伤官，有因久不升转，有因鬼祟现形，亦可指其疑者而卜。曾因衙署，连任不利于官府。若非降削，即见凶亡。迎于府中，卜过半月，但有所疑，俱曾卜过，皆不现爻。又卜后沟，从后流宜否。戌月己亥日，占得鼎卦。

```
           火风鼎

兄弟      ▬▬▬▬▬    巳火
子孙  应  ▬▬ ▬▬    未土
妻财      ▬▬▬▬▬    酉金
妻财      ▬▬▬▬▬    酉金
官鬼  世  ▬▬▬▬▬    亥水
子孙      ▬▬ ▬▬    丑土
```

断曰："即此处也，速宜改往东流。"后开沟，见许多尸骸白骨。予始悟曰："虎鬼持世，是以有之。"

又请占一卦，修沟之后何如，得噬嗑之无妄。

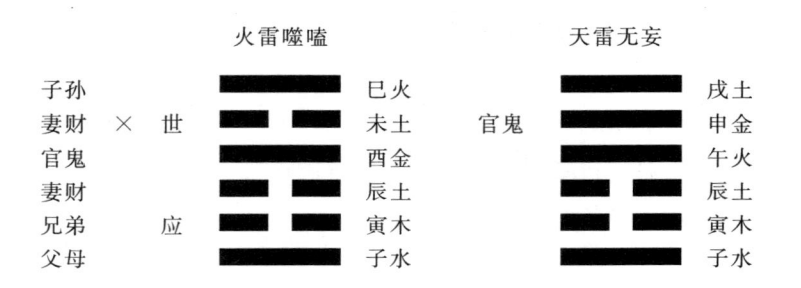

```
         火雷噬嗑                    天雷无妄

子孙     ▬▬▬▬▬    巳火            ▬▬▬▬▬    戌土
妻财 × 世 ▬▬ ▬▬    未土    官鬼    ▬▬▬▬▬    申金
官鬼     ▬▬▬▬▬    酉金            ▬▬▬▬▬    午火
妻财     ▬▬ ▬▬    辰土            ▬▬ ▬▬    辰土
兄弟  应 ▬▬ ▬▬    寅木            ▬▬ ▬▬    寅木
父母     ▬▬▬▬▬    子水            ▬▬▬▬▬    子水
```

断曰："未土财化申金官，未年一定高迁。"后于申年升任。应申年者，值官之年也。

盖造寺院章第一百一十七

大抵与家宅同推，不宜正冲变冲，卦变墓绝及反吟伏吟。住持与山主占者，皆宜世旺，日月动爻相生；宜子孙爻动，忌官鬼爻与兄爻持世，多费无益之财。官鬼持世，疾病灾殃之累。兄爻动而克世者，欲造福反成祸胎。财官生世者，虽乏钞自有增助。子孙旺相而化进神，多招徒弟。财爻休囚而化退者，有始无终。

李我平曰：卜筮诸书，二十余种。所论家宅，理不归一。不知昔贤，是何主见。《卜筮大全》："初井，二灶，三床，四门，五爻为人，六爻栋宇。"《黄金策》："初爻宅基，二爻宅舍，三爻为门，四为父母，五兄弟，六妻财。"《易冒》以初爻为幼，二爻为妻，三弟，四母，五爻为父，上爻为老。他书俱各不同，不暇细具。《易冒》又云："鬼动于内，宅室之灾。鬼动于外，人丁之咎。"既以二爻为妻，三爻为弟，假令内爻鬼动，宅室之灾乎？弟妻之咎乎？至于五行之鬼，八宫之鬼，既以之定官灾火盗，又以之定头目手足病灾。彼谓"火鬼主回禄，鬼在乾宫，主头目之患"。若以一卦而兼断，岂失火盗之家，必染头目之病耶？又曰："合为门，冲为路。不论卦内之有无，但要暗冲与暗合。"假使有冲无合，有合无冲，岂有门无路之家耶？殊不知占家宅之趋避，愿人口以为安。财福旺而宅兴，鬼兄静而家宁。于斯而已，何必多生枝叶，以乱后人耳目？

茔葬章第一百一十八

野鹤曰：卜茔卜穴，古法之谬，与家宅相同，后贤考诸书而自晓。予因求验之法，每遇拜扫之时，到各塚上，命伊占之。或知人觅地，就而占之。如此多年，始得其秘。

寻地章第一百一十九

世爻旺相，祖父魂安。

福德兴隆，儿孙绵祀。

古以二爻为穴，内卦为穴，螣蛇为穴，屡试不验。所验者，世为穴也。世宜旺相，或临日月，或日月动爻生扶，乃吉地也。儿孙乃祭祀之裔，宜于持世，或在他爻旺相，振振螽斯。

三合六合，聚气藏风。

世冲六冲，飞砂走石。

卦逢六合，或世与子孙爻作六合，乃藏风吉穴，代代兴隆。若得六冲卦，或六冲变六冲，或世应相冲，冲者散也，必无气脉。

六冲变合，已去而复来；

六合变冲，已成而复失。

此有两说，六冲变合者，或是先求此地而不得，后复得之。或是地运已衰，真龙早去今复重来。凡得此者，再得世遇子孙旺相，急宜用之。曾验数占，绵绵科甲。

六合变六冲者，或是已得之地而复失，或是地运将衰，龙将去矣，不宜用之。

世旺而化绝破，吉处藏凶。

世衰而化生合，凶中有吉。

世爻虽旺，不宜化破，及化墓绝，化回头克，主先得吉地，后有破绽。若非将来下葬，不得吉日，定因葬后被人伤损，吉变为凶之象。世若衰弱，动而化回头相生，化长生帝旺，化日月化合，化进神者，先否后泰之兆。目下观其形势，虽是才丁之地，将来地运兴隆，变成富贵之大地也。

如寅月戊午日，占地，得颐，变无妄。

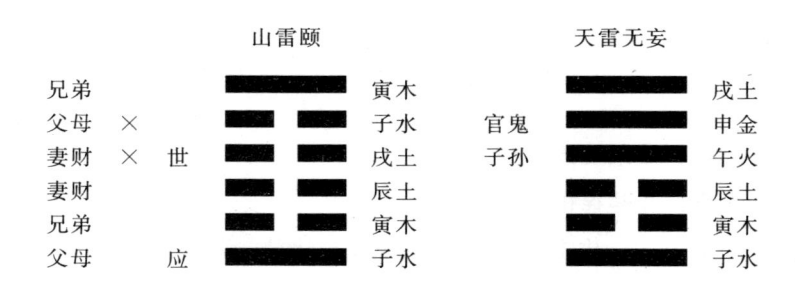

```
        山雷颐                          天雷无妄
兄弟        ▬▬▬ ▬▬▬    寅木              ▬▬▬▬▬▬▬    戌土
父母    ×   ▬▬▬ ▬▬▬    子水    官鬼      ▬▬▬▬▬▬▬    申金
妻财    × 世 ▬▬▬ ▬▬▬    戌土    子孙      ▬▬▬▬▬▬▬    午火
妻财        ▬▬▬ ▬▬▬    辰土              ▬▬▬ ▬▬▬    辰土
兄弟        ▬▬▬ ▬▬▬    寅木              ▬▬▬ ▬▬▬    寅木
父母      应 ▬▬▬▬▬▬▬    子水              ▬▬▬▬▬▬▬    子水
```

断曰："世爻戌土，春天休囚，化出午火子孙，回头生世。日月世爻，共成三合，青龙戏水，以化长生，水源极远。只因申为月破，戌土克子水，又被日辰冲散，春夏有水，秋冬必干。"彼曰："正是如此。"予曰："不妨，不可求全责备。卦中日月世与子孙共成三合，亡者安而生者乐，子孙昌盛，何愁不发。"后竟葬之，辰年下葬，酉年孙中亚魁。及至子年，次孙又登乡榜。

世化进神，千秋绵远。

福德化进，百代蒸尝。

世宜旺相化进神，化日月，化回头生，化合，化长生帝旺，龙安水聚，地脉源长。

子孙旺相化进神，或化合化生，化日月，化旺，贤孙贵子，布满朝堂。

世化退神，终须迁改。子孙化退，代代不如。

日月宜生福德，动爻不可伤身。

世与子孙爻，宜日月动爻生扶，不宜日月冲克。

旺世临虎，棺上加棺。

旺福逢龙，寅葬卯发。

世临白虎鬼爻，或是随鬼入墓，皆主地有伏尸。世爻旺相，又遇生扶，乃为棺上加棺。曾见两人葬者，后竟大发。休囚者，则不可耳。子孙旺相，又遇日月生扶，又逢青龙，即为吉地。寅年葬卯年发者，言其发旺之速也。

申月戊子日，占茔地，得剥卦。

山地剥

朱雀	妻财		寅木
青龙	子孙	世	子水
元武	父母		戌土
白虎	妻财		卯木
螣蛇	官鬼	应	巳火
勾陈	父母		未土

断曰："子孙持世，遇日辰申月生之，青龙戏水，水由左旋，旺相必近大河。不然，亦有长流之水。白虎卯木，子卯相刑，爪牙埋伏，应为向山。火逢本克，向山不高。戌为案山，戌土克水，案山略高。"彼曰："一一皆是。"予曰："宜速葬之，今冬就发。"果于八月安葬，至十月，次子忽立奇功，加级超升。次年四月，开府元戎。长子从无所出，次年得子。

又如卯月壬日，占寻地，得泽火革，变既济。

泽火革　　　　　　　水火既济

官鬼		未土	兄弟	子水
父母		酉金		戌土
兄弟	○世	亥水	兄弟	申金
兄弟		亥水		亥水
官鬼		丑土		丑土
子孙	应	卯木		卯木

父母为用神，申金父母，回头而生亥水，世爻虽则休囚，逢生为旺。只嫌寅日冲去申金，必到今秋七月当令，始得其地。父临申酉，地在西南。所得者，乃才丁之地。至申年，龙兴运至，发旺不小。世衰而化生，凶中有吉。果于七月得地于西南，卯年安葬，酉年长子登科，三男亦中武魁。

散绝墓空，世与子孙勿见。

化克化鬼，弟兄妻子休逢。

世爻子孙爻，不宜休囚，墓绝空破，不宜动逢破散，及化破散，化绝化墓，化鬼化退神，化回头克，但逢一者，皆非吉地。

六亲不宜化鬼，父化子，子化父，鬼化子，子化鬼，兄化鬼，鬼化兄，兄化财，财化兄，财化鬼，鬼化财，此不宜于兄弟妻儿。有父母在堂，亦不宜鬼化父，父化财，财化父。

应冲合处逢冲，流移迁徙。

反伏卦变化克，洪泛陵夷。

择地不但不独不喜六冲卦，应冲世者，亦非吉也。倘世应相合，爻逢六合，世应子孙，三合成局，即为美地。卦得伏吟，遇冲开之年月必迁。卦得反吟，遇冲年冲月必变。内外反吟者，乃卦变也。如巽变乾，坤变震之类，名为化绝化克。得此卦者，重则冲决，轻则迁徙。

如卯月戊子日，占地，得巽之升。

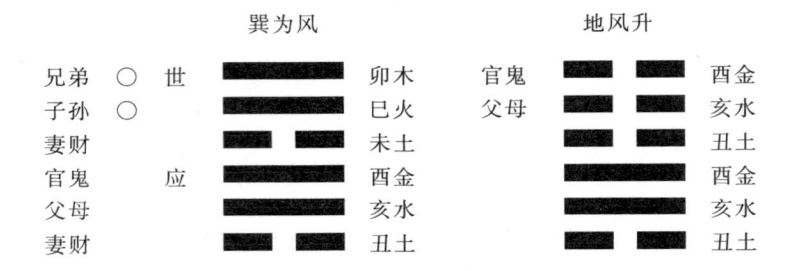

	巽为风			地风升	
兄弟 ○ 世	▬▬ ▬▬	卯木	官鬼	▬▬ ▬▬	酉金
子孙 ○	▬▬ ▬▬	巳火	父母	▬▬ ▬▬	亥水
妻财	▬▬ ▬▬	未土		▬▬ ▬▬	丑土
官鬼 应	▬▬ ▬▬	酉金		▬▬ ▬▬	酉金
父母	▬▬ ▬▬	亥水		▬▬ ▬▬	亥水
妻财	▬▬ ▬▬	丑土		▬▬ ▬▬	丑土

世为穴，世临月建，子日生之，是为吉也。但不宜外卦反吟，世被酉金冲克，子孙被亥水冲克，不宜用之。彼曰："已买成矣。"予曰："不葬何妨。"又曰："地师以为美地。"后竟葬之。四年之内，二男一女，相继而卒，自身又得半身不遂之疾。愚人不怨于己，反怨祖父起材，暴露而不葬，迟二年身死，一同暴露，竟至没后。应酉年者，谓之再冲之年。

父化父，儿孙夭折。

子化子，子女成行。

卦中不宜父动，父动化父更凶。子孙化子孙，不遇伤克，代代儿女成行，决非单传。

占地形势章第一百二十

世旺遇长生，来龙甚远。

世衰逢应克，对案山欺。

两间旺而明堂宽，龙虎衰而左右陷。

左山旺头角峥嵘，右山衰爪牙埋伏。

朱雀遇刑冲，前山杂乱。

元武逢破散，后脉空虚。

龙虎世爻合局，虎踞龙蟠之水土。

世应相合，山环水绕。

水口不固，上爻一定逢空。

道路参差，螣蛇必然破散。

世爻当令，又长生帝旺于日辰，来龙远大。倘若应爻冲克世爻者，必因对山高耸，或因临葬错对向山。如应爻受克者，无碍，改向可也。世应中间两间爻，以为明堂。旺相者，明堂宽大。休囚者，明堂斜陷。近世之爻而为案山，亦不可克世。青龙为左山，虎为右山。两山旺者，有环抱之势。俱衰者，不能环抱。大抵青龙宜旺宜扶，头角轩昂。虎山宜衰宜克，爪牙埋伏。朱雀遇刑冲克散，及破墓绝空者，前山杂乱。元武逢者，后脉空虚。若得世应、龙虎、子孙共成三合者，乃虎踞龙蟠之大地也。第六爻为上爻，若逢空破，水口不固。逢绝者，水涸泉枯。看河道之水者，非论水口，须看卦中之水爻。休囚被克，涨退不常。逢生化生，长流源远。再遇青龙，源长而秀。螣蛇为路，如逢冲散，小路必多。旺相者，必有官道。勾陈为田坡，旺相则有，衰破则无。

如丑月庚申日，占地形势，得咸卦。

泽山咸

父母	应	▬▬　▬▬	未土
兄弟		▬▬▬▬▬	酉金
子孙		▬▬▬▬▬	亥水
兄弟	世	▬▬▬▬▬	申金
官鬼		▬▬　▬▬	午火
父母		▬▬　▬▬	辰土

青龙持世，日辰临世，来龙由左而至，旺而有气，左右皆无伤克。龙虎环抱，向山未土，虽临月破，朱雀亥水为前山，申日生之，必有朝水，或是带水，水有其源。螣蛇为路，上爻为水口，俱临月破，道路参差，水

口散乱。两间爻旺相，明堂宽大。彼曰："果一一无差，此地吉否？"予曰："此乃占地穴之形势耳，非关吉凶祸福。"予笑前贤，以一卦而断父子弟兄，妻财官禄，予岂效颦耶？若问功名，再占一卦。祷于神曰：安葬此地，我名成否？以官禄宫中断之。发财否？以《求财章》内断之。子孙旺否？伤克父母兄弟妻妾否？皆在《身命章》中，《父母兄弟章》内断之。若以占形势之卦，兼断六亲及名利者，即如此卦，兄弟持世，乃贫乏破耗克妻之神。况卯木财爻，伏于午火之下，泄气之木，又被金伤，势必兼而断者，乃伤妻死妾，克害奴仆，贫乏艰难，无衣而乏食矣。请试思之，既得如此吉地，若使家徒壁立，抱枕孤眠，亦可谓之吉地耶？所以予得分占之法，实则可以醒世，作千古不易之法也。或曰："前说父不宜旺，不宜父动化父，是何说也？"予曰："占地以世爻子孙爻为主，父动克子，如何不忌？"或又问曰："前说化克化鬼，兄弟妻子休逢，又何说也？"予曰："凡占地者，世与子孙爻旺，即可用之。至于父母兄弟妻财功名，须宜另占一卦，不可兼断。倘若得地之凶，不待另占。即此占地之卦，而先现出六亲化鬼，鬼化六亲，即是刑伤之地耳。止看六亲动而化克化鬼，不必看衰旺空破刑冲。神兆机于动，动而化凶，显然而告我也。我岂能弃而不看，又另占耶？"

卜得地于何时章第一百二十一

世为用神，静者逢冲逢值，动者逢值逢合。世空者，冲实之秋。世破者，填实之候。逢合入墓，须待冲开。独静独发，值之而遇。世若休囚须旺相，若逢旺相待休囚。

世为茔地，静者逢冲，逢值之年月。即如世值子水者，应在子午年月。动者，应在丑年月，亦有应子年。余仿此。

空者，冲空实空之年。世破者，实破之年。世逢三合六合，或世爻化合，或暮于日辰，或化墓，皆应冲开之日。卦中一爻独发，一爻独静，亦应逢值之年。动逢合静逢冲，即如卦中子爻独动，应在于丑年。如子爻独静，应在于午年。余仿此。

又如辰月乙卯日，占何时得地，得复之屯。

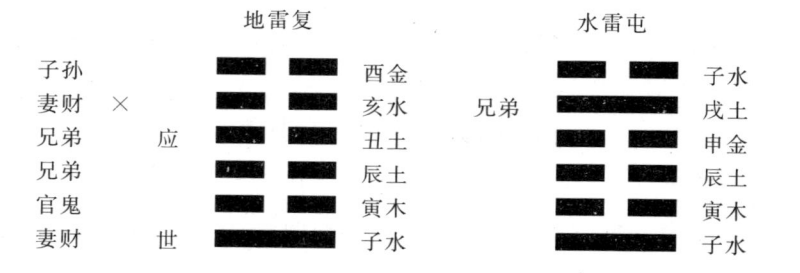

```
          地雷复                    水雷屯
子孙  ▬▬  ▬▬  酉金              ▬▬  ▬▬  子水
妻财 ×▬▬  ▬▬  亥水         兄弟 ▬▬▬▬▬  戌土
兄弟  ▬▬应▬▬  丑土              ▬▬  ▬▬  申金
兄弟  ▬▬  ▬▬  辰土              ▬▬  ▬▬  辰土
官鬼  ▬▬  ▬▬  寅木              ▬▬  ▬▬  寅木
妻财  ▬▬世▬▬▬ 子水              ▬▬▬▬▬  子水
```

断曰："亥水财爻独发，拱扶世爻，被戌土回头克制；今为月破，九月实破，戌土更旺，交冬水旺而得矣。"彼曰："得在何方？"予曰："占此应此，占彼应彼。如问何方，再占一卦。"

得地于何方章第一百二十二

野鹤曰：卜得地于何时，还以世爻为用。卜得地于何方，当以父爻为用也。已葬之后，皆以父爻为用可也。

父值亥子，北方自有吉穴。

父临巳午，东南必获午眼。

父值土爻，得地于辰戌丑未之方。

父爻临木，东北寅卯堪寻。

父临申酉，地在西南。

间有验于墓方者，即如父母爻属木，得地于未方；父母爻属金，得地于丑方。余仿此。

占地师章第一百二十三

应为用神。旺相生合世爻，虽愚亦用。

休囚冲克世位，贤亦不宜。

世应俱空莫访，应临空破非奇。

应爻旺相，与世爻相生相合，或与世爻作三合，不论应临才鬼兄父，人毁之而无才，我喜之而有缘。休囚冲克世爻者，即使应临官父，他有博学，我被他愚。世应皆空，彼此无缘。应逢空破，无大无德。

点穴章第一百二十四

世在初二爻，穴宜不在五六爻。穴在于上，三四穴，穴宜于中。水持世爻，穴近于水，或是亢高之地。世临土者，即于高堆点穴。世临寅木，丛木盛草之方。申酉持世，石块石堆。火乃枯焦，红泥焦土，及草木枯焦之处，是也。

如未月乙巳日，占穴，得大壮。

雷天大壮

兄弟	▬▬ ▬▬	戌土
子孙	▬▬ ▬▬	申金
父母 世	▬▬▬▬▬	午火
兄弟	▬▬▬▬▬	辰土
官鬼	▬▬▬▬▬	寅木
妻财 应	▬▬▬▬▬	子水

此地经过法眼，皆言其吉。久占此地，亦许其吉。因屡掘逢石，无处寻穴，央予到冢下，卜得此卦。予曰："世在四爻，穴在中段。"因午火持世，即往中段观看。见有一处草木枯焦，有几朵野花红色，别处皆无。予曰："即此穴也。掘之必逢土穴。"东家尚疑。予曰："我有一法，将钱一文，点记红砵，乱入数百钱内。公可设下香案，祷告于天。得红砵钱者，即其穴也。"令人遍地洒之，果得砵记于红花之下。掘之仅有周围丈余，皆泥土也，余皆石块。此公次年开府。两公郎，五年之内，俱登甲榜。

谋地偷葬章第一百二十五

觉子曰：谋地偷葬，乃损人利己之事。以此丧心之为，而问于神，卦若有灵，是神教人而作丧心之事也。殊不知先有心地，而后得遇阴地。昔有人恃财倚势，欺陷贫人，谋夺其地以葬亲，后遇识者而曰："此地不发，必无地理。此地若发，必无天理。"既有天理循环之报，能久远昌盛者，未之有也。

祖茔旧冢章第一百二十六

祖父之墓，或葬多年，或葬未久，如来卜者，必有其因。须宜审明，方可决断。

有因连年困苦，疑坟茔之不利。

有因屡科不发，或有子入场，疑此风水，可能发科甲否？为己者须宜自占，为子孙者命子孙来占。

有因仕途蹭蹬，连岁不升，疑其风水有碍。

有因子孙不存，疑其风水相关。

有因六亲中，父母兄弟妻儿，或自身多生灾病，疑因风水所致。

有因连年官非火盗，有因风水被伤，卜其何法而修补。

有因闲问祖茔有地脉否，有问祖茔有伤损否，皆以父母为用神。

卦遇六冲，全无地脉。

卦变化绝，势若倒悬。

爻遇伏吟，欲迁不遂。

反吟卦现，不迁亦迁。

卦变六冲龙已去，子孙有凌替之危。

冲中变合运将来，后代有兴隆之象。

正卦六冲，变卦六冲，全无脉气。卦变化克，如倒悬之势，危之急矣，凶灾立至。伏吟卦，地脉全无，虽有迁意而不能迁。卦得反吟，心不欲迁而终迁矣。卦变六冲，有龙已去，子孙从此衰颓。六冲变合，先无地脉，目今地运将兴，后代从此发矣。

父母旺相，祖坟安然。

墓绝休囚，后裔零落。

已葬之地，父母为用，宜旺相，或日月动爻生扶，或动而化生，日月化比助，化进神，乃吉地也，儿孙兴发之象，亡者安而生者乐。旺而又遇帝旺长生者，来龙久远，世代兴隆。不宜墓绝空破，及动而破散，化破散，化退神，化绝墓，化回头克，化旬空，乃凶象也。亡者不安，生者寥落。

世爻变鬼，占者不祥。

鬼化六亲，各属不吉。

世爻变鬼，及随墓助伤，所占之人不吉。兄弟妻子动而化鬼，鬼化弟兄父母妻子者，查其所犯而断也。

又有子命化鬼，鼠命者殃。午命变鬼，马命不利。余仿此。

野鹤曰：古以父爻不宜旺相，父旺父动，子孙不安，予以为谬。占旧冢，以父为用神，父母旺相，及动而化吉，祖父安然，又扯到伤克子孙者，是宜旺耶？不宜旺耶？惟子孙动而化鬼，及父动化子孙，不利于子孙者，是也。

因何事所伤章第一百二十七

野鹤曰：须宜另占，不可以前卦兼断。专看冲克父母之爻为忌神。如得六爻安静，父母有气，久后自安，不必补修。

克神临火，或临朱雀，祸必起于窑灶。

倘临土动，或兼元武，定因偷葬相伤。

金虎因受其惊，水龙有蟠根之碍。

克神以带腾蛇，蛇蚁为巢。

土鬼勾陈，挖掘动土。

元武临水，水浸衾棺。

克神临火，恐近处开窑作灶，或因火烛之事。土克父母兼元武者，必有偷葬。临勾陈腾蛇者，筑墙盖屋，以致相伤。金虎地震山摇，木虎砍伐树木。木逢龙动，穴下有竹木根伤。火与蛇兴，冢内有蚁蛇为害。元武水爻克父母，穴中黑水相侵。

父母被冲，地风水浸。

金克父母，石块山岗。

水冲克者，低洼泉涌。

木爻克父，树木相伤。

火克者，穴藏蛇蚁。

土动者，盖造墙垣。

父母爻被日月动爻冲克，及卦动化冲，如在艮坤之宫，卦得亥卯未合成木局克父，必有地风，冲歪棺椁。如在离宫，卦得申子辰水局克父者，穴中水涌，水泛棺歪。如在震巽之宫，金局冲克者，山岗石块。如在乾兑之宫，逢火局冲克父母者，定因窑火雷惊。爻中水动，地洼水浸。卦得木动，竹木根藤。火主虫蛇，土因动土。果有犯之，速宜修补。

爻无乱动，须观五行之有无。

卦若安逸，又看地支之缺陷。

六爻安静，并无冲克父母之爻者，又看五行之所少也。卦中无土，须筑墙垣。卦无金星，石碑可立。六爻火星缺陷，可立烟灶，或安看守坟茔之宅舍。水爻不现，可作池塘，及开河道。木爻不现，多栽树木。此言五行之所少者，非独不上卦也。有现于爻，空破墓绝无气者，亦如无也。

如未月己巳日。

		泽地萃			泽火革	
父母		▬▬▬	未土		▬▬▬	未土
兄弟	应	▬▬▬	酉金		▬▬▬	酉金
子孙		▬▬▬	亥水		▬▬▬	亥水
妻财	×	▬ ▬	卯木	子孙	▬▬▬	亥水
官鬼	世	▬ ▬	巳土		▬ ▬	丑土
父母	×	▬ ▬	未火	妻财	▬▬▬	卯木

此位而卜祖塚。予曰："因何事而卜？"彼曰："当年地师，曾许此地，葬后必出科甲。愚弟兄四人，俱忝在庠，并无发者。何也？"予曰："树傍必有大树。"答曰："果有。葬时还小，连年茂盛而长大矣。"予曰："树根长到棺榜，棺被损矣。"彼曰："何发治之？"予曰："须在坟傍，挖一小坑以探之。果有根者，于远处挖一大坑，令人入之。横挖一坑，以到坟傍，将利铲轻轻去之，仍命道安坟则吉。贵昆仲之发者，须令本人自占。亲翁下科，太岁在午，拱起世爻巳火之官，官许高发。"果依此行，即于午岁登科。

修补秘法章第一百二十八

因窑灶而伤者，命道祭火神，设火醮而安之。偷葬及动土相伤者，命道设醮，以安土神。因受惊恐而伤者，命道设醮安坟。或因有竹木蟠根，及石块相伤者，须于坟傍挖坑三尺以探之，轻轻去其竹木石块，仍命道安坟则吉矣。因蛇蚁为巢者，多栽苦练树，其蛇蚁自散。勿信人言，以焚其巢穴，伤损性命。予曾亲见，两家见蛇为巢，用火焚之，后子孙衰败不堪。倘穴中因水淹没者，若有消水之处，设法以消之。倘因地洼，终无消水之法，不得不择地而迁也。或因地风吹歪棺木者，前后挖坑二三尺以探之。若果歪者，仍归于正向，命道安坟则吉。

再占修补吉凶章第一百二十九

子孙持世，子孙动摇，修之则吉。

既问修补之吉凶，则认世爻为用也。子孙持世，子孙发动，修之必获清安。

宜鬼世父爻空，迁则获福。

鬼克世，我必有害。父爻空破墓绝，再被日月动爻伤克者，乃因所伤者重，培补亦无益矣，当宜迁之。

觉子曰：古以迁茔之说，谓父母之墓受伤，儿孙一体之感，致生灾祸，理之有也。迁茔改葬，不得不行。今见世人富者不贵，改祖墓以求荣。有子不富，迁父冢以求富。将父母之遗体，为市井之货利。不意天理难容，身之未荣，家产荡尽；财之未发，绝灭儿孙。予之目击者，不可胜数，附此戒之。

新亡附葬祖茔章第一百三十

六冲变冲，卦变绝克，父母受伤，内外反吟，须宜他葬。
世爻受克，随墓助伤，世动化克化鬼，附葬不宜。

父母兄弟妻儿，动而化鬼化克，俱有刑伤之事。

惟喜世及六亲，不逢变克。卦静六合，必得存亡之安。

如子月丙申日，占以父柩附葬祖茔，得复之坤。

```
            地雷复              坤为地
子孙      ▬▬  ▬▬   酉金     ▬▬  ▬▬   酉金
妻财      ▬▬  ▬▬   亥水     ▬▬  ▬▬   亥水
兄弟  应  ▬▬  ▬▬   丑土     ▬▬  ▬▬   丑土
兄弟      ▬▬  ▬▬   辰土     ▬▬  ▬▬   卯木
官鬼      ▬▬  ▬▬   寅木     ▬▬  ▬▬   巳火
妻财 ○世  ▬▬▬▬▬   子水  兄弟 ▬▬  ▬▬   未土
```

断曰："世爻被克，不宜附葬之。"后竟附葬之。葬不几日，腰疼欲死，欲迁其坟。予曰："坟不必迁，卦中世爻被克，幸而旺相，土来克水，命道安土神则吉。"果于安坟而愈。予曰："目下虽不迁改，终有迁移。"彼曰："何也？"予曰："卦化六冲，不久之象。"果于子年死母，起此冢合葬于他处也。

李我平曰：《海底眼》云："一世二世出王侯，世在五爻六爻出孤独。"此市井之言，何事刊于卜易大道之书？《易冒》曰："子孙旺而官文得地者，主贵。子孙旺临财者，主富。子孙旺临帝旺者，多男。旺遇白虎羊刃者，主武。夫子孙衰破，必出残疾。子孙临空，必出僧道。"疑此之论，乃为代代子孙单传之家而设也。倘若子孙十有余人，有富有贵，有文有武，有夭有寿，有多男，有乏嗣，有残疾者，余以为六爻全是子孙，亦难分别。以此揣摩之论，自以为之得意，殊不知《周易》讲理，不尚华辞文法。虽足可观，其实令人喷饭。

北京学易斋书目

书　　名	作　者	定　价	版别
影印涵芬楼本正统道藏 [宣纸线装；全512函1120册]	[明]张宇初编	480000.00	九州
影印涵芬楼本正统道藏 [道林纸线装；全512函1120册]	[明]张宇初编	280000.00	九州
易藏[宣纸线装；全50函200册]	编委会主编	98000.00	九州
重刊术藏[精装全100册]	编委会主编	68000.00	九州
续修术藏[精装全100册]	编委会主编	68000.00	九州
易藏[精装全60册]	编委会主编	48000.00	九州
道藏[精装全60册]	编委会主编	48000.00	九州
御制本草品汇精要[彩版8函32册]	(明)刘文泰等著	18000.00	海南
御纂医宗金鉴[20函80册]	(清)吴谦等著	28000.00	海南
影宋刻备急千金要方[4函16册]	(唐)孙思邈著	2380.00	海南
影元刻千金翼方[2函12册]	(唐)孙思邈著	2380.00	海南
芥子园画传[彩版3函13册]	(清)李渔纂辑	3800.00	华龄
十竹斋书画谱[彩版2函12册]	(明)胡正言编印	2800.00	华龄
影印明天启初刻武备志[精装全16册]	(明)茅元仪撰	13800.00	华龄
药王千金方合刊[精装全16册]	(唐)孙思邈著	13800.00	华龄
焦循文集[精装全18册,库存1套]	[清]焦循撰	9800.00	九州
邵子全书[精装全16册]	[宋]邵雍撰	12800.00	九州
子部珍本1：校正全本地学答问	1函3册	680.00	华龄
子部珍本2：赖仙原本催官经	1函1册	280.00	华龄
子部珍本3：赖仙催官篇注	1函1册	280.00	华龄
子部珍本4：尹注赖仙催官篇	1函1册	280.00	华龄
子部珍本5：赖仙心印	1函1册	280.00	华龄
子部珍本6：新刻赖太素天星催官解	1函2册	480.00	华龄
子部珍本7：天机秘传青囊内传	1函1册	280.00	华龄
子部珍本8：阳宅斗首连篇秘授	1函1册	280.00	华龄
子部珍本9：精刻编集阳宅真传秘诀	1函2册	480.00	华龄
子部珍本10：秘传全本六壬玉连环	1函2册	480.00	华龄
子部珍本11：秘传仙授奇门	1函2册	480.00	华龄
子部珍本12：祝由科诸符秘卷秘旨合刊	1函2册	480.00	华龄
子部珍本13：校正古本入地眼图说	1函2册	480.00	华龄
子部珍本14：校正全本钻地眼图说	1函2册	480.00	华龄
子部珍本15：赖公七十二葬法	1函2册	480.00	华龄
子部珍本16：杨筠松秘传开门放水阴阳捷径	1函2册	480.00	华龄
子部珍本17：校正古本地理五诀	1函2册	480.00	华龄
子部珍本18：重校古本地理雪心赋	1函2册	480.00	华龄

书　　名	作　者	定　价	版别
子部珍本19:吴景鸾先天后天理气心印补注	1函1册	280.00	华龄
子部珍本20:宋国师吴景鸾秘传夹竹梅花院纂	1函2册	480.00	华龄
子部珍本21:影印原本任铁樵注滴天髓阐微	1函4册	1080.00	华龄
子部珍本22:地理真宝一粒粟	1函1册	280.00	华龄
子部珍本23:聚珍全本天机一贯	1函3册	680.00	华龄
子部珍本24:阴宅造福秘诀	1函1册	280.00	华龄
子部珍本25:增补诹吉宝镜图	1函2册	480.00	华龄
子部珍本26:诹吉便览宝镜图	1函1册	280.00	华龄
子部珍本27:诹吉便览八卦图	1函1册	280.00	华龄
子部珍本28:甲遁真授秘集	1函4册	880.00	华龄
子部珍本29:太上祝由科	1函2册	680.00	华龄
子部珍本30:邵康节先生心易梅花数	1函1册	280.00	华龄
子部善本1:新刊地理玄珠(宣纸线装)	2函10册	3000.00	华龄
子部善本2:参赞玄机地理仙婆集(宣纸线装)	2函8册	2400.00	华龄
子部善本3:章仲山地理九种(宣纸线装)	1函5册	1500.00	华龄
子部善本4:八门九星阴阳二遁全本奇门断	2函18册	5400.00	华龄
子部善本5:六壬统宗大全(宣纸线装)	2函6册	1800.00	华龄
子部善本6:太乙统宗宝鉴(宣纸线装)	2函8册	2400.00	华龄
子部善本7:重刊星海词林(宣纸线装)	14函56册	16800.00	华龄
子部善本8:万历初刻三命通会(宣纸线装)	2函12册	3600.00	华龄
子部善本9:增广沈氏玄空学(宣纸线装)	2函8册	2400.00	华龄
子部善本10:江公择日秘稿(宣纸线装)	2函6册	1800.00	华龄
子部善本11:刘氏家藏阐微通书(宣纸线装)	3函12册	3600.00	华龄
子部善本12:影印增补高岛易断(宣纸线装)	2函8册	2400.00	华龄
子部善本13:清刻足本铁板神数(宣纸线装)	3函13册	3900.00	华龄
子部善本14:增订天官五星集腋(宣纸线装)	2函10册	3000.00	华龄
子部善本15:太乙奇门六壬兵备统宗(宣纸线装)	9函36册	10800.00	华龄
子部善本16:御定景祐奇门大全(宣纸线装)	8函32册	9600.00	华龄
子部善本17:地理四秘全书十二种(宣纸线装)	4函16册	4800.00	华龄
子部善本18:全本地理统一全书(宣纸线装)	3函15册	4500.00	华龄
子部善本19:廖公画策扒砂经(宣纸线装)	1函4册	1200.00	华龄
子部善本20:明刊玉髓真经(宣纸线装)	7函21册	6300.00	华龄
子部善本21:蒋大鸿家藏地学捷旨(宣纸线装)	1函4册	1200.00	华龄
子部善本22:阳宅安居金镜(宣纸线装)	1函4册	1200.00	华龄
子部善本23:新刊地理紫囊书(宣纸线装)	2函6册	1800.00	华龄
子部善本24:地理大成五种(宣纸线装)	8函24册	7200.00	华龄
子部善本25:初刻鳌头通书大全(宣纸线装)	2函10册	3000.00	华龄
子部善本26:初刻象吉备要通书大全(宣纸线装)	3函12册	3600.00	华龄
子部善本27:武英殿板钦定协纪辨方书	8函24册	7200.00	华龄
子部善本28:初刻陈子性藏书(宣纸线装)	2函6册	1800.00	华龄

书　　名	作　者	定　价	版别
重刻故宫藏百二汉镜斋秘书四种(一):火珠林	1函1册	300.00	华龄
重刻故宫藏百二汉镜斋秘书四种(二):灵棋经	1函1册	300.00	华龄
重刻故宫藏百二汉镜斋秘书四种(三):滴天髓	1函1册	300.00	华龄
重刻故宫藏百二汉镜斋秘书四种(四):测字秘牒	1函1册	300.00	华龄
中外戏法图说:鹅幻汇编鹅幻余编合刊	1函3册	780.00	华龄
连山[一函一册]	[清]马国翰辑	280.00	华龄
归藏[一函一册]	[清]马国翰辑	280.00	华龄
周易虞氏义笺订[一函六册]	[清]李翊灼订	1180.00	华龄
周易参同契通真义	1函2册	480.00	华龄
御制周易[一函三册]	武英殿影宋本	680.00	华龄
宋刻周易本义[一函四册]	[宋]朱熹撰	980.00	华龄
易学启蒙[一函二册]	[宋]朱熹撰	480.00	华龄
易余[一函二册]	[明]方以智撰	480.00	九州
奇门鸣法	[一函二册]	680.00	华龄
奇门衍象	[一函二册]	480.00	华龄
奇门枢要	[一函二册]	480.00	华龄
奇门仙机[一函三册]	王力军校订	298.00	华龄
奇门心法秘纂[一函三册]	王力军校订	298.00	华龄
御定奇门秘诀[一函三册]	[清]湖海居士辑	680.00	华龄
宫藏奇门大全[线装五函二十五册]	[清]湖海居士辑	6800.00	星易
遁甲奇门秘传要旨大全[线装二函十册]	[清]范阳耐寒子辑	6200.00	星易
增广神相全编[线装一函四册]	[明]袁琪订正	980.00	星易
龙伏山人存世文稿[五函十册]	[清]矫子阳撰	2800.00	九州
奇门遁甲鸣法[一函二册]	[清]矫子阳撰	680.00	九州
奇门遁甲衍象[一函二册]	[清]矫子阳撰	480.00	九州
奇门遁甲枢要[一函二册]	[清]矫子阳撰	480.00	九州
遁甲括囊集[一函三册]	[清]矫子阳撰	980.00	九州
增注蒋公古镜歌[一函一册]	[清]矫子阳撰	180.00	九州
古本皇极经世书[一函三册]	[宋]邵雍撰	980.00	九州
明抄真本梅花易数[一函三册]	[宋]邵雍撰	480.00	九州
订正六壬金口诀[一函六册]	[清]巫国匡辑	1280.00	华龄
六壬神课金口诀[一函三册]	[明]适适子撰	298.00	华龄
改良三命通会[一函四册,第二版]	[明]万民英撰	980.00	华龄
增补选择通书玉匣记[一函二册]	[晋]许逊撰	480.00	华龄
绘图全本鲁班经匠家镜	1函4册	680.00	华龄
菊逸山房地理正书(天函):地理点穴撼龙经	1函3册	680.00	华龄
菊逸山房地理正书(地函):秘藏疑龙经大全	1函1册	280.00	华龄
菊逸山房地理正书(人函):杨公秘本山法备收	1函1册	280.00	华龄
青囊海角经	1函4册	680.00	华龄
阳宅三要	1函3册	298.00	华龄

书　　名	作　者	定　价	版别
子部珍本备要(宣纸线装)		分函售价	九州
001 岣嵝神书	1函1册	280.00	九州
002 地理唊蔗録	1函4册	880.00	九州
003 地理玄珠精选	1函4册	880.00	九州
004 地理琢玉斧峦头歌括	1函4册	880.00	九州
005 金氏地学粹编	3函8册	1840.00	九州
006 风水一书	1函4册	880.00	九州
007 风水二书	1函4册	880.00	九州
008 增注周易神应六亲百章海底眼	1函1册	280.00	九州
009 卜易指南	1函1册	280.00	九州
010 大六壬占验	1函1册	280.00	九州
011 真本六壬神课金口诀	1函3册	680.00	九州
012 太乙指津	1函2册	480.00	九州
013 太乙金钥匙 太乙金钥匙续集	1函1册	280.00	九州
014 奇门遁甲占验天时	1函2册	480.00	九州
015 南阳掌珍遁甲	1函1册	280.00	九州
016 达摩易筋经 易筋经外经图说 八段锦	1函1册	280.00	九州
017 钦天监彩绘真本推背图	1函2册	680.00	九州
018 清抄全本玉函通秘	1函3册	680.00	九州
019 灵棋经	1函1册	280.00	九州
020 道藏灵符秘法	4函9册	2100.00	九州
021 地理青囊玉尺度金针集	1函6册	1280.00	九州
022 奇门秘传九宫纂要	1函1册	280.00	九州
023 影印清抄耕寸集－真本子平真诠	1函2册	480.00	九州
024 新刊合并官板音义评注渊海子平	1函2册	480.00	九州
025 影抄宋本五行精纪	1函6册	1080.00	九州
026 影印明刻阴阳五要奇书1－郭氏阴阳元经	1函2册	480.00	九州
027 影印明刻阴阳五要奇书2－克择璇玑括要	1函1册	280.00	九州
028 影印明刻阴阳五要奇书3－阳明按索图	1函2册	480.00	九州
029 影印明刻阴阳五要奇书4－佐玄直指	1函2册	480.00	九州
030 影印明刻阴阳五要奇书5－三白宝海钩玄	1函1册	280.00	九州
031 相命图诀许负相法十六篇合刊	1函1册	280.00	九州
032 玉掌神相神相铁关刀合刊	1函1册	280.00	九州
033 古本太乙淘金歌	1函1册	280.00	九州
034 重刊地理葬埋黑通书	1函2册	480.00	九州
035 壬归	1函2册	480.00	九州
036 大六壬苗公鬼撮脚二种合刊	1函1册	280.00	九州
037 大六壬鬼撮脚射覆	1函2册	480.00	九州
038 大六壬金柜经	1函1册	280.00	九州
039 纪氏奇门秘书仕学备余	1函1册	280.00	九州

书　名	作　者	定　价	版别
040 八门九星阴阳二遁全本奇门断	2函18册	3680.00	九州
041 李卫公奇门心法	1函1册	280.00	九州
042 武侯行兵遁甲金函玉镜海底眼	1函1册	280.00	九州
043 诸葛武侯奇门千金诀	1函1册	280.00	九州
044 隔夜神算	1函1册	280.00	九州
045 地理五种秘笈合刊	1函1册	280.00	九州
046 地理雪心赋句解	1函2册	480.00	九州
047 九天玄女青囊经	1函1册	280.00	九州
048 考定撼龙经	1函1册	280.00	九州
049 刘江东家藏善本葬书	1函1册	280.00	九州
050 杨公六段玄机赋杨筠松安门楼玉辇经合刊	1函1册	280.00	九州
051 风水金鉴	1函1册	280.00	九州
052 新镌碎玉剖秘地理不求人	1函2册	480.00	九州
053 阳宅八门金光斗临经	1函1册	280.00	九州
054 新镌徐氏家藏罗经顶门针	1函2册	480.00	九州
055 影印乾隆丙午刻本地理五诀	1函4册	880.00	九州
056 地理诀要雪心赋	1函2册	480.00	九州
057 蒋氏平阶家藏善本插泥剑	1函1册	280.00	九州
058 蒋大鸿家传地理归厚录	1函1册	280.00	九州
059 蒋大鸿家传三元地理秘书	1函1册	280.00	九州
060 蒋大鸿家传天星选择秘旨	1函1册	280.00	九州
061 撼龙经批注校补	1函4册	880.00	九州
062 疑龙经批注校补一全	1函1册	280.00	九州
063 种筠书屋较订山法诸书	1函2册	480.00	九州
064 堪舆倒杖诀 拨砂经遗篇 合刊	1函1册	280.00	九州
065 认龙天宝经	1函1册	280.00	九州
066 天机望龙经刘氏心法 杨公骑龙穴诗合刊	1函1册	280.00	九州
067 风水一夜仙秘传三种合刊	1函1册	280.00	九州
068 新镌地理八窍	1函2册	480.00	九州
069 地理解醒	1函1册	280.00	九州
070 峦头指迷	1函3册	680.00	九州
071 茅山上清灵符	1函2册	480.00	九州
072 茅山上清镇禳摄制秘法	1函1册	280.00	九州
073 天医祝由科秘抄	1函2册	480.00	九州
074 千镇百镇桃花镇	1函2册	480.00	九州
075 轩辕碑记医学祝由十三科治病奇书合刊	1函1册	280.00	九州
076 清抄真本祝由科秘诀全书	1函3册	680.00	九州
077 增补秘传万法归宗	1函2册	480.00	九州
078 祝由科诸符秘卷祝由科诸符秘旨合刊	1函1册	280.00	九州
079 辰州符咒大全	1函4册	880.00	九州

书　　名	作　者	定　价	版别
080 万历初刻三命通会	2函12册	2480.00	九州
081 新编三车一览子平渊源注解	1函3册	680.00	九州
082 命理用神精华	1函3册	680.00	九州
083 命学探骊集	1函1册	280.00	九州
084 相诀摘要	1函2册	480.00	九州
085 相法秘传	1函1册	280.00	九州
086 新编相法五总龟	1函1册	280.00	九州
087 相学统宗心易秘传	1函2册	480.00	九州
088 秘本大清相法	1函2册	480.00	九州
089 相法易知	1函1册	280.00	九州
090 星命风水秘传	1函1册	280.00	九州
091 大六壬隔山照	1函2册	480.00	九州
092 大六壬考正	1函1册	280.00	九州
093 大六壬类阐	1函2册	480.00	九州
094 六壬心镜集注	1函1册	280.00	九州
095 遁甲吾学编	1函2册	480.00	九州
096 刘明江家藏善本奇门衍象	1函1册	280.00	九州
097 遁甲天书秘文	1函2册	480.00	九州
098 金枢符应秘文	1函2册	480.00	九州
099 秘传金函奇门隐遁丁甲法书	1函2册	480.00	九州
100 六壬行军指南	2函10册	2080.00	九州
101 家藏阴阳二宅秘诀线法	1函2册	480.00	九州
102 阳宅一书阴宅一书合刊	1函1册	280.00	九州
103 地理法门全书	1函1册	280.00	九州
104 四真全书玉钥匙	1函1册	280.00	九州
105 重刊官板玉髓真经	1函4册	880.00	九州
106 明刊阳宅真诀	1函2册	480.00	九州
107 阳宅指南	1函1册	280.00	九州
108 阳宅秘传三书	1函1册	280.00	九州
109 阳宅都天滚盘珠	1函1册	280.00	九州
110 纪氏地理水法要诀	1函1册	280.00	九州
111 李默斋先生地理辟径集	1函2册	480.00	九州
112 李默斋先生辟径集续篇 地理秘缺	1函2册	480.00	九州
113 地理辨正自解	1函1册	280.00	九州
114 形家五要全编	1函4册	880.00	九州
115 地理辨正抉要	1函1册	280.00	九州
116 地理辨正揭隐	1函1册	280.00	九州
117 地学铁骨秘	1函1册	280.00	九州
118 地理辨正发秘初稿	1函1册	280.00	九州
119 三元宅墓图	1函1册	280.00	九州

书 名	作 者	定 价	版别
120 参赞玄机地理仙婆集	2函8册	1680.00	九州
121 幕讲禅师玄空秘旨浅注外七种	1函1册	280.00	九州
122 玄空挨星图诀	1函1册	280.00	九州
123 影印稿本玄空地理筌蹄	1函1册	280.00	九州
124 玄空古义四种通释	1函2册	480.00	九州
125 地理疑义答问	1函1册	280.00	九州
126 王元极地理辨正冒禁录	1函1册	280.00	九州
127 王元极校补天元选择辨正	1函3册	680.00	九州
128 王元极选择辨真全书	1函1册	280.00	九州
129 王元极增批地理冰海原本地理冰海合刊	1函1册	280.00	九州
130 王元极三元阳宅萃篇	1函2册	480.00	九州
131 尹一勺先生地理精语	1函1册	280.00	九州
132 古本地理元真	1函2册	480.00	九州
133 杨公秘本搜地灵	1函1册	280.00	九州
134 秘藏千里眼	1函1册	280.00	九州
135 道光刊本地理或问	1函1册	280.00	九州
136 影印稿本地理秘诀	1函2册	480.00	九州
137 地理秘诀隔山照 地理括要 合刊	1函1册	280.00	九州
138 地理前后五十段	1函2册	480.00	九州
139 心耕书屋藏本地经图说	1函1册	280.00	九州
140 地理古本道法双谭	1函1册	280.00	九州
141 奇门遁甲元灵经	1函1册	280.00	九州
142 黄帝遁甲归藏大意 白猿真经 合刊	1函1册	280.00	九州
143 遁甲符应经	1函2册	480.00	九州
144 遁甲通明钤	1函1册	280.00	九州
145 景祐奇门秘纂	1函2册	480.00	九州
146 奇门先天要论	1函2册	480.00	九州
147 御定奇门古本	1函2册	480.00	九州
148 奇门吉凶格解	1函1册	280.00	九州
149 御定奇门宝鉴	1函3册	680.00	九州
150 奇门阐易	1函2册	480.00	九州
151 六壬总论	1函1册	280.00	九州
152 稿抄本大六壬翠羽歌	1函1册	280.00	九州
153 都天六壬神课	1函1册	280.00	九州
154 大六壬易简	1函2册	480.00	九州
155 太上六壬明鉴符阴经	1函1册	280.00	九州
156 增补关煞袖里金百中经	1函1册	280.00	九州
157 演禽三世相法	1函2册	480.00	九州
158 合婚便览 和合婚姻咒 合刊	1函1册	280.00	九州
159 神数十种	1函1册	280.00	九州

书　　名	作　者	定　价	版别
160 神机灵数一掌经金钱课合刊	1函1册	280.00	九州
161 阴阳二宅易知录	1函2册	480.00	九州
162 阴宅镜	1函2册	480.00	九州
163 阳宅镜	1函1册	280.00	九州
164 清精抄本六圃地学	1函1册	280.00	九州
165 形峦神断书	1函1册	280.00	九州
166 堪舆三昧	1函1册	280.00	九州
167 遁甲奇门捷要	1函1册	280.00	九州
168 奇门遁甲备览	1函1册	280.00	九州
169 原传真本石室藏本圆光真传秘诀合刊	1函1册	280.00	九州
170 明抄全本壬归	1函4册	880.00	九州
171 董德彰水法秘诀水法断诀合刊	1函1册	280.00	九州
172 董德彰先生水法图说	1函1册	280.00	九州
173 董德彰先生泄天机纂要	1函2册	480.00	九州
174 李默斋先生地理秘传	1函2册	480.00	九州
175 新锓希夷陈先生紫微斗数全书	1函3册	680.00	九州
176 海源阁藏明刊麻衣相法全编	1函2册	480.00	九州
177 袁忠彻先生相法秘传	1函3册	680.00	九州
178 火珠林要旨 筮杙	1函2册	480.00	九州
179 火珠林占法秘传 续筮杙	1函1册	280.00	九州
180 六壬类聚	1函4册	880.00	九州
181 新刻麻衣相神异赋	1函1册	280.00	九州
182 诸葛武侯奇门遁甲全书	1函2册	480.00	九州
183 张九仪传地理偶摘	1函1册	280.00	九州
184 张九仪传地理偶注	1函1册	280.00	九州
185 阳宅玄珠	1函1册	280.00	九州
186 阴宅总论	1函1册	280.00	九州
187 新刻杨救贫秘传阴阳二宅便用统宗	1函1册	280.00	九州
188 增补理气图说	1函2册	480.00	九州
189 增补罗经图说	1函1册	280.00	九州
190 重镌官板阳宅大全	1函4册	880.00	九州
191 景祐太乙福应经	1函1册	280.00	九州
192 景祐遁甲符应经	1函3册	680.00	九州
193 景祐六壬神定经	1函3册	680.00	九州
194 御制禽遁符应经	1函2册	480.00	九州
195 秘传匠家鲁班经符法	1函3册	680.00	九州
196 哈佛藏本太史黄际飞注天玉经	1函1册	280.00	九州
197 李三素先生红囊经解	1函1册	280.00	九州
198 杨曾青囊天玉通义	1函1册	280.00	九州
199 重编大清钦天监焦秉贞彩绘历代推背图解	1函2册	680.00	九州

书　　名	作者	定价	版别
200 道光初刻相理衡真	1函4册	880.00	九州
201 新刻袁柳庄先生秘传相法	1函3册	680.00	九州
202 袁忠彻相法古今识鉴	1函2册	480.00	九州
203 袁天纲五星三命指南	1函2册	480.00	九州
204 新刻五星玉镜	1函3册	680.00	九州
205 游艺录:筮遁壬行年斗数相宅	1函1册	280.00	九州
206 新订王氏罗经透解	1函2册	480.00	九州
207 堪舆真诠	1函3册	680.00	九州
208 青囊天机奥旨二种	1函1册	280.00	九州
209 张九仪传地理偶录	1函1册	280.00	九州
210 地学形势集	1函8册	1680.00	九州
211 神相水镜集	1函4册	880.00	九州
212 稀见相学秘笈四种合刊	1函2册	480.00	九州
213 神相金较剪	1函1册	280.00	九州
214 神相证验百条	1函2册	480.00	九州
215 全本神相全编	1函3册	680.00	九州
216 神相全编正义	1函3册	680.00	九州
217 八宅明镜	1函2册	480.00	九州
218 阳宅卜居秘髓	1函3册	680.00	九州
219 地理乾坤法窍	1函3册	680.00	九州
220 秘传廖公画筴拨砂经	1函4册	880.00	九州
221 地理囊金集注	1函1册	280.00	九州
222 赤松子罗经要旨	1函1册	280.00	九州
223 萧仙地理心法堪舆经	1函2册	480.00	九州
224 新刻地理搜龙奥语	1函2册	480.00	九州
225 新刻风水珠神真经	1函2册	480.00	九州
226 寻龙点穴地理索隐	1函1册	280.00	九州
227 杨公撼龙经考注	1函2册	480.00	九州
228 李德贞秘授三元秘诀	1函1册	280.00	九州
229 地理支陇乘气论	1函2册	480.00	九州
230 道光刻全本相山撮要	2函6册	1500.00	九州
231 药王真传祝由科全编	1函1册	280.00	九州
232 梵音斗科符箓秘书	1函2册	580.00	九州
233 御定奇门灵占	1函4册	880.00	九州
234 御定奇门宝镜图	1函2册	480.00	九州
235 汇纂大六壬玉钥匙心诀	1函1册	280.00	九州
236 补完直解六壬五变中黄经	1函2册	480.00	九州
237 六壬节要直讲	1函2册	480.00	九州
238 六壬神课捷要占验	1函1册	280.00	九州
239 六壬袖传神课捷要	1函1册	280.00	九州

书　名	作　者	定　价	版别
240 秘藏大六壬大全善本	2函8册	1800.00	九州
241 阳宅藏书	1函2册	480.00	九州
242 阳宅觉元氏新书	1函1册	280.00	九州
243 阳宅拾遗	1函2册	480.00	九州
244 阳基集腋	1函2册	480.00	九州
245 阴阳二宅指正	1函2册	480.00	九州
246 九天玄妙秘书内经	1函1册	280.00	九州
247 青乌葬经葬经翼	1函1册	280.00	九州
248 阳宅六十四卦秘断	1函1册	280.00	九州
249 杨曾地理秘传捷诀	1函3册	680.00	九州
250 三元堪舆秘笈救败全书	1函4册	880.00	九州
251 纪氏地理末学	1函2册	480.00	九州
252 堪舆说原	1函1册	280.00	九州
253 河洛正变喝穴集	1函1册	280.00	九州
254 太上洞玄灵宝素灵真符	1函1册	280.00	九州
255 道家神符霸咒秘传	1函1册	280.00	九州
256 堪舆秘传六十四论记师口诀	1函2册	480.00	九州
257 相法秘笈太乙照神经	1函3册	680.00	九州
258 哈佛藏子平格局解要	1函2册	480.00	九州
259 三车一览命书详论	1函2册	480.00	九州
260 万历初刊平学大成	1函4册	880.00	九州
261 古本推背图说	1函2册	680.00	九州
262 董氏诹吉新书	1函2册	480.00	九州
263 蒋大鸿四十八局图	1函1册	280.00	九州
264 阳宅紫府宝鉴	1函2册	480.00	九州
265 宅经类纂	1函3册	680.00	九州
266 杨公画筴图	1函1册	280.00	九州
267 刘江东秘传金函经	1函1册	280.00	九州
268 垄元总录	1函2册	480.00	九州
269 纪氏奇门占验奇门遁甲要略合刊	1函1册	280.00	九州
270 奇门统宗大全	1函4册	880.00	九州
271 刘天君祛治符法秘卷	1函3册	680.00	九州
272 圣济总录祝由术全编	1函2册	480.00	九州
273 子平星学精华	1函1册	280.00	九州
274 紫微斗数命理宣微	1函1册	280.00	九州
275 火珠林卦爻精究集	1函2册	480.00	九州
276 韩图孤本奇门秘要	1函1册	280.00	九州
277 哈佛藏明抄六壬断易秘诀	1函1册	280.00	九州
278 大六壬会要全集	1函3册	680.00	九州
279 乾隆初刊六壬视斯	1函2册	480.00	九州

书　名	作　者	定　价	版别
280 精抄历代六壬占验汇选	2函6册	1280.00	九州
281 张九仪先生东湖地学	1函1册	280.00	九州
282 张九仪先生东湖砂法	1函1册	280.00	九州
283 张九仪先生东湖水法	1函1册	280.00	九州
284 姚氏地理辨正图说	1函1册	280.00	九州
285 地理辨正补注	1函2册	480.00	九州
286 地理丛谈元运发微	1函1册	280.00	九州
287 元空宅法举隅	1函1册	280.00	九州
288 平洋地理玉函经	1函1册	280.00	九州
289 元空法鉴三种	1函3册	680.00	九州
290 蒋大鸿先生地理合璧	2函7册	1480.00	九州
291 新刊地理五经图解	1函3册	680.00	九州
292 三元地理辨惑	1函1册	280.00	九州
293 风水内传秘旨	1函1册	280.00	九州
294 杜氏地理图说	1函2册	480.00	九州
295 地学仁孝必读	1函5册	1080.00	九州
296 地理秘珍	1函2册	480.00	九州
297 秘传四课仙机水法	1函1册	280.00	九州
298 地理辨正图诀	1函1册	280.00	九州
299 灵城精义笺	1函1册	280.00	九州
300 仰山子新辑地理条贯	2函6册	1280.00	九州
301 秘传堪舆经传类纂	1函1册	280.00	九州
302 秘传堪舆论状类纂	1函1册	280.00	九州
303 秘传堪舆秘书类纂	1函1册	280.00	九州
304 秘传堪舆诗赋歌诀类纂	1函2册	480.00	九州
305 秘传堪舆问答类纂	1函1册	280.00	九州
306 秘传堪舆杂录类纂	1函2册	480.00	九州
307 秘传堪舆辨惑类纂	1函1册	280.00	九州
308 秘传堪舆断诀类纂	1函1册	280.00	九州
309 秘传堪舆穴法类纂	1函1册	280.00	九州
310 秘传堪舆葬法类纂	1函1册	280.00	九州
311 大六壬兵占三种	1函2册	480.00	九州
312 大六壬秘书四种	1函2册	480.00	九州
313 大六壬毕法注解	1函1册	280.00	九州
314 大六壬课体订讹	1函1册	280.00	九州
315 大六壬类占	1函2册	480.00	九州
316 大六壬全编	1函2册	480.00	九州
317 大六壬杂释	1函1册	280.00	九州
318 大六壬心镜	1函2册	480.00	九州
319 六壬灵课玉洞金书	1函1册	280.00	九州

书　　名	作　者	定　价	版别
320 六壬通仙	1函4册	880.00	九州
321 五种秘窍全书－1－地理秘窍	1函1册	280.00	九州
322 五种秘窍全书－2－选择秘窍	1函4册	880.00	九州
323 五种秘窍全书－3－天星秘窍	1函1册	280.00	九州
324 五种秘窍全书－4－罗经秘窍	1函4册	880.00	九州
325 五种秘窍全书－5－奇门秘窍	1函2册	480.00	九州
326 新编杨曾地理家传心法捷诀一贯堪舆	2函8册	1780.00	九州
327 玉函铜函真经阴阳剪裁图注	1函3册	680.00	九州
328 新刻石函平砂玉尺经全书	1函2册	480.00	九州
329 三元通天照水经	1函2册	480.00	九州
330 堪舆经书	1函5册	1080.00	九州
331 神相汇编	1函2册	480.00	九州
332 管辂神相秘传	1函1册	280.00	九州
333 冰鉴秘本七篇月波洞中记合刊	1函1册	280.00	九州
334 太清神鉴录	1函2册	480.00	九州
335 新刊京本厘正总括天机星学正传	2函10册	2180.00	九州
336 新监七政归垣司台历数袖里璇玑	1函4册	880.00	九州
337 道藏古本紫微斗数	1函2册	480.00	九州
338 增补诸家选择万全玉匣记	1函2册	480.00	九州
339 杨公造命要诀	1函1册	280.00	九州
340 造命宗镜	1函6册	1280.00	九州
341 上清灵宝济度金书符咒大成	2函9册	1980.00	九州
342 青城山铜板祝由十三科	1函2册	480.00	九州
343 抄本祝由科别传	1函1册	280.00	九州
344 遁甲演义	1函2册	480.00	九州
345 武侯奇门遁甲玄机赋	1函1册	280.00	九州
346 北法变化禽书	1函1册	280.00	九州
347 卜筮全书	1函6册	1280.00	九州
348 卜筮正宗	1函4册	880.00	九州
349 易隐	1函4册	880.00	九州
350 野鹤老人占卜全书	1函5册	1280.00	九州
351 地理会心集	1函2册	480.00	九州
352 罗经会心集	1函2册	480.00	九州
353 阳宅会心集	1函1册	280.00	九州
354 秘传图注龙经全集	1函3册	680.00	九州
355 地理精微集	1函2册	480.00	九州
356 地理拾铅峦头理气合编	1函2册	480.00	九州
357 萧客真诀	1函1册	280.00	九州
358 地理铁案	1函2册	480.00	九州
359 秘传四神课书仙机消纳水法	1函2册	480.00	九州

书　　名	作者	定价	版别
360 蒋大鸿先生地理真诠	2函7册	1480.00	九州
361 蒋大鸿仙诀小引	1函1册	280.00	九州
362 管氏地理指蒙	1函1册	280.00	九州
363 原本山洋指迷	1函2册	480.00	九州
364 形家集要	1函1册	280.00	九州
365 重镌地理天机会元	3函15册	3080.00	九州
366 地理方外别传	1函2册	480.00	九州
367 堪舆至秘旅寓集	1函1册	280.00	九州
368 堪舆管见	1函1册	280.00	九州
369 四神秘诀	1函2册	480.00	九州
370 地理辨正补	1函3册	680.00	九州
371 金书秘奥地理一片金合刊	1函1册	280.00	九州
372 阳宅玉髓真经阴宅制煞秘法合刊	1函1册	280.00	九州
373 堪舆至秘旅寓集 堪舆秘传	1函1册	280.00	九州
374 地学杂钞连珠水法合刊	1函1册	280.00	九州
375 黄妙应仙师五星仙机制化砂法	1函2册	480.00	九州
376 造葬便览	1函1册	280.00	九州
377 大六壬秘本	1函2册	480.00	九州
378 太乙统类	1函1册	280.00	九州
379 新雕注疏珞琭子三命消息赋	1函1册	280.00	九州
380 新编四家注解经进珞琭子消息赋	1函2册	480.00	九州
381 清代民间实用灵符汇编	1函2册	680.00	九州
382 王国维批校宋本焦氏易林	1函2册	480.00	九州
383 新刊应验天机易卦通神	1函1册	280.00	九州
384 新镌周易数	1函5册	1080.00	九州
增补四库青乌辑要[，全18函59册]	郑同校	11680.00	九州
第1种：宅经[1册]	[署]黄帝撰	180.00	九州
第2种：葬书[1册]	[晋]郭璞撰	220.00	九州
第3种：青囊序青囊奥语天玉经[1册]	[唐]杨筠松撰	220.00	九州
第4种：黄囊经[1册]	[唐]杨筠松撰	220.00	九州
第5种：黑囊经[2册]	[唐]杨筠松撰	380.00	九州
第6种：锦囊经[1册]	[晋]郭璞撰	200.00	九州
第7种：天机贯旨红囊经[2册]	[清]李三素撰	380.00	九州
第8种：玉函天机素书/至宝经[1册]	[明]董德彰撰	200.00	九州
第9种：天机一贯[2册]	[清]李三素撰辑	380.00	九州
第10种：撼龙经[1册]	[唐]杨筠松撰	200.00	九州
第11种：疑龙经葬法倒杖[1册]	[唐]杨筠松撰	220.00	九州
第12种：疑龙经辨正[1册]	[唐]杨筠松撰	200.00	九州
第13种：寻龙记太华经[1册]	[唐]曾文辿撰	220.00	九州
第14种：宅谱要典[2册]	[清]铣溪野人校	380.00	九州

13

书　　名	作　者	定　价	版别
第15种:阳宅必用[2册]	心灯大师校订	380.00	九州
第16种:阳宅撮要[2册]	[清]吴鼒撰	380.00	九州
第17种:阳宅正宗[1册]	[清]姚承舆撰	200.00	九州
第18种:阳宅指掌[2册]	[清]黄海山人撰	380.00	九州
第19种:相宅新编[1册]	[清]焦循校刊	240.00	九州
第20种:阳宅井明[2册]	[清]邓颖出撰	380.00	九州
第21种:阴宅井明[1册]	[清]邓颖出撰	220.00	九州
第22种:灵城精义[2册]	[南唐]何溥撰	380.00	九州
第23种:龙穴砂水说[1册]	清抄秘本	180.00	九州
第24种:三元水法秘诀[2册]	清抄秘本	380.00	九州
第25种:罗经秘传[2册]	[清]傅禹辑	380.00	九州
第26种:穿山透地真传[2册]	[清]张九仪撰	380.00	九州
第27种:催官篇发微论[2册]	[宋]赖文俊撰	380.00	九州
第28种:入地眼神断要诀[2册]	清抄秘本	380.00	九州
第29种:玄空大卦秘断[1册]	清抄秘本	200.00	九州
第30种:玄空大五行真传口诀[1册]	[明]蒋大鸿等撰	220.00	九州
第31种:杨曾九宫颠倒打劫图说[1册]	[唐]杨筠松撰	200.00	九州
第32种:乌兔经奇验经[1册]	[唐]杨筠松撰	180.00	九州
第33种:挨星考注[1册]	[清]汪董缘订定	260.00	九州
第34种:地理挨星说汇要[1册]	[明]蒋大鸿撰辑	220.00	九州
第35种:地理捷诀[1册]	[清]傅禹辑	200.00	九州
第36种:地理三仙秘旨[1册]	清抄秘本	200.00	九州
第37种:地理三字经[3册]	[清]程思乐撰	580.00	九州
第38种:地理雪心赋注解[2册]	[唐]卜则巍撰	380.00	九州
第39种:蒋公天元余义[1册]	[明]蒋大鸿等撰	220.00	九州
第40种:地理真传秘旨[3册]	[唐]杨筠松撰	580.00	九州
增补四库未收方术汇刊第一辑(全28函)	线装影印本	11800.00	九州
第一辑01函:火珠林·卜筮正宗	[宋]麻衣道者著	340.00	九州
第一辑02函:全本增删卜易·增删卜易真诠	[清]野鹤老人撰	720.00	九州
第一辑03函:渊海子平音义评注·子平真诠·命理易知	[明]杨淙增校	360.00	九州
第一辑04函:滴天髓:附滴天秘诀·穷通宝鉴:附月谈赋	[宋]京图撰	360.00	九州
第一辑05函:参星秘要诹吉便览·玉函斗首三台通书·精校三元总录	[清]俞荣宽撰	460.00	九州
第一辑06函:陈子性藏书	[清]陈应选撰	580.00	九州
第一辑07函:崇正辟谬永吉通书·选择求真	[清]李奉来辑	500.00	九州
第一辑08函:增补选择通书玉匣记·永宁通书	[晋]许逊撰	400.00	九州
第一辑09函:新增阳宅爱众篇	[清]张觉正撰	480.00	九州
第一辑10函:地理四弹子·地理铅弹子砂水要诀	[清]张九仪注	340.00	九州
第一辑11函:地理五诀	[清]赵九峰著	200.00	九州

书　　名	作　者	定　价	版别
第一辑12函:地理直指原真	[清]释如玉撰	280.00	九州
第一辑13函:宫藏真本入地眼全书	[宋]释静道著	680.00	九州
第一辑14函:罗经顶门针·罗经解定·罗经透解	[明]徐之镆撰	360.00	九州
第一辑15函:校正详图青囊经·平砂玉尺经·地理辨正疏	[清]王宗臣著	300.00	九州
第一辑16函:一贯堪舆	[明]唐世友辑	240.00	九州
第一辑17函:阳宅大全·阳宅十书	[明]一壑居士集	600.00	九州
第一辑18函:阳宅大成五种	[清]魏青江撰	600.00	九州
第一辑19函:奇门五总龟·奇门遁甲统宗大全·奇门遁甲元灵经	[明]池纪撰	500.00	九州
第一辑20函:奇门遁甲秘笈全书	[明]刘伯温辑	280.00	九州
第一辑21函:奇门庐中阐秘	[汉]诸葛武侯撰	600.00	九州
第一辑22函:奇门遁甲元机太乙秘书六壬大占	[宋]岳珂纂辑	360.00	九州
第一辑23函:性命圭旨	[明]尹真人撰	480.00	九州
第一辑24函:紫微斗数全书	[宋]陈抟撰	200.00	九州
第一辑25函:千镇百镇桃花镇	[清]云石道人校	220.00	九州
第一辑26函:清抄真本祝由科秘诀全书·轩辕碑记医学祝由十三科	[上古]黄帝传	800.00	九州
第一辑27函:增补秘传万法归宗	[唐]李淳风撰	160.00	九州
第一辑28函:神机灵数一掌经金钱课·牙牌神数七种·珍本演禽三世相法	[清]诚文信校	440.00	九州
增补四库未收方术汇刊第二辑(全36函)	线装影印本	13800.00	九州
第二辑第1函:六爻断易一撮金·卜易秘诀海底眼	[宋]邵雍撰	200.00	九州
第二辑第2函:秘传子平渊源	燕山郑同校辑	280.00	九州
第二辑第3函:命理探原	[清]袁树珊撰	280.00	九州
第二辑第4函:命理正宗	[明]张楠撰集	180.00	九州
第二辑第5函:造化玄钥	庄圆校补	220.00	九州
第二辑第6函:命理寻源·子平管见	[清]徐乐吾撰	280.00	九州
第二辑第7函:京本风鉴相法	[明]回阳子校辑	380.00	九州
第二辑第8—9函:钦定协纪辨方书8册	[清]允禄编	780.00	九州
第二辑第10—11函:鳌头通书10册	[明]熊宗立撰辑	880.00	九州
第二辑第12—13函:象吉通书	[清]魏明远辑	1080.00	九州
第二辑第14函:选择宗镜·选择纪要	[朝鲜]南秉吉撰	360.00	九州
第二辑第15函:选择正宗	[清]顾宗秀撰辑	480.00	九州
第二辑第16函:仪度六壬选日要诀	[清]张九仪撰	680.00	九州
第二辑第17函:葬事择日法	郑同校辑	280.00	九州
第二辑第18函:地理不求人	[清]吴明初撰辑	240.00	九州
第二辑第19函:地理大成一:山法全书	[清]叶九升撰	680.00	九州
第二辑第20函:地理大成二:平阳全书	[清]叶九升撰	360.00	九州
第二辑第21函:地理大成三:地理六经注·地理大成四:罗经指南拔雾集·地理大成五:理气四诀	[清]叶九升撰	300.00	九州
第二辑第22函:地理录要	[明]蒋大鸿撰	480.00	九州
第二辑第23函:地理人子须知	[明]徐善继撰	480.00	九州

书　名	作　者	定　价	版别
第二辑第24函:地理四秘全书	[清]尹一勺撰	380.00	九州
第二辑第25－26函:地理天机会元	[明]顾陵冈辑	1080.00	九州
第二辑第27函:地理正宗	[清]蒋宗城校订	280.00	九州
第二辑第28函:全图鲁班经	[明]午荣编	280.00	九州
第二辑第29函:秘传水龙经	[明]蒋大鸿撰	480.00	九州
第二辑第30函:阳宅集成	[清]姚廷銮纂	480.00	九州
第二辑第31函:阴宅集要	[清]姚廷銮纂	240.00	九州
第二辑第32函:辰州符咒大全	[清]觉玄子辑	480.00	九州
第二辑第33函:三元镇宅灵符秘箓·太上洞玄祛病灵符全书	[明]张宇初编	240.00	九州
第二辑第34函:太上混元祈福解灾三部神符	[明]张宇初编	360.00	九州
第二辑第35函:测字秘牒·先天易数·冲天易数/马前课	[清]程省撰	360.00	九州
第二辑第36函:秘传紫微	古朝鲜抄本	240.00	九州
子部善本1:新刊地理玄珠	精装古本影印	380.00	华龄
子部善本2:参赞玄机地理仙婆集	精装古本影印	380.00	华龄
子部善本3:章仲山地理九种(上下)	精装古本影印	760.00	华龄
子部善本4:八门九星阴阳二遁全本奇门断	精装古本影印	760.00	华龄
子部善本5:六壬统宗大全	精装古本影印	380.00	华龄
子部善本6:太乙统宗宝鉴	精装古本影印	380.00	华龄
子部善本7:重刊星海词林(全五册)	精装古本影印	1900.00	华龄
子部善本8:万历初刻三命通会(上下)	精装古本影印	760.00	华龄
子部善本9:增广沈氏玄空学(上下)	精装古本影印	760.00	华龄
子部善本10:江公择日秘稿	精装古本影印	380.00	华龄
子部善本11:刘氏家藏阐微通书(上下)	精装古本影印	760.00	华龄
子部善本12:影印增补高岛易断(上下)	精装古本影印	760.00	华龄
子部善本13:清刻足本铁板神数	精装古本影印	380.00	华龄
子部善本14:增订天官五星集腋(上下)	精装古本影印	760.00	华龄
子部善本15:太乙奇门六壬兵备统宗(上中下)	精装古本影印	1140.00	华龄
子部善本16:御定景祐奇门大全(上下)	精装古本影印	760.00	华龄
子部善本17:地理四秘全书十二种	精装古本影印	380.00	华龄
子部善本18:全本地理统一全书	精装古本影印	380.00	华龄
子部善本19:廖公画策扒砂经(上下)	精装古本影印	760.00	华龄
子部善本20:明刊玉髓真经(上下)	精装古本影印	760.00	华龄
子部善本21:蒋大鸿家藏地学捷旨	精装古本影印	380.00	华龄
子部善本22:阳宅安居金镜(上下)	精装古本影印	760.00	华龄
子部善本23:新刊地理紫囊书(上下)	精装古本影印	760.00	华龄
子部善本24:地理大成五种(上下)	精装古本影印	760.00	华龄
子部善本25:初刻鳌头通书大全(上中下)	精装古本影印	1140.00	华龄
子部善本26:初刻象吉备要通书大全(上中下)	精装古本影印	1140.00	华龄
子部善本27:武英殿板钦定协纪辨方书(上下)	精装古本影印	760.00	华龄
子部善本28:初刻陈子性藏书(上下)	精装古本影印	760.00	华龄

书　　名	作　者	定　价	版别
子平遗书第1辑(批命案例集甲子至戊辰全三册)	精装古本影印	980.00	华龄
子平遗书第2辑(批命案例集庚午至甲戌全三册)	精装古本影印	980.00	华龄
子平遗书第3辑(批命案例集乙亥至戊子全三册)	精装古本影印	980.00	华龄
子平遗书第4辑(批命案例集庚寅至庚子全三册)	精装古本影印	980.00	华龄
子平遗书第5辑(批命案例集辛丑至癸丑全三册)	精装古本影印	980.00	华龄
子平遗书第6辑(批命案例集甲寅至辛酉全三册)	精装古本影印	980.00	华龄
风水择吉第一书:辨方(简体精装)	李明清著	168.00	华龄
珞琭子三命消息赋古注通疏(精装上下)	一明注疏	188.00	华龄
增补高岛易断(简体横排精装上下)	(清)王治本编译	198.00	华龄
中国古代术数基础理论(精装1函5册)	刘昌易著	495.00	团结
飞盘奇门:鸣法体系校释(精装上下)	刘金亮撰	198.00	九州
白话高岛易断(上下)	孙正治孙奥麟译	128.00	九州
润德堂丛书全编1:述卜筮星相学	袁树珊著	38.00	华龄
润德堂丛书全编2:命理探原	袁树珊著	38.00	华龄
润德堂丛书全编3:命谱	袁树珊著	68.00	华龄
润德堂丛书全编4:大六壬探原 养生三要	袁树珊著	38.00	华龄
润德堂丛书全编5:中西相人探原	袁树珊著	38.00	华龄
润德堂丛书全编6:选吉探原 八字万年历	袁树珊著	38.00	华龄
润德堂丛书全编7:中国历代卜人传(上中下)	袁树珊著	168.00	华龄
三式汇刊1:大六壬口诀纂	[明]林昌长辑	68.00	华龄
三式汇刊2:大六壬集应钤	[明]黄宾廷撰	198.00	华龄
三式汇刊3:奇门大全秘纂	[清]湖海居士撰	68.00	华龄
三式汇刊4:大六壬总归	[宋]郭子晟撰	58.00	华龄
三式汇刊5:大六壬心镜	[唐]徐道符辑	48.00	华龄
三式汇刊6:壬窍	[清]无无野人撰	48.00	华龄
青囊汇刊1:青囊秘要	[晋]郭璞等撰	48.00	华龄
青囊汇刊2:青囊海角经	[晋]郭璞等撰	48.00	华龄
青囊汇刊3:阳宅十书	[明]王君荣撰	48.00	华龄
青囊汇刊4:秘传水龙经	[明]蒋大鸿撰	68.00	华龄
青囊汇刊5:管氏地理指蒙	[三国]管辂撰	48.00	华龄
青囊汇刊6:地理山洋指迷	[明]周景一撰	32.00	华龄
青囊汇刊7:地学答问	[清]魏清江撰	58.00	华龄
青囊汇刊8:地理铅弹子砂水要诀	[清]张九仪撰	68.00	华龄
青囊汇刊9:地理唉蔗录	[清]袁守定著	48.00	华龄
青囊汇刊10:八宅明镜	[清]箬冠道人编	48.00	华龄
青囊汇刊11:罗经透解	[清]王道亨著	58.00	华龄
青囊汇刊12:阳宅三要	[清]赵玉材撰	48.00	华龄
青囊汇刊13:一贯堪舆(上下)	[明]唐世友辑	108.00	华龄
青囊汇刊14:地理辨证图诀直解	[唐]杨筠松著	58.00	华龄
青囊汇刊15:地理雪心赋集解	[唐]卜应天著	58.00	华龄
青囊汇刊16:四神秘诀	[元]董德彰撰	58.00	华龄

书　名	作　者	定　价	版别
子平汇刊1:渊海子平大全	[宋]徐子平撰	48.00	华龄
子平汇刊2:秘本子平真诠	[清]沈孝瞻撰	38.00	华龄
子平汇刊3:命理金鉴	[清]志于道撰	38.00	华龄
子平汇刊4:秘授滴天髓阐微	[清]任铁樵注	48.00	华龄
子平汇刊5:穷通宝鉴评注	[清]徐乐吾注	48.00	华龄
子平汇刊6:神峰通考命理正宗	[明]张楠撰	38.00	华龄
子平汇刊7:新校命理探原	[清]袁树珊撰	48.00	华龄
子平汇刊8:重校绘图袁氏命谱	[清]袁树珊撰	68.00	华龄
子平汇刊9:增广汇校三命通会(全三册)	[明]万民英撰	168.00	华龄
纳甲汇刊1:校正全本增删卜易	郑同点校	68.00	华龄
纳甲汇刊2:校正全本卜筮正宗	郑同点校	48.00	华龄
纳甲汇刊3:校正全本易隐	郑同点校	48.00	华龄
纳甲汇刊4:校正全本易冒	郑同点校	48.00	华龄
纳甲汇刊5:校正全本易林补遗	郑同点校	38.00	华龄
纳甲汇刊6:校正全本卜筮全书	郑同点校	68.00	华龄
纳甲汇刊7:火珠林注疏	刘恒注解	48.00	华龄
古今图书集成术数丛刊:卜筮(全二册)	[清]陈梦雷辑	80.00	华龄
古今图书集成术数丛刊:堪舆(全二册)	[清]陈梦雷辑	120.00	华龄
古今图书集成术数丛刊:相术(全一册)	[清]陈梦雷辑	60.00	华龄
古今图书集成术数丛刊:选择(全一册)	[清]陈梦雷辑	50.00	华龄
古今图书集成术数丛刊:星命(全三册)	[清]陈梦雷辑	180.00	华龄
古今图书集成术数丛刊:术数(全三册)	[清]陈梦雷辑	200.00	华龄
四库全书术数初集(全四册)	郑同点校	200.00	华龄
四库全书术数二集(全三册)	郑同点校	150.00	华龄
四库全书术数三集:钦定协纪辨方书(全二册)	郑同点校	98.00	华龄
增广沈氏玄空学	郑同点校	68.00	华龄
地理点穴撼龙经	郑同点校	32.00	华龄
绘图地理人子须知(上下)	郑同点校	78.00	华龄
玉函通秘	郑同点校	48.00	华龄
绘图入地眼全书	郑同点校	28.00	华龄
绘图地理五诀	郑同点校	48.00	华龄
一本书弄懂风水	郑同著	48.00	华龄
风水罗盘全解	傅洪光著	58.00	华龄
堪舆精论	胡一鸣著	29.80	华龄
堪舆的秘密	宝通著	36.00	华龄
中国风水学初探	曾涌哲	58.00	华龄
全息太乙(修订版)	李德润著	68.00	华龄
时空太乙(修订版)	李德润著	68.00	华龄
故宫珍本六壬三书(上下)	张越点校	128.00	华龄
大六壬通解(全三册)	叶飘然著	168.00	华龄

书　名	作　者	定　价	版别
壬占汇选(精抄历代六壬占验汇选)	肖岱宗点校	48.00	华龄
大六壬指南	郑同点校	28.00	华龄
六壬金口诀指玄	郑同点校	28.00	华龄
大六壬寻源编[全三册]	[清]周蟪辑录	180.00	华龄
六壬辨疑　毕法案录	郑同点校	32.00	华龄
大六壬断案疏证	刘科乐著	58.00	华龄
六壬时空	刘科乐著	68.00	华龄
御定奇门宝鉴	郑同点校	58.00	华龄
御定奇门阳遁九局	郑同点校	78.00	华龄
御定奇门阴遁九局	郑同点校	78.00	华龄
奇门秘占合编:奇门庐中阐秘·四季开门	[汉]诸葛亮撰	68.00	华龄
奇门探索录	郑同编订	38.00	华龄
奇门遁甲秘笈大全	郑同点校	48.00	华龄
奇门旨归	郑同点校	48.00	华龄
奇门法窍	[清]锡孟樨撰	48.00	华龄
奇门精粹——奇门遁甲典籍大全	郑同点校	68.00	华龄
御定子平	郑同点校	48.00	华龄
增补星平会海全书	郑同点校	68.00	华龄
五行精纪:命理通考五行渊微	郑同点校	38.00	华龄
绘图三元总录	郑同编校	48.00	华龄
绘图全本玉匣记	郑同编校	32.00	华龄
周易初步:易学基础知识36讲	张绍金著	32.00	华龄
周易与中医养生:医易心法	成铁智著	32.00	华龄
增广梅花易数(精装)	刘恒注	98.00	华龄
梅花心易阐微	[清]杨体仁撰	48.00	华龄
梅花心易疏证	杨波著	48.00	华龄
梅花易数讲义	郑同著	58.00	华龄
白话梅花易数	郑同编著	30.00	华龄
梅花周易数全集	郑同点校	58.00	华龄
梅花易数	[宋]邵雍撰	28.00	九州
梅花易数(大字本)	[宋]邵雍撰	39.00	九州
河洛理数	[宋]邵雍述	48.00	九州
一本书读懂易经	郑同著	38.00	华龄
白话易经	郑同编著	38.00	华龄
知易术数学:开启术数之门	赵知易著	48.00	华龄
术数入门——奇门遁甲与京氏易学	王居恭著	48.00	华龄
周易虞氏义笺订(上下)	[清]李翊灼校订	78.00	九州
阴阳五要奇书	[晋]郭璞撰	88.00	九州
壬奇要略(全5册:大六壬集应钤3册,大六壬口诀纂1册,御定奇门秘纂1册)	肖岱宗郑同点校	300.00	九州

书　　　　名	作　者	定　价	版别
周易明义	邸勇强著	73.00	九州
论语明义	邸勇强著	37.00	九州
中国风水史	傅洪光撰	32.00	九州
古本催官篇集注	李佳明校注	48.00	九州
鲁班经讲义	傅洪光著	48.00	九州
天星姓名学	侯景波著	38.00	燕山
解梦书	郑同、傅洪光著	58.00	燕山
命理精论（精装繁体竖排）	胡一鸣著	128.00	燕山
辨方（繁体横排）	张明清著	236.00	星易
古易旁通	刘子扬著	320.00	星易
四柱预测机缄通	明理著	300.00	星易
奇门万年历	刘恒著	58.00	资料
图解新编中医四大名著：温病条辨	周重建、郭号	68.00	天津
图解新编中医四大名著：伤寒论	周重建、郭号	68.00	天津
图解新编中医四大名著：黄帝内经	周重建、郭号	68.00	天津
图解新编中医四大名著：金匮要略	周重建、郭号	68.00	天津
中药学药物速认速查小红书（精装64开）	周重建	88.00	天津
国家药典药物速认速查小红书（精装64开）	高楠楠	88.00	天津
神农本草经（1函1册）	宣纸线装	380.00	海南
黄帝内经素问灵枢（影宋本2函9册）	宣纸线装	3980.00	海南
仲景全书（影宋本2函8册）	宣纸线装	3980.00	海南
王翰林集注八十一难经（1函3册）	宣纸线装	1280.00	海南
菩提叶彩绘明内宫写本金刚经（1函1册）	宣纸线装	480.00	文物
故宫旧藏宋刊妙法莲华经（1函3册）	宣纸线装	900.00	文物
铁琴铜剑楼藏钱氏述古堂抄营造法式（1函8册）	宣纸线装	2800.00	文物
唐楷道德经（通行本全1函1册）	宣纸线装	380.00	文物
通志堂经解（全138种600册）	宣纸线装	36万	文物
影印文明书局藏善本文献集成	精装60种	12800.00	九州

周易书斋是国内最大的提供易学术数类图书邮购服务的专业书店，成立于2001年，现有易学及术数类图书现货6000余种，在海内外易学研究者中有着巨大的影响力。

1、学易斋官方旗舰店网址：xyz888.jd.com　微信号：xyz15116975533

2、联系人：王兰梅　电话：15652026606，15116975533

3、邮购费用固定，不论册数多少，每单收费7元。

4、银行汇款：户名：**王兰梅**。

　　邮政：601006359200109796　农行：6228480010308994218

　　工行：0200299001020728724　建行：1100579980130074603

　　交行：6222600910053875983　支付宝：13716780854

5、QQ：（周易书斋2）2839202242；QQ群：（周易书斋书友会）140125362。

北京周易书斋敬启